Wolfgang Benz · Juliane Wetzel
(Hrsg.)

Solidarität und Hilfe für Juden während der NS-Zeit

Lektüre beendet 7.10.04

Reihe

Solidarität und Hilfe

Rettungsversuche für Juden vor der Verfolgung und Vernichtung unter nationalsozialistischer Herrschaft

Herausgegeben im Auftrag des Zentrums für Antisemitismusforschung von Wolfgang Benz

Band 2

Willer

Wolfgang Benz · Juliane Wetzel
(Hrsg.)

Solidarität und Hilfe für Juden während der NS-Zeit

Regionalstudien II
Ukraine, Frankreich, Böhmen und Mähren
Österreich, Lettland, Litauen, Estland

METROPOL

Die Deutsche Bibliothek – CIP-Einheitsaufnahme

Solidarität und Hilfe für Juden während der NS-Zeit : Regionalstudien/
hrsg. von Wolfgang Benz ... – Berlin : Metropol, 1998
(Reihe Solidarität und Hilfe; Bd. 2)
2. Regionalstudien Ukraine, Frankreich, Böhmen und Mähren,
Österreich, Lettland, Litauen, Estland – 1998
ISBN 3-926893-48-6

Kurfürstenstr. 135
10785 Berlin

Druck: H & H Russ GmbH, Berlin

INHALT

Vorwort

Im zweiten Band der Reihe „Solidarität und Hilfe für Juden während der NS-Zeit“ liegt der Schwerpunkt auf Staaten im ehemaligen sowjetischen Herrschaftsgebiet; untersucht werden die baltischen Länder, die Ukraine sowie Böhmen und Mähren. Die Öffnung der Archive in diesen Ländern ermöglichte es den Autoren, nicht nur die Situation der Juden vor und während der deutschen Okkupation, also den äußeren Rahmen, in dem sich die Hilfsaktionen abspielten, neu zu beleuchten, sondern erstmals auch die bisher weitgehend unbekannte Geschichte der Hilfe für Juden darzustellen. War die Verfolgungsgeschichte der Juden in diesen Ländern bisher im großen und ganzen bekannt, wenn auch zum Teil nur auf einseitige Quellenbasis gestützt, so ist das Kapitel der Solidarität und Hilfe für Juden in Osteuropa noch immer weitgehend unerforscht. Dies hing nicht nur mit der mangelnden Zugänglichkeit von Quellen zusammen, sondern insbesondere mit dem Schweigen der Zeugen. In den meisten osteuropäischen Ländern herrschte seit den 50er, spätestens seit den 60er Jahren ein staatlich propagierter Antisemitismus, der es den Helfern schwer machte, sich durch die Preisgabe ihrer Aktivitäten während der deutschen Besatzung als „Judenfreunde“ zu offenbaren. Dieselbe Zurückhaltung mußten sich auch Juden auferlegen, die durch solche Hilfeleistungen gerettet wurden.

Allerdings hat sich nun, nach jahrzehntelangem Schweigen, ein neues Problem ergeben. Trotz des Demokratisierungsprozesses und der nun zugänglichen schriftlichen Quellen können viele Solidaritäts- und Hilfeleistungen nicht mehr dokumentiert werden, da Helfer und Gerettete nicht mehr am Leben sind. Manche Fälle konnten nur mühsam rekonstruiert werden, in anderen waren keine Details mehr zu ermitteln. Trotzdem ist es den Autoren gelungen, einen Überblick über die verschiedenen Facetten der Rettung in den jeweiligen Ländern zu geben, der die länderspezifischen Besonderheiten herausarbeitet und Strukturen analysiert, die schließlich in ein Gesamtbild einfließen, das am Ende dieser Reihe von Regionalstudien stehen soll.

Die Beiträge über Lettland, Litauen, Estland, die Ukraine sowie Böhmen und Mähren werden ergänzt durch Studien zu Frankreich und Österreich, zwei Länder, die aufgrund ihrer stark differierenden politischen und sozialen Gegebenheiten während der NS-Zeit ganz unterschiedliche Verhaltensweisen zeitigten. Frankreich steht, was die Zahl der Retter betrifft, nach Polen und Holland an dritter Stelle, Österreich findet sich in dieser Skala erst an 14. Stelle mit weniger als 100 von Yad Vashem Geehrten. Waren Helfer in der „Ostmark" des Deutschen Reiches eher Denunziationen als in Frankreich ausgesetzt? Welche Rolle spielte der Antisemitismus? Oder waren es nur die besonderen politischen Strukturen eines zweigeteilten Frankreich bzw. eines „angeschlossenen" Österreich, die zu einem so unterschiedlichen Verhalten der Nichtjuden der verfolgten Minderheit gegenüber führten? Antworten auf solche Fragen sind kaum eindeutig zu belegen. Rettungsversuche für die verfolgten Juden unterlagen in jedem Land eigenen Bedingungen. Die regionale Vielfalt der Formen und Möglichkeiten von Solidarität und Hilfe zu zeigen ist die Absicht auch des zweiten Bandes dieser Reihe.

Berlin, im April 1998 — Wolfgang Benz, Juliane Wetzel

Frank Golczewski

Die Revision eines Klischees

Die Rettung von verfolgten Juden im Zweiten Weltkrieg durch Ukrainer

Die Ausgangslage für Polen und Ukrainer in Ostgalizien

Die Nationalsozialisten, die Europa mit Kriegs- und Mordgeschehen überzogen, standen nicht allein. Nur in den ersten Nachkriegsjahrzehnten, als eine pragmatisch selektive Geschichtswahrnehmung die Behandlung von so heiklen Fragen wie der Kollaboration mit den Deutschen meist verhinderte, mochte es scheinen, als ob Deutschland auch das exklusive Heimatland der Täter gewesen sei. Gleichzeitig konnte man das Kollektivum „die Deutschen" synonym für die Täter setzen, eine unzulässige Generalisierung, die durch die Goldhagen-Thesen unseligerweise wiederbelebt wird.

Generalisierungen auf nationaler Grundlage führen in die Irre: Daß Österreich nicht nur das erste Opfer der Nationalsozialisten war, sondern auch das Herkunftsland zahlreicher Täter (einschließlich Hitlers), daß es in Frankreich, den Niederlanden und in Italien nicht nur die Tradition des Widerstands, sondern auch die der Kollaboration und des Faschismus gab, wurde mit der Zeit deutlich.

In Osteuropa schien das anders zu sein. Die Rassenlehre des Nationalsozialismus sowie die in „Mein Kampf" und den Kriegszielbeschreibungen beschworene Gewinnung eines deutschen „Lebensraums im Osten" hätte eigentlich ein Bündnis der Nationalsozialisten mit nationalistischen Gruppierungen und Einzelpersonen der osteuropäischen Völker verhindern mussen. Was aber auf der deutschen politischen Ebene in bezug auf das Ziel Konsens war, sah im Kontakt mit derartigen Gruppen oft anders aus und wurde auch anders wahrgenommen. Synergien spielten bei der politischen Strategie, aber auch bei ihrer taktischen

Realisierung eine Rolle.[1] So wie die Nationalsozialisten im Inland zur Verwirklichung ihrer Machtansprüche taktische Verbindungen eingingen, so gab es auch auf der osteuropäischen Arena „Partner", mit denen eine begrenzte, taktisch motivierte Zusammenarbeit auf Zeit praktiziert wurde.

Diese Zusammenarbeit zu erforschen ist immer noch schwierig, weil man sich dafür von eingeübten Argumentationsstrukturen lösen muß. Zu überwinden ist die These von der „einheitlichen" deutschen Haltung zu Rassismus, Judenvernichtung, Weltkrieg und Osteuropa. Das Aufzeigen von Unterschieden, von einer Politik (und der Begriff impliziert bereits ein Nichtvorhandensein von selbstverständlicher Einheitlichkeit) der Deutschen – auch in bezug auf taktisch motivierte „Freundlichkeiten" gegenüber den nicht-jüdischen Bewohnern Osteuropas – weist auch auf unterschiedliche Haltungen bei der jeweils anderen Seite hin. Folgt man nur der ideologieorientierten Monolithisierung, dann wäre die Geschichte des Zweiten Weltkriegs voller Ungereimtheiten. Da Basis solider historischer Arbeit aber nicht ideologische Präjudizierung, sondern belegbare Phänomene sein müssen, ist das Oszillieren zwischen ideologischen Einstellungen und pragmatischem Handeln genauer zu beobachten. So wenig alle Deutschen – „die Deutschen" – hinter den Aktivitäten der Nationalsozialisten standen, so falsch sind auch Generalisierungen über „die" Polen oder „die" Ukrainer. Erwartungshaltungen und Mentalitäten zeugende Wertsysteme von Untergruppen wurden häufig als typisch oder atypisch bezeichnet, um damit vorgeprägten Erwartungshaltungen zu genügen. Gerade die kontinuierliche Überprüfung dieser Haltungen und Kategorien sollte dagegen die Aufgabe der Historiographie sein. In eben diesem Sinne werden wir im folgenden meiden, die Repräsentativität einzelner Handlungen einzuschätzen.

Einer der Gründe für eine mehr als technische Differenzierung in einem wichtigen Gebiet des deutsch besetzten Osteuropa ist die in dieser Hinsicht

1 Mordecai Paldiel, der Leiter der Abteilung für die „Righteous among the Nations" von Yad Vashem, dem ebenso wie Shmuel Krakowski und den anderen Yad-Vashem-Mitarbeitern an dieser Stelle für die Unterstützung der Vorarbeiten zu diesem Beitrag gedankt sei, schreibt dazu: „In general, in the countries of Eastern Europe, most people were not too displeased, to put it mildly, to see the Jews vanish from the landscape (with the Germans taking all the blame) and looked askance at efforts by their own countrymen to obstruct the Nazi death machine. Those who defied this deeply ingrained hatred were often subjected to ostracism and physical violence." Mordecai Paldiel, The Path of the Righteous. Gentile Rescuers of Jews during the Holocaust, New York 1993, S. 3.

unterschiedliche Ausgangslage zweier hier vermischt lebender Völker:[2] Die Polen und die Ukrainer Ostgaliziens[3] knüpften, zu Recht oder zu Unrecht, divergierende politische Erwartungen an die deutsche Okkupation.[4] War es den Polen trotz der deutsch-polnischen Zusammenarbeit von 1934 bis 1938 bald mehrheitlich klar, daß man in Deutschland ihre Helotisierung – wenn nicht gleich die Vernichtung – beabsichtigte, so erschien vielen Ukrainern eingedenk der Stützung der Organisation Ukrainischer Nationalisten (OUN) durch die Deutschen und der deutschen „Geburtshilfe" bei der Gründung der unabhängigen Ukraine 1918 durch die überwiegende deutsche Feindschaft gegenüber Polen und (trotz der Zusammenarbeit 1939 bis 1941) der UdSSR mit dem deutschen kriegerischen Vorgehen sowohl 1939 als auch 1941 die Hoffnung auf eine „Befreiung" und eine eigene Staatlichkeit nicht unrealistisch.

Daher ist es wohl gerechtfertigt, die „Judenretter" unter den Bewohnern Ostgaliziens getrennt zu betrachten. In der Mitte des 20. Jahrhunderts verwischte sich zwar die ursprünglich deutliche sozio-ökonomische Scheidung zwischen den beiden Volksgruppen (Polen als Grundbesitzer und Städter, Ukrainer als Landbevölkerung), aber Polen und Ukrainer standen einander in ihren politischen Erwartungen auf verschiedenen Ebenen gegenüber.

Die Polen hatten zwischen 1918 und 1939 einen Staat besessen, der von seinen Gründern und Führern als Nationalstaat ausgegeben worden

2 Hinweise auf Polen, die in Galizien und Wolhynien Juden gerettet haben, finden sich im ersten Band dieser Reihe im Beitrag von Beate Kosmala, Ungleiche Opfer in extremer Situation, in: Wolfgang Benz/Juliane Wetzel (Hrsg.), Solidarität und Hilfe für Juden während der NS-Zeit. Bd. 1, Berlin 1996, S. 19–97; das Polen-Kapitel im Band Paldiels (s. Anm. 1) enthält Beispiele polnischer Retter aus dem heute weißrussischen Hrodna (Grodno), aus dem ostgalizischen Bučač (Buczacz), aus Lemberg, Stanislau, Tarnopol und Kovel'; Paldiel, The Path of the Righteous. Ebenso richtig ist aber etwa auch die Haltung Jakiv Suslenśkyjs (Spravžni heroï, Kyïv 1993, S. 19), der auch Polen, Russen, Weißrussen und andere, die in der Ukraine Juden gerettet haben, „Kinder der einen Mutter Ukraine" nennt.

3 Im folgenden wird dieser neutralere und heute wieder akzeptierte Begriff verwendet, um nicht ständig zwischen dem polnischen Östlichen Kleinpolen (Małopolska Wschodnia), der ukrainischen Westukraine oder dem Generalgouvernement-Distrikt Galizien terminologisch wechseln zu müssen.

4 Allerdings ist schon diese Zweiteilung durchaus problematisch: Mittlerweile erkennen Forscher erstmals eine Vielzahl von Zwischengruppen an und akzeptieren etwa ukrainische römisch-katholische latynnyky oder unierte Polen, die bisher von den politisch motivierten Repräsentanten der Hauptgruppen jeweils für sich in Anspruch genommen wurden. Hier soll daher die Unschärfe aller Kategorisierungen im polnisch-ukrainisch-russischen Mischgebiet hervorgehoben werden.

war. Die etwa ein Drittel der Einwohner ausmachenden nationalen Minoritäten galten als Gefährdung des eigenen, nach allgemeiner Auffassung lange vermißten Staates, und die Beziehung zwischen polnischen und ukrainischen Nationalisten hatte 1939 einen Stand erreicht, in dem die Polen in den Ukrainern ein staatsfeindliches Element sahen: So sollten die Angehörigen dieses Volks aus dem öffentlichen Dienst entfernt und überhaupt politisch unter Kuratel gestellt werden. Die national orientierten wie die nationalistischen Ukrainer wiederum sahen in dem noch nicht durch Genozid befleckten Hitler ihren potentiellen Befreier und setzten auf die deutscherseits intendierte Zerschlagung Polens als Chance für die Gewinnung eines eigenen Nationalstaats.

Sowohl 1939 als auch 1941 beteiligten sich von der Abwehr organisierte und mit der OUN in Verbindung stehende Ukrainer an den deutschen Feldzügen. Wer deutsche Soldaten fragt, die am Überfall auf die Sowjetunion teilnahmen, hört die übereinstimmenden Berichte darüber, wie Ukrainer 1941 die Deutschen mit Brot und Salz begrüßten, von ihnen die Befreiung erwarteten – und sich auch an den deutschen Verfolgungsmaßnahmen gegen Juden und des Kommunismus Verdächtigte beteiligten.[5] Wie Angehörige der anderen „Völker der Sowjetunion“ – national orientierte Esten, Letten, Litauer, Weißrussen, aber auch Großrussen – erwarteten die Westukrainer nach dem Zwischenspiel der Sowjetherrschaft über Ostgalizien von den Deutschen allgemein die Wiederherstellung bürgerlicher Besitz- und Politikverhältnisse und die national motivierten Kreise auch Schritte in Richtung der ukrainischen Eigenstaatlichkeit.

Während es also nur wenigen Polen in den Sinn kam, in der deutschen Besetzung ein Positivum zu sehen[6] und sich diese Haltung nach den ersten antipolnischen Verbrechen verfestigte, traten Ukrainer den Deutschen grundsätzlich freundlich gestimmt entgegen und empfanden auch ihre ersten Verfolgungshandlungen als notwendige Absicherung

5 Vgl. Frank Golczewski, Ukrainische Reaktionen auf die deutsche Besetzung 1939/41, in: Wolfgang Benz u. a. (Hrsg.), Anpassung – Kollaboration – Widerstand. Kollektive Reaktionen auf die Okkupation, Berlin 1996, S. 199–211. Zur Diskussion darüber vgl. auch Hans-Günther Thiele (Hrsg.), Die Wehrmachtsausstellung, Bonn 1997.

6 Die Behandlung dieser Problematik ist immer noch in gewisser Weise tabuisiert. Unbeachtet blieben etwa bisher die Dokumente Władysław Studnickis, der 1940 erfolglos versuchte, deutsche Stellen in Berlin zu einer besseren Behandlung Polens zu überreden; die bisher weitestgehende Arbeit in dieser Richtung legte 1977 unbeachtet Lucjan Dobroszycki vor (kürzlich neu erschienen als Reptile Journalism, New Haven/London 1994).

der Herrschaft. Begründet war diese Haltung nicht. Die sichtbare Bevorzugung der Ukrainer war Teil eines „divide et impera“-Konzepts, und die deutschen Stellen achteten peinlich darauf, den Ukrainern keine politischen Zugeständnisse zu machen. Die Ukraine war als germanischer Siedlungsraum vorgesehen. Daß man dennoch immer wieder auf die Ukrainer zurückkam, wenn die politische und militärische Lage dies opportun erscheinen ließ (1941, 1943, 1944/45), daß sich stets zahlreiche Ukrainer fanden, die dabei mittaten, und daß bis zum heutigen Tag die deutsche Besatzungszeit trotz Terror, Zwangsarbeit und Deportationen in einigen ukrainischen Darstellungen mit positiven Tönen gewertet wird, kann mit selektiver Wahrnehmung und einseitigen Interessen begründet werden.[7]

Diese Ausgangslage ließ ukrainische Rettungsmaßnahmen für die von den Deutschen verfolgten Juden eher unwahrscheinlich erscheinen:[8]

- Ukrainischer Nationalismus verknüpfte sich in der Vorstellung so mancher seiner Verfechter mit einer antijüdischen Einstellung: Schon die als erste Regung ukrainischen Nationalbewußtseins interpretierte Aufstandsbewegung des Kosakenhet'mans Bohdan Chmel'nyćkyj ab 1648 war mit Brandschatzungen und Mordzügen verknüpft, die sich außer gegen die polnischen Grundbesitzer in der zur Rzeczpospolita gehörenden Ukraine auch gegen die Juden richteten, die als Verwalter und Vermittler der polnischen Herren agierten.[9]
- Nicht nur die rußländische Pogrombewegung zwischen 1881 und 1906 hatte sich zu einem nicht geringen Teil auf ukrainischem Boden abgespielt. Im Zuge der voneinander kaum zu trennenden Ereignisse des Russischen Bürgerkriegs und des ukrainischen Unabhängigkeitskriegs im Anschluß an den Ersten Weltkrieg wurde nicht allein den zarentreuen Verbänden, sondern auch den unter dem Oberbefehl von Symon Petljura und anderen Atamanen stehenden Truppen

7 Beispiele dieser Tendenz sind etwa Mychajlo Slabošpyćkyj/Valerij Stecenko (Hrsg.), Ukraïnśka Dyvizija ‚Halyčyna', Kyïv 1994; Ostap Tarnavśkyj, Literaturnyj L'viv 1939–1944, L'viv 1995.

8 Vgl. zu dem „invisible wall“ zwischen Juden und Ukrainern Taras Hunczak, Ukrainian-Jewish Relations during the Soviet and Nazi Occupations, in: Michael R. Marrus (Hrsg.), Public Opinion and Relations to the Jews in Nazi Europe, Westport/London 1989, S. 396–414, hier S. 396. Zu mentalitätsgeschichtlichen Überlegungen vgl. H. Aster/P. Potichnyj, Jewish-Ukrainian Relations: Two Solitudes, Oakland, Ont. 1983.

9 Vgl. dazu etwa Frank E. Sysyn, The Jewish Factor in the Khmelnytsky Uprising, in: P. Potichnyj/H. Aster (Hrsg.), Ukrainian-Jewish Relations in Historical Perspective, Edmonton 1988, S. 43–54.

vorgeworfen, Pogrome zu einer dauernden Begleiterscheinung ihrer Kämpfe und der Etappe gemacht zu haben. Ungeachtet, ob zu Recht der Vorwurf erhoben wurde, Petljura sei, wenn er sie schon nicht gebilligt habe, gegen diese Ausschreitungen nicht rechtzeitig und deutlich genug eingeschritten, berief sich der jüdische Attentäter, der Petljura 1926 in Paris ermordete, auf ein darin gründendes Notwehrrecht. Er wurde von einem französischen Gericht freigesprochen. Die ukrainische Nationalbewegung, bei der Petljura zu Lebzeiten (wegen seines Bündnisses mit dem polnischen Staatsführer Józef Piłsudski, dessentwegen er auf Ostgalizien verzichtet hatte) durchaus umstritten war, erhob ihn nach seiner Ermordung in den Rang eines „Nationalheiligen", und so manche sahen dementsprechend in „den Juden" die Feinde des nationalen Ukrainertums.

- Die in den zwanziger und dreißiger Jahren in Polen um sich greifende Aktion zur politischen und ökonomischen Mobilisierung der ukrainischen Bauern nutzte mit ihren Boykottaufrufen gegen die jüdischen Zwischenhändler ähnlich wie die polnischen Nationaldemokraten den latenten Antisemitismus der Landbevölkerung. Die Berichte der polnischen politischen Polizei führen viele Beispiele judenfeindlicher Handlungen von Ukrainern an, die mit der OUN in Zusammenhang gebracht werden.[10] Die Ausschaltung der Juden aus dem ökonomischen System durch die Deutschen konnte daher als Fortsetzung dieses nationalen Emanzipationsprozesses verstanden und dementsprechend begrüßt werden.[11]
- Die ideologische Verknüpfung der Sowjetherrschaft mit dem Judentum, wie sie von den Völkischen in Deutschland und anderswo in Europa behauptet wurde, schien sich für die Ostgalizier in der Zeit der sowjetischen Herrschaft (1939–1941) zu bestätigen. Zwar wurden von den neuen Herren die ärmeren Ukrainer immer noch besser behandelt als Polen und Juden, aber die bis heute umstrittene prominente Rolle von Juden in den Reihen der „Sowjetisierer" verfestigte das immer wieder präsentierte Klischee vom „jüdischen Bolschewismus" und ließ die scheinbar pro-ukrainischen Handlungen und

10 Hier ist nicht der Platz, dies breiter auszuführen. Exemplarisch sei verwiesen auf den Komunikat Informacyjny Nr. 22 des Ukrainischen Referats des polnischen Innenministeriums vom 21. 7. 1936, Archiwum Akt Nowych (AAN), Ministerstwo Spraw Zewnętrznych (MSZ), Wydział Wewnętrzny (WW), Bl. 299–300.

11 Vgl. das Beispiel bei Shmuel Spector, The Holocaust of Volhynian Jews 1941–1944, Jerusalem 1990, S. 239.

Einstellungen der Deutschen in einem Sinnzusammenhang mit deren antijüdischer Haltung erscheinen.

– Diese Faktoren spielten auch für die „altsowjetischen" Gebiete eine Rolle. Die hier zuvor nahezu unbekannten Nationalukrainer wurden in den ersten Monaten der deutschen Herrschaft eindeutig gefördert; vor allem war es aber die Hoffnung auf die Aufteilung der Kollektiv- und Staatsgüter, die die ländlichen Einwohner für die Deutschen einnahm. In den Städten hingegen schien eine bescheidene Re-Ukrainisierung nach den sowjetischen Exzessen der 1930er Jahre positiv zu wirken.
– Die deutsche Okkupation wurde von den meisten ukrainischen Nationalisten als Chance begriffen, die Nationalitäten- und Machtverhältnisse zu ihren Gunsten zu verändern.[12] Zu den Methoden dieser Lageverbesserung mochten die Organisationsversuche der Nationalisten ebenso zählen wie die Verfolgung der Juden und – in Ostgalizien – der Polen. Wenn ukrainischerseits in Stryj 1943 das Gerücht ausgestreut wurde, nach den Juden kämen die Polen „dran",[13] dann ist darin auch Zustimmung zu diesen „ethnischen Säuberungen" zu sehen.

Gegen diese Interpretationen der Lage vermochten die positiven Erfahrungen jüdisch-ukrainischen Zusammenlebens zunächst nur wenig auszurichten. Die Ukrainische Volksrepublik von 1917/19 war der erste Staat Europas, in dem den Juden (wie den Polen und den Russen) eine kulturelle und politische Autonomie gewährt wurde, auch wenn dies wegen der Kurzlebigkeit des Staatsgebildes keine praktischen Folgen hatte.[14]

12 Dies wird sogar von Hunczak (Relations, S. 401) bestätigt, der für die deutschfreundlichen Ukrainer gar den Begriff der „Kollaboration" ablehnt und ihn für prosowjetische Ukrainer empfiehlt: Die UdSSR sei „a supranational union that masked an occupying power". Schlichtweg falsch ist seine These, „Ukrainians were not collaborationists", weil sie sich nicht ideologisch Deutschland angeschlossen hätten. Die zahlreichen positiven ukrainischen Verlautbarungen über den Platz der Ukraine in einem Europa der „neuen Ordnung" strafen diese Behauptung (S. 402) Lügen. Korrekt ist, daß das OUN-Ziel die Unabhängigkeit war und daß dies ab Sommer 1941 zu einem Zerwürfnis zwischen OUN-B und den Deutschen führte. 1944 konnte dieser Bruch jedoch partiell wieder gekittet werden. Daß dies allein taktischen Erwägungen entsprang, ist keineswegs ein Widerspruch – Politik ist ein pragmatisches Phänomen.

13 Vgl. Lagebericht des Kreishauptmanns Stryj, 5./6. 43, Deržavnyj Archiv L'vivskoï Oblasty (DALO) R-1952/1/172, Bl. 83, zit. bei Dieter Pohl, Nationalsozialistische Judenverfolgung in Ostgalizien 1941–1944, München 1996, S. 320.

14 Vgl. als Basis dazu Solomon Goldelman, Jewish National Autonomy in Ukraine 1917–1919, Chicago 1968; eine kurze Diskussion findet sich bei Jonathan Frankel, The Dilemmas of Jewish National Autonomism: the Case of Ukraine 1917–1920,

Beim gegen die polnischen Ansprüche auf Ostgalizien gerichteten Aufstand der Ukrainer in Lemberg im November 1918 erklärten die Lemberger Juden ihre Neutralität, die von der ukrainischen Seite akzeptiert wurde, während viele Polen in der Verweigerung der Unterstützung seitens der zu einem großen Teil polonisierten Juden der galizischen Hauptstadt einen perfiden Akt sahen.[15]

Ein programmatisches Dokument der OUN-B identifizierte die Juden im Frühjahr 1941 mit den Bol'ševiki,[16] und Dieter Pohl verweist in seiner fundamentalen Monographie auf deutliche Anzeichen dafür, daß die OUN-B-Führung auch die Massenmorde der Einsatzgruppen guthieß.[17] Mehr als diese politische Basis dürfte jedoch die landläufige Vorstellung von einer fundamentalen Ukrainerfeindschaft einerseits und einer Polen- und Sowjetfreundlichkeit der Juden andererseits das Klima vergiftet haben. Wenn daher bei den Polen trotz vielfacher antijüdischer Einstellungen die politische Solidarisierung mit den Juden gegen den gefährlichen Okkupanten theoretisch naheliegen mochte,[18] so schienen analoge Erwartungen für die Mehrzahl der Ukrainer unbegründet. Und

in: Potichnyj/Aster (Hrsg.), Ukrainian-Jewish Relations in Historical Perspective, S. 263–279.

15 Vgl. Frank Golczewski, Polnisch-jüdische Beziehungen 1881–1922, Wiesbaden 1981, S. 185–205.

16 „Die Juden in der UdSSR sind die zuverlässigste Stütze des herrschenden bolschewistischen Regimes und eine Avantgarde des moskowitischen Imperialismus in der Ukraine." Postanovy Druhoho Velykoho Zboru Orhanizacïi Ukraïnśkych Nacionalistiv, ščo vidbuvsja v kvitni 1941 r., zit. nach OUN v svitli postanov Velykych Zboriv, Konferencij ta inšych dokumentiv z borot'by 1929–1955, o. O. 1955. Deutscher Text in: Litopys UPA, Bd. 6: UPA v svitli nimećkych dokumentiv, hrsg. v. V. Taras Hunczak, Toronto 1983, S. 41. Zu Recht verweist Hunczak (Relations, S. 397 f.) darauf, daß die Pogrome („violent mass outbursts against the Jewish people") nicht Folge dieses Dokuments waren (das Dokument ist ein Beleg dieser Einstellung). Die taktische Trennung der OUN von deutschen rassistischen Konzeptionen, die er als Positivum anführt, erfolgte hingegen erst nach der Ermordung der Mehrzahl der ukrainischen Juden (1943/44). Ähnlich M. V. Koval', Nacystśkyj henocyd ščodo jevreïv ta ukraïnśke naselennja (1941–1944 r.r.), Ukraïnśkyj istoryčnyj žurnal 1992, H. 2., S. 25–32, hier S. 30. Der Bandera nahestehende Teil der OUN verwarf zudem in den späten 1940er Jahren wieder die demokratisch klingenden Parolen von 1943.

17 Vgl. Pohl, Judenverfolgung, S. 48 f.

18 Daß dem nicht die Praxis entsprach, dokumentiert in diesem Projekt der Beitrag von Kosmala, Ungleiche Opfer, hier S. 36 f. Ein Gegenbeispiel schildert Naftali Fuss aus Lemberg, wo eine Sympathisantin der polnischen Untergrundbewegung sich über den Verrat eines versteckten Juden an die Gestapo freute (Als ein anderer leben, Frankfurt a. M. 1994, S. 157 f.). Überhaupt sollte man sich davor hüten, derartige Generalisierungen durch Einzelfälle überprüfen zu wollen. Der von Kahane Heiman geschilderte

die Klischeebildung folgte dieser Prämisse: Für Polen galt die Gewährung von Hilfe im Zweiten Weltkrieg als geboten und „typisch“, der Kollaboration machten sich nur „Elemente“ schuldig, die man tunlichst aus dem eigenen Volk ausgrenzte. Ganz im Gegenteil dazu bedurfte das Bild der kollaborierenden Ukrainer keiner Erläuterung, es fehlte in keinem Bericht von Überlebenden und ließ es geradezu verwegen erscheinen, ausgerechnet von den „Antisemiten seit 1648“ Hilfe bei Verfolgungen zu erwarten. Nur entsprechen Klischees nicht unbedingt der Realität. Und so gibt es sowohl polnische Kollaborateure[19] als auch ukrainische Retter; in welchem zahlenmäßigen Verhältnis allerdings sie zu den Angehörigen ihrer Nationen stehen, entzieht sich bislang der wissenschaftlichen Erkenntnis.

Zum Stand der wissenschaftlichen Aufbereitung

Die unterschiedlichen politischen Voraussetzungen rechtfertigen hier eine Differenzierung zwischen Polen und Ukrainern in dem Mischgebiet Ostgalizien. Ganz praktische Gründe traten hinzu. In Polen ist die Schoah-Forschung eine bedeutende Position der Wissenschaftslandschaft gewesen: Nach den ersten Schriften unmittelbar im Anschluß an den Zweiten Weltkrieg, den Augenzeugenberichten, ersten wissenschaftlichen Versuchen und den zumeist lauteren Bestrebungen, die Fakten soweit wie möglich zu sichern, hat es nur in der Hochzeit des polnischen Neoantisemitismus nach 1968 eine kurze Unterbrechung der wissenschaftlichen Erschließung der Judenverfolgung und -rettung gegeben. In Polen entbrannte auch eine mehr politische denn wissenschaftliche Auseinandersetzung über das Verhältnis beider Einstellungen.[20]

Fall polnischer Weihnachtskirchgänger, die sich 1942 in Lemberg mit den deutschen Wachen gegen Juden solidarisierten (Leo Heiman, They saved Jews, in: The Ukrainian Quarterly 17 (1961), S. 320–332, hier S. 329), belegt, daß angenommene „Regelmäßigkeiten“ in jeder Hinsicht fragwürdig sind. Und kennzeichnend ist die Reaktion der in den Abwasserkanälen Lembergs ausharrenden Juden auf die Berichte ihres polnischen Helfers Leopold Socha: „‚Some Jews with forged Aryan papers were handed over to the authorities by some people [..].‘ ‚By Ukrainians?‘ ‚Ukrainians, and Poles‘“ (Robert Marshall, In the Sewers of Lvov, London 1990, S. 82).

19 Vgl. Czesław Madajczyk, Kann man in Polen 1939–1945 von Kollaboration sprechen?, in: Werner Röhr (Hrsg.), Okkupation und Kollaboration (1938–1945), Berlin/Heidelberg 1994, S. 133–148.

20 Vgl. dazu die Auseinandersetzung zwischen Yisrael Gutman, Władysław Bartoszewski und anderen: Polish-Jewish Relations during the Second World War: A Discussion, in: Polin 2 (1987), S. 337–358, sowie den Artikel Yisrael Gutmans, Polish and

Da die zeitgenössischen Schriften Emanuel Ringelblums die NS-Judenverfolgung mit dem polnischen Antisemitismus in Zusammenhang brachten,[21] dessen schiere Existenz lange Zeit einfach abgestritten wurde, fand die Veröffentlichung der „Gegenbeispiele", einschließlich der Diskussion über deren Repräsentativität, die Unterstützung der prosowjetischen Machthaber.

Anders verhielt es sich in der Sowjetunion, zu der die Ukraine seit 1944/45 gehörte. Die nur auf den ersten Blick kaum verständlichen Versuche, die judenfeindliche Facette des Zweiten Weltkriegs und der Mordtaten der deutschen „Fašisty" unberücksichtigt zu lassen, sind inzwischen ausreichend bekannt. Die Unterdrückung des „jüdischen Motivs" in der sowjetischen zeitgenössischen Propaganda war ohne weiteres damit zu erklären, daß den sowjetischen Machthabern – ungeachtet anderslautender Beteuerungen – der Antisemitismus der eigenen Bevölkerung bewußt war. So mag die Befürchtung eine Rolle gespielt haben, Hinweise auf die „Lösung der Judenfrage" durch die Nationalsozialisten könnten einen anziehenden Effekt haben. Die Nicht-Veröffentlichung des „Schwarzbuchs" über den deutschen Judenmord und die Auflösung des für die Auslandspropaganda nützlichen „Jüdischen Antifaschistischen Komitees", dessen Mitglieder wie zahlreiche andere prominente Juden im Zuge der Kampagne gegen die sogenannten Kosmopoliten umgebracht wurden, weisen in eine ähnliche Richtung.[22]

In der Sowjetunion sollte zwischen den „Opfern des Faschismus" nicht unterschieden werden; alle Sowjetbürger sollten sich als von den Nationalsozialisten gleichermaßen Verfolgte mit der UdSSR des „Großen Vaterländischen Krieges" solidarisieren, die so zu einer „nationalen"

Jewish Historiography on the Question of Polish-Jewish Relations during World War II, in: Chimen Abramsky u. a., The Jews in Poland, Oxford 1986, S. 177–189.

21 Die erste vollständige polnische Ausgabe erschien erst gegen Ende der 80er Jahre in der Bearbeitung durch Artur Eisenbach (Emanuel Ringelblum, Stosunki polsko-żydowskie w czasie drugiej wojny światowej. Uwagi i spostrzeżenia, Warszawa 1988), eine englische Version liegt vor als Polish-Jewish Relations during the Second World War, Jerualem 1974.

22 Das „Schwarzbuch" über den deutschen Judenmord in der Sowjetunion wurde wieder eingestampft und erschien im Originaltext erst 1980 (Wassilij Grossman, Ilya Erenburg, Černaja kniga, Jerusalem 1980). Vgl. auch Shimon Redlich, Propaganda and Nationalism in Wartime Russia: The Jewish Anti-Fascist Committee in the USSR 1941–1948, New York 1982; Zvi Gitelman, Soviet Reactions to the Holocaust, 1945–1991, in: Lucjan Dobroszycki/Jeffrey S. Gurock (Hrsg.), The Holcaust in the Soviet Union, Armonk/London 1993, S. 3–27; Lukasz Hirszowicz, The Holocaust in the Soviet Mirror, in: ebenda, S. 29–59.

Tradition gekommen war. Damit entfiel aus internen politischen Gründen, aber auch wegen der seit 1948 deutlichen Parteinahme der UdSSR gegen Israel im Nahostkonflikt, in der Regel jeder Hinweis auf den (in der Sowjetunion als Zugehörigkeit zu einer Nationalität begriffenen) jüdischen Kontext von NS-Opfern. Kritik übte daran der Dichter Evgenij Evtušenko in seinem Gedicht „Nad Bab'im Jarom pamjatnikov net" („Es steht kein Denkmal in Babij Jar"), in dem er der Sowjetunion vorwarf, daß man der Toten der größten Einzelmordaktion in der besetzten Ukraine im Babij Jar bei Kiew am 29./30. September 1941 nicht gedachte. Selbst als dann ein Denkmal errichtet wurde, kamen in der Aufschrift nur „Bürger Kiews" vor, und erst eine Zusatztafel in jiddischer Sprache weist seit der Auflösung der Sowjetunion darauf hin, daß Juden unter den Opfern waren.[23]

Anders als polnische Stellen kooperierte die UdSSR denn auch nicht mit der Abteilung von Yad Vashem in Jerusalem, die die Aufspürung nicht-jüdischer Judenretter und deren Würdigung – zunächst mit einem gepflanzten Baum, dann nur noch mit einer Urkunde und der Verleihung des Titels „Gerechter unter den Völkern" – zum Ziel hatte.

Dementsprechend hat sich die Kenntnis von Judenrettungen in der Ukraine ungleichmäßig entwickelt. Aus Ostgalizien lagen von Anfang an viele Berichte über Retter polnischer Nationalität vor, die in Polen selber gesammelt worden waren. In ihrem Zusammenhang wurde man auch auf ähnliche Hilfeleistungen von Ukrainern Ostgaliziens hingewiesen, die nach dem bei der Registrierung üblichen Prinzip der aktuellen territorialen Zugehörigkeit meistens unter „Ukraine" subsumiert wurden. In bisher publizierten Arbeiten zur Rettung von Juden im Zweiten Weltkrieg fehlen daher Hinweise auf Wolhynien- und Galizien-Ukrainer nicht.

Für die Ostukraine dagegen – also das auch bis 1938 sowjetische Gebiet – lagen bis auf einige Aktenhinweise praktisch keine Erkenntnisse vor.[24] Dies hat sich in den letzten Jahren geändert. Seit es in der Ukraine keine Beschränkungen mehr für Auslandskontakte gibt, bemühen sich Gerettete (oder ihre Nachkommen), ihre Retter durch Yad Vashem gewürdigt zu sehen. Die zumeist sorgfältigen Recherchen der Yad-Vashem-Mitarbeiter und -Abgesandten gestatten eine historiographische Würdigung

23 Vgl. William Korey, A Monument Over Babi Yar?, in: ebenda, S. 61–74.

24 Daher ist der Satz Altshulers in Frage zu stellen, daß in der Westukraine mehr Juden als in der Sowjetukraine (in den Grenzen von vor 1939) überlebt hätten. Mordechai Altshuler, Antisemitism in Ukraine toward the End of the Second World War, in: Jews in Eastern Europe 3 (1993), S. 40–81, hier S. 41.

dieser Unterlagen, auch wenn es sich in den allermeisten Fällen um lange post factum verfaßte Berichte handelt. Die erforderlichen Übereinstimmungen und die sich aus den Berichten erschließende einzigartige Atmosphäre der Judenverfolgungszeit unter deutscher Okkupation ermöglichen eine Quellenkritik, die sich allerdings zumeist der Plausibilitätsprüfung bedienen muß; dies läßt jedoch eine durchaus realitätsnahe Darstellung zu. Dabei sind es die Regelmäßigkeiten, die bei Berichten ganz unterschiedlicher Provenienz den Grad der Authentizität erkennen lassen. Die relativ wenigen Überrest-Quellen sind dabei hilfreich, Übertreibungen und offensichtliche Fehleinschätzungen zu korrigieren. Daneben wird „gegen den Strich" gelesen: Positiven Äußerungen der Verfolgten und negativen der Helfer wird ein höherer Stellenwert zugebilligt als umgekehrt. Es besticht jedoch, daß sich Retter häufig sehr bescheiden geben und die Dankbarkeit der Geretteten sich (mit wenigen Ausnahmen) über die Jahre erhalten hat.

Die schiere Zahl der ukrainischen Rettungsmeldungen erstaunt. Jakiv Suslenśkyj, der Vorsitzende der 1979 gegründeten Gesellschaft für jüdisch-ukrainische Beziehungen in Israel, hatte bis 1993 persönlich mehr als 400 Rettungsberichte zusammengestellt.[25] Ende Oktober 1992 konstituierte der erste Jüdische Kongreß der Ukraine einen „Allukrainischen Rat Christlicher Retter von Juden vor dem Faschistischen Genozid", der sogleich 48 ukrainische Judenretter auszeichnete.[26] Bis zum 1. Januar 1995 waren 431 ukrainische Retter durch Yad Vashem anerkannt worden. Nach der Mitteilung der Yad-Vashem-Angestellten kamen seitdem (bis März 1996) etwa 300 weitere Ukrainer hinzu, und die Flut der Meldungen bricht nicht ab.[27] Auf die sowjetischen Gebiete bezogen,

25 Suslenśkyj, Spravžni heroï, S. 11.

26 Vgl. ebenda, S. 140 f.

27 Nach Philip Friedman, Ukrainian-Jewish Relations during the Nazi Occupation (ursprgl. YIVO Annual of Jewish Social Science 12 [1958/9]), in: Marrus (Hrsg.), Public Opinion, vol. 1, S. 358–395, hier S. 387, wurden in Galizien zwischen Oktober 1943 und Juni 1944 100 Ukrainer wegen „Judenbegünstigung" exekutiert. Vgl. auch Filip Fridman, Der Umkum fun di idn in Mizrach-Galitsie, in: Fun letstn churbn (München), 4 (1947), S. 1–13. Für diese Arbeit konnte der Verfasser in der „Righteous among the Nations"-Abteilung des Yad Vashem Instituts (Archiv: YVA) mit Erlaubnis des Leiters Mordecai Paldiel Akten über ukrainische Fälle auswerten, die noch nicht endgültig archiviert waren. Die Signaturen dieser Akten (hier handelt es sich um die Akten mit den Signaturen YVA 5660 und höher) können sich im Zuge der endgültigen Aufbereitung noch ändern. Alle vierstelligen YVA-Signaturen dieses Beitrages verweisen auf Akten in der „Righteous-Abteilung, die zum Zeitpunkt der Archivarbeit (1996) noch nicht in die Bestände des Archivs eingeordnet waren.

seien die meisten Judenrettungen in der Ukraine geschehen – ein auch aufgrund der territorialen Gegebenheiten glaubwürdiges Ergebnis.

Der Beitrag über die Ukrainer mußte daher abweichend von anderen Artikeln dieser Reihe aufgebaut werden. Es konnte nur in sehr geringem Maße auf Publikationen zurückgegriffen werden. Angaben aus dem Gebiet östlich der polnisch-sowjetischen Grenze von 1938 stützen sich fast durchweg auf erstmals bearbeitete Akten.

Auch die ukrainische Emigration hat bisher kaum Ergänzendes publiziert. Sie wehrte sich zwar gegen den Vorwurf des ukrainischen Antisemitismus und versuchte, ihn mit Einzelbeispielen zu widerlegen,[28] aber dies waren wenig erfolgreiche Bemühungen. Die Emigration stand den nationalistischen Formationen (sei es der Petljura-Richtung, sei es der OUN) nahe und genoß daher bei Gegnern wenig Glaubwürdigkeit, nicht zuletzt, weil man sich lange Zeit weigerte, irgendwelche Verbrechen von Ukrainern einzugestehen. Gerade das Herunterspielen der ukrainischen Beteiligung an der Judenvernichtung trug paradoxerweise zu dem negativen Image bei, das die ukrainische Emigration genoß.[29] Man versuchte, Kollaboration als grundlosen Vorwurf sowjetischer Propagandisten bzw. als Randerscheinung abzutun.[30] Durchaus glaubhaft ist andererseits auch Hunczaks Bedauern darüber, daß gerettete Juden wegen der verbreiteten Stereotypisierung Hemmungen hatten („did not consider it proper"), ihre ukrainischen Retter namhaft zu machen.[31]

28 Vgl. Lev E. Dobriansky, The Revived Myth of Ukrainian Anti-Semitism, in: The Ukrainian Quarterly 5 (1949), S. 164–174; Hunczak, Relations, passim.

29 Hunczak tut dies nicht rundweg, sondern stellt die ukrainischen Judenmörder als atypische Kriminelle und die Pogrome von 1941 als zu kritisierende „Reaktionen" hin.

30 Vgl. Wolodymyr Kosyk, The Third Reich and Ukraine, New York u. a. 1993, S. 127, 263. Immerhin attestiert Leo Heiman in einem sogleich abgeschwächten beiläufigen Satz auch: „Each occupied nation had its share of pro-Nazi collaborators, and the Ukrainians were no exceptions." Ukrainians and the Jews, in: The Ukrainian Quarterly 17 (1961), S. 107–116, hier S. 112. In einem anderen Beitrag konzediert Heiman: „Now no one will deny that criminal elements, big-city hoodlums and village riffraff, bereft of honesty and moral conscience, flocked to the Nazi-organized police in Ukraine." Heiman, They saved, S. 320. Ganz ähnlich argumentierte der ukrainische Präsident Leonid Kravčuk während seines Staatsbesuchs in Israel im Januar 1993, als er die feindliche Haltung gegenüber den Juden bis zum 1. Dezember 1991 als „nicht ukrainische Politik" abtat – für die er als Parteichef der Ukraine letztlich auch verantwortlich war –, während er Rettungsversuche im Zweiten Weltkrieg als „Zeichen des großen Selbstopfers der Ukrainer hervorstrich". Holos Ukraïny 19. 1. 1993, nach Suslens̕kyj, Spravžni heroï, S. 140.

31 Hunczak, Relations, S. 404. Hier ist es ohne weitere Kenntnisse müßig, sich Gedanken darüber zu machen, ob die Geretteten ihre Retter nicht benannten, weil sie sich

Seit den 1980er Jahren wurde in mehreren Konferenzen versucht, diese Sprachlosigkeit zu überwinden.[32] In der Ukraine ging man nach der Unabhängigkeitserklärung von 1991 ganz bewußt zu einer projüdischen Politik über, nicht zuletzt, um die mit falschen Gerüchten über intendierte Pogrome sensibilisierte Auslandsmeinung zu beschwichtigen. Die Staatsführer bemühten sich, von dem früheren Klischee abzuweichen: Die Brodskij-Synagoge in Kiew, in der ein Puppentheater untergebracht war, wurde im November 1992 der jüdischen Gemeinde zurückgegeben. Der Grad an meßbarem Antisemitismus sank,[33] und die Bekenntnisse zu Rettungstaten wurden häufiger. Die neue Einstellung fällt vielen sichtbar schwer. Ein erster wissenschaftlicher Artikel, der sich mit der Haltung der Ukrainer zur Judenvernichtung beschäftigt, gibt zwar die Beteiligung zu, versucht sie jedoch sofort wieder „auszugrenzen". Der ukrainischen Hilfspolizei werden zwar Vorwürfe gemacht, diese jedoch als „untypisch" abgewertet: „Die Polizei bildete ja nicht mehr als 1 % der lokalen Bevölkerung".[34] Der größte Teil des Artikels beschäftigt sich dann mit Rettern, einer ganz gewiß nicht größeren Gruppe. Der Verfasser kommt zu dem eher makabren Ergebnis, die „Mehrheit (der Ukrainer habe) eine neutrale Position eingenom-

selber (in ihrer antiukrainischen Umgebung) oder ihre Retter (in deren antijüdischer Umgebung) Unannehmlichkeit ersparen wollten. Vgl. die ähnliche Aussage Heimans, They saved, S. 323, über das angebliche Tabu für Juden bzw. Israelis, etwas Positives über die ukrainische Nationalbewegung zu sagen. Hunczaks Hinweis auf die Förderung der Stereotypisierung durch jüdische Historiker ist jedoch fehl am Platze. Zwar ist die Historiographie nicht arm an quellenbedingten Problemen, der Vorwurf an Hilberg, durch die Erwähnung ukrainischer Wachen in Sobibór, – Hunczak: „What is the evidence for such a statement?"; Relations, S. 413 –, nur Stereotypen zu bestärken, ist spätestens seit dem Demjanjuk-Prozeß (auch wenn dieser nicht die ihm vorgeworfenen Taten begangen hat) und dem Nachweis der Kommandierung von Trawniki-Wachmannschaftsangehörigen nach Sobibór unhaltbar.

32 Eine erste Konferenz hatte 1983 in Kanada stattgefunden; vgl. Potichnyj/Aster (Hrsg.), Ukrainian-Jewish Relations in Historical Perspective. Eine zweite fand 1991 in Kiew, vgl. Liudmila Dymerskaya-Tsigelman, Conference on Ukrainian-Jewish Relations, in: Jews and Jewish Topics in the Soviet Union and Eastern Europe 3 (1991), S. 78–87, eine dritte 1993 in Jerusalem statt – sie war nach der Meinung der Teilnehmer schon erheblich weniger politisiert. In der Sitzung über die Schoah, die in Yad Vashem stattfand, prallten die Meinungen jedoch wieder aufeinander, vgl. Liudmila Dymerskaya-Tsigelman, Conference on Jewish-Ukrainian Relations in the Twentieth Century, in: Jews in Eastern Europe 21 (1993), S. 83–88.

33 Vgl. Robert J. Brym/Rozalina Rykina, The Jews of Moscow, Kiev and Minsk, New York 1994, S. 56.

34 Koval', Henocyd, S. 27.

men".[35] Hier ist noch ein weiter Weg zu gehen, bis man mit dem Negativen in der eigenen nationalen Gruppe umzugehen lernen wird.

Yad Vashem hat für die Anerkennung von Rettern Kriterien erarbeitet.[36] Wir sind abweichend davon der Meinung, daß nicht völlig uneigennützige Motive der Retter keineswegs rundweg kritisiert werden sollten. Ohne ein Eigeninteresse wären noch viel mehr Menschen umgekommen.[37] Der Hinweis darauf in Berichten ist bei der moralischen Kritik, der Eigeninteresse ausgesetzt ist, gleichsam ein Echtheitsbeleg des jeweiligen Berichts.

Zwei Feststellungen sind für die Bewertung des Folgenden grundlegend:

Es waren die Deutschen – zivile Besatzer, Untergebene des Reichsführers SS und Angehörige der Wehrmacht –, die die Umstände des Zweiten Weltkriegs, der Judenverfolgung und -vernichtung gestaltet haben. Nur durch ihre Aktionen entstand der Raum, in dem sich die einheimische Bevölkerung zwischen Kollaboration und Widerstand, zwischen Pogrom und Denunziation oder Rettung zu entscheiden hatte.

Anders als von den Geretteten gibt es aus der Feder der Umgekommenen keine Berichte. Nichts ist jedoch in der Historiographie gefährlicher als die halbe Wahrheit, die vom zur Generalisierung neigenden Publikum für die ganze gehalten wird. Daher kann ein Beitrag über die Judenrettung in der Ukraine nicht ohne die andere Seite der Medaille auskommen, die Mitwirkung bei der Verfolgung. Beide Faktoren bieten einander jeweils den Hintergrund, vor dem sie bewertet werden müssen.

Die Verfolgung der Juden in Ostgalizien

Mit dem deutschen Überfall auf die Sowjetunion am 22. Juni 1941 kamen große ukrainische Gebiete mit einer zwar nicht geschlossen siedelnden, aber recht dichten jüdischen Bevölkerung unter deutsche Herrschaft.

35 Ebenda, S. 28.

36 Aktive Handlung, Bewußtsein der Gefahr für den Retter, Lebensgefahr für den Geretteten, keine geldliche Kompensation für die Rettung, Dokumentation; vgl. Paldiel, The Path of the Righteous, S. 5.

37 Eindrucksvoll schreibt Naftali Dov Fuss (Ghetto Drohobyč) über einen deutschen Beschaffer illegaler Papiere: „Ob er aus Menschlichkeit oder schlichter Geldgier handelte, wußten wir nicht, aber schließlich konnten wir uns in unserer Lage keine Gedanken über die Beweggründe unserer Wohltäter machen. Es gab davon so wenige, daß jede Hilfe, auch gegen hohe Bezahlung, in unseren Augen ein mildtätiger Akt war." Naftali Dov Fuss, Als ein anderer Leben, S. 60 f.

Den Fronttruppen folgten die Einsatzgruppen der Sicherheitspolizei und des SD, die Kampfgebiet und Etappe durch die Tötung von politisch und rassisch definierten Menschen sichern sollten. Die Einsatzgruppen waren bereits in diesem Stadium auf Beihilfe angewiesen. Zu den Helfern gehörten deutsche Wehrmachtsangehörige ebenso wie Teile der einheimischen Bevölkerung, die Rache an den mit den Juden assoziierten Bol'ševiki und von den Deutschen zu diesem Zeitpunkt noch Befreiung und materielle Besserstellung erhofften.

Die Fähigkeiten der Deutschen im Aufspüren von Juden waren beschränkt. Entgegen den rassistischen Vorgaben entsprachen die Juden Osteuropas nicht immer dem Menschentypus, den Durchschnittsdeutsche auf der Basis von antisemitischer Literatur erwarteten, und daher begrüßten es die Mörder, daß Einheimische den Mordkommandos die Juden aufzeigten, solange keine Bürokratie über „Ausweise" und aufgenähte Zeichen die Juden identifizieren konnte. Den ukrainischen Milizen und später der ukrainischen Hilfspolizei und den Schutzmannschaften bezeugt Pohl „einen wichtigen Anteil an der Suche nach untergetauchten Juden".[38]

Das Aufzeigen von Juden durch Ukrainer und die Pogrome im Sommer 1941 waren ein neues Phänomen des „Rußlandfeldzugs". In Polen hatte es 1939 zwar auch schon Einsatzgruppen gegeben, die Zahl der Mordopfer reichte jedoch nicht entfernt an diejenige von 1941/42 heran, und die Partizipation der Einheimischen war eher gering.[39] Erst für „Barbarossa" war auch die „Rechtsgrundlage" insofern geschaffen worden, als das Kriegsrecht außer Kraft gesetzt und die Tötung außerhalb von unmittelbaren Kampfhandlungen sanktioniert worden waren. Die Historiographie ist sich auch weitgehend darin einig, für 1939 noch

38 Pohl, Judenverfolgung, S. 104. Vgl. auch die Meldung aus Chotyn', wonach Juden „durch mehrere Razzien und Hilfe ukrainischer V-Männer erfaßt und entsprechend behandelt" werden konnten; Meldung vom 10. 7. 1941, zit. nach Friedman, Ukrainian-Jewish Relations, S. 378, auch Gutachten des Instituts für Zeitgeschichte, München 1958, S. 143. Da ist es fast schon positiv, wenn es in einem Bericht heißt, ukrainische Soldaten (es dürfte sich aber eher um Polizisten, wenn nicht um Partisanen gehandelt haben) hätten eine junge Jüdin und die ältere Frau, bei der sie sich versteckte, „nur" zusammengeschlagen. YVA 144 nach Paldiel, The Path of the Righteous, S. 282.

39 Dies sagt Pohl auch für Ostgalizien, wenngleich nähere Daten bisher nicht ermittelt werden konnten. Nach Pohl gibt es Einzelbeispiele „in großer Zahl", die sich jedoch „nicht exakt quantifizieren" ließen. Andererseits begründet Pohl den Einsatz von V-Leuten „wegen des geringen Anteils der Denunziationen aus der Bevölkerung." Pohl, Judenverfolgung, S. 104.

keine rücksichtslose Tötungskampagne anzusetzen. Juden sollten noch erfaßt, „konzentriert“ und als Arbeitskräfte gebraucht werden.

Insofern gewann auch die Unterstützung durch Einheimische im Sommer 1941 eine neue Qualität. Der deutsche Einmarsch war von einer Pogromwelle begleitet. Redlich geht davon aus, daß die erste Mordwelle insgesamt etwa 30 000 Juden das Leben kostete, Aharon Weiss nimmt etwa 24 000, Pohl 12 000 Opfer an.[40] Die allermeisten wurden von den Angehörigen der Einsatzgruppen und der beihelfenden Wehrmacht ermordet. Aber daneben gab es auch Pogrome der Ukrainer. Bis heute bestehen Differenzen darüber, in welchem Maße die Deutschen für diese Pogrome verantwortlich sind.[41] Sicher ist, daß Ukrainer Pogromtäter waren, ebenso, daß sie von den Deutschen nicht „aufgehetzt“ zu werden brauchten. Die Förderung, Begünstigung und Nutzung[42] dieser Akte ist wahrscheinlicher als die Annahme, die ortsfremden Deutschen hätten sie organisiert.[43] Die Ausschreitungen in Lemberg, die vor dem deutschen Einmarsch ausbrachen, forderten bereits zahlreiche Opfer.[44] Ukrainische

40 Vgl. Redlich, Metropolitan, S. 201; Aharon Weiss, Jewish-Ukrainian Relations in Western Ukraine during the Holocaust, in: Potichnyj/Aster (Hrsg.), Ukrainian-Jewish Relations in Historical Perspective, S. 409–20; hier S. 413; Pohl, Judenverfolgung, S. 67.

41 Vgl. Andreas Kappeler, Kleine Geschichte der Ukraine, München 1994, S. 221.

42 Vgl. Pohl, Judenverfolgung, S. 67, der – hier etwas unscharf – schreibt, nur wenige Pogrome könnten als spontane Ausschreitungen interpretiert werden und von einer (über einige Fälle hinaus nicht nachgewiesenen) Planung durch Sicherheitspolizei und Abwehr spricht, dann aber „den OUN-Gruppen und insbesondere der gerade aufgestellten Miliz eine entscheidende Funktion bei der Organisierung und Durchführung“ attestiert. Selbst bei den Massenmorden der Einsatzgruppen erkennt Pohl den Beitrag der „ortsansässigen Miliz“ zur Erfassung der Juden: „manchmal tat sie dies aus eigenem Antrieb“; ebenda, S. 65. Pretzel schreibt, die Ukrainer, „being given a free hand by the Germans“, hätten sich tentativ auf die deutsche Seite geschlagen: „it paid the Ukrainians to assist the Germans – just in case“. Marian Pretzel, Portrait of a Young Forger, St. Lucia/Queensland 1989 (Erstausgabe unter dem Titel By My Own Authority, St. Lucia 1985), S. 48 f.

43 Vgl. dazu Andrzej Żbikowski, Lokalne pogromy Żydów w czerwcu i lipcu 1941 roku na wschodnich rubieżach II Rzeczypospolitej, Biuletyn Żydowskiego Instytutu Historycznego, 2/3 (1992), S. 3–18. Żbikowski stützt sich auf die zahlreichen durch das Jüdische Historische Institut in Warschau gesammelten Zeitzeugenberichte. – Englische Kurzfassung: Local Anti-Jewish Pogroms in the Occupied Territories of Eastern Poland, June–July 1941, in: Dobroszycki/Gurock, The Holcaust in the Soviet Union, S. 173–179.

44 1000 nach Filip Friedman, Zagłada Żydów lwowskich w okresie okupacji niemieckiej, München ²1947, S. 9. Nach Lipschütz dauerte die „herrenlose Zeit“ in Lemberg zwei Tage an; I. T. Lipschütz-Lipinski, Hans Duda und die Askaris,

Milizen (die man nicht mit den Angehörigen der Abwehr-Legionen verwechseln darf, wie dies fälschlicherweise im Zusammenhang mit den Oberländer-Prozessen erfolgt ist) begannen sie auf eigene Faust und setzten sie fort, als die Deutschen im Lande waren. Die Mordwelle kulminierte in den sogenannten Petljura-Tagen, an denen zum „Gedenken" an das Petljura-Attentat vom 25. Mai 1926 zwischen dem 25. und dem 27. Juli [!] 1941 Ukrainer und Deutsche – zweifellos unter deutscher Leitung – Juden mißhandelten und umbrachten. Die Beteiligung von Ukrainern zwischen Auslösung, aktiver Teilnahme, Sicherung und Billigung dieser Massaker ist bisher unscharf geblieben.[45] Aber selbst hier gab es Widerstände aus der einheimischen Bevölkerung.[46] Die Überlebenden-Berichte enthalten durchaus differenzierende Feststellungen: So schreibt Fuss, daß in Truskaveć einerseits ukrainische Kollaborateure nach Nutznießern der sowjetischen Herrschaft suchten, er selber sich jedoch „gut mit den ukrainischen Arbeitern" verstand und ein „gutes Verhältnis zu [seinem] Vermieter [hatte], der trotz seiner ukrainischen Abstammung liberal eingestellt und sehr freundlich zu [ihm] war".[47] Zu lesen ist die Meinung, die Milizen der „ersten Stunde" seien zum Teil noch von den Sowjets aufgestellt worden: In der Tat traten auch Angehörige der sowjetischen Miliz (= Polizei) in die neuen Formationen ein, die noch einer wissenschaftlichen Erschließung harren.[48] Allerdings wäre es wohl verfehlt,

Tel Aviv 1971, S. 63. Zu berücksichtigen wäre dabei auch, daß es bereits im September 1939 in Lemberg zu Gewaltausbrüchen gegen Polen und Juden gekommen war, die nicht mit der Identifizierung der Juden mit den Bol'ševiki oder deutschem Einfluß zu erklären wären, sondern auf das Vorhandensein eines Gewaltpotentials hinweisen könnten. Vgl. Pohl, Judenverfolgung, S. 56.

45 Vgl. dazu Pohl, Judenverfolgung, S. 54 f.

46 So zitiert etwa Raschhofer aus den Akten des Bonner Nachtigall-Verfahrens von 1960 die Aussage des jüdischen Zeugen E. B., der dem ukrainischen Hausmeister seines Hauses bescheinigt, sich vor die Haustür gestellt und der ukrainischen Miliz, die auf Judensuche von Haus zu Haus ging, erklärt zu haben, „daß in diesem Haus keine Juden seien"; Hermann Raschhofer, Der Fall Oberländer, Tübingen 1962, S. 57. Jacek Wilczur berichtete in einem Bericht für die polnische Zachodnia Agencja Prasowa 1960, daß es einem Chemieingenieur gelang, den Exekutionen der ukrainischen Miliz und der Deutschen zu entkommen und bei einem ukrainischen Nachbarn Versteck zu finden, „der ihn nicht ausgeliefert hat, weil er selber gegen die Deutschen war". Zit. nach A. Drożdżyński/J. Zaborowski, Oberländer, Poznań/Warszawa 1960, S. 187.

47 Fuss, Als ein anderer, S. 52.

48 Verwiesen sei hier auf den Vermerk von Tadeusz Lipschütz-Lipinski, der 1941 bei der Lemberger Stadtversicherung arbeitete: „Die bisher den Russen ergebenen Ukrainer drehten flugs ihre Gewehre um und gesellten sich den Nazis zu"; Lipschütz-Lipinski,

ihre Aktivitäten primär auf die sowjetische Vergangenheit zurückzuführen,[49] wenngleich durchaus möglich ist, daß Sowjettäter ihre „Vergangenheit“ durch die neue Parteinahme auszugleichen suchten.

Die grausigen Massenmorde der Sowjets an „konterrevolutionären“ Häftlingen vor ihrem hastigen Aufbruch (etwa in Lemberg) und die Verknüpfung von Juden und Bol'ševiki weckten die Erwartungen einer Pogromgenehmigung, die als Gerücht in der Geschichte Galiziens Tradition hatte. Pohl dokumentiert OUN-B-Planungen, die ukrainischen Milizen gegen die Juden einzusetzen.[50] Kommt dabei den deutschen „Anweisungen“ die Hauptbedeutung zu? Pohl wie Gross weisen auf die traditionelle Struktur der Pogrome hin, und vor allem auf den Dörfern ist der „prämoderne“ Verlauf der spontanen Gewalttätigkeiten deutlich.[51] Die jüdischen Gedenkbücher (die Friedman schon früh ausgewertet hat), die Berichte Überlebender enthalten, belegen die Beteiligung der ukrainischen Intelligenz an den ersten antijüdischen Maßnahmen der Okkupanten,[52] wobei über selbständige Aktionen, „Aufrufe“ an die Deutschen (Kosiv, Hlinjany, Zoločiv, Žovkva) und gemeinsame Handlungen berichtet wird.[53]

Duda, S. 61. „Verwaltung und Wirtschaft, Versorgung und Polizeiapparat übergaben die Deutschen jenen, die gerade erst den Russen die Steigbügel gehalten hatten. Ihre sich offenbarende Grausamkeit gegenüber Juden und Polen übertraf oftmals die ihrer deutschen Herren“; ebenda, S. 63.

49 Vgl. Heiman, They saved, S. 322. Zur Zusammensetzung dieser Miliz vgl. u.a. Raschhofer, Fall Oberländer, S. 57 ff.

50 Pohl, Judenverfolgung, S. 58.

51 Vgl. ebenda, S. 67; Jan T. Gross, The Jewish Community in the Soviet-Annexed Territories on the Eve of the Holocaust, in: Dobroszycki/Gurock (Hrsg.), The Holocaust in the Soviet Union, S. 155–171, hier S. 170.

52 Das 1946 geschriebene Tagebuch der Jeanette Margules nennt etwa für Tarnopol ein ukrainisches Komitee, das mit den Deutschen bei der Organisierung des Juli-Pogroms (4.–11. 7. 1941) zusammenarbeitete und dem der Apotheker Bilińskyj und die Lehrerin Chomova angehörten. Die Hausmeister meldeten die in „ihren“ Häusern lebenden Juden; Żaneta Margules, Moje przeżycia w Tarnopolu podczas wojny, in: Biuletyn Żydowskiego Instytutu Historycznego 36 (1960), S. 62–94, hier S. 62. Der neue ukrainische Stadtrat von Žovkva soll bestimmt haben, die Juden aus der Stadt in das Dorf Wola Wysocka zu verweisen und wegen des deutschen Widerspruchs dagegen ein Verbot verfügt haben, den Marktplatz zu betreten. Gerszon Taffet, Zagłada Żydów żołkiewskich, Łódź 1946, S. 16.

53 Vgl. die bibliographischen Angaben und die Kurzberichte bei Friedman, Ukrainian-Jewish Relations, S. 374 f. Daß Heiman (They saved, S. 322) schreibt: „Not a single Ukrainian intellectual or national liberation movement leader took part in these brutal excesses“, belegt nur die Exkulpierungstaktik, die immer wieder eingeschlagen wird.

Der „Einsatzbefehl Nr. 1" an die Einsatzgruppen bestimmte: „Den Selbstreinigungsbestrebungen antikommunistischer und antijüdischer Kreise [...] ist kein Hindernis zu bereiten. Sie sind im Gegenteil, allerdings spurenlos[,] auszulösen, zu intensivieren[,] wenn erforderlich[,] in die richtigen Bahnen zu lenken, ohne daß sich diese örtlichen ‚Selbstschutzkreise' später auf Anordnungen oder auf gegebene politische Zusicherungen berufen können."[54] Neben Lemberg kam es in Sambir, Zoločiv, Chorostkiv und Tarnopol (ukr. Ternopil') zu Pogromen mit höheren Opferzahlen.[55] Schikanen der Ukrainer wurden vor der Ankunft der Besatzer aber etwa auch aus Stanislau (ukr. Stanyslav oder Stanyslaviv, heute Ivano-Frankivśk) berichtet, wo nicht die Deutschen, sondern ungarische Truppen einmarschierten.[56] In Kolomea fand ebenfalls ein spontaner zweitägiger Pogrom statt, bevor die Ungarn kamen, und in Horodenka, Mel'nycja-Podilśka und Stanislau entwaffneten die Ungarn die pogrombereiten bzw. schon aktiven Ukrainer und verhinderten bzw. beendeten die Ausschreitungen.[57] Eine eigene Sprache sprechen die Berichte aus Terebovlja: Vor dem Einmarsch der Deutschen ließen Ukrainer Juden marschieren und die ukrainische Hymne singen: „Wer nicht in ordnungsgemäßer Aufstellung marschierte, wurde sofort erschossen". Dann ließen sie Juden einander umbringen – „danach übernahmen die Deutschen [...] die Stadt".[58]

54 Heydrich an Chefs der Einsatzgruppen des SD, 29. 6. 1941, zit. nach Pohl, Judenverfolgung, S. 58 f. Aber auch dessen Wortlaut und Entstehungszeit deuten darauf hin, daß diese Vorgänge weder vorhergesehen, geschweige denn geplant waren und daß der Passus eher darauf abzielte, den Deutschen angesichts der Pogrome eine Verhaltensmaßregel zu geben.

55 Vgl. Gert Robel, Sowjetunion, in: Wolfgang Benz (Hrsg.), Dimension des Völkermords. Die Zahl der jüdischen Opfer des Nationalsozialismus, München 1991, S. 499–560, hier S. 522 f. Vgl. die sorgfältig abwägende Bewertung bei Pohl, Judenverfolgung, S. 59, sowie die quellenmäßige Erschließung ebenda, S. 60. Für Zoločiv ist der Rachecharakter, ausgelöst durch die OUN-Marschgruppe unter Ivan Klymiv-Lehenda, belegt; Pohl, Judenverfolgung, S. 64. In Berežany stürzte sich eine rasch formierte Miliz mit Eisenstangen und Knüppeln auf die Juden; L. S. Roth, Tarnopol, in: S. F. Sabrin, Alliance for Murder, New York 1991, S. 209.

56 Vgl. Juliusz Feuerman, Pamiętnik ze Stanisławowa (1941–1943), in: Biuletyn Żydowskiego Instytutu Historycznego 59 (1966), S. 63–91, hier S. 63, vgl. auch die Angaben zu Obertyń bei Anm. 68.

57 Vgl. Żbikowski, Lokalne pogromy, S. 16.

58 Shenya Bomza, This is How I was Saved, in: Sabrin, Alliance, S. 189 f. Ähnlich in Ivanivka mit einem Interregnum von zwei Wochen: „It was very cruel. They killed Jews in cold blood and in a very primitive manner (with axes)"; Isaac Kehana, How I Lived through the Holocaust, in: Sabrin, Alliance, S. 193 f.

Ob aus Eigeninitiative, ob hierzu durch das deutsche Beispiel motiviert: in Ostgalizien stellte sich Ukrainern, sofort nachdem der Krieg ihre Gebiete erreichte, die Frage, ob sie an den offensichtlichen Verbrechen der neuen Oberherren partizipieren wollten. Daß die Antwort auf diese Frage schwierig war, mögen Beispiele aus dem Bereich des unierten Klerus belegen, dessen Mitglieder eine nicht unwesentliche Rolle im westukrainischen nation-building gespielt haben. Die von den Deutschen bewußt als Instrument der Machtsicherung eingesetzte Kirchenpolitik – die Wiederzulassung von freierer nicht-katholischer Religionsausübung – erleichterte auch den regressiven Zugriff auf religiöse antijüdische Motive, mit denen sich die antisemitische Einstellung denjenigen vermitteln ließ, denen politische Motive ferner lagen.

Der charismatische Führer der griechisch-katholischen (unierten) Kirche, über den eine überaus kontroverse Literatur besteht,[59] der Lemberger Metropolit Andrej Šeptyćkyj, ist ein Beispiel für die Ambivalenz kirchlicher Haltungen. Der Metropolit begründete seine engen Beziehungen zu Juden und Karaiten einmal damit, er habe gehofft, damit seine Gesprächspartner dem christlichen Gott näherzubringen, also Mission zu betreiben.[60] Daß die Mission und der Gedanke an die Überwindung des Schismas stets zu den wichtigsten Anliegen Šeptyćkyjs gehörten, steht außer Zweifel. Nun ist ein solches aus der Heilserwartung des Geistlichen abzuleitendes Ziel keineswegs anrüchig, ist es doch von dem Gedanken an eine dem subjektiven Religionsverständnis entsprechende Rettung getragen. Nur traf es in diesem Falle nicht zu. Nicht nur Šeptyćkyj kann fraglos als Gegner des Antisemitismus gelten. Der Bischof Ivan Bučko, nach dem Zweiten Weltkrieg ein wichtiger Führer der Unierten, hatte sich bereits 1936 gegen Antisemitismus ausgesprochen und dies auch in der ukrainischen Presse in Polen verbreiten lassen.[61]

59 Edward Prus, Władyka Świętojurski, Rzecz o arcybiskupie Andrzeju Szeptyckim (1865–1944), Warszawa 1985. Obwohl dieses Buch überaus umstritten ist und auch von der polnischen Historiographie partiell zurückgewiesen wurde, bietet es durchaus einen Blick auf die schillernde Person des Metropoliten. Vgl. auch Paul Robert Magocsi (Hrsg.), Morality and Reality. The Life and Times of Andrei Sheptyts'kyi, Edmonton 1989, darin: Hansjakob Stehle, Sheptyts'kyi and the German Regime, S. 125–144, und Shimon Redlich, Sheptyts'kyi and the Jews during World War II, S. 145–162. Eine solide wissenschaftliche Biographie Šeptyćkyjs steht noch aus.

60 Vgl. dazu die Ausführungen von Shimon Redlich, Metropolitan Andrei Sheptyts'kyi, Ukrainians and Jews during and after the Holocaust, in: Remembering for the Future, Oxford u. a. 1988, S. 197–206, hier S. 199.

61 Vgl. Redlich, Metropolitan, S. 200.

Zweifel kommen indes auf, wenn man die Haltung Šeptyćkyjs beim deutschen Einmarsch zum Nominalwert nimmt. Wie viele Ukrainer, die das Ende der Sowjetherrschaft herbeisehnten, begrüßte er die Anfangssiege der Deutschen. Von seinem bipolaren Denken getragen, sah er – wie die Mehrzahl der nationalorientierten Ukrainer – in der Ablösung der Sowjets ein vorrangiges Positivum. So sind auch die Aussagen seines Hirtenbriefs vom 1. Juli 1941 zu verstehen, in dem er die „siegreiche deutsche Armee als Befreierin" begrüßte, und die Gratulation zur Einnahme Kiews vom 23. September 1941, in der er sich Hitler gegenüber als „Freund Deutschlands in diesem Kampf" offenbarte und versprach, für den Sieg zu beten.[62] Daß er in seinem ersten Brief an den Papst die Hoffnung geäußert habe, der deutsche Sieg würde den atheistischen Kommunismus eliminieren, ist aus der vatikanischen Edition nicht nachweisbar.[63] Für den Metropoliten standen kirchliche Fragen im Vordergrund; er machte sich tatsächlich Hoffnungen auf die „Wiedervereinigung" der orthodoxen Christen in der „Großen Ukraine" (Ostukraine) mit Rom.[64]

Aber es gibt auch Hinweise darauf, daß Hunderte von Ukrainern versuchten, Juden zu retten, und viele deswegen in Ostgalizien exekutiert worden sind.[65] Friedman, der die pro-deutsche Haltung in zahlreichen Städten beschreibt, versäumt nicht, darauf hinzuweisen, daß

62 Teilabdruck in V. Zarečnyj, Al'jans: OUN-SS, in: Voenno-istoričeskij žurnal 4 (1991), S. 53–62, hier S. 62. In die Irre führt Stehles Erläuterung, der Metropolit habe der „gemäßigteren Fraktion der OUN-M" nahegestanden; Stehle, Sheptyts'kyi, S. 127. Ihr Antisemitismus war eher stärker als derjenige der OUN-B.

63 Šeptyćkyj erklärte in diesem Schreiben nach dem vorliegenden Text nur, die Sowjets hätten in bezug auf die Ukrainer „non sans raison" vermutet, jene erwarteten Hilfe von den Deutschen. Im übrigen beschrieb er realistisch die sowjetische Herrschaft, deren Frucht sei, daß nun niemand mehr an die kommunistische Propaganda glaubte. Vgl. Šeptyćkyj an Rotta, 30. 8. 1941, Le Saint-Siège et la situation religieuse en Pologne et dans les Pays Baltes 1939–1945, Città del Vaticano 1967, Dok. 297/S. 440. Zu berücksichtigen ist dabei, daß der Briefwechsel unter Vermittlung deutscher diplomatischer Stellen erfolgte, so daß sich Kritik an den Deutschen von selber verboten haben dürfte. Hryhorij Chomyšyn, der Bischof von Stanislau, berichtete in seinem Brief an den päpstlichen Nuntius in Budapest Angelo Rotta vom 6. August 1941 ebenfalls ausschließlich über die Untaten der Sowjets („Quid sunt bolscevici, impossibile est verbis enarrare. [...] Ii sunt bestiae spiritu diabolico imbuti"), ohne über die deutschen Morde ein Wort zu verlieren; Chomyšyn an Rotta, 6. 8. 1941, ebenda, Dok. 289/S. 424.

64 Šeptyćkyj an Rotta, 7. 11. 1941, ebenda, Dok. 324/S. 493.

65 Vgl. die Angaben von Filip Friedman sowie die von Aharon Weiss gesammelten Daten, hier nach Redlich, Metropolitan, S. 201.

insbesondere in den höherrangigen ukrainischen Organen, den Komitees von Lemberg und Krakau, keine judenfeindliche Stimmung herrschte. So habe das Ukrainische Hilfskomitee eine ukrainisch-jüdische Hilfsorganisation für Häftlinge geschaffen, die auch ein Memorandum gegen die Ghettoisierung der Lemberger Juden verfaßt habe.[66] Damit aber wird die Judenfeindschaft als nicht von oben empfohlenes, sondern „unten" verbreitetes Element des alltäglichen Lebens identifiziert, in welchem die Juden versteckt oder getarnt zu überleben versuchten.[67]

Daß Nachrichten über Hilfe nur sporadisch vorliegen, hängt nicht zuletzt mit der lange Zeit brachliegenden Forschung zusammen. In Obertyń in der Nähe von Kolomea (ukr. Kolomyja) schützten Ukrainer, darunter ein unierter Geistlicher, die Juden nach dem Abzug der Sowjets vor dem „Volkszorn" ihrer Landsleute, bis das Gebiet am 9. Juli 1941 von ungarischen Truppen besetzt wurde, die weitere antijüdische Maßnahmen unterbanden. Dieser Vorgang ist deshalb so signifikant, weil er auch für einen kleineren Ort belegt, daß – ohne deutsche Hetze – antijüdisches Ressentiment ohne weiteres in Gewalt und Mord umschlagen konnte, daß andererseits Judenfeindschaft aber auch kein zwangsläufiger Affekt galizischer Ukrainer war und daß die Haltung der Besetzer für die Fortsetzung – nicht die Auslösung – der Judenverfolgung von Bedeutung sein konnte.[68]

66 Angeführt von Kost' Pankivs'kyj, Roky nimećkoï okupaciï, Lysty do pryjateliv, Bd. 5, H. 8 (August 1957), S. 10 ff., nach Friedman, Ukrainian-Jewish Relations, S. 377. Pankivs'kyj führte später aus, daß das Ukrainische Komitee in Lemberg und die Bezirkskomitees Juden dadurch retteten, daß sie ihnen – auf eigene Verantwortung, also nicht von Amts wegen – ukrainische Papiere ausstellten. Er nannte als Begünstigte seinen Bekannten aus der Apothekenverwaltung Martin Liebesmann und jüdische Ehefrauen von Ukrainern. Auch ließen die Ukrainer Juden in ihren ostgalizischen Komitees arbeiten, bis dies von den Deutschen unmöglich gemacht wurde. „Das alles waren besondere Ausnahmefälle, und es gab nicht viele davon", schließt er diesen Absatz; Kost' Pankivśkyj, Roky Nimećkoï Okupaciï, New York/Toronto 1965, S. 73.

67 In diesem Zusammenhang ist darauf hinzuweisen, daß die wissenschaftliche Diskussion um die Judenpogrome von 1881 bis 1906 in den letzten zehn Jahren von der früher vorherrschenden Annahme einer zentralen Regierungslenkung abgegangen ist und die Begründung eher in sozioökonomisch und sozialpsychologisch einzuordnenden lokalen Verhältnissen sieht. Es mag angezeigt sein, ohne hier die deutsche Verantwortung und Täterschaft irgendwie in Frage zu stellen, auch die Eigendynamik lokaler Verhältnisse zu berücksichtigen.

68 Vgl. Markus Willbach, Skupisko żydowskie w Obertynie podczas II wojny światowej, Biuletyn Żydowskiego Instytutu Historycznego 35 (1960), S. 106–128, hier S. 110.

Kaum zu ermitteln ist die Zahl katholischer und unierter Geistlicher, die auch nach dem Verbot durch die Regierung des Generalgouvernements noch Juden tauften bzw. Taufregister manipulierten, um Juden auf dieser Grundlage „arische Papiere" auszustellen und damit das Überleben zu ermöglichen. Šeptyćkyj selber wurde von dem befreundeten Lemberger Oberrabbiner Jechezkiel Lewin aufgefordert, gegen die Pogrome aufzutreten,[69] was er jedoch 1941 nicht getan hat. Erst im Februar 1942 soll Šeptyćkyj aktiv geworden sein. Der Brief an Heinrich Himmler, in dem er angeblich die Behandlung der Juden und die Benutzung der ukrainischen Hilfspolizei kritisiert haben soll, lag bisher jedoch nicht im Original vor.[70] Publiziert ist dagegen sein Brief nach Rom, in dem er auf die Massendeportationen aus Lemberg in Vernichtungslager reagierte. Hier erläuterte der Metropolit seine Enttäuschung über die Deutschen, deren Herrschaft er (nach einem Gefühl der Erleichterung von ein oder zwei Monaten Dauer) nunmehr für noch böser als diejenige der Bol'ševiki hielt („que le régime allemand est, à un degré peut-être plus élevé que le régime bolcheviste, mauvais, presque diabolique"). Die Zahl ermordeter Juden gab er allein für Ostgalizien mit mehr als 200 000 und für Kiew mit noch einmal bis zu 130 000 an, womit er eine der Quellen für die Kenntnis der Judenvernichtung im Vatikan schuf.[71] Der berühmte Hirtenbrief „Du sollst nicht töten" vom 21. November 1942[72] und die Soborbeschlüsse vom Dezember 1942,[73] in denen er

69 Vgl. Kurt I. Lewin, Andreas Count Sheptytsky, Archbishop of Lviv, Metropolitan of Halych, and the Jewish Community in Galicia During the Second World War, in: The Annals of the Ukrainian Academy of Arts and Sciences in the U.S. 7 (1959), S. 1656–1667, hier S. 1660.

70 Informationen über diesen Brief stützen sich auf Angaben von Pankivśkyj, Roky 1965, S. 29–33, und David Kahane, Lvov Ghetto Diary, Amherst/MA 1990, S. 139; vgl. auch Pohl, Judenverfolgung, S. 177.

71 Šeptyćkyj an Pius XII, 29.–31. 8. 1942, Le Saint-Siège, Bd. 3/2, Dok. 406/S. 625. Suslenśkyj (Spravžni heroï, S. 38) datiert diesen Brief fälschlicherweise bereits auf den 31. August 1941 und verwechselt ihn so offenbar mit dem früheren Brief an Rotta.

72 „Ne Ubyj", publiziert in den L'vivśki Archieparchial'ni Vidomosti 11 (1942), S. 177–183; Andrej Šeptyćkyj, Pyśma-poslannja (1939–1944 r. r.), L'viv 1991 (1. Auflage Yorktown 1969), S. 222–231. Englischer Teilabdruck in Kahane, Lvov, S. 158–162. Im Hirtenbrief heißt es: „Auf seltsame Weise betrügen sich die Leute selber, die den politischen Mord nicht für eine Sünde halten, so als ob die Politik den Menschen von den Verpflichtungen vor Gottes Gesetz entbinden würde, und ein Verbrechen rechtfertigen, das der menschlichen Natur widrig ist"; Lysty-poslannja, S. 225.

73 Die Beschlüsse zum Dekret „Über das Fünfte Gebot" wurden auf der vorbereitenden Sitzung am 3. 12. und der feierlichen Sobor-Sitzung am 10. 12. 1942 verlesen. Die erste Regel lautete: „Der Erzbischöfliche Sobor weist die Geistlichkeit an, sich mit

gegen das politisch motivierte Töten auftrat, schlossen nach allgemeiner Meinung auch den Judenmord ein, wenngleich dieser nicht explizit genannt wurde.[74]

Šeptyćkyj selber rettete Juden vor dem Tode. Er bot dem Lemberger Oberrabbiner Jechezkiel Lewin am 2. Juli 1941 die Aufnahme in seiner eigenen Residenz an, die jener jedoch ausgeschlagen haben soll.[75] Lewin wurde ermordet. Seine beiden Söhne jedoch versteckte der Metropolit in Klöstern bis zum Eintreffen der Roten Armee.[76] David Kahane berichtete Leo Heiman von Kinderrettungsaktionen seit August 1942.[77] Von Mai 1943 an verbarg Šeptyćkyj mit David Kahane einen Rabbiner, der einen autobiographischen Bericht über seine Rettung hinterlassen hat.[78] Kahane arbeitete in der Bibliothek und erteilte Mönchen Hebräischunterricht – seine Identität war also vielen bekannt.[79] Seine Frau erhielt von Ihumena Josefa, einer Klosteräbtissin, Papiere, die sie als „Ur-Ukrainerin" auswiesen.[80] Daneben verdankten auch die beiden Söhne des früheren Rabbiners von Kattowitz, Zvi und Leon Chameides, dem Erzbischof ihr Leben.[81] Nach Friedman befanden sich etwa 150 Personen unter Šeptyćkyjs Obhut.[82] Auch andere Geistliche versteckten Juden: Natalia Dresdner aus Lemberg konnte acht Monate lang bei dem ukrainischen Priester Korduba in Mosty untertauchen.[83]

ganzer Kraft an die Heilung der schweren Wunden zu machen, die dem Organismus unserer Kirche und unseres Volkes durch die zahlreichen Tatsachen des Menschenerschlagens (Čolovikovbyvstva) zugefügt wurden, die unsere Gläubigen verübt haben"; Šeptyćkyj, Lysty-poslannja, S. 257.

74 Vgl. dazu Redlich, Metropolitan, S. 203; Kahane, Lvov, S. 139; Hansjakob Stehle, Der Lemberger Metropolit Šeptyćkyj und die nationalsozialistische Politik in der Ukraine, in: Vierteljahrshefte für Zeitgeschichte 34 (1986), S. 407–425, hier S. 419–420; Stehle in Magocsi, S. 135–136. Koval' stilisiert hingegen den Hirtenbrief zu einem „offenen [Auftreten] zur Verteidigung der Juden" um; Henocyd, S. 29.

75 Vgl. Lewin, Metropolitan Sheptytsky, S. 1661.

76 Angaben nach Redlich Metropolitan, S. 203, vgl. auch Philip Friedman, Their Brothers' Keepers, New York 1957, S. 135.

77 Vgl. Heiman, They saved, S. 328.

78 Kahane, Lvov. Kahane war später Militärrabbiner der Polnischen Armee und übersiedelte nach Israel. Vgl. Friedman, Keepers, S. 134.

79 Vgl. ebenda, S. 135.

80 Vgl. Heiman, They saved, S. 328.

81 Vgl. Redlich, Metropolitan, S. 206.

82 Friedman, Ukrainian-Jewish Relations, S. 392. Die dies bestätigende Aussage seines Fahrers Ivan Hirnyj befindet sich in Suslenśkyj, Spravžni heroï, S. 34–37.

83 Friedman, Ukrainian-Jewish Relations, S. 393, nach einem Bericht von Michał Borwicz.

Šeptyćkyj handelte natürlich nicht allein. Nach den Feststellungen Redlichs haben neben seinem Bruder Klimentij eine Reihe von Ordensleuten der griechisch-katholischen Kirche ihr kirchliches Oberhaupt bei seinem Tun unterstützt – und dies offenbar so geschickt, daß nichts davon nach außen drang.[84] Für Suslenśkyj ist die Rettungsaktion des Metropoliten der einzige Fall einer „organisierten" Judenrettung in der Ukraine – alle anderen Fälle seien Einzelhandlungen gewesen, und er betont auch, daß es keinerlei Aufrufe, Flugblätter etc. welcher Organisation auch immer gegeben habe, Juden zu retten.[85]

Dennoch ist Šeptyćkyj nicht die Ehre zuteil geworden, als „Gerechter unter den Völkern" durch Yad Vashem geehrt zu werden. Zu kontrovers waren offenbar seine sonstigen Aktivitäten: Die Tatsache, daß er die Entstehung der ukrainischen SS-Galizien begrüßt hat, die über griechisch-katholische Feldgeistliche verfügte, und die Motivation, bei der unterschwellig wohl die Mission eine Rolle spielte,[86] mögen dies verhindert haben.

Die popularisierende, vereinheitlichende Sicht der deutschen Besetzungszeit ist einfacher zu vermitteln und pädagogisch einzusetzen als eine differenziertere Betrachtung. Divergenzen im menschlichen Verhalten werden auch von Zeitzeugen nicht immer in ihrer kausalen Einbettung wahrgenommen. Das mag daran liegen, daß es im Krieg bei aller Kontinuität der ideologischen Grundeinstellung zu einem geradezu atemberaubend raschen Wechsel von Aktivitäten und Einstellungen in der Tagespolitik gekommen ist.

In Ostgalizien folgte im Sommer 1941 auf die sowjetische Herrschaft die deutsche Besetzung, wobei die Beteiligung der ukrainischen „Legionen" (Družyny Ukraïnśkych Nacionalistiv – DUN) von den einfallenden Deutschen bewußt herausgestellt wurde. Dieser „Befreiungseindruck" war es auch, der dazu führte, daß die ukrainischen Nationalisten sich am 30. Juni 1941 legitimiert fühlten, in Lemberg einen Ukrainischen Staat auszurufen. Die deutschen Reaktionen waren relativ „langsam", und die Ukrainer mochten sich zeitweise unter dem Eindruck einer „Ukrainisierung" des öffentlichen Lebens tatsächlich als „befreit" vorkommen. Die

84 Vgl. ebenda, S. 203. Friedman schreibt, daß ca. 550 Mönche und Nonnen die Tatsache des Verbergens von Juden kannten, ohne daß dies zu den Deutschen gedrungen wäre, ebenda, S. 392.

85 Suslenśkyj, Spravžni heroï, S. 14.

86 Vgl. Redlich, Metropolitan, S. 204; Stehle in Magocsi, S. 129 f. Zu Angaben über die diesbezügliche Diskussion siehe Redlich in Magocsi, S. 159.

Beteiligung an den deutschen Verfolgungsmaßnahmen und den unter Beihilfe der Wehrmacht durchgeführten Massenerschießungen[87] von Juden und „Kommunisten“ mochte unter diesen Umständen – besonders im Lichte der letzten Erfahrungen mit dem sowjetischen Terrorregime, das beim Abzug Massenmorde an in seiner Gewalt befindlichen „feindlichen Elementen“ begangen hatte – als Ausfluß politischen Handelns erscheinen.

Sehr bald allerdings wandelte sich die deutsche Haltung. Mit der Verhaftung der OUN-Politiker, dem Anschluß Ostgaliziens an das mehrheitlich polnische Generalgouvernement (1. 8. 1941) und der Auflösung der DUN im Herbst 1941 mußte klar sein, daß nicht eine Unabhängigkeit (auch keine eingeschränkte nach dem Vorbild der Slowakei oder Kroatiens), sondern eine längere Periode der deutschen Okkupation zu erwarten war. Die Fortdauer der Unterstützung deutscher Maßnahmen unter diesen Umständen kann nicht mehr ohne weiteres mit der „Arbeit“ an der eigenen Befreiung rationalisiert werden. Mochte sich jemand, der in den ersten Kriegswochen den Einsatzgruppen bei der Aufgreifung von Juden half, noch in der moralischen Sicherheit wiegen, er wirke an der Ukrainisierung des Landes mit, und damit in „nationalem“ Sinne, so war bald klar, daß ein ukrainischer Nationalstaat in weiter Ferne lag. Wer nach dem September 1941 in Ostgalizien den Deutschen half, konnte sich (bis 1943) nicht mehr auf die Sanktionierung dessen durch Banderas OUN berufen. Analog ist die Abfolge in der Ost-Ukraine gewesen. Auch in Kiew etwa folgte der Einnahme der Stadt durch die Deutschen eine kurze Periode der Dominanz ukrainischer Nationalisten, die bald durch die Deutschen beendet wurde.[88] An die Stelle nationalistischer Beamter traten apolitische Verwalter, die von den Deutschen nicht als Gefährdung angesehen wurden.

Die Organisation der Ukrainer als „Besatzungshelfer“ folgte jedoch nicht dieser Chronologie. Die offensichtlich unerwartet „positiven Erfahrungen“ der ersten Wochen des Krieges gegen die UdSSR motivierten Heinrich Himmler, die Heranziehung von Einheimischen zu Polizei- und Sicherungsaufgaben offiziell zu gestatten, wogegen er sich noch in seinem

87 Die Frage nach der Partizipation der Ukrainer an den Erschießungen selber (und nicht „nur“ als Sicherung) stellt sich öfter in der Rechtfertigungsauseinandersetzung: Für die Massenerschießung in Stanislau am 12. Oktober 1941 nennt Feuerman ausdrücklich als Schützen „zwei Deutsche und zwei Ukrainer“; Feuerman, Pamiętnik, S. 68.

88 Vgl. den Sammelband Na Zov Kyjeva, Toronto/New York 1985.

„Einsatzbefehl Nr. 1" ausgesprochen hatte.[89] Damit wurde die Grundlage für Organe gelegt, die sich in den kommenden Jahren für die der sofortigen Vernichtung oder Ghettoisierung zunächst noch entgangenen Juden als die größte Gefahr erweisen sollten. Die aus Landeseinwohnern (hier also Ukrainern) gebildete Hilfspolizei und die Schutzmannschaften – im Unterschied zu den wenig zahlreichen und sprachunkundigen Deutschen – waren eher imstande, versteckte Juden zu identifizieren.[90]

Im August 1942 wurden etwa 40 000 Juden aus Lemberg nach Bełżec zur Vernichtung deportiert, gleichzeitig die meisten Ghettos der kleineren ostgalizischen Städte liquidiert. Eine zweite Vernichtungswelle gab es in den Monaten Oktober bis Dezember 1942. Wegen der unvollständigen Ghettoisierung der Juden in Ostgalizien kam es, als das Ziel der „Umsiedlungen" klar wurde, zu „massenhaften Fluchten der Juden vor den Mordaktionen".[91] Bis Juni 1943 waren alle Ghettos liquidiert, die Bewohner in 40 im Distrikt bestehende Arbeitslager eingeliefert, erschossen oder in Vernichtungslager deportiert worden.

Bei der Räumung der ostgalizischen Ghettos spielten die ukrainischen Hilfspolizisten und der jüdische Ordnungsdienst eine unrühmliche Rolle. Daß sie die „Dreckarbeit" für die Deutschen erledigten, ist vielfach bezeugt. Eher selten dürfte vorgekommen sein, daß – wie im März 1942 – der deutsche Kommandeur der Schutzpolizei gegen seine ukrainischen Hilfspolizisten einschritt, weil „Juden ohne Grund mißhandelt" wür-

89 In seinem Schreiben an die Höheren SS- und Polizeiführer vom 31. Juli 1941 ordnete der Reichsführer SS die Bildung von sogenannten Schutzmannschaften an, Bundesarchiv Koblenz (BA), R 19, Bd. 326, Bl. 2.

90 Vgl. Joseph Einleger, The Annihilation of the Trembowla Jewish Community, in: Sabrin, Alliance, S. 132–141, hier S. 132 f. Hierbei ist zu berücksichtigen, daß es auch jenseits der polizeilichen Formationen kollaborierende Ukrainer gab. Die Belohnungen, die die Deutschen für die Auffindung von Juden ausgesetzt hatten, führten zur Bildung von Gruppen und Banden, die sich an den ausgesetzten Geldern und Waren bereicherten. Für solche Gruppen konnte es aber auch lohnender sein, auf eigene Faust zu arbeiten, wenn der so begangene Raub (den die Deutschen nicht zuließen) mehr wert war als die ausgesetzte Belohnung. Sabina Herbst berichtet etwa über eine Gruppe von Ukrainern, die sie zwischen Terebovlja und Pidhajčyky ausraubte, dann aber auch wegen eines schreienden Kleinkinds am Leben ließ; Sabina Herbst, For my Daughter's Sake, in: Sabrin, Alliance, S. 123–131, hier S. 125. Vgl. auch die Aussage der Partisanin Kuksinskij aus Vicebsk (Weißrußland): „Es gab viele Verräter und die landeseigenen Polizisten waren schlimmer als die Deutschen. Erstens war es schwieriger, sie zu täuschen; zweitens waren sie böser". YVA O-3/4603, nach Icchak Arad, Uničtoženie Evreev SSSR v gody nemeckoj okkupacii (1941–1944), Jerusalem 1992, S. 127.

91 Pohl, Judenverfolgung, S. 245.

den.[92] Die ukrainische Hilfspolizei leistete bei den „Judenaktionen" Hilfsdienste, sie stellte zumindest an einigen Orten auch das Exekutionspersonal.[93] Ihr Antisemitismus war von Gewalttätigkeit begleitet. Aber Pohl bescheinigt den Hilfspolizisten auch, deutsche Maßnahmen unterlaufen zu haben. Dies kam etwa vor, wenn es gegen Juden aus dem eigenen Dorf ging. Alkoholexzesse konnten sich brutalisierend auswirken, aber auch die „Wachsamkeit" mildern. Und manchmal wirkte sich auch die Bestechlichkeit der Hilfspolizisten günstig aus.[94] Warum dies betont werden muß? Judenretter hatten zumeist eben diese Kollaborateure zu Gegnern und nicht so sehr die dafür verantwortlichen Deutschen, denen man in aller Regel aus dem Weg gehen bzw. vor denen man die Juden leichter tarnen konnte.

Juden und Ukrainer in Wolhynien

Im Unterschied zu Ostgalizien war Wolhynien seit dem 18. Jahrhundert Teil des Russischen Reiches gewesen. Die ukrainische Nationalbewegung hatte hier weniger Anhänger als in Galizien, und die polnische Regierung hatte zeitweise versucht, einen modus vivendi mit den Ukrainern zu finden. Zwischen 1939 und 1941 war Wolhynien sowjetisch. Wie in Galizien brach eine Pogromwelle aus; die Pogrome begannen zum Teil bereits vor der Ankunft der Deutschen (etwa in Tučyn[95]), teilweise auch nach der militärischen Besetzung dieser Gebiete.[96] Spector, der das bisher

92 Kommandeur der Schutzpolizei in Lemberg – Ia – an Kommando der ukrainischen Polizei im Hause, 28. 3. 1942, Faksimile in Michael Hanusiak, Ukrainischer Nationalismus. Theorie und Praxis, Wien 1979, S. 52; Pohl, Judenverfolgung, S. 185. Aus Kosiv wird berichtet, daß ukrainische Polizisten, die zwei Jüdinnen 1941 ins Ghetto brachten, einen „kurzen Umweg" machten, um ihnen „die noch nicht begrabenen Leichen der Juden zu zeigen, die in einer gerade abgeschlossenen Aktion ermordet worden waren"; YVA 144 nach Paldiel, The Path of the Righteous, S. 280.

93 Vgl. Pohl, Judenverfolgung, S. 277. Es sei angemerkt, daß sich diese Angaben zumeist auf Aussagen aus deutschen und sowjetischen Gerichtsakten stützen, deren Authentizität im Einzelfall quellenkritisch problematisch sein kann. Zur historiographischen Würdigung von Gerichtsakten aus NS-Prozessen fehlt bisher eine umfassende Diskussion, vgl. die Ansätze bei Christoph Bitterberg, Der Bielefelder Prozeß als Quelle für die deutsche Judenpolitik im Bezirk Bialystok, unveröff. MA-Arbeit, Hamburg 1995. Die Repetition dieser Aussagen läßt jedoch keinen Zweifel am generellen Faktum der Mitwirkung zu.

94 Vgl. Pohl, Judenverfolgung, S. 311 f.

95 Tučyn war auch der Ort einer der größten bewaffneten Massenfluchten aus dem Ghetto am 23./24. 9. 1942; vgl. Spector, Holocaust, S. 215 ff.

96 „The pogroms were carried out by the local Ukrainian population in places where an interim period of sorts ensued between the phasing out of the Soviet rule and the

grundlegende Werk über die Schoah in Wolhynien verfaßt hat, stellt in den Berichten über die Ausschreitungen Ähnlichkeiten mit denen der Bürgerkriegsjahre fest, was wie für Ostgalizien die Behauptung, die Ukrainer seien von den Einsatzgruppen zu den Pogromen „aufgehetzt" worden, in Frage stellt.[97] Von den 39 Dörfern, die Spector als Pogromorte auf der Basis von Erinnerungsbüchern der jüdischen Gemeinden und Berichten von Überlebenden kenntlich macht, wird die deutsche unmittelbare Beteiligung nur in einem Fall (Stepan) verzeichnet, zumeist handelte es sich nach den Berichten um lokale Übeltäter, in einigen Fällen auch um die „ukrainische Polizei", unter der im Sommer 1941 die lokal aufgestellte Miliz zu verstehen war.[98] Allerdings führt Spector auch eine Reihe von Beispielen dafür an, daß Deutsche die örtlichen Bauern bzw. Jugendliche (etwa in Dubno) ermuntert hätten, die jüdischen Häuser zu plündern.[99] Von Bedeutung ist der Satz, daß sich nur wenige Personen an Mordtaten beteiligten, „aber Plünderungen viele anlockten".[100]

Der materielle Faktor erschwert es, das Verhalten der nicht-jüdischen Bevölkerung gegenüber den Verfolgten zu bewerten. So wird etwa berichtet, daß die ukrainischen Bauern der Umgebung Lebensmittel in das Ghetto von Lućk schmuggelten. Was einerseits zum Überleben der ghettoisierten Juden beitrug, also auch unter Berücksichtigung der darauf stehenden Strafen durchaus als Rettungsmaßnahme anzusprechen gewesen wäre, könnte ebenso als unverschämte Ausbeutung interpretiert werden: Die Lieferanten verlangten für ihre Waren exorbitante Preise und hatten es auf die Wertgegenstände abgesehen, die die Juden in den Ghettos häufig noch besaßen.[101]

Die Haupttäter der Judenvernichtung waren jedoch auch in Wolhynien die Deutschen. Die Exekutionen sind durch die zusammenfassenden

arrival of German officials. In some localities pogroms broke out after the occupation, with the endorsement of the Germans who occasionally even took an active part in them"; Spector, Holocaust, S. 64. Spector unterscheidet zwischen dem Norden Wolhyniens, wo eine ukrainische nationalistische Verwaltung eine gewisse Zeit lang amtierte, und den südlicheren Gebieten, wo die Pogrome auf die Ermutigung durch die Einsatzgruppen zurückzuführen seien; ebenda, S. 238.

97 Kappeler, Kleine Geschichte, S. 221.

98 Vgl. Spector, Holocaust, S. 66 f.

99 Vgl. ebenda, S. 239 f.

100 Ebenda, S. 71. Gemeinhin ermunterten die Deutschen nicht zu Plünderungen, da sie selber an der Nutzung der Besitztümer der Juden interessiert waren. Hier läßt sich ein Widerspruch nicht übersehen.

101 Vgl. ebenda, S. 240. Eindeutig ist die Sachlage, wenn etwa in Sarny ukrainische Polizisten Juwelen und Uhren für ein Glas Wasser verlangten oder in Olyka ein Pud Rog-

„Ereignismeldungen“[102] partiell dokumentiert, wobei etwa die „Judenaktion“ von Rivne vom 6. bis 7. November 1941 mit 15 000 Opfern und die Ermordung von etwa 12 000 Juden in Dubno in der Zeit vom 5. bis 7. Oktober 1942 mit dem Massenmord im Kiewer Babij Jar vergleichbar sind.[103]

Wolhynien gehörte zu den Landschaften, in denen noch am ehesten eine Massenflucht von Juden aus Ghettos und Lagern erfolgversprechend war. Die dichten Wälder und Sümpfe begünstigten das Überleben im Versteck bzw. als Partisan. Spector hat Angaben über 22 500 Menschen gesammelt, die aus den Ghettos flüchteten – weitere 15 000 sollen in Verstecken überlebt haben. Dabei ist es wenig bedeutend, ob die Zahl der Überlebenden tatsächlich 37 500 betrug[104] – es ist wichtig aufzuzeigen, daß es sich jedenfalls um ein Massenphänomen handelte.

Und wieder muß betont werden, daß es unter der lokalen Bevölkerung Retter wie Verfolger gab. Die materiellen Anreize verführten in den brutalisierenden Kriegsjahren dazu, sich im bettelarmen, von den Deutschen zusätzlich ausgeplünderten Land zum Handlanger der Besatzer gegen einen ungeliebten Bevölkerungsteil machen zu lassen.[105] Andere Ukrainer wiederum halfen den Flüchtigen: In Lućk versteckte Vitol'd Fomenko Ghetto-Flüchtlinge, bevor sie in die Wälder weiterzogen.[106] Fomenko war unter Juden aufgewachsen und muß als ein Sonderfall gelten, weil er sogar chassidische Musik komponiert haben soll. In das Ghetto von Lućk lieferte er auf eigene Kosten Lebensmittel, Brennholz für die Ghettoküche und „arische“ Papiere. In seinem Falle dürften sich ähnliche Zweifel artikulieren wie gegenüber dem Płaszówer Judenretter Schindler: Obwohl Fomenko verhaftet wurde, sollen ihn seine guten Beziehungen zum Lućker Polizeichef gerettet haben, so daß er selbst danach noch Juden aus einem Arbeitslager in seinem Haus verstecken

gen mit einem Haus entgolten werden sollte; aber der von Spector ebenfalls verurteilte Tausch eines Anzugs gegen 10 kg Mehl in Rivne ist angesichts der allgemeinen Versorgungslage nicht ganz so überzogen.

102 Zur quellenkritischen Bewertung vgl. Robel, Sowjetunion, S. 541 ff.

103 Vgl. die Auswertung der Ereignismeldungen durch Robel, Sowjetunion, S. 546 ff.

104 Spector, Holocaust, S. 198 f.

105 „‚Jew-hunters‘ consisting of Ukrainian youths, thugs and hostile peasants lay in wait for the fugitives. Catching a Jew and handing him over to the authorities was rewarded by sugar, salt or tobacco, which at that time were in short supply.“ Spector, Holocaust, S. 196.

106 Vgl. ebenda, S. 197. Bestätigt durch den Bericht von David Prital aus Lućk; YVA 2655–6 nach Paldiel, The Path of the Righteous, S. 274.

konnte. Spector hat ermittelt, daß „nur“ 36 von Fomenkos Schützlingen überlebt haben – eine der Überlebenden heiratete Fomenko nach dem Krieg.[107]

Die Wälder bedeuteten aber gerade in Wolhynien nicht automatisch die Rettung. Zu Kälte, Mangel an Lebensmitteln und der mangelhaften Vorbereitung der jüdischen Städter auf das Leben in der Wildnis trat hinzu, daß sich in Wolhynien die verschiedenen Partisanengruppen (Ukrainische Aufständischen-Armee [UPA], Sowjetische Partisanen, Polnische Partisanen unterschiedlicher Ausrichtung) erbittert gegenseitig bekämpften. Nur wenigen assimilierten Juden gelang es, bei der UPA und den Polen Aufnahme zu finden. Am ehesten war dies bei den Sowjets möglich, wo es jedoch auch Antisemitismus gab und die wiederum von der UPA bekämpft wurden.[108] Nur wenig erforscht ist die Lage der sogenannten jüdischen Familienlager. Ihre Bewohner wurden (außer von den Deutschen) von den polnischen wie den ukrainischen nationalistischen Partisanen verfolgt, und ihr Verhältnis zu den sowjetischen Partisanen war nicht eindeutig.[109] Die UPA, aus disparaten Kräften zusammenge-

107 Diese Zahl muß für jemanden, der keine privilegierte Stellung unter der Besatzungsmacht genoß, als sehr hoch gelten. Vgl. Spector, Holocaust, S. 245.

108 Bisher liegt uns wegen der sowjetischen „Zurückhaltung“ nur ein Bericht über sowjetische Untergrundkämpfer vor, die gezielt Juden retteten, in diesem Fall den Kriegsgefangenen Kaganzon aus dem Stalag 346 in Kremenčuk; G. Barvinok u.a., Slyšyš', Dnepr!, Char'kov 1979, S. 82, nach Arad, Uničtoženie, S. 299. Allerdings muß darauf hingewiesen werden, daß Übernahmen aus sowjetischen nicht-wissenschaftlichen Publikationen problematisch sind.

109 Vgl. dazu Yitzhak Arad, Jewish Family Camps in the Forests – an Original Means of Rescue, in: Rescue Attempts during the Holocaust, Jerusalem 1977, S. 333–353. In der Ukraine gab es diese Stützpunkte in Polesien (Svarycevyči), Wolhynien (Klesiv, Kostopil', Kochiv) und Galizien (Čelatice, Pjanča); ebenda, S. 337. In der Nähe von Bar bei Horodok (poln. Gródek Jagielloński) überlebten im Wald mehr als 20 Juden, die von Dorfbewohnern versorgt wurden, Taffet, Zagłada, S. 62. Im Dezember 1942 wurde in Majdan bei Schodnycja im Kreis Drohobyč ein Lager mit 21 Juden hochgenommen, dessen Versorgung der Ukrainer Karol Iwanicki unterstützt hatte, der „wegen Vorschubleistung den Juden“ bei der Flucht ebenfalls festgenommen wurde; Gendarmerieposten Schodnica an Kdr der SiPo Außendienststelle Drohobycz, 14. 12. 1942, DALO 2042,1,155, Bl. 52–3. Israel Goldfliess schreibt, daß sich die in den Wäldern versteckten Juden in der Gegend von Tarnopol nachts, wenn sich die Bauern nicht aus ihren Häusern wagten, von den Feldfrüchten ernähren konnten. A Shelter in the Forest, in: Sabrin, Alliance, S. 107–122, hier S. 108. Einleger erläutert, daß die Bauern deswegen gegen die Waldjuden vorgingen; ders., The Annihilation, S. 139. Arad führt einen OUN-B-Angriff auf ein Lager an; ders., Jewish Family Camps, S. 321 f. Nach Arad boten die Familienlager vor allem Juden aus ländlichen Gebieten Zuflucht, für die das schwere Leben im Wald nicht gänzlich neu war. „The local

setzt, wuchs Ende 1942 stark unter dem Eindruck der deutschen Verfolgung der Ukrainer: die Deportationen zum Arbeitseinsatz, das Ausbleiben der Agrarreform und die Schließung von Schulen durch die Zivilverwaltung des Reichskommissariats Ukraine (RKU), dessen Hauptsitz im wolhynischen Rivne (Rowno) lag, trieben auch viele Ukrainer zu den Partisanen, die zuvor deutschfreundlich gewesen waren. Über die Zeit bis Frühjahr 1943 schreibt Spector: „Zusätzlich zu den Tausenden ukrainischer Polizisten, die sich der UPA angeschlossen hatten, bestand die Armee aus lokalen Verbänden, die mit dem Gebiet vertraut waren, weil sie dort lebten. Sie sahen die Sowjets als ihre Hauptfeinde an, und da unter dem Einfluß der NS-Ideologie Juden mit Kommunisten gleichgesetzt wurden, setzten sie alles daran, die Wälder von Kommunisten, d. h. von Juden, zu reinigen. Dabei gingen sie unterschiedslos gegen Männer, Frauen und Kinder vor.“[110]

Die Frage, in welchem Maße die UPA-Partisanen zur Rettung oder zur Vernichtung von Juden bereit waren, ist jedoch nicht mit dieser einfachen Aussage erledigt. Es gab durchaus UPA-Einheiten, die Juden aufnahmen, wobei es möglicherweise nur an deren beruflicher Spezialisierung gelegen haben mochte, daß Ärzte am häufigsten als Mitglieder von Partisanengruppen genannt wurden.[111] Überlebende des ukrainischen Untergrunds bemühen sich besonders, diesen gegen den Vorwurf des pauschalen Antisemitismus in Schutz zu nehmen, aber die Berichte sind zum Teil mehrdeutig.[112] Hier sorgsam zu würdigen, erscheint sehr

population was generally hostile toward the family camps“, was nicht nur antisemitisch bedingt war, sondern auch dadurch, daß sich diese Lager gewaltsam versorgen mußten. Es sei aber auch Hilfe „von ortsansässigen Bauern“ vorgekommen; ebenda, S. 339. Zum Verhältnis zu den sowjetischen Partisanen vgl. ebenda, S. 342–352.

110 Spector, Holocaust, S. 204.

111 Vgl. Einleger, The Annihilation, S. 139. Der Hinweis, daß nur wenige von ihnen zurückkehrten, muß nicht unbedingt auf deren Ermordung durch die UPA hindeuten; die jüdischen UPA-Ärzte können natürlich das Schicksal der von Polen wie Sowjets bekämpften und letztlich unterlegenen UPA geteilt haben.

112 Vgl. Leo Heiman, Wir kämpften für die Ukraine! Die Geschichte der Juden bei der UPA, in: Ukraine in Vergangenheit und Gegenwart 12 (1965), S. 36–41; 64–71; Friedman, Ukrainian-Jewish Relations, S. 383 f., nennt einige Fälle, stützt sich dabei neben publizierten Berichten auch auf einen Privatbrief von Lev Šankovśkyj (7. 3. 1958) an ihn und auf ein persönliches Zusammentreffen mit einem Überlebenden, dessen Namen er jedoch nicht preisgeben dürfe. Vgl. auch Suslenśkyj, Spravžni heroï, S. 14. Anders klingt der Bericht über den Sohn eines jüdischen Zahnarztes aus Terebovlja, „who joined the Ukrainian Bandera bands. They thought that they would be saved this way, but they were eventually murdered“; Goldfliess, A Shelter, S. 119.

schwierig. Die Nutzung jüdischer Fachleute[113] ist der UPA auch vorgeworfen worden, weil sie Lager (in Poryćk und Kudrynky in Wolhynien) unterhalten habe, in denen diese Helfer für sie arbeiteten. Und die Bewertung ist ähnlich ambivalent wie die der von den Deutschen organisierten Arbeitslager. Dies war die einzige Überlebensmöglichkeit und in manchen Fällen tatsächlich eine „Rettungsinsel". Jedenfalls scheint der Vorwurf, man habe die Juden beim Herannahen der Roten Armee exekutiert, ausgeräumt[114] – dennoch bleiben Fragen unbeantwortet.[115] Dabei spielen auch Quellenprobleme eine Rolle: Die Verantwortlichen für die Drangsalierung von jüdischen Waldflüchtlingen bei Terebovlja (in Ostgalizien) etwa lassen sich nicht genau bestimmen. Goldfliess bietet drei Varianten, aus denen seine Konfusion spricht: „entweder Banderivcy, Ukrainische Nationalisten, oder einfache Räuber". Den Betroffenen war es nicht möglich, ihre Gegner zu identifizieren.[116]

War die Haltung der orthodoxen Kirchen eindeutiger? Die beiden wichtigsten orthodoxen Kirchenorganisationen in der vor 1914 russischen Ukraine, die weiterhin dem Moskauer Patriarchen untergeordnete Autonome Orthodoxe Kirche in der Ukraine und die nationalistische Ukrainische Autokephale Orthodoxe Kirche, die von den Deutschen gegeneinander ausgespielt wurden, vertraten auf höherer hierarchischer Ebene eine Judenfeindschaft, die mit der Herkunft aus der antisemitischen russisch-orthodoxen Kirche erklärt werden mag. Anders als für die unierten Ukrainer Galiziens sind keine Fälle bekannt, daß sich die Spitzen der Hierarchie für Juden eingesetzt hätten. Aber für den Einzelfall mußte auch das keine Bedeutung haben. Der Kiewer Geistliche Aleksej Glagolev, Sohn des Hebraisten der Kiewer Geistlichen Akademie Aleksandr Glagolev,

113 Daß „Fachleute" bessere Überlebenschancen besaßen, zeigte sich in einem anderen Fall: In Vasil'evka im Gebiet Vinnycja versteckten Ukrainer den Schneider Elija Šleper, der dafür seinen Rettern Kleidung nähen mußte, YVA 6341.

114 Vgl. Friedman, Ukrainian-Jewish Relations, S. 385; ähnlich Hunczak, Relations, S. 399.

115 Sicherlich übertrieben ist Hunczaks Folgerung: „Neither the Ukrainian underground movement nor any other organizations [...] cultivated anti-Semitic programs or policies. They readily accepted Jews into their ranks and sheltered them from Nazi persecution, despite the popular perception of Jews as promoters of communism"; Hunczak, Relations, S. 399. Auch die sowjetischen Partisanen, die eher als judenfreundlich galten, was jedoch auch nicht unwidersprochen bleibt, waren verständlicherweise eher an „Fachleuten" interessiert: Die Medizinstudentin Musja Šafranskaja aus Polonne wurde nach eigener Angabe von sowjetischen Partisanen aufgenommen, „weil ihnen ein Mediziner fehlte", und blieb als Feldscher bei ihnen bis zur Vereinigung mit regulären Truppen der Roten Armee; YVA 6413.

116 Goldfliess, A Shelter, S. 111.

verschaffte gemeinsam mit Professor Oleksander Ohloblyn, dem zeitweiligen ukrainisch-nationalen Stadtoberhaupt von Kiew, und dem Kirchenverwalter Aleksandr Gorbovskij der jüdischen Ehefrau eines Russen, Izabella Egoryčeva-Mikitina, einen Taufschein und Unterschlupf bei sich und auf dem Land.[117] In Poryćk wurde Sonia Rubinstein von der Familie des Geistlichen Perevezov versteckt.[118] Sie mußte so tun, als sei sie eine Christin – sie trug etwa bei einer Prozession eine Mutter-Gottes-Ikone –, weil sie als Familienmitglied des Popen galt. Als im 15 km entfernten Ljachiv OUN-B-Anhänger die Familie des dortigen Priesters und den von ihm versteckten jüdischen Arzt aus Poryćk bestialisch mit einer Hacke erschlagen hatten,[119] brachten die Perevezovs (deren Tochter gegen den Widerstand der Eltern der OUN-B angehörte) Sonia in einem Kloster in Volodymyr Volynśkyj unter, wo sie überlebte. Sonia blieb jedoch zunächst weiterhin bei ihrer ukrainischen Identität, „um nicht die Wut der nationalistischen Partisanen gegen die Perevezov-Familie zu lenken".[120]

Spector schreibt, daß Polen, die auf dem Land lebten, eher als Städter halfen, welche der unmittelbaren deutschen und ukrainischen Beobachtung ausgesetzt waren.[121] Sie mußten die Lebensmittel für Versteckte nicht auffällig in Läden kaufen. Katholische Priester, polnische Bahnarbeiter und Bauern werden als Retter genannt – dabei mag eine Rolle gespielt haben, daß im RKU die Polen Einwohner 3. Klasse (nach den Deutschen und den Ukrainern) waren und sich daher gegen die Okkupanten zu solidarisieren bereit waren. Das Angebot des Priesters Dominik Wawrzynowicz aus Vladymyreć, Kirchengut zu verkaufen, um dem Judenrat dabei zu helfen, eine von den Deutschen auferlegte Kontribution leisten zu können, muß jedoch als einmaliger Vorgang in der Geschichte des Zweiten Weltkriegs gelten.[122]

Im Zuge der „Aktion Reinhardt", dem Decknamen für die Ermordung der meisten Juden im Generalgouvernement und in Białystok im

117 Vgl. Grossman, Erenburg, Černaja kniga, S. 328–333, und Arad, Uničtoženie, S. 309–313.

118 Sonia Rubinshtain, Poritsk, Fun letstn churbn, (München) 8 (1948), S. 65–75; hier S. 67: „Der Pope, bei welchem ich mich aufgehalten habe, ist gewaltig gegen die schauderhaften Pogrome gewesen, die seine ukrainischen ‚Brüder' gegen die unschuldigen Juden durchgeführt haben."

119 Vgl. ebenda, S. 71.

120 Vgl. ebenda, S. 72.

121 Vgl. die gegenteilige Feststellung bei Kosmala, Opfer, S. 83, die belegt, wie schwierig es ist, zu gültigen Generalisierungen zu gelangen.

122 Vgl. Spector, Holocaust, S. 248 ff.

Rahmen der „Endlösung“, wurden die Ghettos Wolhyniens „liquidiert“. Im Juni 1942 wurden die Juden von Koreč, Dubno und Kovel’, im Juli diejenigen von Rivne und Olyńka vernichtet.[123]

Die in Wolhynien zunehmende polnisch-ukrainische Auseinandersetzung ab 1943 war für versteckte Juden fatal. Von Angehörigen beider Nationalitäten Verborgene kamen um, als die Nationalisten sich gegenseitig die Dörfer ansteckten. Die verstreuter lebenden Polen wurden in Sammeldörfern konzentriert, wohin sie die von ihnen versteckten Juden nicht ohne weiteres mitnehmen konnten. Dennoch sind Fälle bekannt, daß Juden als Polen ausgegeben, mit umgesiedelt und sogar in die polnischen Dorfwehren aufgenommen wurden.[124]

Spector hebt – erstmals in der Schoah-Literatur – den Beitrag der wolhynischen Tschechen zur Judenrettung hervor. Obwohl es sich um eine sehr kleine Gruppe handelte (ca. 30 000 Personen), ist ihre Rettungsbilanz beeindruckend: 60 Juden wurden in Novino bei Lućk, 12 Kinder in Ostrożeć, 60 Juden in Kurdyban bei Dubno gerettet. Nach einem Bericht hat der tschechische Bauer Kozak in Lypyny 34 Juden bei seiner Familie und bei Nachbarn untergebracht. In Budraž und Borščivka sollen versteckte Juden den mit der UPA zusammenarbeitenden tschechischen Heimwehren beigetreten sein.[125]

Zum wolhynischen Retter-Szenario gehört auch die Person des Solinger Bauunternehmers Hermann Friedrich Graebe, die dokumentiert, daß Schindlersches Verhalten zwar selten, aber nicht einmalig war. Graebe gelang es in Zdolbuniv, 150 bei ihm beschäftigte Juden durch seine guten Beziehungen zum Gebietskommissar vor der Vernichtung bei der Liquidierung des Ghettos von Rivne zu retten. Die Liquidierung der Ghettos in Ostrih, Zdolbuniv und Myzoč konnte er verzögern. 25 weitere bei ihm beschäftigte Juden versorgte er mit „arischen“ Papieren und setzte sie zu einer fiktiven Filiale seines Unternehmens in Poltava in Marsch. Bei Spector heißt es: „Er unterhielt diese fiktive Filiale auf seine eigenen Kosten und besuchte die Juden dort oft, um ihnen Geld zu geben und sie mit Dokumenten auszustatten. Als die Rote Armee weiter vorrückte, verlegte er die Gruppe nach Kirovohrad und später nach Czernowitz, wo sie befreit wurde.“[126]

123 Vgl. Robel, Sowjetunion, S. 549, nach Spector.
124 Vgl. Spector, Holocaust, S. 250 f.
125 Ebenda, S. 252 f.
126 Ebenda, S. 254 f. Graebe sagte im Nürnberger Prozeß aus und berichtete dort über die Vernichtung der Juden in Rivne und Dubno; Dokument 2992 – PS, in: International

Die Besetzung der „Großen Ukraine"

Es gilt zwischen Ostgalizien und Wolhynien einerseits und den anderen von den deutschen besetzten ukrainischen Territorien andererseits zu differenzieren. Das nationale Bewußtsein der Ukrainer war in den bereits vor 1939 sowjetischen (und vor 1917 russischen) Gebieten nicht so ausgebildet wie dort, wo der österreichische Vielvölkerstaat und Polen den Nationalismus seiner Einwohner nicht blockiert hatten. Die UdSSR hatte erfolgreich verhindert, daß die OUN sich über Ostgalizien hinaus eine Massenbasis schaffen konnte. Die Ukrainisierung des kulturellen und politischen Lebens im Rahmen der Korenizacija-Politik der 1920er Jahre[127] war im darauffolgenden Jahrzehnt weitgehend wieder rückgängig gemacht worden. Dementsprechend hatten die ukrainischen Nationalisten, als sie noch hofften, die Zusammenarbeit mit den Deutschen werde ihnen wenigstens Autonomie bringen, mit ihren „Marschgruppen" (Pochidni hrupy) den Versuch unternommen, im deutsch besetzten Gebiet eine ukrainische nationalorientierte Verwaltung aufzubauen.

Für die einheimische Bevölkerung der Zentral- und Ostukraine waren diese ukrainischen Nationalisten Fremde. Schon sprachlich als Galizier erkennbar, war ihre Akzeptanz geringer als erwartet. Zwar gelang es manchmal, zunächst die lokale Verwaltung mit Nationalisten zu besetzen, nach jeweils einigen Wochen oder Monaten hat jedoch die nachrückende deutsche Zivilverwaltung in den Gebieten, die dem Reichskommissariat Ukraine (RKU) unterstanden, möglichst nicht mit der OUN liierte Personen eingesetzt. In den russischsprachigen Gebieten der östlichen Ukraine (Charkiv, Doneć-Becken), die als rückwärtiges Heeres- bzw. Armeegebiet nie der Zivilverwaltung unterstellt wurden, waren ukrainische Nationalisten anfangs kaum anzutreffen, später entwickelten einige Kollaborateure nationalistische Tendenzen.

Es kann auf dieser Grundlage der Schluß gewagt werden, daß in der Ost-Ukraine apolitische Haltungen häufiger anzutreffen waren als in Ostgalizien. Die aktuelle Frontlage, die wechselhafte, aber meist schlechte Lebensmittelversorgung, die nur zögerlich und partiell eingeleitete Agrarreform, die Zwangsrekrutierung zum Arbeitseinsatz waren, folgt man den regelmäßig verfaßten, jedoch bisher noch nicht

Military Tribunal (IMT). Trial of the Major War Criminals before the International Military Tribunal, Nuremberg, Buffalo/New York Bd. 31, S. 441–450.

127 Vgl. Gerhard Simon, Nationalismus und Nationalitätenpolitik in der Sowjetunion, Baden-Baden 1986, S. 34–82.

wissenschaftlich ausgewerteten „Stimmungsberichten“ der deutschen Stellen, ausschlaggebend für die jeweilige Einstellung der Einwohner zu den Besatzern, wobei auch hier ein verblüffend rascher, an den äußeren Umständen orientierter Wandel erkennbar war. Robels Reduktion der Unterstützung der Deutschen auf die „Frühphase“ ist zu relativieren.[128] Hilfe wuchs den Deutschen nämlich auch (vielleicht sogar vorwiegend) aus apolitischen Motiven zu – die Verbesserung der eigenen Überlebenschancen mochte ebenso eine Rolle spielen wie von den Deutschen unabhängiger Judenhaß.

Pohl stellt für Ostgalizien richtig fest, daß nach der Ausschaltung der OUN-B durch die deutschen Okkupanten die politischen Träume „auf Eis gelegt“ wurden. Gleichzeitig meint er aber, daß wohl „in der breiten ukrainischen Bevölkerungsmehrheit eine Kontinuität der politischen Einstellung geherrscht habe“: „Das heißt aber auch Kontinuität des Antisemitismus.“[129] In der Ost-Ukraine erfolgte die Kaltstellung der OUN-Leute wenig systematisch. Vorsichtigere OUN-M-Repräsentanten konnten sich wie in Ostgalizien sogar in kommunalen Verwaltungspositionen und in den Komitees halten, die zwar über wenig Einfluß verfügten, aber Kristallisationspunkte der ukrainischen Binnenstruktur waren.

Antisemitismus hatte auch in der Ost-Ukraine eine Tradition, er scheint jedoch weniger „politisch“ motiviert gewesen zu sein als in Ostgalizien, wo das Abschütteln der zweijährigen Sowjetherrschaft in einen unmittelbaren Zusammenhang mit der Aversion gegen die Juden gebracht wurde. Die Ost-Ukraine bestand, was die Juden anbetraf, aus zwei unterschiedlichen Gebietsarten. Der Westen und der Süden waren in der Zarenzeit Teile des jüdischen Ansiedlungsgebiets gewesen, im Osten durften hingegen keine Juden leben, und entsprechend gering war dort auch der jüdische Bevölkerungsanteil, von dem zudem ein größerer Anteil vor dem Eintreffen der Deutschen evakuiert werden konnte.[130]

128 Robel, Sowjetunion, S. 525. Robel führt etwa die „Judenaktion“ in Perejaslav am 4. Oktober 1941 an, die „mit Hilfe ukrainischer Vertrauensmänner“ stattfand; ebenda, S. 537.

129 Pohl, Judenverfolgung, S. 176.

130 Daß dies in Ostgalizien anders war, liegt neben dem Überraschungsmoment des deutschen Überfalls auch an der Sperre, die die sowjetischen Behörden an der ehemaligen polnisch-sowjetischen Zbrucz-Grenze aufrechterhielten; vgl. Robel, Sowjetunion, S. 508. Robel schließt aus den später nur noch vereinzelten Hinweisen der Einsatzgruppen auf Judenmassaker, daß „sich der größte Teil der jüdischen Streubevölkerung der Ostukraine mit Ausnahme der Schwarzmeerstädte vor dem deutschen Angriff des Jahres 1942 in Sicherheit bringen“ konnte; ebenda, S. 536. Die in der

Der Evakuierung standen allerdings mehrere Faktoren entgegen. Nicht wenige Juden täuschten sich hinsichtlich der deutschen Absichten. Da im Ersten Weltkrieg die deutschen und österreichischen Truppen in der besetzten Ukraine gern auf die jiddischsprachigen Juden als Hilfsdolmetscher im Umgang mit den Ukrainern zurückgegriffen hatten, erwartete man von einer neuerlichen Besetzung kein besonderes Unheil. Da die Sowjetzeit (entgegen dem anderslautenden Gerücht) die Juden insofern besonders hart betroffen hatte, als sie durch das gerade von ihnen häufig betriebene Handelsgeschäft seit dem Ende der Neuen Ökonomischen Politik kriminalisiert wurden, mochten nicht wenige die deutsche Invasion wie die Ukrainer wegen der erwarteten Wiederbelebung der privatwirtschaftlichen Aktivitäten begrüßen.[131] Hinzu kam die Desinformation: In der Sowjetunion wurde die dezidierte Judenverfolgung der Deutschen und ihrer Helfer in der Inlandspropaganda nicht herausgestellt.[132]

Der Ablauf der deutschen Taten war dennoch nahezu überall der gleiche. Wie in Proskuriv (heute Chmel'nyćkyj) ermordeten die Deutschen unter Mitwirkung der ukrainischen Polizei bereits in der Frühphase der Besetzung die Mehrzahl der jüdischen Einwohner.[133] Zu den bekanntesten Massakern gehörte die Erschießung der Juden von Kiew im nahen Babij Jar (ukr. Babyn Jar). Unter dem Vorwand der Umsiedlung wurden die Juden der ukrainischen Hauptstadt aufgerufen, sich zum Abtransport zu sammeln – und sie leisteten diesem Aufruf Folge. In den folgenden Jahren wurde Babij Jar auch zum Exekutionsort von ukrainischen Nationalisten, Geiseln, Partisanen und Kriegsgefangenen –

Literatur periodisch auftauchende Erwähnung eines Ukaz Kalinins, in dem Ende 1941 die vorrangige Evakuierung von Juden angeordnet worden sein soll, betrifft allem Anschein nach eine Fiktion; vgl. Dov Levin, The Attitude of the Soviet Union to the Rescue of Jews, in: Rescue Attempts during the Holocaust, Jerusalem 1977, S. 225–237, hier S. 226 f. Levin spricht für die Zentral- und Ostukraine von 70 bis 90 % der Juden („or even more"), die durch die hier effizientere Evakuierung gerettet wurden; ebenda, S. 235. Vgl. auch Mordechai Altshuler, Escape and Evacuation of Soviet Jews at the Time of the Nazi Invasion, in: Dobroszycki/Gurock, Holocaust, S. 77–104.

131 Vgl. etwa die von Hilberg angeführte Willkommensnote der Juden des Wittgenstein-Gutes bei Kamenka. Raul Hilberg, Die Vernichtung der europäischen Juden, Frankfurt a. M. [2]1990, S. 330. Vgl. auch die Beispiele bei Altshuler, Escape, S. 103 f.

132 Vgl. Hilberg, Vernichtung, S. 330. Andererseits haben die Deportationen, deren Opfer mit polnischer Staatsangehörigkeit im allgemeinen nach dem polnisch-sowjetischen Abkommen am 12. 8. 1941 amnestiert wurden, und die Arbeitsanwerbung für das Innere der UdSSR unabsichtlich zur Rettung dieser Menschen vor den Deutschen geführt.

133 Schreiben von Yaaqov Weiskopf an Yad Vashem, nach Suslenśkyj, Spravžni heroï, S. 98.

in den letzten Septembertagen 1941 war es die Vernichtungsstätte der Kiewer Juden.[134] Was die Juden verdrängen mochten, war den nichtjüdischen Einwohnern Kiews klar. Die ersten Rettungsaktionen bestanden darin, einzelne Juden aus den nach Babij Jar ziehenden Strömen herauszuholen und aufzunehmen. Auch wo dies nicht in eine „regelrechte" Rettungsaktion mündete, konnten Nicht-Juden hilfreich sein: Die elfjährige Manja Šutenko aus Žytomyr, die bei ihrer Schwester in Kiew Zuflucht gesucht hatte und mit ihr nach Babij Jar unterwegs war, wurde von einer Russin gewarnt: „Uns hat eine russische Frau zurückgeschickt, sie sagte: Geht schnell zurück, dort töten sie."[135]

Die Exekutionen, von denen auch Photos und Filmaufnahmen existieren, sind hinreichend dokumentiert. Einsatz von Gaswagen ist für Poltava belegt.[136] Die Ghettos der Ostukraine waren kleiner als die westlicheren und dienten vorwiegend als Arbeitsreservoir. Allerdings kam es in der östlichsten Ukraine, anders als im Westen und Zentrum, wo etwa das Ghetto von Syrećk (Kiew) bis Oktober 1943 belegt ist,[137] nicht mehr zu einer umfassenden Ghettoisierung.[138] Hier bildeten die Massenmorde der Einsatzgruppen,[139] die bei dem langsameren Vormarsch und der geringeren Zahl der Juden gründlicher waren als zu Beginn, den Hauptteil der Vernichtung.[140] Die von Hilberg so genannte „zweite Tötungswelle"

134 Erstmals hat dies der ukrainische Präsident Leonid Kravčuk auf der Gedenkveranstaltung in Babij Jar am 5. Oktober 1991 zugegeben. Vgl. seine Ansprache in: Nacional'ni Vidnosyny v Ukraïni u XX st. Kyïv 1994, S. 464 ff.

135 Erklärung Manja Šutenko, 20. 10. 1992, YVA 6455.

136 Vgl. Matthias Beer, Die Entwicklung der Gaswagen beim Mord an den Juden, in: Vierteljahrshefte für Zeitgeschichte 35 (1987), S. 403–417, hier S. 412.

137 Robel, Sowjetunion, S. 549.

138 Es ist jedoch zum Beispiel bezeugt, daß in Červone ein Ghetto für die Juden von Enakievo (Donbass) im Sommer 1942 eingerichtet wurde; Suslenśkyj, Spravžni heroï, S. 130.

139 Zu den Mordtaten der Einsatzgruppen gehörte das Massaker von Babij Jar am 29.–30. 9. 1941, die Vernichtung der jüdischen Einwohner der Krim (einschließlich der Krimtschaken und Karaimen) und der weiter östlich liegenden Städte Taganrog, Melitopol' und Rostov (vgl. Robel, Sowjetunion, S. 534 f.). Die Massenmorde von Rostov (ca. 18 000 Opfer), Krasnodar und Nal'čik im Juli 1942 sowie von Mineral'nye Vody im September 1942 (6000 Opfer) dürften die östlichsten Massaker der deutschen Kommandos gewesen sein. Im Falle von Kiew griffen die Mörder erstmals zu dem dann in die Sprachregelung eingegangenen Trick, die Juden per Plakat zu einer „Umsiedlung" aufzufordern, die noch auf dem Stadtgebiet in der Massentötung von Babij Jar endete.

140 Hilberg führt etwa an, daß von den 30 000 Juden Dnipropetrivs'ks, „die die Stadt [...] zum Zeitpunkt ihrer Einnahme zählte, [...] im Februar 1942 nur noch 702 am

bestand in der Sammlung von Versprengten und dem Vorgehen gegen Partisanen, vor allem aber in der Auskämmung der Lager und Ghettos nach allen für die Wirtschaft nicht unbedingt erforderlichen Menschen. Dies war in erster Linie das Werk der Ordnungspolizei und der Schutzmannschaften.[141] Am Leben bleiben konnte unter diesen Umständen nur mehr ein kleiner Rest in Arbeitslagern (wobei die jüdischen Insassen bei deren Auflösung in der Regel ermordet wurden) oder – mit Hilfe von Einheimischen – unter verschiedenartigen Tarnungen.

Selbst die arbeitenden Juden waren von der „zweiten Tötungswelle" nicht immer verschont worden. Dies ist insofern wichtig, als die wirtschaftenden Stellen, etwa die Rüstungsinspektionen, an einer Aufrechterhaltung der jüdischen Arbeitskraft durchaus interessiert, ja, auf sie angewiesen waren. Die „Unzweckmäßigkeit" des Judenmordens wurde von diesen Dienststellen nun zwar in einigen Schriftsätzen hervorgehoben, die ideologische Basis jedoch nicht in Frage gestellt. Himmler meldete Hitler, daß zwischen August und November 1942 im Bezirk Bialystok (der nicht zu unserem Berichtsgebiet gehört), der Ukraine und im Nordkaukasus 362 211 Juden getötet worden seien.[142] 1943 gab es in der deutsch besetzten Ukraine nur mehr ganz vereinzelt jüdische Menschen.

Eine letzte Überlebensmöglichkeit gab es im rumänisch besetzten Transnistrien. Während in den südlichen Präfekturen des neurumänischen Gebiets rumänisches Militär und der „Selbstschutz" der Deutschstämmigen in ihren mörderischen Aktivitäten den Deutschen gleichkamen – die Juden Odessas traf dies in besonderem Maße – gab es im

Leben waren". In Simferopol' hatte die Einsatzgruppe laut Meldung vom 18. 2. 1942 mehr Juden getötet, als überhaupt dort registriert gewesen waren; Hilberg, Vernichtung, S. 390 f. Das Ausmaß der Tötungen und Evakuierungen belegt die Feststellung der Oberfeldkommandantur (OFK) Donez in Stalino (heute Donećk), in der Oblast' Stalino habe sich die Bevölkerung von 3 000 000 im Jahre 1939 auf „jetzt 1 642 000" verringert. OFK Donez an Befehlshaber Heeresgebiet B, Abt. VII, 24. 9. 1942, Bundesarchiv-Militärarchiv (BAMA), RH 22, Bd. 206.

141 Die durchaus kontroverse, auch zeitgenössisch immer wieder Regelungsbedarf offenbarende Benennung der verschiedenen paramilitärischen Verbände in der Ukraine muß hier unkommentiert bleiben. „Der einheimische Einzeldienst spielte bei der zweiten Tötungswelle eine maßgebliche Rolle. In den kleinen Städten und Dörfern des Ostlands und der Ukraine übertraf er die deutsche Gendarmerie im Verhältnis von nahezu 10:1"; Hilberg, Vernichtung, S. 388; vgl. ebenda, S. 397. Vgl. auch Martin C. Dean, The German Gendarmerie, the Ukrainian Schutzmannschaft and the „Second Wave" of Jewish Killings in Occupied Ukraine, in: German History 14 (1996), S. 168–192.

142 Himmler an Hitler, 20. 12. 1942, IMT, NO–511, Hilberg, Vernichtung, S. 400, 409.

Norden des Gebiets eine Überlebenschance in Ghettos und Lagern. Die Lebensumstände in den transnistrischen Ghettos können – verwiesen sei auf Hilsenraths Roman „Nacht“ – gar nicht finster genug gezeichnet werden, und die permanente Bedrohung durch Erschießungskommandos oder den Abtransport an Orte, von denen niemand zurückkehrte, gehörte zum Alltag. Aber von der deutsch besetzten Ukraine aus erschienen die rumänisch gewordenen Gebiete, deren Obrigkeit sich vom politischen Kalkül leiten ließ, als ersehnte Zuflucht.[143] Hilfsmaßnahmen konnten darin bestehen, den betroffenen Juden den Übergang in die rumänische Zone zu ermöglichen. Als der weitere Aufenthalt einer Familie in Vinkovci wegen einer neugierigen und böswilligen Nachbarin im September 1943 untragbar wurde, mietete die Retterin einen Pferdewagen, „und sie fuhren zur rumänischen Grenze. Nach dem Kriegsende kehrten sie zurück“, heißt es lapidar in einem Bericht.[144] Da die Anwesenheit zweier Hilfspolizisten ihr Leben gefährdete, wurde die bei einer Kolchosarbeiterin im Dorf Obidne im Rayon Nemyriv (Gebiet Vinnycja) versteckte 15jährige Galina Lisicyna nach Žmerynka gebracht, „wo die Rumänen waren. [...] Dort gab es ein Ghetto, und man rührte die Juden noch nicht an. Sie blieb dort bis zur Ankunft unserer [sowjetischen] Truppen“.[145] Basja Švarc floh aus Bar über die Demarkationslinie auf rumänisches Gebiet, wo sie sich bis zur Befreiung aufhielt, Bronyslava Kercer und Jurij Rachman flüchteten nach Tyvriv.[146]

Generalisieren läßt sich auch dies nicht. Aus den Lagern am Bug – der Grenze zwischen der rumänischen und der deutschen Besatzungszone der Ukraine – kehrte kaum jemand zurück. Die nach eigener Aussage einzigen Überlebenden des Lagers von Berezivka (zwischen Odessa und Mykolaïv) wurden von zwei ukrainischen Schwestern gerettet, die

143 Nicht ganz korrekt schrieb Matil'da Radan, deren Familie in Vinnycja Verfolgte (nicht nur Juden, sondern auch von der Zwangsarbeit bedrohte Ukrainer, entlaufene Kriegsgefangene) beherbergt hatte und die Roza Seliterman in ein rumänisches Ghetto transferiert hatte: „Die Rumänen waren keine Engel, aber sie haben keine Juden umgebracht.“ Radan an Paldiel, 20. 8. 1994, YVA 6269. Den Ukrainern war dies wohl bekannt. Bei einer Razzia in Konjušivka im Gebiet Vinnycja forderte Polina Hrycenko Vera Kac auf, „rasch dorthin fortzulaufen, wo die Rumänen sind“; Vera Hofman-Kac, Angaben über Retter, o. D., YVA 6442. Zur rumänischen Haltung vgl. in dieser Reihe Mariana Hausleitner, Rumänische Sonderwege, in: Benz/Wetzel, Solidarität, Bd. 1, S. 99–134.

144 YVA 8275.

145 Bericht von Valentina Martynovskaja, YVA 6733.

146 YVA 6350, YVA 6341, YVA 6478.

zu Weihnachten Lebensmittel ins Lager gebracht hatten. Bestechungsgelder waren für den Geistlichen, der einen Taufschein ausstellte, und für die rumänischen Behörden fällig. Daß im Bericht gesagt wird, die beiden Schwestern seien die einzigen Überlebenden des Lagers, qualifiziert diesen Fall jedoch wieder als Einzeltat, wenngleich die (häufig rettende) Korruptionsbereitschaft rumänischer Bediensteter größere Chancen eröffnete als die deutsche „Ehrlichkeit".[147]

Rettung von Juden durch Ukrainer

Pohl stellt fest, daß die einheimische (polnische wie ukrainische) Gesellschaft in Ostgalizien „paralysiert" gewesen sei – auch für die übrige besetzte Ukraine trifft dies zu. Daher habe es unter der deutschen Okkupation (anders als in Kern-Polen) keine einheimische Organisation geben können, die sich dem deutschen Massenmorden widersetzt hätte. Aber es gab Einzelpersonen – hochrangige wie Šeptyćkyj und einfache Menschen –, die die Wahl hatten: Sie konnten durch Denunziation Juden dem Tod ausliefern oder Hilfe gewähren.[148]

Für die Haltung der Einheimischen stellt Pohl eine einleuchtende Periodisierung vor: Während 1941 die Mitwirkung der einheimischen Nicht-Juden an den Verfolgungen deutlich ins Auge fiel, setzte mit der planmäßigen Massenvernichtung größere Zurückhaltung ein. Vielen Polen mochte klar sein, daß sie nach den Juden dranzukommen drohten. Anständigen Ukrainern waren die Mordaktionen, nachdem sich die erste Erregung über die mit den Juden identifizierten Bol'ševiki gelegt hatte, moralisch zuwider. Die Massenverhaftungen von Polen und Ukrainern, die der Sympathie für die Untergrundbewegungen verdächtigt wurden, ließen bei manchen die Begeisterung über die Deutschen ebenso nachlassen wie die Deportationen zur Zwangsarbeit.

Aber der Beginn einer Rettung konnte auch eher „zufällig" sein: Als der deutsche Aufruf an die Kiewer Juden zur Umsiedlung das Massaker von Babij Jar einleitete, behielt eine im Kiewer Podol'-Viertel lebende Ukrainerin zwei Kinder (7 und 1 1/2 Jahre alt) einer Bekannten bei sich, die krank waren und denen sie den erwarteten Marsch nicht zumuten wollte – die Eltern Grigirovič kamen bei dem Massaker um, die Kinder blieben bei der Retterin Elena Gavrilova.[149]

147 YVA 6799.
148 Vgl. Pohl, Judenverfolgung, S. 316 f.
149 YVA 6789.

Unter den Nicht-Juden, auf die untergetauchte Juden nunmehr angewiesen waren, da jüdische Ausweichmöglichkeiten zunehmend seltener wurden, wußten vor allem in den engen Gemeinschaften auf dem Lande zumeist weitaus mehr Personen über versteckte Juden Bescheid als nur diejenigen, die selber Hilfe leisteten. Das Zurückhalten von Wissen, dessen Preisgabe belohnt worden wäre, ist ein kaum erfaßbarer Rettungstatbestand.

Motivation und Person der Retter

Die Suche nach Ukrainern, die Juden gerettet haben, ist, wenn man über einen fragwürdigen pädagogischen Aspekt der Vorstellung individueller Identifikationsfiguren hinausgehen will, ein schwieriges Unterfangen. Als Basis kann die Beziehung zwischen den nicht-jüdischen und den jüdischen Teilen der Bevölkerung dienen, was wiederum für den Zweiten Weltkrieg, mit den unzähligen Einzelbeispielen für Anpassung und Widerstand, für Verfolgung und Hilfe, in allen Ländern ein Streitpunkt ist. Einer der Gründe hierfür besteht darin, daß sich diese Problematik bisher allen Versuchen einer Quantifizierung entzogen hat und daß die jeweilige Bewertung der groben Schätzungen (sind einige Tausende von Rettern „relativ viel“ oder „relativ wenig“) nicht von der jeweiligen politischen Einstellung der Wertenden zu lösen ist. Was Pohl für Galizien feststellt, trifft für die Ost-Ukraine in noch höherem Maße zu.[150] Allein die Herausarbeitung einzelner Verhaltensweisen, die Analyse des Settings dieses jeweiligen Verhaltens kann hier versucht werden.

Pohl nennt die Haltung der ostgalizischen Ukrainer gegenüber den Juden „relativ indifferent bis unfreundlich“: „Individuelle Hilfe für die Juden blieb der Ausnahmefall.“[151] Bestand Hilfe für die jüdische Bevölkerung anfangs vor allem in der Versorgung mit Lebensmitteln bzw. mit „arischen“ Papieren,[152] so trat an deren Stelle ab 1942 vor allem das Verstecken. Von der August-Aktion 1942 in Lemberg an war in Ostgalizien

150 Pohl, Judenverfolgung, S. 175: „Das Verhalten der ukrainischen und polnischen Bevölkerung [...] läßt sich weder genau bestimmen noch gar quantifizieren.“

151 Ebenda, S. 176.

152 „Arische“ Papiere konnten von ganz unterschiedlicher Art sein. Bei ihnen spielte eine Rolle, daß es lange Zeit die religiösen Gemeinschaften gewesen waren, die Standesregister führten, woraus sich die konfessionelle Zugehörigkeit von allein ergeben mochte. Aber auch der nicht-jüdische Klang des Namens und die Nationalitätenkategorisierung in der UdSSR boten eine Reihe von Möglichkeiten, „sichere“ Personalpapiere zu konstruieren.

klar, daß die totale Vernichtung drohte. Dementsprechend suchten von diesem Zeitpunkt an Juden nach Schlupfwinkeln (in Wohnungen, Scheunen, Bodenlöchern oder auch im Lemberger Abwassersystem). Im Zuge der Ghetto-Auflösung 1943 war dies die letzte noch verbliebene Überlebensmöglichkeit, wenn man nicht in einem Arbeitslager einsaß oder mit „arischen Papieren" ausgestattet war. Pohl resümiert, daß die Kenntnis der totalen Ausrottung die Hilfsbereitschaft von Nichtjuden verstärkt habe und daß in Ostgalizien „das Untertauchen der Juden bei nichtjüdischen Helfern ab dem Sommer 1943 als Massenphänomen zu sehen" sei, wobei in den Städten vorwiegend Polen, auf dem Land eher Ukrainer Juden versteckt hätten.[153]

Nichts wäre verfehlter, als derartige Regelmäßigkeiten absolut zu setzen oder für den Einzelfall geltend machen zu wollen. Am nächsten der Realität scheint Einleger mit seinem Satz zu kommen: „Das Verhalten von Nicht-Juden, die Juden versteckten, hing von der politischen und militärischen Situation ab."[154] Weder der Wohnort an sich, noch die Schichtenzugehörigkeit ist ein im Einzelfall entscheidendes Kriterium gewesen. So haben Angehörige der ukrainischen intellektuellen Elite wie arme Dorfbewohner als Retter gewirkt. Neben Šeptyćkyj wäre etwa für Galizien der ukrainische Gymnasiallehrer Zahajkevyč aus Przemyśl zu nennen, der unter anderem die in seinem Haus lebenden Eheleute Szefler von September 1943 bis zur Befreiung versteckte. Die Kinder des Retters schilderten, wie man in der 1939 sowjetisch gewordenen Grenzstadt den deutschen Einmarsch begrüßte, der die Familie vor der Sibirien-Deportation rettete. Die ukrainische Intelligenz konnte sich ganz nationalistisch gebärden und antisemitisch agieren, aber auch der andere Weg war möglich. Zahajkevyč war Lehrer für ukrainische und polnische Literatur am ukrainischen Gymnasium und hatte dort eine Reihe jüdischer Schüler. Aus dieser interkulturellen Einstellung mochte die humanistisch begründete Rettungsbereitschaft resultieren. Aber etwas anderes kommt hinzu: Einer seiner (ukrainischen) Schüler wurde der Leiter einer Polizeistation, die dem Versteck unmittelbar gegenüber lag. Er soll Zahajkevyč nicht nur darauf hingewiesen haben, die Versteckten sollten die Fenster besser verhüllen, sondern sich auch an der Suche nach einer anderen Wohnung für die Szeflers beteiligt haben. Spielte hierbei eine Rolle, daß der Polizist und der Versteckte als Schulfreunde charakterisiert werden, oder war es vor allem die Achtung vor dem Lehrer, die die

153 Ebenda, S. 363.
154 Einleger, The Annihilation, S. 140.

Untergetauchten rettete? Deutlich wird die aus der Vorkriegszeit erhalten gebliebene Konstellation, die zu einem menschlichen Verhalten motivierte.[155]

David Kahane nennt den Direktor der Ukrainischen Stadtbücherei in Lemberg Omel'jan Masljak, der Juden hinter zu Tarnzwecken errichteten Regalen versteckte und seltene Bücher verkaufte, um Nahrungsmittel für seine Schützlinge, die er dann zu sich nach Hause nahm, kaufen zu können.[156] Der ukrainische Ingenieur Jakov Suchenko aus Rivne verschaffte Juden aus dem Ghetto Unterkunft bei Verwandten in Novyj Buh und Pervomajsk im Gebiet Mykolaïv; er selber wurde von den Deutschen in Kiew umgebracht.[157] Die Kiewer Schauspielerin Elena Gaevskaja rettete drei Frauen aus dem Marsch nach Babij Jar, nahm sie zunächst in ihrer Gemeinschaftswohnung auf, besorgte ihnen neue Papiere und sorgte immer dann für ihre Schützlinge, die sie bei Bekannten, die außerhalb der Stadt lebten, untergebracht hatte, wenn dies nötig wurde.[158]

Aber auch die Ärmsten der Armen retteten: Mar'jam Sandal berichtete, eine Woche lang habe sie eine arme Dörflerin aufgenommen, die selber nichts hatte und in einer Lehmhütte hauste; überlebt hat sie bei einer Witwe, die nur von ihrem Garten lebte – „sie teilte ihr letztes Hemd mit mir". Sie behandelte sie ebenso wie ihren eigenen zwölfjährigen Sohn und versteckte sie, als man die angebliche Waise suchte, um sie zur Zwangsarbeit nach Deutschland zu deportieren.[159]

Wenn man nach Gründen jenseits der reinen Humanität und nach Konstellationen sucht, die zu Rettungen geführt haben, dann lassen sich viele Varianten finden: Anna Binštok aus dem Ghetto Dubno überlebte, weil sie als Krankenschwester Ukrainern medizinisch geholfen hatte.[160] Ein Wärter des Lemberger Botanischen Gartens versteckte den Musiker und Juristen Julius Sperber zum Dank dafür, daß dieser seinem Sohn vor dem Krieg umsonst Geigenunterricht erteilt hatte.[161]

155 Helena Mel'nyčuk und Orest Zahajkevyč, die Kinder des Lehrers, wurden 1986 durch Yad Vashem geehrt; Angaben nach Gay Block/Malka Drucker, Rescuers. Portraits of Moral Courage in the Holocaust, New York/London 1992, S. 241–245. Vgl. auch Suslenśkyj, Spravžni heroï, S. 92–95.

156 Vgl. Heiman, They saved, S. 331.

157 Bericht Varvara Baroš, nach Arad, Uničtoženie, S. 326–331.

158 Bericht Tamara Perovič, 11. 10. 1994, YVA 6387.

159 YVA 6388.

160 YVA 14 nach Paldiel, The Path of the Righteous, S. 278.

161 YVA 216 nach ebenda, S. 280.

Eine spezifisch ukrainisch motivierte Rettung durch Bauern erfuhr die 1919 geborene Riva Mil'štejn aus Nemyriv im Gebiet Vinnycja: 1932 während der durch die Getreidekonfiszierung verursachten Hungersnot gab Denis Gončar ihrer Mutter einen Sack Korn zur Aufbewahrung. Die Hoffnung, daß die Konfiszierungskommandos kein Getreide bei Juden suchen würden, bewahrheitete sich. Dennoch war Gončar erstaunt, das Korn vollständig zurückzuerhalten, obwohl auch die jüdische Familie damals dem Hungertod nahe war. Als sich Riva im Juni 1942 angesichts der drohenden Liquidierung des Ghettos von Nemyriv an den Bauern wandte, holte dieser seine Familie zusammen und erklärte: „Kinder, die Mutter dieses Mädchens hat uns 1933 vor dem Verhungern gerettet, jetzt müssen wir sie vor den Faschisten retten. Davon darf niemand wissen, sonst werden wir alle erschossen." Die Kinder verrieten nichts, die Mutter blieb bis zur Befreiung bei den Gončars, die Tochter schloß sich den Partisanen an.[162]

Berichte aus der Gegend von Peremyšljany wissen von 1700 Juden, die, geschützt und versorgt von ukrainischen wie polnischen Förstern (und sicherlich auch Forstarbeitern), in den dichten Wäldern die Besatzungszeit überleben konnten. Massenrettungen kamen auch anderswo vor: 58 Juden rettete Oleksander Kryvojaza in Sambir; in Hunczaks heimatlichem Pidhajcy retteten Levko und Roman Bilećkyj 23 Juden. In Kul'janyk bei Odessa versorgte der Bauer Ivanov 25 Juden in Katakomben.[163] Von vielen Rettungen sind wenig mehr als die wichtigsten Daten bekannt, ohne daß die Taten der Helfer etwa geringer veranschlagt werden dürften.

Der Bürgermeister von Kremenčuk, Senycja, verschaffte gemeinsam mit dem Priester Romanśkyj Juden Taufbescheinigungen und rettete sie so. Er wurde dafür hingerichtet.[164] Ein weiterer Priester in Peremyšljany wurde für die Taufe von Juden „en masse" nach Auschwitz deportiert und ermordet.[165] Aber Priester konnten auch gefährlich sein: Als die

162 YVA 6421.

163 Vgl. Friedman, Keepers, S. 213; Friedman, Ukrainian-Jewish Relations, S. 289; Hunczak, Relations, S. 404, Koval', Henocyd, S. 30. Zu vermerken ist, daß die ukrainische Emigrationspresse diese Ereignisse herausstellte, um den Vorwürfen des ukrainischen Antisemitismus zu begegnen. Vgl. Svoboda 9. 4. 1955; 24. 2. 1978.

164 Ereignismeldung UdSSR Nr. 177 vom 6. 3. 1942, BA R58/221, nach Hunczak, Relations, S. 403. Dieser Fall wurde auch zum Gegenstand der „Besonderen Anordnung Nr. 21 des Befehlshabers des Heeresgebiets Süd vom 30. 10. 1941": „In diesem Fall hat der von der Wehrmacht eingesetzte Bürgermeister von Krementschug [russ. Schreibweise, F. G.] Juden nach vollzogener Taufe auf den griechisch-katholischen Glauben mit anderen Namen registriert, um sie auf diese Weise der besonderen Behandlung zu entziehen. Er wurde selbstverständlich sofort abgesetzt und dem SD übergeben"; zit. nach „Zusammenstellung der von Abt. VII des Befehlshabers des

unter falscher Identität als Desinfektorin im Krankenhaus von Korsunivka lebende Ärztin Cypa Šerman es ablehnte, im Kirchenchor zu singen, denunzierte sie der örtliche Pope als Jüdin bei der Ortsverwaltung.[166]

Größere Zahlen von Überlebenden wurden auch durch Hilfe von Deutschen ermöglicht. In Ostgalizien setzte sich Berthold Beitz für seine Ölarbeiter in Boryslav ein.[167] Ein deutscher Landwirt rettete etwa 200 Juden auf seinem Hof und verschaffte ihnen mit neuen Identitäten als Ukrainer Haushaltshilfestellen in Deutschland.[168] Hermann Graebe schützte Juden im wolhynischen Rivne und bei Poltava in seinem Baubetrieb,[169] die deutsche Sekretärin der Lemberger Stadtverwaltung Irmgard Wieth versteckte Juden in ihrem Haus,[170] der Abwehroffizier Walter Rosenkranz rettete bei Przemyśl eine verwundete jüdische Partisanin[171] und ein deutscher Landwirtschaftsangestellter in der Tarnopoler Verwaltung brachte Juden unter und versorgte Versteckte.[172]

Hervorzuheben ist, daß in Augenzeugenberichten auch die deutschen Gendarmen differenziert gesehen werden: Aus Terebovlja berichtet Joseph Einleger: „Es gehörten ihnen einige typische Mörder an, aber auch Menschen, die halfen und sogar einige Leben retteten."[173] Abraham Liebesman-Mikulsky und andere Juden verdankten ihre Rettung in Stanislau dem aus Nürnberg stammenden Polizeisanitäter Franz Weschenfelder.[174] Mar'jam Sandal wurde am 22. Oktober 1941 von einem deutschen Eisenbahner daran gehindert, in das heimatliche Čudniv zurück-

Heeresgebiets B in der Zeit vom 10. 7. 1941 bis zum 30. 9. 1942 herausgegebenen Anordnungen und Befehle ..."; BAMA, RH 22, Bd. 1145, Bl. 45.

165 Diese Mitteilung stammt aus einem Schreiben von Ida Pizem-Karezag an Hunczak; die Briefschreiberin wurde nach der Liquidierung des Ghettos in Peremyšljany 1943 drei Monate lang von den Familie Sokoluk aus Borščiv versteckt und so gerettet; nach Hunczak, Relations, S. 405.

166 YVA 6386.

167 YVA 299. Vgl. dazu Kosmala, Opfer, S. 81 f.; Thomas Sandkühler, „Endlösung" in Galizien. Der Judenmord in Ostpolen und die Rettungsinitiativen von Berthold Beitz 1941–1944, Bonn 1996.

168 YVA 154.

169 YVA 116.

170 YVA 403.

171 YVA 1095.

172 YVA 157. Die Angaben dieses Absatzes folgen hier Mordecai Paldiel, The „Righteous Among the Nations", in: Günther B. Ginzel (Hrsg.), Mut zur Menschlichkeit, Köln 1993, S. 157–170, hier S. 160 f.

173 Einleger, The Annihilation, S. 133.

174 Vgl. Abraham Liebesman-Mikulsky, A German who saved Jews in the Stanislawow Ghetto, in: Yad Vashem Bulletin, Nr. 16, Februar 1965, S. 54–59.

zulaufen. Der Mann sagte ihr: „Geh nicht dorthin, dort bringen sie dich auch um", und forderte Ukrainer auf, das Mädchen für ein paar Stunden aufzunehmen. Als ukrainische Denunzianten Deutsche herbeiriefen, weil sie erfahren hatten, daß sich ein jüdisches Mädchen versteckte, gelang es diesem Eisenbahner erneut, Mar'jam zu retten, indem er die Deutschen wegführte und sie, nachdem sie ein paarmal zum Schein in die Luft geschossen hatten, von der Verfolgung abließen.[175]

„Anrüchige" Motive

Die Motivation der Helfer – jenseits der reinen Humanität – ist ein schwierig zu erschließendes Terrain. Die neben Geld häufig genannten oder zu vermutenden Gründe für mehr als vorübergehendes Helfen gelten manchen als „anrüchig": So kam es vor, daß kinderlose Nicht-Juden jüdische Kinder aufnahmen und als eigene Nachkommenschaft aufzogen.[176] Nicht selten wird dies ein wichtiges Motiv gewesen sein, dessen Kritik jedoch niemand leichtfertig formulieren sollte. Wie verhält es sich, wenn die über 50jährige unverheiratete und kinderlose Kinderfrau Marija Babyč das einjährige Töchterchen ihrer Arbeitgeber aus Rivne als ihr eigenes Kind ins heimatliche Dorf mitnimmt und so rettet? Sie mußte sich Gespött wegen ihrer „späten unehelichen Mutterschaft" anhören – und konnte nach dem Krieg das Kind seinem Vater, der in der Roten Armee überlebt hatte, zurückgeben. Aus Dankbarkeit nahm der Vater, als er später nach Israel emigrierte, die Kinderfrau, die seine Tochter gerettet hatte, mit.[177]

Die Kiewerin Elena Gavrilova, deren Mann gefallen und deren Kind vor dem Krieg gestorben war, zog die kleinen Geschwister Grigorovič als ihre eigene Kinder auf, und sie behielt sie auch, als ihr Vater als Invalide aus dem Krieg heimkehrte. Anna schrieb in dem Yad Vashem-Bericht, sie seien bei der Pflegemutter geblieben, „tak kak my privykli" (weil wir

175 YVA 6388.

176 Hier sei davor gewarnt, derlei Motivationen abzuwerten. Es ist ein Zeichen von Menschlichkeit, wenn die unverheiratete 65jährige Olena Hryhoryšyn aus Mykytyncy bei Kolomea der Waise Donia Rosen, die sie versteckte, sagte: „This is the first time I have ever felt that my life has a meaning. This is the first time anyone has needed me. You have saved me from my terrible loneliness. Let me share your fate as a sister and friend. A difficult fate has bound us so closely together that I can no longer conceive of life without you"; YVA 144, nach Paldiel, The Path of the Righteous, S. 281 f.; vgl. auch Suslenśkyj, Spravžni heroï, S. 69–73.

177 Vgl. Suslenśkyj, Spravžni heroï, S. 73.

uns aneinander gewöhnt hatten).[178] Dies war sicherlich nicht die schlechteste Lösung. Die Eheleute Tat'jana und Pavel Charjuta aus Simferopol' auf der Krim holten im Dienste einer Untergrundorganisation (Sokol') als angebliche Vertreter der deutschen Stadtverwaltung die fünfjährige Ljubov' Isaakovna Kogan ab und zogen sie als eigene Tochter auf. „Nach der Befreiung haben mein Mann und ich beschlossen, das Kind zu behalten und großzuziehen, ihm Mutter und Vater zu sein. Eigene Kinder hatte ich nicht", schreibt die Retterin, deren Zögling bis zur Hochzeit den neuen Namen trug und sich auch heute noch „Pavlovna" nennt.[179] Den Kolchosarbeitern Andrej und Marija Kovorotnyj in Kolesniki im nordukrainischen Rayon Nežyn war die 18jährige Tochter gestorben. Die einfachen Leute nahmen die gleichaltrige Elisaveta Rotberg aus Boryslav auf, die 1941 nach Osten geflohen war. Sie besorgten ihr einen Ausweis, und das Mädchen lebte im Kolchosdorf: „Im Dorf gab es keinen einzigen Verräter, [...] so groß war die Autorität dieser einfachen Frau. Im Dorf konnte ich frei umhergehen", schrieb die gerettete als Elisaveta Kovorotnaja 1994 an Yad Vashem. Nach dem Tode der angenommenen Mutter schloß sie sich den kommunistischen Partisanen an, mit denen das Dorf offenbar auch schon zuvor Verbindungen hatte.[180]

In Romny kam eine jüdische Flüchtlingsfrau aus Kiew bei Eisenbahnern unter, wurde von Deutschen erschossen – und hinterließ ein 1940 geborenes Mädchen, das die Familie Kobyš adoptierte und auch nicht auslieferte, als der Starost dies forderte. Galina Afanas'evna Kobyš erzählten erst die Nachbarn, als sie herangewachsen war, daß die Kobyšs nicht ihre wirklichen Eltern waren; bis 1958 blieb sie bei ihrer Familie.[181]

Kirchlichen Helfern wird der Vorwurf gemacht, über die Rettung eine Judenmission betrieben zu haben.[182] Nur selten kann man den Missionsvorwurf so leicht entkräften wie im Falle des ansonsten durchaus missionsfreudigen Metropoliten Šeptyćkyj. Der erklärte dem Rabbiner-

178 YVA 6789.

179 YVA 6800.

180 YVA 7588. Zu weiteren Hilfen sowjetischer Partisanen vgl. YVA 6421.

181 YVA 6473.

182 Man denke etwa an die Vorwürfe Emanuel Ringelblums, der am 14. 12. 1942 in seiner Chronik über die Nachricht, Geistliche wollten nun jüdische Kinder retten, schrieb, sie täten dies, um „Seelchen zu jagen", weil sie 600 Złoty pro Kind und Monat erhielten und um ihr Prestige zu retten, weil sie bisher so wenig getan hätten. Die Diskussion um die tatsächliche oder scheinbare Taufe war fatalerweise in der Tat ein Problem für orthodoxe und nationalistische jüdische Kreise. Vgl. Emanuel Ringelblum, Kronika getta warszawskiego. Warszawa 1983, S. 434 ff.

sohn Lewin ausdrücklich, er rette ihn für das jüdische Volk und erwarte keine Gegenleistung oder Konversion.

Die in die Klöster und die ihnen angeschlossenen Waisenhäuser verbrachten jüdischen Kinder wurden zwar regelmäßig getauft.[183] Allerdings ist auch hier die Annahme „niederer" Motive in der Regel abwegig: Zum einen war es naheliegend, daß nur wenige mit der Möglichkeit einer „jüdischen Zukunft" der Kinder rechneten, Sicherheitserwägungen haben eine ganz wesentliche Rolle gespielt, und man darf nicht vergessen, daß die Ordensleute, die ihr ganzes Leben in den Dienst ihres Gottes gestellt hatten, felsenfest davon überzeugt waren, mit der Taufe ihren Schützlingen einen großen Dienst zu erweisen. In der Ostukraine sind dem Verfasser Rettungen in den nach 1941 neu eröffneten Klöstern nicht bekannt geworden.

Die „christliche Tarnung" konnte auch anders erfolgen, zum Beispiel durch ein Kettchen mit einem Kreuz, welches „einfache" Ukrainer nicht bei Juden erwarteten. Genija Burmenko aus Berdyčiv schreibt, eine Frau, bei der sie eine Zeitlang untergekommen war, habe ihr ein Kreuz angelegt, „von dem ich mich bis Kriegsende nicht getrennt habe und das ich bis heute aufbewahre".[184]

Die Hausangestellte Zinaida Logvinenko aus Charkiv nahm die 1938 geborene Irina Berkovič zu sich, als die Juden der Stadt im Dezember 1941 ghettoisiert wurden. Zwar war den Nachbarn vieles verdächtig, weil sie wußten, daß Zina bei einer jüdischen Familie im Hause gearbeitet hatte, aber die Retterin erreichte durch die Erklärung, der uneheliche Vater des Kindes sei ein Russe aus der Roten Armee, die Legalisierung des Kindes. Ira wurde getauft. Auch ihrer Mutter gelang es, den Krieg zu überleben, indem ihr eine Verbindungsfrau zu den Partisanen (Aleksandra Belova) falsche Papiere besorgte, mit denen sie im Gebiet Sumy

183 Vgl. Friedman, Keepers, S. 136. Auch Frauenklöster ohne eigene Waisenhäuser galten in Osteuropa traditionell als Aufnahmestellen für verlassene Säuglinge. Zur Problematik der Erforschung der Klosterhandlungen bei der Judenrettung in Polen (aber unter Einschluß Ostgaliziens) vgl. erstmals Ewa Kurek-Lesik, Gdy Klasztor znaczył Życie. Udział żeńskich zgromadzeń zakonnych w akcji ratowania dzieci żydowskich w Polsce w latach 1939–1945, Kraków 1992, S. 7: „Die Ordenshistoriographie – und dieses Problem existiert auch in einigen wissenschaftlichen Arbeiten – tendiert deutlich zur Unterordnung der historischen Wahrheit unter das Wohl der Gemeinschaft." Die Verfasserin macht weiter deutlich, daß die (stets tödliche) Verweigerung der Hilfe in der Ordensliteratur nicht vorkomme; ebenda, S. 8. Vgl. hierzu Kosmala, Opfer, S. 61–66.

184 YVA 6470.

den Krieg überstehen konnte. Belova wurde für das Verstecken von Juden und Kontakte mit den Partisanen im März 1942 erschossen. Zina Logvinenko lebte nach dem Krieg bis zu ihrem Tode als Mitglied bei der Familie Berkovič.[185]

Und auch die Rolle materieller Leistungen bleibt problematisch. Bezahlung konnte auch als Sicherung der eigenen Selbstachtung aufgefaßt werden. Die beiden Ukrainer, die eine in der Nähe von Lemberg aus einem Zug gesprungene Jüdin entgegen der ersten Absicht nicht der Gestapo auslieferten, sondern gehen ließen, aber um Geld baten und sich mit dem Kleinbetrag von 20 Złoty zufriedengaben, haben Geld genommen, aber sie haben der Frau auch das Leben gerettet; von deutscher Seite hätte es sicherlich eine bessere Belohnung gegeben.[186]

Unterschiedliche Chancen

Wenn man sich einen Überblick über die Juden verschafft, denen es gelang, die Schoah durch Rettungsmaßnahmen Einheimischer zu überleben, dann fällt zunächst auf, daß Frauen und Kinder – und hier wiederum Mädchen – in den Berichten häufiger vorkommen. Zu einem gewissen Teil liegt dies daran, daß die ostukrainischen jüdischen Männer im wehrfähigen Alter mobilisiert worden und damit partiell dem Zugriff der Deutschen entzogen waren.[187] Eine wesentliche Rolle spielte aber auch, daß die Beschneidung die Entdeckung männlicher Untergetauchter erleichterte.[188] Und nicht ganz unwesentlich mag auch ein Umstand gewesen sein, der in diesem Zusammenhang noch nicht geäußert wurde: Da die Verfolger ganz überwiegend männlichen Geschlechts waren, fiel es ihnen manchmal wohl leichter, „verdächtige" Mädchen und Frauen zu „übersehen".

Aber auch dafür gibt es Gegenbeispiele – nichts bei allen diesen Rettungsgeschichten ist als „Regelfall" zu interpretieren. Der Kriegsgefangene Isaak Tartakovśkyj aus Voločyśk am Ostufer des Zbruč (heute ein „Verdienter Künstler der Ukraine") ließ sich bei den Deutschen mit dem Namen des Ehemannes der Schwester seines Vaters als Vetrov eintragen

185 YVA 6752.

186 Autobiographischer Bericht Janet Margolies, Between Cruelty and Death, in: Sabrin, Alliance, S. 61–75, hier S. 72–73.

187 Robel, Sowjetunion, S. 539, führt dies als Grund dafür an, daß in der Ostukraine „größere Flucht- oder gar Widerstandsaktionen unterblieben".

188 Vgl. den Bericht von David Kahane über Šeptyćkyjs Rettung jüdischer Kinder („I was asked to select mostly Jewish girls for the first rescue operation"), nach Heiman, They saved, S. 328. Vgl. auch Kosmala, Opfer, S. 45.

und – was für Ukrainer möglich war – aus der Gefangenschaft entlassen. Als bei seiner Arbeit als Tischler auffiel, daß er Jude war, versteckten ihn Stepan und Nadežda Savčuk in Tul'čyn: „Unsere ganze Familie hatte jüdische Freunde und unterschied nicht nach Nationalitäten. Den Nachbarn sagten wir, er sei ein Verwandter des Vaters, und vor den Deutschen und den ‚Policajs' haben wir ihn versteckt", gab die Tochter Lidija Savčuk 1992 zu Protokoll.[189]

Mit der Besorgung falscher Papiere, die im Grunde nur bei assimilierten, nicht dem angeblich jüdischen Typus entsprechenden Menschen Erfolg versprach, war jedoch noch nicht alles geleistet.[190] Die so Versorgten mußten Ortswechsel vornehmen, um nicht von Bekannten gesehen und gegebenenfalls denunziert zu werden. Als „Fremde" an einem anderen Ort waren sie jedoch ebenfalls „verdächtig" und liefen Gefahr, besonders genau überprüft zu werden. Manche fanden dennoch Retter. Ruzja Chaimovna Deržanskaja überlebte als einzige die Erschießung der Familie 1942 und wurde von einer zufällig in dem Dorf weilenden Frau aus Osolynka im Rayon Lityn', Gebiet Vinnycja, mitgenommen. Pavlo und Tat'jana Movčan nahmen sie auf, obwohl sie schon zwei Kinder hatten, besorgten einen Geburtsschein als „Sofija Nikolaevna Jancyšyna" und gaben sie als Nichte aus einem Kinderheim aus – ein riskantes Unterfangen, denn Ruzja hatte dunkle lockige Haare, die sie nun unter einem Kopftuch verstecken mußte. Ein Photo aus dem Jahre 1943, das den Yad-Vashem-Akten beiliegt und die ganze „Familie" zeigt, belegt die Gefährdung durch die äußerliche Erscheinung. Nichts geschah. Die Movčans nahmen das Risiko auf sich. 1946 kehrte der Vater des inzwischen 16jährigen Mädchens aus der Roten Armee zurück und fand seine Tochter wieder.[191]

Andererseits konnte man das „Judenklischee" auch nutzen: Als ein volksdeutscher Polizist in Lemberg Naftali Fuss auf dem Schwarzmarkt

189 YVA 6297.

190 Manchmal waren Papiere allerdings auch so „erfolgreich" wie im Falle von Anna Jengus, die durch Vera und Ivan Polovinkin in Simferopol' auf der Krim so „gute" Papiere bekam, daß sie anschließend als Ukrainerin zu Zwangsarbeiten nach Deutschland deportiert wurde – dadurch dann auch überlebt hat; YVA 6251.

191 Modikova Raisa an Yad Vashem, undat. [1993]; Movčan an Yad Vashem, 21. 9. 1993, YVA 6389. Naftali Fuss schreibt über die Versuche, aus dem Ghetto Drohobyč zu entkommen: „Selbst wenn es uns gelingen sollte, Pässe zu beschaffen, bliebe immer noch das Hauptproblem des – schrecklich, es so sagen zu müssen – jüdischen Aussehens meiner Eltern"; Fuss, Als ein anderer, S. 61; vgl. auch ebenda, S. 158. Vgl. YVA 6480. Andererseits schützte „arisches" Aussehen: Genija Burmenko aus Berdyčiv („Ich sah nicht wie eine Jüdin aus", „blaue Augen, blondes Haar") konnte

eine Wurst abnimmt, reagiert dieser aggressiv: Damit entspricht er nicht dem Klischee der ergebenen Juden, wird für einen Polen gehalten und entgeht einer Überprüfung seiner falschen Papiere.[192] Retter und „Beherberger" mußten sich jedoch über das äußere Erscheinungsbild ihrer Schützlinge Gedanken machen, wenn sie das eigene Risiko minimieren wollten, was wiederum nur im Interesse der zu Rettenden sein konnte. Manche verweigerten aus diesen Gründen eine Hilfeleistung.

Die ukrainischen Polizisten

Es gibt kaum eine Schilderung von Hilfe bzw. Festnahme, in der nicht die ukrainischen Helfer der Deutschen eine Rolle spielen. Diese Einheimischen, die in den Dienst der Besatzer getreten waren, genossen nach späteren Berichten keinen guten Ruf. Zahlreich sind die Berichte über die „illegale" Aneignung jüdischen Besitzes,[193] bedeutsamer waren aber andere Anreize, die die Nützlichkeit für die Deutschen mit sich brachte. Die Hilfspolizisten waren von körperlicher Arbeit befreit, genossen Privilegien, die sie partiell schamlos gegenüber den anderen Einheimischen nutzten und durch Dienste für die Deutschen bewahren wollten. Für die Situation auf dem ukrainischen Land spielten sie insofern eine Rolle, als sie im Unterschied zu den Deutschen stets präsent waren, nicht selten fundamental antijüdische Einstellungen hatten und jede Veränderung in den Dörfern, in denen sie lebten, wahrnahmen. Damit bedeuteten sie für versteckte Juden die größere Gefahr als die verstreuten und für ukrainisch-jüdische Differenzierungen nicht selten „blinden" Deutschen.[194]

eine Zeitlang als Putzfrau auf einem deutschen Fliegerhorst arbeiten; YVA 6470. Berta Vulinskaja aus Vinnycja, die zwar nicht wie eine „typische" Jüdin aussah, aber mit Akzent sprach, gab sich als taubstumm aus; Bericht von Evdokija Gorb, 24. 4. 1994, YVA 6269.

192 Vgl. Fuss, Als ein anderer, S. 84; vgl. auch ebenda, S. 165.

193 „Unsere Koffer durften wir nicht mitnehmen. Sie waren wohl der Preis, den der ukrainische Fahrer dafür erhielt, daß er uns verriet"; Fuss, Als ein anderer, S. 54. Anders als die politischen Organisationen und die SS-Galizien rechnet Hunczak die „sogenannte ukrainische Polizei", die er ausdrücklich der Mitwirkung am Judenmord bezichtigt, der deutschen Staatlichkeit zu; Hunczak, Relations, S. 406. Er gesteht deren Teilnahme an Verfolgung und Exekution ein, schließt sie aber gleichzeitig quasi aus dem Ukrainertum aus: „Like other nations, Ukrainians had their share of scoundrels whose behaviour besmirched the good name of the Ukrainian people, although they in no way represented Ukrainians as a whole"; ebenda, S. 403.

194 Vgl. dazu etwa den Brief Basja Švarc an Yad Vashem, 2. 7. 1993, YVA 6350: „Die Deutschen erkannten nicht besonders gut, wer Jude und wer Ukrainer war."

Für aktive Judenfeinde waren die paramilitärischen Verbände und die Hilfspolizei ein Sammelbecken. Streiten kann man darüber, ob sich darin „Abschaum und kriminelle Elemente" zusammenfanden, die „in normalen Zeiten keine Machtposition in der ukrainischen Gesellschaft erlangt hätten",[195] oder ob es sich nicht doch um den aktiveren Teil der ukrainischen männlichen Jugend gehandelt hat, der auf diese Weise der Zwangsarbeit entging und durchaus zu den lokalen Honoratioren in einem guten Verhältnis stand.

Aber sie konnten auch eine Rettungschance darstellen: So endet der Bericht des Naftali Fuss über seine Festnahme durch drei ukrainische Polizisten in Drohobyč unerwartet damit, daß der Patrouillenführer, der sich zuvor seiner Nähe zur Gestapo gerühmt hatte, in dem festgenommenen Dr. Schöngut einen Arzt erkannte, der seine Mutter einst unentgeltlich behandelt hatte, woraufhin er die Arretierten entließ und noch zu Bekannten geleitete, damit sie nicht wegen Bruchs der Ausgangssperre neuerlich gefaßt würden.[196] Mundek Margulies, der sich in den Abwässerkanälen Lembergs versteckte, wurde bei einem nächtlichen „Ausflug" auf der Suche nach Obst von einer ukrainischen Patrouille aufgegriffen. Einer der Polizisten leuchtete ihm mit einer Taschenlampe ins Gesicht und erklärte auf Ukrainisch: „Laßt ihn laufen. Ich kenne ihn gut." Im Gegenschein der Lampe konnte Margulies das Gesicht seines Retters nicht erkennen – er hat nie erfahren, wem er sein Leben zu verdanken hatte.[197] Der ukrainische Polizist Vavrynjuk versteckte in seiner Wohnung in Lemberg die Jüdin Clara Zimmels-Troper, die dadurch überlebte.[198] Einem ukrainischen Polizisten in Proskuriv gefiel die Jüdin Hanna Weiskopf, und er engagierte sich dabei, ihr einen Unterschlupf zu besorgen.[199] Bei der Beschaffung falscher Papiere konnten ukrainische Polizisten unschätzbare Hilfe leisten: Durch einen mit ihrer Retterin „bekannten Polizisten" erhielt Dora Morskaja in Charkiv einen Paß auf den Namen Dar'ja.[200] Der „policaj" Ivan Kozlov aus Kolesnyky im Rayon Nižyn stellte Rettereltern einen „ausvajs" aus, der bestätigte, daß Elisaveta Rotberg ihre Tochter sei.[201] Abram Čornomazov geriet im

195 Friedman, Ukrainian-Jewish Relations, S. 381; ähnlich Heiman, They saved, S. 322.
196 Vgl. Fuss, Als ein anderer, S. 55 f.
197 Marshall, In the Sewers, S. 108.
198 Vgl. Hunczak, Relations, S. 403.
199 Vgl. Suslenśkyj, Spravžni heroï, S. 99.
200 Bericht Dora Morskaja, 19. 2. 1993, YVA 6269.
201 YVA 7588.

Februar 1942 in deutsche Kriegsgefangenschaft und wurde in ein Lager bei Rivne eingeliefert, wo er auf den ihm bekannten Mytrofan Us traf, mit dem er vor dem Krieg keineswegs gut gestanden hatte. Im von ukrainischen Schutzmannschaften bewachten Lager achtete Us auf ihn, verheimlichte, daß er Jude und auch noch Kommunist gewesen war und rettete ihm so das Leben.[202] Nach der „zweiten Judenaktion" in Tarnopol am 7. April 1943 ließ ein ukrainischer Polizist einen aus dem rettenden Tunnel kommenden Juden einfach gehen: „Er sagte mir, ich sollte schnell verschwinden, und so wurde ich abermals auf wunderbare Weise gerettet."[203] Die 16jährige Mar'jam Sandal aus Čudniv wurde bei der zweiten „Judenaktion" in diesem Ort von ukrainischen Polizisten an der Flucht gehindert und zum Erschießungsplatz in den Park gebracht. Unter den Bewachern erblickte sie den Vater einer Mitschülerin A. Voronjuk, den sie auf den Knien anflehte, sie gehen zu lassen, woraufhin dieser „jemandem von der Bewachung sagte: Vidpustyty ïch (Laßt sie gehen). Ich und mein Vater gingen".[204] Dieser Vorfall zeigt aber auch jenseits der Hilfe die Allmacht an, die einzelnen Ukrainern über Leben und Tod der verfolgten Juden zugefallen war.

Die Unsicherheit der ukrainischen Situation spricht aus einem Rettungsbericht aus Vinkovci im Gebiet Proskuriv (Chmel'nyćkyj). Bei der Überführung der fünfjährigen Rosa Fajntuch in ein Versteck bei der Ukrainerin Marija Gruzevič wurde eine Ukrainerin mit dem jüdischen Kind von „šucmany", ukrainischen Schutzmannschaften, aufgehalten und gefragt: „Wohin führt Ihr das Judenbalg?" (Kuda vy vedete žydynja?) Die Tochter berichtete weiter: „Meine Mutter fiel auf die Knie und begann zu bitten, sie möchten uns weitergehen lassen, und wenn die Sowjets kommen werden, würde sie sie ihrerseits retten. Sie ließen uns gehen, und wir gingen nach Hause."[205] Auf der Basis dieser „Rückversicherung auf Gegenseitigkeit" überlebten die Kinder.

Judenfeindliche Ukrainer, so gefährlich sie für Juden sein mochten, konnten eher als Deutsche durch Tricks in Schach gehalten werden: Bei Lućk erschreckte der baptistische Bauer Jaslenśkyj Partisanen, die einen versteckten Juden aus seiner Scheune gezogen hatten, mit der Vision, der

202 Vgl. Suslenśkyj, Spravžni heroï, S. 58 f.

203 Israel Goldfliess, Fragments of My Holocaust Experiences, in: Sabrin, Alliance, S. 84–106, hier S. 106.

204 YVA 6388.

205 YVA 8275.

getötete Jude würde ihnen für den Rest ihres Lebens als Spuk erscheinen; sie ließen ihn daraufhin gehen.[206]

Gute und schlechte Nachbarn

Aber nicht nur die Angehörigen von Kollaborationsformationen waren eine Gefahr. Ganz „normale" Nachbarn konnten sich als Erpresser und Mörder erweisen. Paldiel hat den Fall des (angeblich „naiven") Kesselflickers Anton Sučynśkyj aus Zboriv bei Tarnopol beschrieben, der sechs Juden bei sich aufgenommen hatte. „Bald kam eine Delegation der Dorfbewohner herein, um ihm mitzuteilen, daß sie die Polizei informieren würden, wenn sie nicht entlohnt würden." Als die Versteckten die Zahlung einstellten, kam die „gang" zurück und schoß mit Gewehren auf das Haus: eine Frau wurde getötet, eine andere verwundet. Nachdem die Versteckten eine Zeitlang herumgeirrt und von Bauern jeweils nur vorübergehend aufgenommen worden waren, kehrten sie zu Sučynśkyj zurück, der sie nun bis zum Eintreffen der Roten Armee (insgesamt mehr als ein Jahr lang) sorgfältiger in einem selbstgegrabenen Keller verbarg und versorgte.[207] Die Witwe Tat'jana Kravčuk aus Malosel'ka im Rayon Berdyčiv drohte einem Mann, der überall im Dorf herumerzählte, sie verstecke ein jüdisches Kind und nicht etwa eine Waise aus dem Kinderheim, er werde dies noch sehr bereuen, woraufhin er von da an ruhig wurde.[208] In einem anderen von Paldiel beschriebenen Fall wurde in der Nähe von Peremyšljany der ukrainische Bauer Ivan Kačerovśkyj, der den Sohn des Ladenbesitzers Katz in seiner Scheune versteckte, von dem Dorfschulzen vor einer Razzia der ukrainischen Polizei gewarnt: Der Dorfschulze wußte also auch Bescheid und beteiligte sich (passiv, also nicht den „Kriterien" von Yad Vashem entsprechend) an der Rettung. Die Razzia führte zur Entdeckung von elf Juden im Dorf, die sofort erschossen wurden. Katz, zu dem dann auch noch seine Eltern stießen, blieb bis zum Kriegsende bei dem Bauern.[209] In Košany im Rayon Oster, nördlich von Kiew, sagte eine Nachbarin von Marija Trubenok, die bei sich unter falschen Identitäten Manja Šutenko aus Kiew und ihre Mutter aufgenommen hatte, sie kenne sie aus Kiew und wisse, daß sie Juden seien. „Mutter und ich schliefen einige Nächte nicht." Aber nichts

206 YVA 2655–6, nach Paldiel, The Path of the Righteous, S. 276.
207 YVA 910 nach ebenda, S. 268 ff.
208 YVA 6388.
209 YVA 2474 nach Paldiel, The Path of the Righteous, S. 270 f.

geschah.[210] Kolchosbauern setzten sich in Lochvycja für die denunzierte jüdische Ärztin Cypa Šerman ein, die unter falscher Identität als Medizinstudentin auf der Kolchose lebte. Sie schrieben in einer Petition, daß die aufgrund einer Denunziation festgenommene Frau gut gearbeitet habe und ganz sicher keine Jüdin sei. Die Petition hatte Erfolg, Frau Šerman kam wieder frei.[211] Da kaum eine Rettungsschilderung ohne die Mitwirkung ukrainischer Bauern auskommt, muß sicherlich das häufig genannte diesbezügliche antisemitische Klischee relativiert werden.[212]

Randgruppen als Retter

Versuche, die „typische" Retterpersönlichkeit zu ermitteln, waren bisher wenig erfolgreich.[213] Nehama Tec kommt zu dem Ergebnis, daß „randständige" Mitglieder der Gesellschaft eher bereit waren zu helfen als Mainstream-Angehörige. Klingemann/Falter ermitteln die Faktoren „frühere Bekanntschaft mit Juden", „Verfügbarkeit von Wohnraum und die finanzielle Situation" sowie „vom Vorbild gelernte Normen und Werte" als signifikante Qualitäten der von ihnen untersuchten Retter-Gruppe.[214] Waren gemischtnationale Familien, die nicht interethnischen Klischees aufsaßen, eher geneigt als andere, Juden zu helfen? Die Familie Jaćkiv in Terebovlja versteckte etwa zehn Juden, ohne etwas dafür zu fordern, darunter den jüdischen Religionslehrer Rosenberg. Der Ehemann war

210 Erklärung Manja Šutenko, 20. 10. 1992, YVA 6455.

211 YVA 6386.

212 Dies kann nicht ein Verfallen ins andere Extrem bedeuten – unzählige Fälle der aktiven bäuerlichen Mitwirkung an der deutschen Judenvernichtung sind belegt. Hingewiesen sei etwa auf die jüdische Landwirtschaftssiedlung Lenindorf, wo das deutsche Kommando am 2. Oktober 1941 die Mitwirkung der nicht-jüdischen Einwohner bei der Ermordung erreicht hat; vgl. Bericht M. Burštejn, YVA 0–33/2431, partiell abgedruckt in: Arad, Uničtoženie, S. 114 f.

213 Paldiel, The Path of the Righteous, S. 6 f. Paldiel findet sie in allen Bevölkerungsschichten, wobei in Osteuropa „the lower economic classes" stärker als in Westeuropa hervorstachen. Bedeutsam ist, daß es sich zumeist nicht um „Heilige", sondern um „ordinary people" gehandelt habe, die in ihre Gemeinschaften voll integriert gewesen seien. Ihre Taten werden als ihnen selbstverständliche Handlungen in einem sonst „völlig ereignislosen Leben" gesehen.

214 Nechama Tec, When Light Pierced the Darkness, New York 1986; Samuel P. Oliner, Pearl Oliner, The Altruistic Personality. Rescuers of Jews in Nazi Europe, New York 1988; Ute Klingemann/Jürgen W. Falter, Hilfe für Juden während des Holocaust, in: Günther B. Ginzel (Hrsg.), Mut zur Menschlichkeit, Köln 1993, S. 115–145, hier S. 144 f.

Ukrainer, die Frau Polin.[215] Die moralische Motivation und das Befolgen religiöser Gebote weisen in die Richtung religiöser Menschen, bei denen jedoch bigotter Judenhaß ebenso auftreten konnte. Für die Randständigen-These spricht nicht zuletzt, daß Adventisten, Baptisten, Judaisierende und Zeugen Jehovas als Retter genannt werden.[216]

Spector ist bei seiner Durchsicht von Überlebenden-Berichten darauf gestoßen, daß die relativ kleine Gruppe der Baptisten sich überproportional als Judenretter profiliert habe. Das mag an der doppelten Motivation dieser Religionsgemeinschaft gelegen haben: Zum einen spielten die Juden in ihrer Theologie eine positive Rolle (ein Teil der Baptisten heiligte den Sabbath), zum anderen mag die Gegnerschaft der Orthodoxie gegen diese protestantische Konfession den Zusammenschluß mit anderen Verfolgten nahegelegt haben. Erleichtert wurde die Hilfe dadurch, daß Baptisten häufiger in abgelegenen dörflichen Gemeinschaften lebten. Geschildert wird in Spectors Buch etwa der Fall eines jüdischen Mädchens aus Radziwiłłów, das von einer Baptistin aufgenommen wurde, die zuvor in der jüdischen Familie als Domestikin beschäftigt gewesen war. Bei Gefahr sei sie von einer Familie zur anderen weitergereicht worden, versorgt und am Krankenbett gepflegt worden. Einer ihrer Retter habe erklärt, es sei Gottes Gebot, Juden zu retten.[217]

Über den baptistischen Bauern Ivan Jacjuk aus dem Umland von Lućk wird berichtet, er sei, als er einen flüchtigen Juden aufgelesen hatte, „auf die Knie gefallen und habe Gott dafür gedankt, daß er ihm das Privileg erwiesen habe, einen Sohn Israels zu treffen, und ihn angefleht, die übriggebliebenen, in Feldern und Wäldern versteckten Juden zu retten."[218] Dieser Geist spricht auch aus dem Bericht über den Nachtwächter Vasyl' Dzywulski aus Kotasivka bei Zolotyj Potik in Ostgalizien. Dzywulski holte den 17jährigen Sohn einer jüdischen Familie aus eige-

215 Vgl. Israel Goldfliess, A Shelter, S. 110, 120. Andere Juden wurden im Wald von den Jaćkivs versorgt; ebenda, S. 114.

216 Vgl. Friedman, Reflections, S. 393. Die Subbotniki-Familie Sobočev aus Žmerynka im Gebiet Vinnycja hatte schon vor dem Krieg freundliche Beziehungen zu Juden. Den Ehemann ermordete 1937 der NKVD. Die vierköpfige Familie Zekcer wurde in der Wohnung aufgenommen – ebenfalls einquartierte Deutsche waren eher ein Schutz vor plötzlichen Razzien. Die Mutter tat stumm, um sich nicht durch ihre Aussprache zu verraten; YVA 6480.

217 Überlebendenbericht Shifra Nahmani (Polturek), YVA 03/3503, hier wiedergegeben nach Spector, Holocaust, S. 244. Einen ähnlichen Sachverhalt schildert YVA 2655–6, nach Paldiel, The Path of the Righteous, S. 275.

218 YVA 2655–6, nach Paldiel, The Path of the Righteous, S. 275.

nem Antrieb, also ohne darum gebeten worden zu sein, in sein Haus und rettete danach weitere zwölf Personen aus dem Ghetto in Bučač.

Hier wird auch ein weiterer Aspekt deutlich: Die Versorgung Versteckter schuf viele Probleme. Zum einen war es im Krieg in der Ukraine schwierig, Lebensmittel zu bekommen. Der Kauf von größeren, in bezug auf die „offiziellen" Hausbewohner unverhältnismäßigen Mengen war teuer und mußte Verdacht erregen. Im Fall der Dzywulskis reiste die Hausfrau Maryna umher, um nicht an einem Ort zu viele Lebensmittel zu kaufen. Die Dzywulskis opferten ihre gesamten Ersparnisse und stahlen sich, als auch diese erschöpft waren, auf die Felder anderer Bauern und ernteten sie heimlich ab.[219] Diese Güterabwägung zugunsten der Lebensrettung ist ein gerade bei religiösen Menschen sehr bemerkenswertes Phänomen.

Bekannte und Verwandte

In vielen Fällen waren es Bekanntschaften aus der Vorkriegszeit, die Rettungen begünstigten. Einerseits konnte es gefährlich sein, jemanden von früher zu kennen – die Gefahr denunziert zu werden und damit eine Tarnung durch „arische Papiere" zu verlieren, war kaum kalkulierbar. Andererseits konnte dadurch auch das Unbeteiligt-Sein überwunden werden: Oleksandr Maj, ein Lehrer aus Savinci in Podolien, wurde bei der Liquidierung des Ghettos Šarivka durch Leonid Bak, seinen früheren Schüler, der der OUN angehörte, gerettet – danach nahm ihn ein Kollege auf, Feliks Rudjuk, der im Dorf Andriivka lebte.[220] Der Arzt Abraham Liebesfeld traf im Gefängnis von Stanislau einen ukrainischen Bekannten. Der ukrainische Chef des Vollzugspersonals hatte früher Eis in Liebesfelds Labor geliefert und dafür immer ein anständiges Trinkgeld bekommen. Nun half er Liebesfeld, wieder aus dem Gefängnis herauszukommen.[221] Chaja Bittner, deren Eltern einen Obstladen in Sambir hatten, floh im Mai 1942 nach der Deportation der Eltern in das nahegelegene Kalyniv zur Familie Mykitka, von der die Eltern ihre Ware bezogen hatten. Sie wurde mit dem Taufschein der zu Zwangsarbeit nach Deutschland deportierten Tochter ausgestattet und lebte bei den bitterarmen Bauern.[222] Der neunjährige Schuhmachersohn Efim Mil'man aus

219 YVA 265, nach ebenda, S. 271 ff.

220 Vgl. Suslenśkyj, Spravžni heroï, S. 82.

221 Vgl. Liebesman-Mikulsky, A German who saved Jews, S. 57.

222 YVA 5660.

Vinkovci im Gebiet Kamjaneć Podil'śkyj wurde von Maryna Bojko aus Ljudvykivka, die mit den Eltern befreundet gewesen war, bis zum Kriegsende versteckt.[223] Der Medizinstudentin Musja Šafranskaja aus Polonne bot die Lehrerin Anastasija Boriškina aus Horošky im Gebiet Proskuriv selbständig die Hilfe an; ihre Eltern wurden im August und September 1941 von der Polizei erschossen – die Mutter Berta hatte seinerzeit als Hebamme bei der Entbindung der Retterin geholfen.[224] Eine Ukrainerin, die der Familie Rachman in Vinnycja bis zum Krieg regelmäßig Milch gebracht hatte, konnte erfolgreich gebeten werden, Unterschlupf zu gewähren und dann beim Übergang auf rumänisches Gebiet zu helfen.[225] Arbeitskollegen des Vaters besorgten Mar'jam Sandal bei einem mit ihnen bekannten Starosten Papiere, die sie als Waise aus einem aufgelösten Kinderheim auswiesen.[226] Alla Ščerbak aus Charkiv mobilisierte ihre ganze Familie, um Ol'ga Bragilovskaja, ihre langjährige Freundin, zu retten. Ihr Ehemann veränderte Ol'gas Inlandspaß, so daß der verräterische Eintrag „Jüdin“ verschwand, ihre Mutter vermittelte einen Unterschlupf bei ihrer Stiefschwester in Katanśke im Rayon Ochtyrka.[227]

Familienbande waren ein weiterer Grund für Hilfe. Zu berücksichtigen gilt es hierbei, daß es in den besetzten Ostgebieten keine „privilegierten Mischehen“ wie im Reichsgebiet gab und daß jüdischen Verwandten von Nicht-Juden grundsätzlich dasselbe Schicksal wie allen anderen Juden drohte. Wie der Buchhalter Viktor Hladenko aus Charkiv sich bei der ukrainischen Stadtverwaltung um Papiere für seine jüdische Frau und deren Kinder aus erster Ehe bemühte, war daher schon etwas Besonderes.[228] Auch daß die in Kiew lebende weißrussische Familie des Andrian Kozyra die kleinen Kinder Galina (geb. 1932) und Leonid (geb. 1939) ihres Bruders Jakov und seiner jüdischen Frau Raissa vor dem Marsch nach Babij Jar gerettet haben, war eine Eigengefährdung – die Kinder galten als Juden.[229]

Oder auch Nachbarschaften: Die Tatarin Alima Šatocha, eine der wenigen Musliminnen, die als „Gerechte unter den Völkern“ durch Yad Vashem am 28. November 1994 anerkannt wurde, versteckte, obwohl

223 YVA 8661.

224 YVA 6413.

225 YVA 6478.

226 YVA 6388.

227 Ol'ga Bragilovskaja zog dann mit einem falschen Ausweis in das bald befreite Kuban-Gebiet um (YVA 6422).

228 Vgl. Suslenśkyj, Spravžni heroï, S. 124.

229 YVA 6351.

sie auch noch ihren kranken Ehemann zu pflegen hatte, „ganz einfach" vom 14. Dezember 1941 bis zum Eintreffen der Befreier im August 1943 in Charkiv ihre Nachbarin Dora Eselevič und die kleine Tochter Raja. „Wenn jemand klopfte, wurde ich sofort auf dem Dachboden versteckt. Und ihr Mann war auch dafür, mich vor den Deutschen zu verstecken. Von den Nachbarn wußte niemand etwas."[230]

Vielfach lassen sich aber „besondere" Motive gar nicht ausmachen. In einem Dorf bei Kolomea versteckte die Familie des Bauern Vasilij Marčuk die Zahnärztin Esther Fund, die zunächst von der Besatzungsmacht aufs Land zur medizinischen Versorgung der Landbevölkerung verschickt worden war. Von Frühjahr 1943 bis zur Befreiung, mehr als ein Jahr lang, lebte die Ärztin in Bauernkleidern im Heuschober der Marčuks.[231] Von der Liquidierung des Ghettos des galizischen Čortkiv im Juni 1943 an versteckte die Familie Aksenčuk im Keller ihrer Scheune bis zur Befreiung den 20jährigen Abraham Wartenfeld und ein jüdisches Mädchen.[232] Genija Burmenko wurde in Berdyčiv nach einer Erschießungsaktion von einem Mann (Gordej Krasnolućkyj) angesprochen, der sich als Arbeitskollege ihres Vaters ausgab und sie bei sich aufnahm. Als sie dort zwei weitere Juden antraf und mit ihrem Retter ins Gespräch kam, wurde deutlich, daß dies gar nicht der Wahrheit entsprochen hatte. Der Retter hatte nur auf der Straße nicht in längere Gespräche verwickelt werden wollen. Er kannte die junge Frau, die er in seine Familie brachte, gar nicht.[233] Die Russin Aleksandra Karnauchova sprach in Charkiv eine allein am Abend auf der Bank sitzende Frau an: Dora Morskaja war Invalidin und war vor den Deutschen aus der Gegend von Dnipropetrivśk nach Charkiv fortgelaufen, wo sie die Okkupation einholte. Sie gab ihr zu trinken und nahm sie nach Hause mit, und als Dora ihr erzählte, daß sie Jüdin sei, antwortete sie, daß sie das längst bemerkt habe; sie sollte aber niemandem davon erzählen.[234]

Nicht zu berechnen war das Verhalten der anderen Familienmitglieder in den Retterfamilien: Nur die Fürsprache der Ehefrau hinderte einen Ukrainer in Terebovlja, einen von ihm gefangenen Juden (Hütler) mit einem Messer umzubringen.[235] Aleksandra Karnauchovas Schwester

230 Bericht Dora Fedorova geb. Eselevič, 15. 11. 1991, YVA 6294.

231 YVA 5944.

232 YVA 6359.

233 YVA 6470.

234 YVA 6269.

235 „Jesus Maria, what do you want from them. They have already lost their mother, father and brother. Let them go." [...] The Ukrainian dropped the knife. „Get lost,

Praskov'ja mißbilligte die Aufnahme der Jüdin Dora Morskaja: Sie forderte ihre Schwester auf, sie solle Dora davonjagen, sonst würde sie den Deutschen sagen, daß Dora Jüdin sei. Aleksandra brachte Dora dennoch dann mit falschen Papieren („mit der Hilfe eines [deutschen?] Offiziers") in einem Invalidenheim in Krasnohrad unter.[236]

Strittige Fälle

Wer Retter war und wer nicht, ist manchmal schwer zu ermitteln. Als Beispiel möge der Fall Ivan Stebel'śkyjs dienen: Gerettete sahen in ihm einen Händler, der von Sommer 1941 bis Sommer 1944 in Boryslav in der Ukraine tätig war, zwei Juden bei sich beschäftigte und – als dies 1943 unmöglich wurde – versteckte. Im Informationsbulletin Simon Wiesenthals figuriert die gleiche Person als Mitglied der DUN. Wiesenthal stützt sich dabei auf sowjetische Presseberichte und rechnet ihn damit der Täterkategorie zu. Ungeachtet dessen, daß judenfeindliche Akte der „Legionen" bisher nicht nachweisbar waren – insofern irrt das Wiesenthal-Bulletin, wenn es eine Blutspur der Legionen bis Babij Jar animmt –, wäre es durchaus denkbar, daß ein ukrainischer Nationalist erst gegen die Sowjets kämpfte und dann dennoch Juden rettete.[237]

Unangenehm konnte das Gezerre werden, ob die Prinzipien des Yad Vashem auf eine Rettung anzuwenden waren. Als der Ukrainer Kiefor den Zahnarzt Scheer, dessen Patient er gewesen war, in Pidhajci im Gebiet Tarnopol versteckte, hatte man ausgemacht, daß „wir 20 Dollar in Gold alle zwei Wochen bezahlen und wir versprachen, ihnen nach dem Krieg zu helfen, in die USA zu kommen", wie Bernard Scheer in seinen Erinnerungen schrieb.[238] In einer Korrespondenz zwischen Scheer und Yad Vashem wurde nun darüber diskutiert, ob Kiefor aus uneigennützigen Motiven gehandelt habe. Scheer bemühte sich, den Schatten, den er selber auf seinen Retter geworfen hatte, zu korrigieren: „Wir versprachen Herrn Kiefor und seiner Familie, sie nach dem Krieg in die USA zu bringen. [...] Freiwillig boten wir ihm etwas Geld an, das wir versteckt hatten, um ihm zu helfen, Lebensmittel zu kaufen. Herr Kiefor war nicht

and don't tell anybody you were in my hands"; S. Brinstein, The Story of Adolf David Hütler and his Brother Jacob, in: Sabrin, Alliance, S. 147–155, hier S. 151.

236 YVA 6269.

237 Vgl. Bulletin of Information. Dokumentationszentrum des Bundes Jüdischer Verfolgter des Naziregimes, Nr. 23, Wien 1983, S. 6; Suslenśkyj, Spravžni heroï, S. 65–68.

238 Bernard Scheer, Don't Cry Out Loud, Hartford CT 1989, S. 27.

an finanziellem Profit interessiert“, schrieb er nach Israel.[239] Einerseits belegte Scheer, Kiefor habe kein Geld für sich haben wollen. Und für die Versteckten sei es angenehm gewesen, zahlen zu können: „Es war uns wohler, einen finanziellen Beitrag zu leisten und für unseren Aufenthalt zu zahlen. Es ist eine natürliche Reaktion, jemanden zu entlohnen, der ein solches schwieriges und gefährliches Unternehmen auf sich nehmen wollte.“ Aber nach den Altruismus-Kriterien von Yad Vashem war dies problematisch. Die ganz normale menschliche Belastung durch die gewährte Hilfe wird jedoch in den folgenden Sätzen deutlich: „Herr Kiefor war nicht glücklich über unseren langen Aufenthalt bei ihm, weil wir ihm versprochen hatten, daß der Krieg bald vorüber sei. [...] Ich bin sicher, daß Herr Kiefor manchmal von Enttäuschungen und Depressionen geplagt war, die ihn veranlaßten, uns aufzufordern, den Ort zu verlassen. All dies geschah im Angesicht einer Lebensbedrohung für ihn und seine Familie, falls man entdeckte, daß er Juden versteckte.“[240] Vielleicht durften die Scheers nur bleiben, weil sich die Tochter Kiefors, Olimpia, in den 17jährigen Bernard Scheer verliebt hatte. In seinem Buch schreibt Scheer: „Olimpia überredete sie, uns weiter zu verstecken.“[241] Kiefor wurde am 4. September 1991 dennoch als Retter anerkannt. Seine Schützlinge überlebten und haben tatsächlich der Familie die Übersiedlung in die USA ermöglicht. Die Extremsituation, in der sich die hier behandelten Vorgänge abspielten, zwingt zu einem Verzicht auf eine beckmesserische Bewertung. Selbst Retter dürfen depressiv werden, an ihren nun wirklich gefährlichen Taten zweifeln und sich dann doch auf ihre Menschlichkeit besinnen. Wer zählt jedoch die Fälle, die nicht so glücklich endeten, weil sich eben niemand in die Versteckten verliebte? Nicht einmal die Geschichten mit „Happy-End“ verhüllen, daß es sich um schreckliche, von Zufällen abhängige Proben für alle Beteiligten handelte. Andere Begleitumstände verdeutlichen noch stärker die Tragik des Geschehens: So erstickte eine junge Mutter in einem Versteck bei Ivanivka im Bezirk Tarnopol ihr Kind, als dies bei einer Hausdurchsuchung zu husten anfing.[242]

Die bei Yad Vashem gesammelten Berichte Überlebender schildern nicht nur die jeweiligen Vorgänge der eigenen Rettung, sondern auch das

239 Scheer an Paldiel, 2. 5. 1990, YVA 4978.

240 Scheer an Paldiel, 16. 11. 1990, YVA 4978.

241 Scheer, Don't Cry, S. 66.

242 Vgl. S. Brinstein, Meeting Holocaust Survivors, in: Sabrin, Alliance, S. 201–208, hier S. 205.

Umfeld der den Berichtenden bekannt gewordenen gescheiterten Rettungsversuche. Da es kaum möglich ist, das Verhältnis zwischen erfolgreichen und tragisch endenden Rettungen abzuschätzen, kann auf dieser Grundlage solide nur gefolgert werden, daß die Zahl der potentiellen Retter weitaus größer als diejenige der bekannten war. Jeder Gerettete verdankte sein Leben einer Reihe von Menschen, auch solchen, bei denen er/sie nur eine Nacht oder wenige Tage blieb. Im Grunde konnte ja jeder, der um einen flüchtigen Juden wußte, zum Denunzianten und dafür von den Okkupanten belohnt werden. Keine Seltenheit ist der Fall der geretteten Mar'jam Sandal aus Čudniv im Gebiet Žytomyr, die sich von der (dritten) „Judenaktion" in diesem Ort (22. 10. 1941) an bis Juli 1942 in der Umgebung „herumtrieb". Sie nennt in ihrem Bericht für Yad Vashem zehn Familien, die sie in dieser Zeit aufgenommen haben, „manche für einen Tag, manche für zwei, weil alle die Erschießungen fürchteten".[243]

Verstecke konnten auch für die Helfer zu Todesfallen werden. David Prital berichtet von einem polnischen Bauern in Wolhynien, der mehrere Juden in seiner Scheune aufgenommen hatte: Die ukrainischen Partisanen versuchten, ihn aus der Gegend zu vertreiben, und als dies nicht gelang, wurde er im Zuge der „ethnischen Säuberung" ermordet.[244] Hatte den Bauern möglicherweise die Tatsache, daß er für „seine" Juden zu sorgen hatte und deswegen nicht fortgegangen ist, das Leben gekostet?

Wert hervorgehoben zu werden ist auch die Zusammenarbeit polnischer und ukrainischer Nachbarn bei Rettungsaktionen – wie jene von Tat'jana Kuncevič für ihren Geliebten Szymon Redlich und seine Mutter Hanna in einem Dorf bei Berežany im Gebiet Tarnopol. Die Versorgung der Versteckten und deren Rettung aus dem Ghetto wurde von dem Polen Stanisław Kowal und dessen Sohn Karol übernommen.[245]

Wie viele Retter gab es? Dies zu ermitteln ist kaum möglich. Ein einziger Denunziant reichte aus, um das Überleben eines jüdischen Menschen unmöglich zu machen, obwohl sich eine Reihe von Ukrainern zuvor um seine Rettung verdient gemacht haben mochte. Nur gibt es niemanden mehr, der über diese gescheiterten Rettungsversuche zu berichten imstande wäre, denen die gleiche Bedeutung zukommen müßte wie den geglückten.

243 Bericht vom 2. 9. 1992, YVA 6388.
244 YVA 2655–6, nach Paldiel, The Path of the Righteous, S. 275.
245 Vgl. Suslenśkyj, Spravžni heroï, S. 125–126.

Die Verweigerung von Hilfe

Das komplementäre Phänomen zur Hilfeleistung war die Verweigerung derselben. Zur Beurteilung der Leistung, die diejenigen erbrachten, die Juden retteten, ist es erforderlich, die Motive derjenigen zu ergründen, die sie verweigerten oder gar bei der Verfolgung mitmachten. Die Helfer mußten, wenn man eine Abneigung gegen die Juden als gegeben annimmt, diese erst überwinden, ehe sie sich in der entgegengesetzten Richtung engagierten.

Wesentlich war mit Sicherheit die Angst vor Strafe: Die Bestimmungen[246] sahen die Todesstrafe für denjenigen vor, der „Juden wissentlich Unterschlupf gewährt, insbesondere Juden außerhalb des Judenwohnbezirkes unbefugt unterbringt, beköstigt oder verbirgt". Die gleiche Strafe drohte der Person, die „davon Kenntnis erhält, daß ein Jude sich unbefugt außerhalb seines Wohnbezirkes aufhält und der Polizei keine Meldung erstattet". Bürokratische Sorgfalt konnte so in Verweigerung umschlagen: Der Leiter der Kolonie für behinderte Kinder bei Prymorśk im Gebiet Zaporižžja, Rupčev, wies den Arbeiter Osminkin „kategorisch" ab, als der ihm vorschlug, die jüdischen Kinder nicht in die von den Deutschen verlangte Liste der lokalen Juden einzutragen und sie auf diese Weise zu retten.[247] Wo die Peitsche nicht fruchtete, sollte Zuckerbrot helfen: „Soweit sie [gemeint sind Mitteilungen] zur Ergreifung von Juden führen, kann hierfür auf Antrag eine Belohnung gewährt werden, deren Höhe der SS- und Polizeiführer festsetzt", hieß es in einem dreisprachigen (deutsch, ukrainisch, polnisch) Plakat, das am 3. Juni 1943 in Lemberg ausgehängt wurde.[248] Selbst die von Pohl beschriebene Hemmung mancher Gerichte, diese Strafe auch auszusprechen und vollstrecken zu lassen,[249] ist kein Grund, die Androhung gering zu achten.[250]

246 Etwa § 3 der Polizeiverordnung des Höheren SS- und Polizeiführers im Generalgouvernement über die Bildung von Judenwohnbezirken vom 10. 11. 1942.

247 YVA M-33/52, nach Arad, Uničtoženie, S. 141.

248 DALO, Bestand 2042, Op. 1, Akte 155, Bl. 73.

249 Vgl. Pohl, Judenverfolgung, S. 366 ff.

250 Noch am 27. Mai 1944 verurteilte ein Standgericht der Sicherheitspolizei „wegen Verbrechens nach [...] der Verordnung zur Bekämpfung von Angriffen gegen das deutsche Aufbauwerk im Generalgouvernement" in Stryj den Ukrainer Vasyl Mojševyč und den Polen Walenty Kołodziej „wegen Judenbegünstigung" zum Tode. Zu dem Ukrainer heißt es in der Begründung, er „hat in seiner Wohnung Juden versteckt und verpflegt"; Bekanntmachung des SS- und Polizeiführers im Distrikt Galizien, Stryj, 27. 5. 1944; Central'nyj Deržavnyj Archiv Kyïv, Bestand 4329 Gou-

Die Sicherheitspolizei suchte keine juristische Regelung, sie unterhielt eigene Standgerichte, „siedelte aus" oder machte bei der Auffindung Versteckter „kurzen Prozeß" mit allen Beteiligten. Die Fälle von „auf der Flucht erschossenen" sind in den Berichten mit diesen Verhaltensweisen gleichzusetzen. Im Regelfall war schon die Übergabe an die Sicherheitspolizei mit der Ermordung gleichzusetzen.[251] Die Hilfeverweigerung aus Angst war daher wohl begründet.

Aber gerade in der ersten Kriegsphase kam noch etwas anderes hinzu: Vor Stalingrad war ein Ende des Krieges – gar noch durch eine deutsche Niederlage – nicht abzusehen. Wer Juden verbarg, konnte keinen Zeitpunkt erkennen, zu dem diese Hilfeleistung überflüssig werden würde. Die Verweigerung von Hilfe in dieser Zeit kann daher auch als ein wacher Realitätsbezug interpretiert werden.

Hilfe konnte auch eine Belastung sein, wo Judenfeinde kaum involviert waren. Wenn in einem Bericht aus Studinka die Rede davon ist, daß die Tochter Alina einer Retterfamilie an Lungenentzündung starb, die sie sich geholt hatte, weil sie immer barfuß das Essen in das Scheunenversteck gebracht hatte, um nicht durch Geräusche den Nachbarn die Versteckten preiszugeben, dann mag man ermessen, welche unerwarteten tragischen Zusammenhänge sonst noch bestanden haben mochten.[252] Hierbei muß berücksichtigt werden, daß die Nicht-Hilfeleistung eher

verneur des Distrikts Galizien, Op. 1, Akte 13, Bl. 1–2. Am 8. Juni 1944 wurde veröffentlicht, daß die Witwe Kataryna Čubkevyč, geb. Horbač, und die Arbeiterin Kataryna Derkač aus Boryslav für die Beherbergung von Juden zum Tode verurteilt wurden; Veröffentlichung des SS- und Polizeiführers im Distr. Galizien, Drohobycz, 8. 6. 1944, DALO 2042, 1, 67, Bl. 83.

251 Belegt wird dies etwa durch den Fall der Ukrainerin Maria Sowala aus Schidnycja bei Drohobyč, die zwei jüdische Frauen aus dem Ort, die zuletzt in Boryslav ghettoisiert worden waren, versteckte. Die in ärmlichen Verhältnissen lebende Frau erhielt eine einmalige Zahlung von 250 Złoty und entspricht damit schon nicht mehr den Kriterien von Yad Vashem. Aufgespürt wurden die Versteckten durch die ukrainische Polizei, die die Beherbergerin an die deutsche Gendarmerie weiterleitete. Dort wurde sie noch vernommen – es gibt ein Protokoll –, dann aber dem Kommandeur der Sicherheitspolizei in Drohobyč „zur weiteren Behandlung" übergeben. Unschwer vorzustellen ist, was das bedeutete. Auch die „beiden Jüdinnen mit ihren zwei Kindern werden am 5. 6. 1943 in Schodnica ausgesiedelt". Hier machte sich der Bezirksleutnant der Gendarmerie Kößlinger in seinem Bericht nicht einmal die Mühe, die sprachliche Kaschierung des Mords grammatisch durchzuhalten. Posten Schodnica der Gendarmerie an Kreishauptmann Drohobycz, 5. 6. 1943; Vernehmungsniederschrift, 5. 6. 1943, DALO, Bestand 2042 Kreishauptmannschaft Drohobycz, Op. 1, Akte 155, Bl. 74–5. Weitere Beispiele bei Dean, The German Gendarmerie, S. 184 f.

252 YVA 14 nach Paldiel, The Path of the Righteous, S. 279.

der Regel entsprach. Möglicherweise ist es schon als Positivum zu werten, daß Hilfesuchende nicht sofort bei den Machthabern denunziert wurden. Eher negativ klingende Passagen wie die folgende aus Terebovlja (Mai 1943) weisen daher auf kompliziertere Situationen hin, als es auf den ersten Blick scheinen mag: „Ich wandte mich an einige Nicht-Juden, die einmal Kunden in unserem Laden waren, und bat sie, mir und meinem Kind Obdach in ihren Häusern zu gewähren, alle weigerten sich."[253]

Als Beispiel für komplexe Reaktionen, die die Wirkung von antisemitischen Klischees belegen, sei ein von Spector zitierter Absatz aus dem in hebräischer Sprache veröffentlichten Gedenkbuch der jüdischen Gemeinde von Dubravycja herangezogen, wo ein ukrainischer Bauer seinen jüdischen Freund (so der Text!) abwies, der aus dem Ghetto zu ihm geflüchtet war und ihn um Hilfe bat: „Du hast all dein Hab und Gut bei den anderen in der Stadt gelassen, und du kommst zu mir, um mich um Hilfe und Rettung zu bitten. Ich dachte, du wärst klug, aber nun merke ich, du bist sehr dumm. Hitler hat beinahe die ganze Welt erobert, und er ist dabei, alle Juden abzuschlachten, weil sie unseren Jesus gekreuzigt haben. Glaubst du, du könntest diesem Schicksal entrinnen? Du hättest nicht aus dem Ghetto fortlaufen dürfen; immerhin hättest du in demselben Grab wie deine Familie gelegen. Und nun, wer weiß, wo du sterben wirst. Ich gebe dir den Rat, ins Ghetto zurückzukehren. Nimm einen Laib Brot und geh' mir aus den Augen. Ein Teufel bleibt ein Teufel und ein Jud' ein Jud'."[254] Die Mischung von materieller Enttäuschung (weil der Betreffende bereits seinen Besitz in der Stadt anderen hatte geben müssen), die Sicht der Deutschen als eines Rachewerkzeugs Gottes, gepaart mit den Fundamentalkategorien der religiösen Judenfeindschaft und Elementen eines bäuerlichen Wertesystems (Schicksalsergebenheit, gemeinsames Grab) kontrastierten mit der Gewährung einer kleinen, dem Gebot der Nächstenliebe entsprechenden Hilfeleistung, die ihrerseits wieder mit der Verweigerung jeder weiteren Unterstützung verknüpft war. Schon aus diesen wenigen Zeilen wird deutlich, warum es unmöglich ist, dem menschlichen Bedürfnis nach der Ermittlung einer einheitlichen oder doch wenigstens konsistenten Grundlage für menschliches Verhalten im Zweiten Weltkrieg zu entsprechen.

Die Auswirkungen solchen Verhaltens waren unkalkulierbar. So versteckte der ukrainische Bauer Fedir Kalenčuk aus der Gegend von Rivne

253 Sabina Herbst, For my Daughter's Sake, in: Sabrin, Alliance, S. 123–131, hier S. 123.
254 Dubrovica Memorial Book, Tel Aviv 1964, S. 541, zitiert nach Spector, Holocaust, S. 241.

von September 1942 bis zum Februar 1944 die Familie des Getreidehändlers Pesah Kranzberg in einer Aushöhlung unter der Scheune und ernährte sie. Im Bericht ist von dauernden Streitigkeiten zwischen dem Retter und seiner Frau die Rede, die kritisierte, daß Kalenčuk „seinen Kindern die Lebensmittel fortnahm, um sie den verdammten Juden" zu geben. Nur damit, daß ihr Mann sie mit der Hoffnung auf Belohnung nach dem Krieg ruhigstellen konnte, verhinderte er, daß die Frau die Scheune ansteckte oder die ukrainische Polizei alarmierte. Daß die Kranzbergs gerettet wurden, grenzt angesichts dieser Imponderabilien an ein Wunder.[255] Die Belastung solcher Rettungen drückt sich in dem Bericht von Evdokija Vysokos über ihre Retterfamilie aus: „Wie es sich bei unseren Rettern lebte? Hungers starben wir nicht, eine Zuflucht hatten wir, auf gewisse Weise waren wir geschützt. Nun, und das übrige hat keine Bedeutung. Alles war sehr kompliziert. Wir wurden keine Verwandten. Aber sie haben ihr Leben riskiert, haben uns vor der physischen Vernichtung gerettet. Und das ist, Sie werden zustimmen, das wichtigste. Meine Schwester und ich stehen in unentgeltbarer Schuld vor der Familie, aus der unsere Retterinnen stammten."[256]

Die Nachkriegszeit

Nicht wenige Juden behielten ihre neuen „arischen" Identitätspapiere auch nach 1944. Schon dies macht die Ermittlung der Zahl der Geretteten sehr schwierig. Berichte für Yad Vashem belegen, daß Kinder auch weiterhin nicht erfuhren, daß sie eigentlich jüdischer Herkunft waren. Juden wurden weiter verborgen, wenn national-ukrainische Partisanen in der Gegend waren,[257] Retter sahen sich gezwungen, nach der Befreiung ihr Dorf zu verlassen, „aus Angst, weil wir nicht wußten, was die Nachbarn tun würden, wenn sie erfahren würden, daß wir zwei jüdische Frauen gerettet hatten".[258] Da gerade in den sowjetisch gewordenen Gebieten, in denen noch bis Anfang der 1950er Jahre Bürgerkrieg herrschte und der Zugang zu statistischen Daten jenseits der Volkszählungen erschwert war, die Erfassung der versteckten und geretteten Juden unvollständig blieb, werden wir wohl niemals quantifizierende Daten über den Erfolg der Rettungsmaßnahmen erhalten.

255 YVA 346 nach Paldiel, The Path of the Righteous, S. 277 f.

256 YVA 6799.

257 YVA 346 nach Paldiel, The Path of the Righteous, S. 278.

258 Retter Ivan und Domka Semenjuk in Studinka bei Rivne, YVA 14, nach Paldiel, The Path of the Righteous, S. 279.

Anders als in Westeuropa gestalteten sich die Nachkriegsbeziehungen der Geretteten zu ihren Rettern in der Ukraine schwierig. Antisemitismus hörte 1945 nicht zu bestehen auf. Auch „Judenfreundlichkeit" mochte man so plötzlich nur schwer akzeptieren. Sabina Herbst, die nach der Befreiung aus ihrem Versteck in Pidhajčyky im März 1944 nach Terebovlja zurückging, berichtete, daß „einige Nicht-Juden" sie auf dem Weg in ihr Haus einluden und verpflegten, nachdem es zuvor große Schwierigkeiten bereitet hatte, ein Versteck zu finden: „Wir freuten uns nicht darüber [...]. Wir fühlten uns [...] unwillkommen."[259] Anfangs war es sowjetische Politik, Juden nur in beschränkter Anzahl in die Ukraine zurückkehren zu lassen. Dies muß nicht als Antisemitismus aufgefaßt werden, sondern konnte auch eine Maßnahme sein, um antisemitischen Konfliktstoff, über dessen Vorhandensein man sich im klaren war, zu minimieren.[260]

Auch wo dies nicht gelten mochte, war die Lage nicht einfach. Gerettete, denen die Ausreise nach Westeuropa, Amerika oder Palästina/Israel gelang, nahmen selten Kontakte mit ihren Rettern auf. War es Eskapismus oder die Befürchtung, nun noch einmal ihre Retter zu gefährden? Zum einen konnten in der stalinistischen Sowjetunion Auslandskontakte lebensgefährlich sein, zum anderen gelangte Post aus dem Ausland auch nicht immer zu den Adressaten. Gerade ältere, einfachere Leute waren häufiger Analphabeten oder verzogen nach dem Krieg. Gerettete konnten sich manchmal erst spät überwinden, sich wieder an die Zeit ihrer tödlichen Gefährdung zu erinnern. Dementsprechend dünn waren die Beziehungen zwischen den beiden Gruppen, und von der Dankbarkeit, wie sie Donia Rosen ausdrückt, erfuhren die Retter wohl nur selten.[261]

Auch dies gilt aber nicht immer. Nachdem die Sowjetunion viel von ihrem früheren Schrecken verloren hatte, wurden Kontakte neu geknüpft. Abraham Wartenfeld (geboren 1923) besuchte etwa 1991 das

259 Herbst, For my Daughter's, S. 129.

260 Vgl. die Zitate bei Altshuler, Antisemitism, S. 41 f. Beispiele für die Fortdauer des Antisemitismus vgl. ebenda, S. 43 ff., passim. Problematisiert werden muß dabei, inwiefern der deutsche Antisemitismus den einheimischen ukrainischen bedingt hat. Da derartige Thesen auch in bezug auf Polen auftauchten, ohne sich auf konkrete Belege zu stützen, ist Vorsicht angebracht. Antisemitismus mußte weder in Polen noch in der Ukraine von Deutschen gelernt werden. Altshuler sieht im Nachkriegsantisemitismus ein komplizierteres dialektisches Phänomen; ebenda, S. 46, 48.

261 YVA 144 nach Paldiel, The Path of the Righteous, S. 283. Donia Rosen, Yadidi HaYar, Jerusalem [2]1985.

heimatliche Čortkiv und stand seitdem mit der dort wiedergefundenen Retterfamilie Aksenčuk in Kontakt.[262]

Nur Ausnahmen dürften Fälle wie derjenige David Kahanes sein, der sich für die Hilfe, die ihm unierte Geistliche angedeihen ließen, revanchieren konnte, indem er ihnen nach dem Krieg in Polen „jüdische Papiere" verschaffte, mit denen sie der Deportation in die Sowjetukraine entgingen und mit Palästina-Transporten Polen verlassen konnten. In DP-Durchgangslagern in Deutschland konnten sie dann ihre ukrainische Identität wieder offenbaren und in die USA bzw. nach Kanada weiterreisen.[263] Hanna Weiskopf konnte die sowjetischen Behörden nach der Befreiung davon überzeugen, daß der Landwirt Volodymyr Lanko, der sie versteckt hatte, nicht mit den Deutschen kollaboriert hatte; er war unter diesem Verdacht verhaftet worden.[264]

Andere Retter wollten auch nach dem Krieg nicht von ihren Taten profitieren: Die Familie Jaćkiv, die in Terebovlja etwa zehn Leute rettete, protestierte gegen die ihr angebotene Belohnung mit den Worten „Was haben wir denn für Euch getan?"[265] Musja Šafranskaja bot ihrer Retterin nach dem Krieg das Haus ihrer Eltern an (die Lehrerin Anastasija Boriškina lebte in großer Armut) – „aber sie weigerte sich sogar kategorisch, Geld zu nehmen".[266]

Angenommene Kinder blieben nicht selten bei den neuen Eltern. Wenn sie klein gewesen waren, erfuhren sie in der Regel erst viel später, was mit ihnen vorher passiert war.[267] Es kam auch vor, daß die Geretteten ihre alt gewordenen Retter in ihre Familie aufnahmen oder daß aus der Rettung enge Freundschaften oder Bekanntschaften wurden.[268] Julija Galperin aus Kiew kehrte nach dem Krieg in die ukrainische Hauptstadt zurück und lebte mit der Schauspielerin Elena Gaevskaja zusammen, die ihr Papiere verschafft und ihre Tochter bei sich aufgenommen hatte, bis sie 1965 nach Israel auswanderte.[269] Die Tochter des Retters Gordej Krasnolućkyj, Evgenija Minaeva, schreibt über die nur wenig ältere Genija Burmenko, die in ihrem Haus überlebte: „Sagen, daß wir

262 YVA 6359.
263 Vgl. Heiman, They saved, S. 331.
264 Vgl. Suslenśkyj, Spravžni heroï, S. 98.
265 Goldfliess, A Shelter, S. 119.
266 YVA 6413.
267 Vgl. YVA 6473.
268 So z.B. zwischen Mar'jam Sandal und Tat'jana Kravčuk (YVA 6388).
269 YVA 6387.

uns sehr nahestehen, hieße, gar nichts zu sagen. Ich habe keinen Menschen, der mir näher stünde als Genija Borisovna."[270] Über Jurij Aronovič Mogilevskij aus Pervomajsk im Gebiet Mykolaïv, den die Kolchozarbeiter Vassilij und Marfa Tkačuk in Lukanivka (neben vier weiteren Juden) versteckten, schrieb die Tochter, er habe bis 1948 bei der Familie gelebt und wohne nun in Moskau: „Wir sehen ihn als unseren Bruder an."[271] Und die kinderlose Retterin Zelenskaja aus Simferopol' schrieb: „Ich bin glücklich, ich habe eine liebevolle Tochter und Nachkommen – mein Stolz sind meine Enkel und Urenkel, die alle in Israel leben."[272]

Einen Beleg für die Fortdauer antisemitischer Einstellungen bietet das Festhalten an den im Zuge der Rettungen erworbenen neuen Identitäten. So lebte die aus Moldawien stammende Schifra Barasch, die als Kind aus dem Lager Berezivka gerettet wurde, als aus dem Dorf Marjanivka im Donećker Gebiet stammende Evdokija Vysokos weiter. Ihre Schwester behielt ebenfalls ihren „Decknamen" Babienko. „So hörten wir auf, Schwestern zu sein", schreibt Evdokija.[273] Marija Fajntuch zog den neuen Namen Mańkovećka dem eindeutig jüdischen alten vor.[274] Dora Morskaja blieb bei dem weniger verfänglichen Vornamen „Dar'ja", auf den ihre falschen Papiere lauteten („Ich nenne mich auch jetzt Dar'ja, ich habe mich daran gewöhnt").[275] Vera, die einzige Überlebende der Judenvernichtung in Chaščevate am Südlichen Bug am 14. Februar 1942, blieb „aus Dankbarkeit" bei dem Namen ihrer Retter Efim und Valentina Levickij aus dem Nachbardorf Sal'kove.[276] Aber auch Gegenbeispiele gab es: Basja Švarc wurde nach der Befreiung, als es darum ging, neue Papiere zu bekommen, gefragt, was sie von nun an sein wolle: Jüdin oder Ukrainerin. Stolz zog sie den Eintrag „Jüdin" vor[277] – aber das verstand sich keineswegs von selber, die Frage war ihr aus gutem Grund gestellt worden. Bei der sowjetischen Paranoia und dem Vorwurf an die sowjetischen Kriegsgefangenen, nicht bis zum letzten gekämpft zu haben und daher eigentlich Verräter zu sein, klingt es nicht unwahrscheinlich, daß auch den neuen Machthabern in Lemberg die

270 Erklärung Evgenija Minaeva an Yad Vashem, 9. 11. 1993, YVA 6470.
271 Erklärung vom 15. 11. 1993, YVA 6252.
272 YVA 6800.
273 YVA 6799.
274 YVA 8275.
275 YVA 6269.
276 YVA 0–4/72, nach Arad, Uničtoženie, S. 192.
277 YVA 6350.

Überlebenden verdächtig vorkamen: „Jeder Jude, der die deutsche Besatzung überlebt hatte, wurde zum Objekt der Verdächtigungen."[278]

Schlußbetrachtung

Eine absolute wie relative quantitative Erfassung der Retter verbietet sich in diesem Stadium der Forschung – vielleicht ist sie auch gar nicht möglich. Erst seit wenigen Jahren ist der Zugang zu Akten in ukrainischen Archiven und zu den Aussagen der Zeitzeugen ungehindert möglich. Die ukrainischen Retter gehörten keinen Organisationen an und mieden aus Furcht vor einer antisemitischen Umwelt oder um nicht allzusehr aufzufallen die Öffentlichkeit. Dieser Beitrag versuchte zu zeigen, daß es Retter überall in der Ukraine – von Wolhynien bis zur Krim und von Przemyśl bis Charkiv – gab. Und Mörder und Verräter auch, deutsche wie einheimische. Dies ließe sich aber genauso über Polen, Frankreich oder Litauen sagen. Anders ist im Fall der Ukraine die präjudizierende Belastung, die die Generalisierung und Typisierung mitbestimmt, wenn man sich nicht – was mühsam ist – von solchen Einflüssen bewußt freizumachen sucht. Zur Klischeevorstellung von den Ukrainern im Zweiten Weltkrieg gehört eine antisemitische Note. Dies ist nicht unbegründet: Als Wachmannschaften in Konzentrations- und Vernichtungslagern sind Ukrainer in die Rolle von Komplizen der unmittelbaren Vernichtungstaten gelangt, die historische Belastung seit den Pogromen des 17. Jahrhunderts paßte gut dazu. In kaum einem anderen Gebiet wurden die Nationalsozialisten und ihre mordenden Organe so begeistert empfangen. Eine die nationale Befreiung über alle – auch christlichen – moralischen Werte stellende Ideologie begünstigte diese Haltung.

Auch ist es richtig, daß Gefahr für versteckte oder mit falschen Papieren lebende Juden in den meisten Fällen von den Einheimischen – von Zivilisten wie Hilfspolizisten – ausging. Selbstverständlich ist dies keine Entschuldigung: Bei Denunziation und Verfolgung nutzten Ukrainer nur die von den Deutschen eingeführten Strukturen. Und jede(r) Gerettete verdankte meist nicht nur einem Menschen sein Überleben – bei der „Retterkette" in den Jahren zwischen 1941 und 1944 reichte aber ein einziges schwaches Glied aus, um den Tod der betreffenden Person (und meist noch einer Reihe anderer, einschließlich der Helfer) herbeizuführen. Um so wichtiger ist es zu betonen, daß es – ungeachtet der

278 Marshall, In the Sewers, S. 194.

Mitwirkung vieler Menschen an den deutschen Greueltaten – falsch wäre, ein ganzes Volk mit den Verbrechen der Kollaborateure zu belasten. Jeder einzelne Retter straft das Klischee der notorisch antisemitischen Ukrainer Lüge.[279] In Sodom hätten zehn Gerechte die Stadt gerettet (Genesis 18, 32) – die Ukraine kannte Hunderte, wenn nicht Tausende solcher. Zu einem großen Teil blieb ihre Geschichte unbekannt. Fast fünfzig Jahre mußten seit der Vertreibung des Okkupanten vergehen, bis es unproblematisch wurde, über Rettungstaten zu berichten. Viele Gerettete und Retter sind in diesen Jahrzehnten verstorben. Viele Rettungsgeschichten und zahllose Retter werden daher auch unbekannt bleiben. Zahlreiche Rettungen blieben erfolglos, scheiterten an einem „schwachen Glied" der Kette. Und dennoch waren es erstaunlich viele. Wie überall in Europa lebten auch in der Ukraine Menschen mit Empathie, die das Hinmetzeln ihrer Nachbarn anders als die meisten ihrer Mitmenschen nicht hinnahmen, sondern unter Einsatz ihres Lebens halfen. Die historische Realität sträubt sich gegen ihr Einzwängen in einfache Aussagen. Nichts anderes gilt für die ukrainische Realität im Zweiten Weltkrieg. Es gab fast alles, wonach man geneigt ist zu fragen. Und es ist jedem einzelnen überlassen, was er für signifikant hält: die vielen, die kollaboriert haben, die Masse, die passiv litt und sich vom Leiden anderer abwandte, oder die Tausende, die unter dem Einsatz ihres eigenen Lebens dasjenige der Verfolgten retteten.

279 David Kahane hat diese Ambivalenz in seinem Memoirenbuch ausgedrückt: „I was confused. I saw the hatred harbored by the Ukrainian people, the atrocities perpetrated by its policemen, the collaboration of the Ukrainian intelligentsia with the Germans. And now I read the nobleminded, uncompromising document drawn up by the metropolitan and his aides. Again I tried to come to grips with these contradictory aspects of the same people"; Lvov, S. 139. Der griechisch-katholische Metropolit und sein Hirtenbrief stehen aber eben nicht allein. Aus allen von Kahane angesprochenen sozialen Gruppen gab es Retter – das Klischee ist demnach ebenso abzulehnen wie viele andere Vorverurteilungen.

Silke Ammerschubert

Juden in Frankreich – Verfolgung und Rettung 1940–1944

Frankreich, seit der französischen Revolution und der Verkündung des „Code Civil“ Inbegriff eines liberalen und toleranten Landes, war seit Beginn der 30er Jahre, vor allem jedoch nach der nationalsozialistischen Machtübernahme im Jahre 1933, Ziel jüdischer Einwanderung und Flucht. Zum Zeitpunkt der deutschen Invasion im Mai 1940 lebten annähernd 310 000 Juden in Frankreich, von denen knapp die Hälfte nicht aus Frankreich stammte. Als die Alliierten Frankreich im August 1944 befreiten, hatten drei Viertel der jüdischen Einwohner überlebt, rund 76 000 waren ermordet worden.[1] Frankreich wies damit nach Italien, Bulgarien, Dänemark und Finnland, gemessen an der Gesamtzahl der zum Zeitpunkt der deutschen Besetzung oder Einflußnahme dort lebenden Juden, prozentual die „geringsten“ Verluste während der Zeit der nationalsozialistischen Herrschaft auf. Wirft man einen genaueren Blick auf die Zahlen und die Ereignisse, die hinter ihnen stehen, stellt man jedoch fest, daß sowohl an der Verhaftung und Deportation als auch an den vorausgehenden Schritten der Erfassung, Verdrängung und Entrechtung der Juden die französische Verwaltung und Polizei maßgeblich beteiligt waren. Die französische Regierung in Vichy hatte sie dazu ermächtigt und ließ sie bis zur Besetzung ganz Frankreichs durch die Deutschen im November 1942 weitgehend eigenständig agieren. Dennoch gelang es dem Reichssicherheitshauptamt (RSHA) nicht, in Frankreich die Pläne zur „Endlösung der Judenfrage“ im gewünschten Ausmaß durchzusetzen.

1 Vgl. Juliane Wetzel, Frankreich und Belgien, in Wolfgang Benz (Hrsg.), Dimension des Völkermords. Die Zahl der jüdischen Opfer des Nationalsozialismus, München 1996, S. 127.

Wurzeln des modernen Antisemitismus in Frankreich

Die Demokratisierung und Modernisierung Frankreichs in der Zeit der Dritten Republik (1870–1940)[2] forderte die Opposition der traditionellen Eliten – des Militärs, des Adels, der Verwaltung, der Justiz und der katholischen Kirche – heraus. Sie hatten insbesondere durch die 1875 verkündeten drei neuen Verfassungsgesetze[3] an Einfluß und Macht eingebüßt und waren teilweise, wie die katholische Kirche, aus ihren staatstragenden Funktionen herausgedrängt worden.[4] Gleichzeitig konnten die seit der französischen Revolution gleichberechtigten Juden in Armee und Staat Funktionen einnehmen, die ihnen noch wenige Jahre zuvor verschlossen geblieben waren. Die Regierungen der Dritten Republik erwiesen sich zum Vorteil der traditionellen Eliten jedoch als nicht besonders stabil.[5] Dies führte Ende des 19. Jahrhunderts, besonders aber in den dreißiger Jahren dieses Jahrhunderts zur Diskreditierung der

2 Die Ausrufung der Dritten Republik 1870 war ausgegangen von Paris, wo die militärische Niederlage der kaiserlichen Armee und die Kapitulation Napoleons III. bei Sedan einen Aufstand der republikanischen Linken unter der Führung von Léon Gambetta und Jules Favre ausgelöst hatte. Die neu gebildete Regierung der nationalen Verteidigung sah ihr vorrangiges Ziel in der Fortsetzung des Krieges. Der überwiegende Teil der französischen Provinzen blieb dagegen monarchistisch orientiert und war zu einem Kapitulationsfrieden bereit, was auch die Wahlen von 1871 offenbarten. Der neu gewählte konservative Regierungschef Adolphe Thiers akzeptierte Bismarcks Friedensedikt, welches unter anderem die Abtretung von Elsaß und Lothringen an Deutschland vorsah. Der Konflikt zwischen der Hauptstadt Paris und der in Versailles tagenden Nationalversammlung führte schließlich zum Aufstand der Pariser Kommune, der jedoch schnell niedergeschlagen werden konnte. 1875 stabilisierte sich die bis dahin konservativ regierte Dritte Republik durch die Verabschiedung dreier Verfassungsgesetze. 1876 errangen erstmals Republikaner den Wahlsieg.

3 Die neuen Verfassungsgesetze (lois constitutionnelles) verankerten die Wahl eines Präsidenten der Republik, das allgemeine Wahlrecht und die Einrichtung einer zweiten Kammer (sénat).

4 Neben dem Adel, dem es verboten war, hohe Staatsämter zu besetzen, war vor allem die katholische Kirche Frankreichs Ziel verschiedener Maßnahmen der Dritten Republik. So kam es zum Verbot nicht genehmigter Orden und Kongregationen (u. a. der Jesuitenorden), zur Einführung eines laizistisches Schulwesen und zur Entkonfessionalisierung von Krankenanstalten und Friedhöfen. Die Trennung von Kirche und Staat – 1795 erstmals beschlossen und 1801 durch das Konkordat von Napoleon mit Papst Pius VII. wieder aufgehoben – wurde 1905 zum zweiten Mal gesetzlich verankert.

5 Bernhard Schmidt u. a., Frankreich Lexikon. Schlüsselbegriffe zu Wirtschaft, Gesellschaft, Politik, Geschichte, Kultur, Presse- und Bildungswesen, Berlin 1983, Bd. 2, S. 385.

Dritten Republik und zum Wiedererstarken der traditionellen Eliten und ihrer politischen Ziele.

Die Renaissance der konservativen Kräfte hatte 1886 begonnen. Mit seinem 1200 Seiten umfassenden Buch „La France Juive“ traf Eduard Drumont den Nerv vieler seiner Zeitgenossen.[6] Er forderte darin, den Juden die Aufnahme in die Armee und in öffentliche Ämter zu verweigern. 1889 gründete er zusammen mit Jacques de Biez die „Ligue antisémite“ – eine von mehreren rechtsgerichteten „Ligues“, die sich für konservative Ideale, die Wiedereinführung der Monarchie und eine Politik des Antisemitismus einsetzten.[7] Seine 1892 gegründete Zeitung „La Libre Parole“ erreichte 500 000 Leser in allen Kreisen der Gesellschaft.[8] Der Höhepunkt dieser konservativen Renaissance wurde jedoch durch die Dreyfus-Affäre offenbar, die am 15. Oktober 1894 mit der Verhaftung des jüdischen Artilleriehauptmanns Alfred Dreyfus wegen Landesverrats begonnen hatte. Sie entwickelte sich zum größten Justizskandal der Dritten Republik.

In der Zeit von der Jahrhundertwende bis in die 30er Jahre hatten nationalistische, antisemitische Parteien und „Ligues“ starken Zulauf. Diese Bewegung kulminierte am 6. Februar 1934 in einer Massendemonstration der rechten Gruppierungen, die nur blutig niedergeschlagen

6 Vincent Duclert, Die Dreyfus-Affäre. Militärwahn, Republikfeindlichkeit, Judenhaß, Berlin 1994, S. 14. Das Buch Drumonts fand im ersten Jahr nach seinem Erscheinen 150 000 Käufer. Der Erfolg seines Werks zu diesem Zeitpunkt war keineswegs zufällig. Anthropologische Arbeiten zur Rasse hatten seit Mitte des 19. Jahrhunderts vor allem innerhalb der Arbeiterschaft und der katholischen Kirche Frankreichs große Verbreitung gefunden und den antisemitischen Nährboden geschaffen, der Drumonts Werk eine solche Resonanz sicherte.

7 1882 entstand mit der „Ligue des patriotes“ unter der Führung von Paul Déroulède die erste rechtsgerichtete „Ligue“. In ihr waren vor allem antiparlamentarisch und antirepublikanisch orientierte Boulangisten vereinigt. Die Boulangisten verurteilten Freimaurer, Protestanten und „Fremde“ gleichermaßen und sehnten sich nach dem „Ancien Régime“ zurück. Nach zwischenzeitlichem Verbot entwickelte sich die „Ligue des patriotes“ ab 1896 zu einem wichtigen Organ der sogenannten Dreyfus-Gegner. Neben der von Drumont gegründeten „Ligue antisémite“ gab es noch weitere eindeutig antisemitisch eingestellte „Ligues“, wie die 1890 unter der Führung von Marquis de Morès und Jules Guérin ins Leben gerufene „Ligue antisémite“, die von Duboc und Cailly gegründete „Jeunesse antisémite“ sowie die 1896 von Jules Guérin geführte „Ligue antisémite de France“.

8 Duclert, Dreyfus-Affäre, S. 13 ff. „La Libre Parole“ brachte am 23. 5. 1892 einen Artikel über Juden in der Armee, der eine Bevorzugung der Juden bei der Beförderung betonte. Der jüdische Hauptmann Crémieu-Foa forderte nach Erscheinen des Artikels Drumont im Namen von 300 jüdischen Offizieren zum Duell.

werden konnte. Die Reaktion auf diese Ereignisse und die zunehmende Bedrohung durch den Faschismus, den diese Demonstrationen offenbart hatten, führten schließlich zur Bildung der sogenannten Volksfrontregierung unter dem Sozialisten Léon Blum. Bis 1938 blieb diese sozialistisch-liberale, von den Kommunisten unterstützte Minderheitsregierung an der Macht. Wie Léon Blum später einmal sagen sollte, hatten die Franzosen in dieser Zeit mehr Angst vor Kommunismus, Volksfront und Juden als vor Hitler. Eine hohe Arbeitslosigkeit und die Anwesenheit von 150 000 bis 180 000 Nazi-Flüchtlingen aus den Nachbarländern – darunter 17 000 bis 20 000 1933 nach Frankreich geflohene deutsche Juden[9] – trugen darüber hinaus dazu bei, daß die Thesen rechter Demagogen von der Verschwörung der Juden und Kommunisten immer mehr Beifall fanden.[10]

Die Besetzung Frankreichs und die Kollaborationspolitik der französischen Regierung in Vichy

Die Offensive der deutschen Wehrmacht an der Westfront begann am 10. Mai 1940. Noch im selben Monat mußten die Niederlande, Belgien und Luxemburg kapitulieren und wurden besetzt. Am 14. Juni – also nur einen Monat später – marschierte die deutsche Wehrmacht in das

9 Zur Zahl der Flüchtlinge siehe Michael R. Marrus/Robert O. Paxton, Vichy France and the Jews, New York 1983, S. 34 ff., sowie Patrik von zur Mühlen, Fluchtweg Spanien–Portugal. Die deutsche Emigration und der Exodus aus Europa 1933–1944, Bonn 1992, S. 12 f. Marrus/Paxton nennen die Zahl von 180 000 Flüchtlingen für das Jahr 1938, verweisen aber auf die Schwierigkeit einer exakten Eingrenzung aufgrund der Reemigration von Flüchtlingen und der Naturalisierung bestimmter Flüchtlinge als französische Bürger. Von zur Mühlen nennt ca. 150 000 Flüchtlinge für den Zeitraum von 1933 bis 1940. Eine nähere Bestimmung der Flüchtlingszahl sieht auch er infolge der ständigen Fluktuation – viele benutzten Frankreich ja nur als Zwischenziel – und der teilweise illegalen Einreise als schwierig an. Die meisten der in Frankreich lebenden Flüchtlinge – bei Kriegsbeginn vermutlich zwischen 25 000 und 30 000 – stammten aus Deutschland, Österreich und der Tschechoslowakei.

10 v. zur Mühlen, Fluchtweg, S. 19 ff. Viele Emigranten in Frankreich waren sogenannte Illegale. Als Voraussetzung für einen gesicherten Status als Flüchtling mußte man eine „Carte d'Identité" erhalten. Dies war nur möglich, wenn man legal eingereist und in der Lage war, sich selbst zu versorgen. Die „Carte" mußte beim zuständigen Departementspräfekten beantragt werden, der jedoch ohne Angabe von Gründen die Aushändigung des Papiers verweigern konnte. Bereits ab 1934 verringerte sich die Zahl der ausgegebenen „Cartes". Viele Flüchtlinge wurden ausgewiesen oder tauchten in die Illegalität unter. Die soziale Lage der meisten Flüchtlinge – sowohl der legalen wie der illegalen – war aufgrund des Arbeitsverbots schwierig und führte

bereits von der französischen Regierung Reynaud verlassene Paris ein.[11] Nur wenige Tage später unterschrieb der zum Nachfolger Paul Reynauds bestimmte Henri Philippe Pétain – nach dem Ersten Weltkrieg als Held von Verdun gefeiert und wesentlich mitverantwortlich für die französische Militärpolitik und Strategie in der Zwischenkriegszeit – am 22. Juni 1940 in Compiègne den Waffenstillstandsvertrag mit den Deutschen. Der weitgehende Verlust staatlicher Souveränität und die schnelle militärische Niederlage – man hatte niemals mit dem Zusammenbruch der Maginot-Linie gerechnet – lösten ein nationales Trauma und eine interne Fluchtwelle nie gekannten Ausmaßes aus. Unter den Flüchtenden waren neben den am Anfang des Westfeldzuges aus den französischen Nachbarländern geflohenen Belgiern, Luxemburgern und Holländern viele deutsche, österreichische und tschechische Emigranten, die in den dreißiger Jahren nach Frankreich ins Exil geflohen waren, darunter eine große Zahl von Juden. Der Waffenstillstandsver-

oft zu Schwarzarbeit. Viele Franzosen reagierten in Anbetracht der hohen Arbeitslosigkeit negativ auf Flüchtlinge. Hinzu kam eine in den 30er Jahren immer stärker werdende Fremdenfeindlichkeit, die im Erstarken rechtsgerichteter Gruppierungen und Parteien ihren Ausdruck fand. In der Zeit der „Volksfrontregierung" unter Léon Blum wurde ein Interimspaß eingeführt, der speziell für alle deutschen Emigranten galt, die nach dem 30. Januar 1933 eingewandert waren. Dieser „Titre d'Identité et de voyage pour réfugiés provenant d'Allemagne", kurz „Titre de voyage" genannt, wurde später zusammen mit einem „Visa de sortie" (Ausreisevisum) zur wichtigsten Grundlage für eine Flucht. Von 30 000 erhielten jedoch nur 6522 Flüchtlinge dieses Dokument. Die ca. 8000 Saarländer besaßen einen Sonderstatus als „réfugié sarrois". Sie hatten eine Arbeitserlaubnis. Nach der Abwahl der Regierung Blum wurden vermehrt „Illegale" und deren französische Helfer verhaftet. Im südfranzösischen Departement Lozère wurde 1939 mit Rieucros das erste Internierungslager für Emigranten eingerichtet, St. Cyprien und Argelès sur mer als Lager für ehemalige Spanienkämpfer etabliert. Gurs, vorher spanischen Republikflüchtlingen vorbehalten, wurde wenig später zum Internierungslager.

11 Siehe dazu: Oberkommando der Wehrmacht (Hrsg.), Sieg über Frankreich. Berichte und Bilder, Berlin 1940, S. 135 f. Die Dokumentation bietet neben zum Teil aufschlußreichen kommentierenden Texten eine Kriegschronik, die vom 10. 5. 1940 bis zum 25. 6. 1940 reicht. Der Einmarsch deutscher Truppen in Paris und dessen Wirkung auf die Pariser Bevölkerung wird in der Dokumentation wie folgt beschrieben: „Die Menschen säumen zurückhaltend die Straßen, sie diskutieren, sind immer wieder verwundert über die Ruhe und Ordnung, in der sich der Einmarsch abwickelt. Der Alpdruck deutscher Bombenangriffe ist gewichen. Paris atmet auf. [...] Sie haben den deutschen Soldaten kennengelernt, sie werden ihn auch zu achten wissen. Nur abseits stehen manche Frauen und weinen. [...] Erst mußten sie ihre Männer in den Krieg ziehen lassen, und jetzt müssen sie ansehen, daß der Feind in ihre Hauptstadt einzieht."

trag[12] sah eine Teilung Frankreichs vor. Die deutschen Truppen besetzten Nord-, Mittel- und Westfrankreich sowie Paris und stellten es unter Militärverwaltung. Die ostfranzösischen Departements Bas-Rhin, Haut-Rhin und Moselle wurden als Elsaß-Lothringen faktisch annektiert und der Verwaltung durch die Gauleiter von Saarpfalz und Baden, Josef Bürckel und Robert Wagner, unterstellt. Die im äußersten Norden gelegenen Departements Nord und Pas-de-Calais unterstanden der Militärverwaltung in Belgien, die im äußersten Süden gelegenen Departements Hautes-Alpes, Savoie, Haute-Savoie, Alpes-Maritimes sowie die Insel Korsika Hitlers Bündnispartner Italien. Schließlich gab es im Süden und in Zentralfrankreich die unbesetzte „freie Zone", die die im südfranzösischen Kurort Vichy ansässige französische Regierung unter dem seit dem 10. Juli 1940 amtierenden „Staatschef" Pétain verwaltete. In den besetzten Teilen Frankreichs lebten circa 23 Millionen, im unbesetzten Teil 17 Millionen Menschen.

Die territoriale Zerstückelung des von den Deutschen nur teilweise besetzten Landes und die Existenz einer französischen Regierung in Vichy, deren Gesetze und Verordnungen auch in den besetzten Landesteilen galten, soweit sie nicht durch entgegenstehende Anordnungen der Militärbefehlshaber außer Kraft gesetzt oder eingeschränkt wurden, bedingte ein Nebeneinander deutscher und französischer Dienststellen: Der dem Oberkommando des Heeres unterstellte Militärbefehlshaber in Frankreich mit Sitz in Paris war das wichtigste Organ der deutschen Besatzungsmacht in Frankreich.[13] Dem ersten Militärbefehlshaber in Frankreich – Oberbefehlshaber des Heeres Walther von Brauchitsch, Chef der Militärverwaltung – unterstand der General der Infanterie Alfred Streccius. Am 25. Oktober 1940 wurde Streccius durch den General der Infanterie Otto von Stülpnagel[14] ersetzt, der nun in Personal-

12 Der Waffenstillstandsvertrag sah neben der Teilung des Landes eine weitgehende Demobilisierung der französischen Streitkräfte sowie die Zahlung der Besatzungskosten vor.

13 Ausführliche Darstellungen zum Thema Militärbefehlshaber Frankreich finden sich bei: Hans Umbreit, Der Militärbefehlshaber in Frankreich 1940–1944, Boppard 1968; Bernd Kasten, „Gute Franzosen". Die französische Polizei und die deutsche Besatzungsmacht im besetzten Frankreich 1940–1944, Sigmaringen 1993, S. 15 ff.; Wolfgang Schumann/Ludwig Nestler u. a. (Hrsg.), Europa unterm Hakenkreuz. Die Okkupationspolitik des deutschen Faschismus (1938–1945), Bd. 4: Die faschistische Okkupationspolitik in Frankreich (1940–1944), Berlin 1990, S. 25 ff.

14 Er selbst wurde wiederum Anfang 1942 von seinem Vetter Karl Heinrich von Stülpnagel abgelöst.

union auch die Funktion des Militärbefehlshabers übernahm. Dem Militärbefehlshaber unterstellt waren die Chefs der zunächst fünf, später vier Militärverwaltungsbezirke[15] im besetzten Frankreich, die Abwehrleitstelle Frankreich, der Leitende Feldpolizeidirektor als Chef der Geheimen Feldpolizei und die Sicherheitspolizei (Gestapo, Kripo und Schutzpolizei) unter dem „Beauftragten des Chefs der Sicherheitspolizei und des SD in Belgien und Frankreich, Dienststelle Paris".

Die Dienststelle des Militärbefehlshabers Frankreich gliederte sich in einen Kommandostab unter Major Crome und einen Verwaltungsstab unter Dr. Werner Best. Dem Kommandostab unterstanden die Feldgendarmerie (FG) und die Geheime Feldpolizei (GFP). Die Feldgendarmerie stellte einen Großteil der deutschen Polizeikräfte in Frankreich. Neben Truppendienst und Arbeit für die Kriegsgerichte mußten deren Angehörige Streifendienst, Personalkontrollen, Bekämpfung des Schwarzmarktes und ähnliche Aufgaben durchführen. Bei ihrer Arbeit war die Feldgendarmerie auf die Hilfe der französischen Gendarmerie angewiesen. Als diese 1943 ihre Tätigkeit einstellte, erwies sich die Feldgendarmerie als nahezu handlungsunfähig.[16] Kriminalpolizeiliche Aufgaben führte die Geheime Feldpolizei durch. Ihre wesentliche Aufgabe bestand von Anfang an in der Bekämpfung des französischen Widerstandes und der Aufklärung der auf deutsche Soldaten oder Wehrmachtseinrichtungen verübten Attentate und Sabotageakte. Wie auch alle anderen deutschen Dienststellen war die Geheime Feldpolizei auf die Hilfe der französischen Kripokollegen angewiesen.[17]

Mit der Einsetzung des Höheren SS- und Polizeiführers (HSSPF) Oberg wurden die territorialen Gruppen der Geheimen Feldpolizei sowie die Stäbe der Feldpolizeidirektoren in die Sicherheitspolizei

15 Kasten, „Gute Franzosen", S. 16 f. Die Militärverwaltungbezirkschefs spielten im besetzten Frankreich keine außerordentlich bedeutende Rolle, da es auf dieser Ebene der Verwaltung kein französisches Pendant gab. Den ihnen untergeordneten Feldkommandanten als Aufsichtsorgan der Präfekten der Departements kam daher eine wichtigere Rolle zu. Der Feldkommandant verfügte mit der Feldgendarmerie über eine eigene – allerdings sehr kleine – Polizeiexekutive. Der Präfekt im jeweiligen Departement war verpflichtet, den Feldkommandanten regelmäßig über die Polizeiarbeit der französischen Polizei zu unterrichten. Deutsche Anweisungen leiteten die Feldkommandanten an die französische Polizei weiter.

16 Kasten, „Gute Franzosen", S. 19.

17 Die Erfolge der Geheimen Feldpolizei bis Anfang 1942 bei der Bekämpfung der französischen Widerstandsbewegung gingen ausnahmslos auf die Hilfe französischer Kollegen zurück.

übernommen und kleinere Teile dem Oberkommando des Heeres (OKH) bzw. den Armeeoberkommandos (AOK) zugeordnet. Die Abwehr als Institution beschränkte sich in Frankreich im wesentlichen auf rein nachrichtendienstliche Tätigkeiten.[18]

Die Entwicklung der Dienststelle des „Beauftragten der Sicherheitspolizei und des SD" begann mit der Ankunft eines Sonderkommandos des Reichssicherheitshauptamtes (RSHA) unter Führung des SS-Sturmbann- und späteren Standartenführers Helmut Knochen am 20. Juni 1940 in Paris. Das Sonderkommando war mit der Aufgabe, die „Erfassung und Überwachung der Juden, Kommunisten, Emigranten, Logen und Kirchen" zu übernehmen, nach Frankreich angereist. Unter Helmut Knochen gelang es dem Sicherheitsdienst, der bis zur Ernennung des Höheren SS- und Polizeiführers an die Weisungen des Militärbefehlshabers gebunden war und über keine Exekutivgewalt verfügte, seinen Aktionsradius auszuweiten. Die Zahl der Mitarbeiter erhöhte sich bis 1942 von anfänglich 20 auf 200. Im März 1941 waren bereits Außenstellen- bzw. Kommandos des „Beauftragten der Sicherheitspolizei und des SD" in Bordeaux, Rouen, Dijon, Nancy, Orléans und Besançon entstanden. In Vichy, dem Sitz der französischen Regierung, verfügte das RSHA mit Sturmführer Geissler als Knochens Repräsentant und Obersturmführer Reiche als Bevollmächtigtem des Amtes VI (SD-Ausland) des Reichssicherheitshauptamtes über zwei Vertreter. In Paris baute Knochen schnell enge Kontakte zur französischen Polizei und zur Präfektur der Stadt Paris auf.[19]

Mit der Einsetzung des Höheren SS- und Polizeiführers im Bereich des Militärbefehlshabers Frankreich (HSSPF), Karl Oberg, am 1. Juni 1942 erhielt die Unterstellung der Sicherheitspolizei unter den Militärbefehlshaber Frankreich rein formellen Charakter, da de facto die Führung der Polizei im besetzten Frankreich ab diesem Zeitpunkt dem Reichsführer SS Heinrich Himmler unterstand.[20]

Der deutschen Botschaft in Paris, einer weiteren wichtigen deutschen Dienststelle in Frankreich, oblag die Aufgabe der „Behandlung aller politische[n] Fragen im besetzten und unbesetzten Frankreich". Zum deutschen Botschafter wurde am 3. August 1940 Otto Abetz ernannt, ein Mann, der bereits zwischen 1935 und 1939 für die Dienststelle Ribbentrops in Frankreich gearbeitet hatte, wegen Beteiligung an

18 Kasten, „Gute Franzosen", S. 22.

19 Ebenda, S. 22–25.

20 Vgl. ebenda, S. 26 ff.

terroristischen Aktivitäten der rechtsradikalen Bewegung „Cagoule" jedoch ausgewiesen worden war.[21] Bis zu seiner Ernennung zum Botschafter blieb Abetz „Bevollmächtigter des Auswärtigen Amtes beim Militärbefehlshaber Frankreich". Die deutsche Botschaft in Paris arbeitete eng mit letzterem, später aber auch dem Höheren SS- und Polizeiführer zusammen. In Vichy unterhielt die Botschaft eine Dienststelle sowie in anderen Städten des Südens und in Nordafrika eine konsularische Vertretung.[22] Innerhalb ihrer politischen Abteilung unter der Leitung von Dr. Ernst Achenbach verfügte die deutsche Botschaft mit Karl Theodor Zeitschel über einen eigenen Sachbearbeiter für „Juden- und Freimaurerfragen".[23]

Die französische Polizei, die ihre alte Struktur im wesentlichen beibehielt und ab Juli 1940 wieder Schußwaffen[24] tragen durfte, wurde im Oktober 1941 auf Anweisung des französischen Innenministers Pucheau durch drei neue Einheiten mit Sonderaufgaben ergänzt. Dies waren der „Service de Police Anti-Communiste" (SPAC), die „Police aux Questions Juives" (PQJ) und der „Service des Sociétés Secrètes" (SSS). Alle drei Einheiten standen außerhalb der normalen Hierarchien und rekrutierten sich aus ehemals in den rechten Parteien und Verbänden engagierten Personen. Die für Judenfragen zuständige PQJ wurde aufgrund von Eigenmächtigkeiten und dadurch bedingter Kritik in den eigenen Reihen im Juni 1942 weitgehend entmachtet, konnte jedoch aufgrund ihrer guten Beziehungen zum Sicherheitsdienst in gewissem Maße weiter arbeiten.[25]

21 Die „Cagoule" (Comité secret d'action révolutionnaire) war ein 1936 von Eugène Deloncle gegründeter militärisch organisierter Geheimbund mit 40 000 bis 50 000 Mitgliedern, der einen Militärputsch nach spanisch-faschistischem Vorbild plante. Von Angehörigen der „Cagoule" wurden mehrere linke Politiker ermordet und Bombenattentate durchgeführt. Nach der deutschen Besatzung übernahmen Mitglieder der „Cagoule" in Vichy Regierungsämter und engagierten sich in der französischen Miliz.

22 Schumann/Nestler (Hrsg.), Europa unterm Hakenkreuz, S. 27.

23 Zur Tätigkeit der deutschen Botschaft in Paris, insbesondere der Politischen Abteilung, siehe Joseph Billig, Die Endlösung der Judenfrage. Studie über ihre Grundsätze im III. Reich und in Frankreich während der Besatzung, Frankfurt a. M. 1979, S. 119–194.

24 Kasten, „Gute Franzosen", S. 55. Im Oktober 1940 bestätigte der Militärbefehlshaber Frankreich die Notwendigkeit einer einwandfreien Bewaffnung aller Polizeikräfte. Der sich schnell offenbarende Personalmangel auf deutscher Seite führte zu diesen Zugeständnissen an die französische Polizei.

25 Kasten, „Gute Franzosen", S. 38–48, 97.

Antijüdische Politik in Frankreich 1940–1944

Die in Frankreich in der Zeit von 1940 bis 1944 durchgeführten antijüdischen Maßnahmen hatten, analog zu den Anordnungen in anderen europäischen Ländern, letztlich die vollständige Vernichtung der Juden zum Ziel. Etappen auf dem Weg zu diesem Ziel waren, wie in den anderen europäischen Ländern, die statistische Erfassung, die Isolation der Juden in der Gesellschaft durch ihren Ausschluß aus dem Wirtschaftsleben und aus vielen Berufen, die Kennzeichnung, Internierung und schließlich Deportation „nach dem Osten". Das Ungewöhnliche im Falle Frankreichs bestand darin, daß die antijüdische Politik sowohl von seiten des Militärbefehlshabers und anderer deutscher Dienststellen als auch von französischen Behörden initiiert und durchgeführt wurde. Die französische Regierung unter Henri Philippe Pétain hatte bereits vor dem Abschluß des Waffenstillstandes vom 22. Juni 1940 den Deutschen die Bereitschaft Frankreichs zur Kollaboration zugesichert. Pétain und mit ihm viele seiner Regierungsmitglieder glaubten, Frankreich auf diese Weise ein möglichst hohes Maß an staatlicher Souveränität bewahren und darüber hinaus eine gewichtige Rolle im nationalsozialistisch besetzten Europa spielen zu können.

Nach der Wahl Pétains zum „Staatschef" durch die französische Nationalversammlung in Vichy am 10. Juli 1940 und der Änderung der Verfassung erlebte Frankreich unter Pétain eine Rückwendung zu den vorrevolutionären Idealen. Die konservativ nationalistisch geprägten Werte „Travail, Famille, Patrie" (Arbeit, Familie, Vaterland) ersetzten die republikanischen Werte „Liberté", „Égalité", „Fraternité" (Freiheit, Gleichheit, Brüderlichkeit). Der seit Beginn der Dreyfus-Affäre wieder in Erscheinung tretende Nationalismus und Antisemitismus wurde erneut gesellschaftsfähig. Mit der Losung „La France aux Français" (Frankreich den Franzosen) kämpfte man gegen die vermeintliche Herrschaft von Juden, Freimaurern und Ausländern. Ein Großteil der französischen Bevölkerung und der katholischen Kirche, die die Hinwendung zu den neuen Idealen besonders begrüßte, unterstützte die Politik der „Révolution nationale". Mit kleinen Schritten beginnend setzte Vichy nach und nach eine grundlegend antisemitische Gesetzgebung und Politik durch. Eine am 22. Juli 1940 ins Leben gerufene Kommission sollte die Einbürgerungen in Frankreich überprüfen. Die „Säuberung" des öffentlichen Dienstes von Juden in der freien Zone wurde Ende Juli durch entsprechende Gesetze eingeleitet.[26] Am 27. August 1940 hob die Regierung in Vichy das Verbot der antisemitischen Pressepropaganda auf.[27] Als die deutsche Militärverwaltung am 27. September 1940 die Zählung der Juden in Frankreich veranlaßte und mit einer weiteren Anordnung vom 18. Oktober 1940 die Arisierung des Wirtschaftslebens in Frankreich vorzubereiten begann, halfen französische Behörden loyal, wie es Artikel 3 des Waffenstillstandsvertrages vorsah, mit.[28]

Am 3. Oktober 1940 erließ Vichy schließlich aus eigener Initiative das sogenannte Judenstatut, das „Juden" definierte und die so Erfaßten aus dem öffentlichen Dienst und aus bestimmten Berufen und dem Kulturleben ausschloß.[29] Französische Juden wurden mit diesem Statut zu Bürgern zweiter Klasse, ausländische Juden konnten auf der Grundlage eines weiteren Gesetzes vom 4. Oktober 1940 (Gesetz über die ausländischen Staatsangehörigen jüdischer Rasse) von den Präfekten der einzelnen Regionen in Lager interniert werden. Am 22. Oktober 1940 zogen die Gauleiter von Baden und Saarpfalz, Bürckel und Wagner, die bereits seit Juli 1940 mehrere tausend französische Juden aus dem Elsaß und Lothringen nach Frankreich „evakuiert" hatten, dieses Gesetz zur Begründung der Deportation von 6504 deutschen Juden aus den Gauen Baden und Saarpfalz und deren anschließende Verbringung in das Internierungslager Gurs heran.[30] Bis Ende 1940 waren 20 000 bis 30 000 Juden in den Lagern der unbesetzten Zone interniert.

26 Schumann/Nestler (Hrsg.), Europa unterm Hakenkreuz, S. 53.

27 Serge Klarsfeld, Vichy – Auschwitz. Die Zusammenarbeit der deutschen und französischen Behörden bei der „Endlösung der Judenfrage" in Frankreich, Nördlingen 1989, S. 22.

28 Schumann/Nestler (Hrsg.), Europa unterm Hakenkreuz, S. 53; Jacques Adler, The Jews of Paris and the Final Solution, New York/Oxford 1987, S. 16 ff. Nach der Anordnung vom 18. 10. 1940 mußten sich jüdische Firmen bei den Polizeibehörden registrieren lassen.

29 Klarsfeld, Vichy – Auschwitz, S. 22. Das Statut erwähnt für Frankreich erstmals den Begriff der jüdischen Rasse, während die vorausgehenden, Juden betreffenden Anordnungen des Militärbefehlshabers Frankreich noch von Bürgern jüdischer Religionszugehörigkeit sprechen. Als Jude nach diesem Statut galt derjenige, der drei Großeltern jüdischer Rasse oder zwei Großeltern jüdischer Rasse und einen jüdischen Ehepartner hatte. Die auf diese Weise als Juden definierten Menschen waren von führenden Positionen in der staatlichen Verwaltung, vom Offizierskorps, den Medienberufen und dem Schuldienst ausgeschlossen. Als Rechtsanwälte oder Ärzte durften sie nur noch in beschränktem Maße tätig sein.

30 Zur Deportation der Badener und Saarpfälzer Juden im Oktober 1940 nach Frankreich siehe Barbara Vormeier, Die Deportation deutscher und österreichischer Juden aus Frankreich, Paris 1980, S. 9–17.

Die antijüdische Gesetzgebung Vichys wurde auf die zu Frankreich gehörenden nordafrikanischen Länder Algerien, Marokko und Tunesien übertragen.[31] Auf deutscher Seite konkretisierten sich – als man sich der Bereitschaft der Franzosen zur Kooperation in der Judenpolitik sicherer war – die schon im Spätsommer 1940 begonnenen ersten Überlegungen zur Einrichtung eines für die spätere „Endlösung der Judenfrage" wichtigen zentralen Judenamtes.

Um die „Judenpolitik" weiter im französischen Sinne gestalten zu können, richtete die Regierung in Vichy, die über die deutschen Pläne unterrichtet war, am 29. März 1941 als Alternative zu einem unter deutscher Führung stehenden zentralen Judenamt ein „Commissariat Général aux Questions Juives" (CGQJ) unter der Leitung des Katholiken Xavier Vallat ein. Zur Zufriedenheit der Deutschen entwickelte sich diese Behörde zu dem im Rahmen der geplanten „Endlösung" benötigten Instrument der Koordinierung und Forcierung der Ausgrenzungspolitik. Nach dreimonatiger Einarbeitung konnte Vallat bereits am 2. Juni 1941 ein zweites, verschärftes Judenstatut präsentieren, das auf die völlige Ausschaltung von Juden aus dem Wirtschaftsleben – die ja bereits vom Militärbefehlshaber Frankreich im Herbst 1940 begonnen worden war – abzielte.

Am selben Tag ordnete das „Commissariat Général aux Questions Juives" einen speziell auf Juden ausgerichteten Zensus an, der die Ergebnisse der 1940 auf Anordnung des Militärbefehlshabers erfolgten Judenzählung verifizieren sollte. Nach dem Zensus, der nach Aussagen Vallats lediglich 10 % der Juden, die im Lande waren, nicht erfassen konnte, lebten 287 962 Juden in Frankreich, 149 734 davon in Paris und Umgebung.[32] Das „Commissariat Général aux Questions Juives", das sich in der Folgezeit im wesentlichen mit der weiteren Arisierung der jüdischen Betriebe in Frankreich beschäftigte, hatte mit dem Zensus vom Juni 1941 die idealen ergänzenden Vorinformationen erarbeitet, die auf deutscher Seite für Verhaftungsaktionen gegen Juden, zusätzlich zu den eigenen Erhebungen, benötigt wurden.

Nach der ersten Verhaftungsaktion am 14. Mai 1941, bei der 3710[33] männliche ausländische Juden in Paris festgenommen und in die von der Besatzungsmacht eingerichteten Lager Pithivier und Beaune-La-Rolande gebracht werden konnten, häuften sich die Festnahmen ab Sommer

31 Schumann/Nestler (Hrsg.), Europa unterm Hakenkreuz, S. 53.

32 Adler, The Jews of Paris, S. 6.

33 Ebenda, S. 11.

1941, vor allem im Pariser Großraum, in der besetzten Zone. Man brachte die Verhafteten neben den genannten Lagern in das ebenfalls nahe Paris gelegene, im August 1941 gegründete Lager Drancy. Ende 1941 ordnete der Militärbefehlshaber Frankreich, Otto von Stülpnagel, als Sühnemaßnahme für zuvor erfolgte Sprengstoffattentate und Anschläge auf Wehrmachtsangehörige die Erschießung von 100 Geiseln sowie die Deportation „verbrecherischer jüdisch-bolschewistischer Elemente" zur Zwangsarbeit „nach dem Osten" an.[34] Weiter mußten die Juden des besetzten Gebietes als Sühne eine Geldbuße von 1 Milliarde Francs zahlen, die die auf deutschen Druck hin am 29. November 1941 von der Regierung in Vichy gegründete Zwangsvereinigung der Juden „Union Générale des Israélites de France" (UGIF) einzutreiben hatte.[35]

Die von Stülpnagel angeordnete Verhaftungsaktion bot drei Monate später die Grundlage für die erste Deportation von Juden aus Frankreich. Am 27. März 1942 wurden 1112 Juden aus dem Lager Drancy, das sich später zum Hauptabgangsort der französischen Deportationszüge entwickeln sollte, nach Auschwitz transportiert.[36] Erst wenige Wochen zuvor – am 4. März 1942 – hatte Theodor Dannecker bei einer Tagung der für die westeuropäischen Staaten zuständigen Judenreferenten im Reichssicherheitshauptamt in Berlin die Zustimmung Heydrichs zur Deportation der ersten 1000 Juden aus Frankreich eingeholt und sich gleichzeitig die Gewährleistung weiterer Judentransporte aus Frankreich für 1942 und 1943 zusichern lassen.[37]

Am 28. Mai 1942 führte der Militärbefehlshaber Frankreich in der besetzten Zone den gelben Stern für alle Juden – auch die französischen – ein, was auf den Widerspruch der französischen Bevölkerung in der

34 Zit. in: Schumann/Nestler (Hrsg.), Europa unterm Hakenkreuz, S. 192. Die zitierten Passagen sind einer Bekanntmachung des Militärbefehlshabers vom 14. 12. 1941 entnommen, die auf die genannten Ereignisse Bezug nimmt. Die Ahndung von Attentaten durch Geiselerschießungen führte zu Störungen des bis dahin guten Verhältnisses zwischen dem Militärbefehlshaber und der französischen Polizei, die zur Verhaftung der Delinquenten herangezogen wurde. Nach dem Abschluß des sogenannten Oberg-Bousquet Abkommens vom August 1942 zwischen dem nach seiner Ernennung zum Höheren SS- und Polizeiführer für die Polizei zuständigen Oberg und Vichys Polizeichef René Bousquet (18. 4. 1942–30. 12. 1943) durften keine Häftlinge aus französischen Gefängnissen mehr zu Sühnemaßnahmen herangezogen werden. Siehe dazu Kasten „Gute Franzosen", S. 60 ff.

35 Nähere Informationen zur UGIF im Abschnitt zu jüdischen Organisationen.

36 Serge Klarsfeld, Le Calendrier de la Persécution des Juifs en France 1940–1944, Paris 1993, S. 1122.

37 Schumann/Nestler (Hrsg.), Europa unterm Hakenkreuz, S. 203.

besetzten Zone sowie der Regierung in Vichy stieß, die sich weigerte, analoge Regelungen in ihrer Zone durchzuführen.[38] Die Weigerung Vichys, die deutsche Anordnung umzusetzen, beruhte nicht auf einer allgemeinen Kehrtwende der Judenpolitik der bis dahin kollaborationswilligen französischen Regierung, sondern war darin begründet, daß die Anordnung des Militärbefehlshabers nicht zwischen ausländischen und französischen Juden unterschied. Bei Aktionen gegen ausländische Juden machte die Regierung in Vichy auch nach der ersten Deportation und der Einführung des gelben Sterns den Deutschen dagegen weiterhin keine Schwierigkeiten.

Massive Maßnahmen gegen Juden begannen sowohl in der besetzten als auch in der freien Zone im Sommer 1942. Am 16./17. Juli 1942 kam es in Paris zur bis dahin größten Verhaftungsaktion in der besetzten Zone. 12 884 ausländische Juden, darunter 4051 Kinder, wurden unter Mithilfe von 9000 französischen Polizisten verhaftet, in die nahegelegenen Internierungslager gebracht und von dort anschließend nach Auschwitz deportiert.[39] Die deutschen Besatzer selbst verfügten in ganz Frankreich über 3000 Mann Ordnungspolizei sowie 2047 Mann Sicherheitspolizei und Sicherheitsdienst und waren damit auf die tätige Mithilfe der französischen Polizei bei allen ordnungs- und sicherheitspolizeilichen Maßnahmen gegen Juden angewiesen.[40] Die in den folgenden Monaten regional durchgeführten Razzien im besetzten Frankreich erfolgten mit Billigung der französischen Regierung in Vichy und unter Mitwirkung der französischen Polizei, die auch die Deportationszüge bis zur deutschen Grenze begleitete. Am effizientesten war ihre Mitarbeit in der Region Poitier, wo 80% aller gesuchten Juden verhaftet wurden.[41]

In der unbesetzten Zone begann die Deportation von Juden im August 1942. Die Regierung von Vichy hatte sich zuvor bereit erklärt, die in der freien Zone befindlichen ausländischen Juden zu verhaften

38 Léon Poliakov/Josef Wulf, Das Dritte Reich und die Juden, Wiesbaden 1989, S. 423–428. In der besetzten Zone trat die Anordnung zum Tragen des gelben Sterns am 7. 6. 1942 in Kraft. Aus Protest gegen die Behandlung vor allem der französischen Juden trugen viele nichtjüdische Franzosen demonstrativ gelbe Blumen, Papiersterne, Taschentücher u. ä., um ihre Solidarität mit Juden auszudrücken.

39 Kasten, „Gute Franzosen", S. 98.

40 Schumann/Nestler (Hrsg.), Europa unterm Hakenkreuz, S. 31. Die Zahlen, die Schumann/Nestler nennen, sind einer Übersicht der Reichskanzlei über die in die Gebiete außerhalb der Reichsgrenzen abgeordneten Bediensteten der Zivilverwaltung vom Frühjahr 1943 entnommen.

41 Kasten, „Gute Franzosen", S. 99.

und sie an die Deutschen auszuliefern. Bis zum 15. September 1942 nahm die französische Polizei 10 522 ausländische Juden in der freien Zone fest, deren Transport in die Internierungslager der besetzten Zone die französische Gendarmerie bewachte. Die Anzahl der Verhaftungen war hinter den deutschen Erwartungen zurückgeblieben, da zum einen die französischen Kirchen öffentlich gegen die Auslieferung der Juden protestierten und zum anderen einige französische Polizisten die von der Verhaftung bedrohten Juden warnten und ihnen so die Flucht ermöglichten.[42] Daneben beteiligten sich einzelne oder Gruppen zunehmend an der Rettung von Juden.

Bis zur Besetzung Vichy-Frankreichs durch deutsche und italienische Verbände am 11. November 1942 infolge der alliierten Landung in Nordafrika wurden aus beiden Zonen zusammen 41 951 Juden deportiert.[43] Während sich die italienisch besetzte Zone überraschend zum Hauptziel für flüchtende Juden in Frankreich entwickelte, blieb die Regierung in Vichy zunächst bei ihrer kooperativen Haltung und lieferte ausländische und staatenlose Juden an die Deutschen aus. Aufgrund der judenfreundlichen Haltung der italienischen Besatzungsbehörden gelang dies nach der Jahreswende 1942/1943 zunehmend weniger.[44]

Als die Deutschen zur Erfüllung ihrer Deportationsquoten die Auslieferung der sogenannten naturalisierten Juden – also der eingebürgerten Juden – von der französischen Regierung verlangten, lehnte der französische Premier Pierre Laval dies ab.[45] Seine Weigerung erklärte sich zum einen aus der steigenden öffentlichen Kritik an der Kollaborationspolitik und zum anderen aus der Tatsache, daß zunehmend französische Juden zu Deportationsopfern wurden. Die Bereitschaft der französischen Polizei zur Mithilfe bei den Verhaftungen sank noch einmal kräftig ab, als die Deutschen nach der Besetzung der italienischen Zone im September 1943 brutal gegen französische und ausländische Juden vorgingen und ein eigens angereistes Sonderkommando des Reichssicherheitshauptamtes in Nizza sich aktiv an den Festnahmen beteiligte.[46]

42 Ebenda, S. 101.

43 Klarsfeld, Le Calendrier, S. 1123. Detaillierte Angaben zu den Deportationen der Juden aus den einzelnen Regionen finden sich ebenda, S. 1108.

44 Zu den einzelnen Vorgängen in der italienisch besetzten Zone siehe den entsprechenden Abschnitt.

45 Klarsfeld, Vichy – Auschwitz, S. 261 f.

46 Kasten, „Gute Franzosen“, S. 170. Dem Sonderkommando des Reichssicherheitshauptamtes in Nizza gelang es jedoch nur, 1100 von den 25 000 in der Stadt lebenden Juden festzunehmen.

Auch machte sich die französische Résistance zunehmend im Lande bemerkbar. In einem Vermerk des Kommandeurs der Sicherheitspolizei Lyon vom 24. November 1943 ist sogar von der „Einstellung jeglicher Maßnahmen gegen Juden" von seiten der französischen Polizei zu lesen.[47] Für 1943 lag die Zahl der aus Frankreich deportierten Juden dann auch lediglich bei für die Deutschen enttäuschenden 17 069 Personen.[48] Der Versuch des Höheren SS- und Polizeiführers Oberg, durch die Ernennung des rechtsextremen Milizchefs Darnand zum Chef der französischen Polizei im Herbst 1943 noch einmal eine Wende in der Haltung der für die Deportationen so wichtigen französischen Polizei herbeizuführen, scheiterte am Widerstand lokaler Polizeiverwaltungen, die die Miliz als irreguläre Einheit betrachteten.[49] Bis zur Befreiung Frankreichs durch die Alliierten im August 1944 betrug die Zahl der Deportierten aber noch einmal 14 833.[50]

Retter und Gerettete

Die Ereignisse des Frühjahres und Sommers 1942 – die Einführung des gelben Sterns in der besetzten Zone, die Verhaftung von 12 884 Juden am 16. und 17. Juli 1942 in Paris und die Auslieferung der ausländischen, später auch der französischen Juden aus der unbesetzten Zone – waren es, die den Widerspruch der französischen Öffentlichkeit, vor allem aber der kirchlichen Autoritäten, gegen die bis dahin wenig kritisierte Judenpolitik auslösten. Besonders die Auslieferung von größtenteils in Frankreich geborenen jüdischen Kindern durch die französischen Behörden veranlaßte breite Schichten der französischen Bevölkerung, Juden zu retten. Der französische Premier Laval konnte nun gegenüber den Deutschen auf die Grenzen seiner Handlungsfähigkeit verweisen, da er in Anbetracht der massiven öffentlichen Kritik nicht mehr in der Lage sei, die notwendige Akzeptanz für die Deportation der Juden innerhalb von Verwaltung und Polizei zu erreichen. Aus ähnlich innenpolitisch motivierten Gründen verweigerte er 1943 die Ausbürgerung der Juden, die nach 1927 eingewandert waren.[51]

47 Ebenda, S. 172.

48 Klarsfeld, Le Calendrier, S. 1124.

49 Kasten, „Gute Franzosen", S. 219 ff.

50 Klarsfeld, Le Calendrier, S. 1124.

51 Klarsfeld, Vichy – Auschwitz, S. 238–273. Der Konflikt um die Ausbürgerung der nach 1927 eingebürgerten Juden zog sich von Juni bis August 1943 hin. Nach einer

An der Rettung von Juden in Frankreich beteiligten sich mehrere Kategorien von Helfern, deren Motivation sehr unterschiedlich war. Vorwiegend aus religiöser Überzeugung leisteten französische Katholiken und Protestanten Hilfe. Im wesentlichen politisch motiviert waren dagegen die Rettungsversuche kommunistischer Gruppen und der Résistance. International agierende Hilfsorganisationen wie die Quäker hatten allein aus humanitären Gründen gehandelt, während Profit für die Mehrzahl der Fluchthelfer an der spanisch-französischen Grenze im Vordergrund stand. Bei der in erheblichem Umfang geleisteten Hilfe von Juden für Juden läßt sich eine Mischung aus all den genannten Gründen feststellen. Gleiches gilt für die von einzelnen Franzosen geleistete Hilfe. Neben der Rettung von Juden innerhalb Frankreichs war die Hilfe der meisten Beteiligten darauf ausgerichtet, die Weiterflucht nach Spanien, Portugal, Italien, Nordafrika, in die Schweiz, nach Übersee (hier vor allem in die USA) und nach Palästina zu ermöglichen. Innerhalb des Spektrums der Helfer stellt der deutsche Bündnispartner Italien einen Sonderfall dar, in dessen Besatzungszone ab Spätherbst 1942 mehrere tausend Juden auf Anordnung der italienischen Besatzungsbehörden vor dem Zugriff der Deutschen bzw. ihrer französischen Helfer geschützt wurden.

Die Kommunistische Partei Frankreichs

Bereits kurz nach der Besetzung Frankreichs und der Etablierung der Regierung von Vichy schlossen sich viele Mitglieder der Kommunistischen Partei Frankreichs („Parti Communiste Français“ (PCF)) der von Charles de Gaulle ins Leben gerufenen französischen Résistance an. Nach dem deutschen Überfall auf die Sowjetunion am 22. Juni 1941 organisierte die PCF zusammen mit den anderen Trägern der Résistance auf breiter Basis den Widerstand gegen die deutschen Besatzer und die

an Röthke am 12. 6. 1943 übergebenen Statistik waren zwischen 1927 und 1940 insgesamt 510 690 Menschen eingebürgert worden. Röthke ging davon aus, daß unter diesen Eingebürgerten ca. 50 000 Juden waren. Nach der Erstellung verschiedener Gesetzentwürfe durch Vichys Polizeichef René Bousquet und den Judenkommissar Louis Darquier de Pellepoix und der Unterzeichnung eines Bousquet-Entwurfs durch Laval begannen sich Röthke, Hagen und Brunner (seit 1. 6. 1943 in Frankreich) in der Annahme, daß der Gesetzentwurf auch verabschiedet werde, auf die Deportation der ausgebürgerten Juden vorzubereiten. Im August 1943 mußten die Deutschen jedoch enttäuscht feststellen, daß die Pläne, weiter Juden zu deportieren, endgültig an der Weigerung Lavals, das geplante Gesetz zu verabschieden, gescheitert waren.

Regierung von Vichy. Die illegal erscheinende Parteizeitung „Humanité" ging bereits kurz nach der Besetzung des Landes auf Konfrontationskurs. Im September 1940 verbreiteten die Kommunisten in Belleville und anderen auch von Juden bewohnten Pariser Bezirken einen Aufruf des Schriftstellers Aron Beckman. Er appellierte darin an die Solidarität unter Franzosen und die gemeinsame Vergangenheit: „Nichtjüdische Arbeiter, Bauern, Händler. Laßt nicht Pogrome in unsere Bezirke einziehen. Die Männer, die Söhne des jüdischen Volkes waren mit uns an der vordersten Linie der Front. Mit uns haben sie gekämpft. Wie viele von ihnen sind nahe bei uns gefallen!"[52] Nur die Einheit aller Franzosen, so schließt Beckman, biete Sicherheit. Die PCF verbreitete schließlich in 25 000 Exemplaren im November 1940 einen Aufruf mit dem Slogan: „Es lebe die Einheit aller Arbeiter, ohne Unterschied von Religion oder Rasse! Es lebe die Einheit des französischen Volkes für die Freiheit und die Gleichheit Frankreichs!"[53]

In diesem und vielen folgenden Aufrufen betonten die französischen Kommunisten das gemeinsame Vorgehen und beriefen sich dabei auf die Ideale der Französischen Revolution „Freiheit, Gleichheit und Brüderlichkeit". Als im Mai 1941 5000 Juden aus der besetzten Zone nach Pithivier und Beaune-La-Rolande verschleppt wurden, betonten die Kommunisten, daß darunter viele französische Arbeiter gewesen seien.[54] Aktive Hilfe für Juden leistete das 1942 gegründete „Mouvement National Contre Le Racisme" (MNCR), das „Opfern des Naziregimes", jüdischen Kindern, Jugendlichen und Erwachsenen durch Spenden half. Im MNCR arbeiteten auch Nichtkommunisten mit.[55] Juden wurden zu Résistance Gruppen gebracht, wo sie aktiv selbst für die Beseitigung der Besatzung und gegen den Nazismus kämpfen konnten. Mit zwei periodisch erscheinenden Zeitschriften, der „J'Accuse" in der Nordzone und „Fraternité" in der Südzone, informierte das MNCR über die Lage der Juden in Frankreich und forderte zur aktiven Unterstützung der Bedrohten auf. Neben dieser organisierten Hilfe gab es natürlich, wie in allen Teilen der französischen Bevölkerung, private Hilfe einzelner, die Juden versorgten und versteckten. Kommunistische Organisationen retteten 1200 jüdische Kinder durch die Unterbringung in nichtjüdischen

52 David Diamant, La Résistance juive entre gloire et tragédie, Paris 1993, S. 110.
53 Ebenda.
54 Ebenda, S. 111.
55 Lucien Steinberg, Jewish Rescue Activities in Belgium and France, in: Yisrael Gutman/Efraim Zuroff, Rescue Attempts during the Holocaust, Jerusalem 1977, S. 610.

Haushalten.[56] Der Beteiligung von Juden am Kampf gegen den Nationalsozialismus wurde durch die namentliche Nennung gefallener jüdischer Résistance-Angehöriger eine besondere Würdigung zuteil.[57] Die meisten jüdischen Widerstandskämpfer gehörten zu den nach Frankreich emigrierten Juden. Sie definierten sich im Gegensatz zu den nationalistisch eingestellten französischen Juden, die sich selbst als „Israélites", niemals jedoch als „Juifs" bezeichneten, wesentlich mehr politisch als Kommunisten oder Zionisten.[58]

Die Résistance

Die Aktivitäten des französischen bewaffneten Widerstandes – der Résistance – richteten sich von Anfang an sowohl gegen die deutsche Besatzungsmacht wie auch gegen die mit ihr kooperierende französische Regierung unter Henri Philippe Pétain. Von London aus rief Charles de Gaulle bereits am 18. Juni 1940 – also noch vor Abschluß des Waffenstillstandsabkommens – in einer Radioansprache dazu auf, den Kampf gegen die Besatzung fortzusetzen. Während de Gaulle zunächst in England und später dann in den französischen Kolonien in Nordafrika den Aufbau bewaffneter Einheiten vorantrieb, verübten Angehörige der Résistance im Land Sabotageakte, verteilten Flugblätter und halfen Kriegsgefangenen sowie politisch und rassisch Verfolgten bei ihrer Flucht in die freie Zone. „Filières" dienten dabei als zuverlässige Wegbegleiter der Flüchtenden.[59] Die wichtigsten im Lande agierenden Résistance-Gruppen „Combat" (Henri Frenay), „Libération-Sud" (Emanuel d'Astier de la Vigerie) und „Franc-Tireur" beteiligten sich früh an der Rettung von Juden, die bald einen Anteil von 20 % der Mitglieder der genannten Organisationen stellten.[60] Im Juni 1942 machte Philippe Henriot[61] darauf aufmerksam, daß 80 % der Angriffe auf Einrichtungen der deutschen Armee in der Region Paris unter Beteiligung von Juden stattfanden.[62] Bei der Rettung von Juden in die Schweiz oder nach Spanien arbeiteten

56 Steinberg, Jewish Rescue, S. 610.

57 Diamant, La Résistance, S. 112–115.

58 Adler, The Jews of Paris, S. 165 ff. Der Autor Jacques Adler wurde selbst 1943 Mitglied einer Untergrundorganisation in Paris.

59 Schmidt, Frankreich Lexikon, S. 280.

60 Samuel P. Oliner/Pearl M. Oliner, The Altruistic Personality. Rescuers of Jews in Nazi Europe, New York 1988, S. 43.

61 Später für Propaganda zuständiger Mitarbeiter der Regierung in Vichy.

62 Adler, The Jews of Paris, S. 236.

Einheiten der Résistance – u. a. des „Maquis“ – zum Teil eng mit anderen zusammen.[63] Während der Verhaftungsaktion von 12 884 ausländischen Juden in Paris im Sommer 1942 beteiligten sich Angehörige der Résistance an der Rettung von jüdischen Kindern und an deren Weitertransport in sichere Verstecke außerhalb der französischen Hauptstadt.[64]

Die Quäker

Zwischen 1933 und 1945 halfen britische, amerikanische und deutsche Quäker zahlreichen Verfolgten in Deutschland und den besetzten Ländern Europas. Das in Frankreich während der Besatzungszeit aktive „American Friends Service Committee“ erhielt 1947 zusammen mit dem britischen Pendant der Quäker, dem „Friends Service Committee“[65], den Friedensnobelpreis für die während des Zweiten Weltkrieges geleistete Arbeit.[66]

Das Engagement der Quäker bei der weltweiten Hilfe für zivile Kriegsopfer entwickelte sich Mitte des 19. Jahrhunderts. Im Sommer 1917 kamen Mitglieder des erst im selben Jahr gegründeten „American Friends Service Committee“ nach Frankreich.[67] War noch nach dem Ersten Weltkrieg die Speisung der zivilen Kriegsopfer vorrangige Aufgabe der Quäker – auch in Deutschland – gewesen, sorgte die Emigration von NS-Gegnern und Verfolgten in den Jahren nach 1933 dafür, daß sich das Tätigkeitsfeld der Quäker ausweitete. In Stockholm, Kopenhagen, Amsterdam, Genf, Madrid, Lissabon, Rom, Tokio, Shanghai, Paris, Marseille und Toulouse entstanden Hilfsbüros.[68]

63 Carol Rittner/Sondra Myers (Hrsg.), The Courage to care. Rescuers of Jews during the Holocaust, New York 1986, S. 70.

64 Ebenda, S. 18–23.

65 Die Quäker waren eine Mitte des 17. Jahrhunderts in England entstandene und von George Fox gegründete antikirchliche Bewegung. Seit 1665 nannten sich die Quäker „Society of Friends“. Wegen der Ablehnung der Staatskirche und der Aufstellung radikaler moralischer Postulate wurden sie in England verfolgt und zur Emigration – vielfach in die USA – gezwungen. Dort setzten sie sich vor allem für die Abschaffung der Sklaverei und für die Frauenrechte ein.

66 Achim v. Borries, Stille Helfer – 350 Jahre Quäker, in: Magazin des Deutschen Historischen Museums 15 (1995/1996), S. 1.

67 Zur Geschichte des „American Friends Service Committee“ siehe die Kurzdarstellung in: Enzyklopädie des Holocaust. Die Verfolgung und Ermordung der europäischen Juden, hrsg. v. Eberhard Jäckel/Peter Longerich/Julius H. Schoeps, Berlin 1993, Bd. 1, S. 33 f.

68 v. Borries, Stille Helfer, S. 23.

Neben humanitärer Hilfe beteiligten sich Quäker in Frankreich daran, Juden zu verstecken.[69] Mit Hilfsorganisationen wie der protestantischen Organisation „CIMADE“[70] gingen die Quäker in die Internierungslager der unbesetzten Zone, um die Juden mit Lebensmitteln zu versorgen und sie bei den Formalitäten der Emigration zu beraten. Während des gesamten Krieges arbeiteten sie auch mit jüdischen international oder national agierenden Organisationen in Frankreich wie dem „American Jewish Joint Distribution Committee“ (Joint)[71], der „HICEM“[72] und den „Œuvre de Secours aux Enfants“ (OSE) zusammen. Die Betreuung von Flüchtlingen in den französischen Internierungslagern begann 1939 mit der Ankunft der spanischen Bürgerkriegsflüchtlinge. Nach der Kapitulation Frankreichs 1940 gründeten französische und international agierende Quäker in Paris den „Service International d'Aide aux Réfugiés de la Société des Amis (Quaker)“, der sich um ein Netz von Kinderheimen kümmerte. Jüdische Kinder wurden darüber hinaus in Waisenheimen untergebracht. Paris im Norden und Marseille im Süden

69 Siehe dazu die Ausführungen im Abschnitt über die Rettung von Juden in der Ortschaft Le Chambon-sur-Lignon.

70 Die CIMADE (Comité inter-mouvements auprès des évacués) wurde 1939 von protestantischen Jugendorganisationen gegründet und widmete sich zunächst der Hilfe für evakuierte Elsässer, später der Hilfe für Juden in und außerhalb der Internierungslager. Die in der CIMADE engagierten Mitarbeiter gehörten verschiedenen Konfessionen an. Zur Tätigkeit der CIMADE siehe die näheren Ausführungen im Abschnitt über die protestantische Kirche Frankreichs.

71 Das „American Jewish Joint Distribution Committee“ war ein 1914 in den USA gegründeter jüdischer Wohlfahrtsverband, der sich nach 1933 in Europa vornehmlich der finanziellen Hilfe für Juden zur Emigration und deren genereller Unterstützung widmete. Unter seinem ab Sommer 1940 in Lissabon residierenden europäischen Leiter Joseph J. Schwartz (1899–1975) weitete der Joint seine Hilfsaktivitäten für jüdische Flüchtlinge aus. Gelder des Joint gelangten teils illegal über die Schweiz (Saly Mayer, 1882–1950) nach Frankreich, um dort von jüdischen und nichtjüdischen Organisationen weiter verteilt zu werden.

72 Die HICEM wurde 1927 aus den drei jüdischen Auswandererhilfsorganisationen HIAS (Hebrew Sheltering and Imigrant Aid Society), ICA (Jewish Colonisation Association) und der Emig direct gebildet. Nach dem deutschen Einmarsch in Frankreich wurde die Zentrale der HICEM in Paris geschlossen. Nach einigen vergeblichen Versuchen des Aufbaus einer neuen Zentrale in der Südzone entstand in Lissabon die europäische Zentrale der Hilfsorganisation. Als „Abteilung für Auswanderung“ innerhalb der jüdischen Gemeinde Lissabons leistete die HICEM Flüchtlingen Hilfe bei der Beschaffung von Visa und organisierte in vielen Fällen den Transport von Flüchtlingen nach Übersee oder Nordafrika. Joint unterstützt die HICEM mit finanziellen Mitteln.

entwickelten sich zu den Hauptzentren der Quäkerhilfe. 2000 Menschen[73] konnten dadurch nach Übersee gelangen.

Die katholische Kirche Frankreichs

Die katholische Kirche Frankreichs war in den Jahren der Dritten Republik politisch eng mit dem in großen Teilen antirepublikanisch eingestellten französischen Bürgertum und der Armee verbunden. Der Einmarsch der Deutschen 1940 bestätigte aus der Sicht vieler Katholiken nur das sich spätestens seit den dreißiger Jahren abzeichnende Scheitern der korrupten Dritten Republik. Die Kirche sah sich in einer gemeinsamen Position mit dem neuen Hoffnungsträger Marschall Pétain, trotz der französischen Kriegsniederlage die Balance im Staate wiederherzustellen. Die von der Regierung in Vichy ausgegebene Losung „Arbeit, Familie, Vaterland" fand große Zustimmung unter den Katholiken des Landes, die die Mehrheit der Gläubigen in Frankreich ausmachten. Prominente Katholiken wie Raphaël Alibert (Justiz) und Jacques Chevalier (Erziehung) wurden zu Ministern in der Regierung des neuen Staatschefs Pétain ernannt. Eine bedeutende Rolle im Zusammenhang mit der antijüdischen Politik Vichys spielte der Justizminister Alibert, der im Frühherbst 1940 die Überprüfung aller Einbürgerungen seit 1927 veranlaßte und im Oktober 1940 das Judenstatut von Vichy verkündete. Die Überprüfung der Einbürgerungen führte dazu, daß 15 000 in Frankreich lebende Menschen – darunter 6000 Juden – zu Staatenlosen wurden.[74] Xavier Vallat,[75] erster Leiter des „Commissariat Général aux Questions Juives", ebenfalls ein strenggläubiger Katholik, rechtfertigte seinen Antisemitismus mit der Geschichte des Christentums in Europa und den antisemitischen Äußerungen verschiedener Päpste und Konzile.[76]

73 Die Zahl von 2000 aus Frankreich durch die Quäker geretteten Juden ist einer Ausstellungstafel mit dem Titel „Hilfe in Frankreich" entnommen, die in der Ausstellung „Stille Helfer" vom 12. 1. 1996–12. 3. 1996 im Deutschen Historischen Museum in Berlin zu sehen war. Leider enthält der von Achim von Borries verfaßte Begleittext diese Angabe nicht.

74 Bill Halls, Catholicism under Vichy: A Study in Diversity and Ambiguity in: Roderick H. Kedward/Roger Austin (Hrsg.), Vichy France and the Resistance. Culture and Ideology, London 1985, S. 134.

75 Im Februar 1942 mußte Vallat sein Amt an Louis Darquier de Pellepoix abgeben, der im Mai 1942 die Nachfolge Vallats antrat.

76 Louis Allen, Jews and Catholicsm, in: Kedward/Austin (Hrsg.), Vichy France, S. 76.

Während die meisten Katholiken bis 1942 die Politik Vichys gegenüber den Juden billigten, zeigten sich vor allem intellektuelle Katholiken recht bald kritisch gegenüber der Regierung Pétain. Der Leiter des katholischen Instituts in Toulouse, Bruno de Solages, machte seine Institution im Laufe der Jahre zu einem der Zentren des intellektuellen Widerstandes in Frankreich.[77] In Lille offenbarte sich die Spaltung der französischen Katholiken in Gegner und Befürworter des Regimes von Vichy am deutlichsten: Während aus dem katholischen Institut von Lille, dem „Catho", viele Studenten der Résistance beitraten, blieb der dortige Bischof Kardinal Liénard, der von der Einstellung großer Teile dieser katholischen Institution wußte, bis zuletzt ein Anhänger Pétains und seiner Politik.

In der Publizistik Frankreichs zeigte sich ein ähnlich gespaltenes Bild. „Voix françaises", ein die Kollaborationspolitik befürwortendes Organ, war eine Gründung des Katholiken Paul Lesourd.[78] „Témoignage Chrétien", vom Jesuitenpater Pierre Chaillet initiiert, erschien im November 1941 erstmals und setzte sich von Anfang an sehr kritisch mit dem Vichy-Regime auseinander. Bereits in der zweiten Ausgabe von „Témoignage Chrétien" forderte Chaillet zum Kampf gegen Hitler und zum Widerstand auf. Die Zeitung, die anfangs eine Auflage von 5000 Exemplaren hatte, erreichte bis zum August 1944 eine Größenordnung von 150 000 verkauften Exemplaren.[79]

Die Haltung vieler Katholiken in der Zeit von 1940 bis 1944 war dem Lauf der Ereignisse angepaßt. Anfangs begeistert von der konservativen Restauration, trieben sie vor allem ab 1942 immer mehr de Gaulle und der Résistance zu. Die Lebensbedingungen für die im Internierungslager Gurs untergebrachten ausländischen Juden veranlaßten den Erzbischof von Lyon, Pierre Marie Gerlier,[80] der 1940 noch begeistert

77 Halls, Catholicism, S. 136.

78 Ebenda, S. 138.

79 Siehe dazu Hosta Malinowski-Krum, Frankreich am Kreuz. Protestanten Frankreichs unter deutscher Okkupation 1940–44, Berlin 1993, S. 94–99, sowie Kurt R. Grossmann, Die unbesungenen Helden. Zeugnisse der Menschlichkeit aus Deutschlands dunklen Tagen, Hamburg 1964, S. 108 f. Ab 1943 erschien die Zeitschrift unter dem Titel „Courier Français du Témoignage Chrétien". Einige Mitarbeiter der Zeitschrift wurden wegen ihrer Tätigkeit für die oppositionelle Zeitschrift 1944 verhaftet.

80 Pierre-Marie Gerlier wurde am 14. 1. 1880 in Versailles geboren. Nach seinem Jurastudium in Bordeaux und Paris ließ er sich nach seiner Promotion 1901 als Rechtsanwalt in Paris nieder. Erst 1913 entschloß er sich, in das Priesterseminar von Issy

Pétain zugejubelt hatte, zu protestieren.[81] Erst die Razzien in Paris im Sommer 1942 und hierbei besonders die Verhaftung von 12 884 ausländischen Juden in Paris mit Hilfe französischer Polizei sowie der Beginn der Deportationen aus der freien Zone ab Sommer 1942 riefen den Protest breiterer Kreise der Bevölkerung und auch der Katholiken hervor.

Nach einem ersten vorsichtig formulierten Protestschreiben vom 19. August 1942[82] an den Staatschef Pétain gegen die Judendeportationen aus der freien Zone verfaßte der Erzbischof von Lyon, Gerlier, am 30. August 1942 eine wesentlich schärfer formulierte Predigt, die ab dem 2. September 1942 im gesamten Erzbistum verbreitet und für viele Katholiken zur Legitimation und zum Ansporn wurde, gegen die Judenpolitik Widerstand zu leisten. Darin heißt es: „Die Maßnahmen der Deportation der Juden, die gegenwärtig im gesamten Territorium erfolgen, und die überaus schmerzlichen Szenen erlegen uns die dringende und peinliche Pflicht unseres Gewissens auf, dagegen Protest zu erheben. Wir wohnen einer grausamen Versprengung von Familien bei, wobei weder das Alter, noch Schwäche, noch Krankheit verschont werden. [...] Wir vergessen nicht, daß die französischen Behörden ein Problem zu lösen haben, und wir ermessen die Schwierigkeiten, denen die Regierung gegenübersteht. Aber wer wird es der Kirche vorwerfen, wenn sie in dieser gegenwärtigen dunklen Stunde und angesichts der uns auferlegten Verhältnisse die unveräußerlichen Rechte der menschlichen Person, den heiligen Charakter der Familienbande, die Unverletzlichkeit des Asylrechts und den unabweisbaren Anspruch der brüderlichen Nächstenliebe bekräftigt, die Christus zum Kennzeichen für seine Jünger gemacht hat. Es muß die Ehre Frankreichs sein, diese Grundsätze niemals aufzugeben. Die neue Ordnung kann nicht auf Gewalt und Haß aufgebaut werden.“[83]

einzutreten. Nach dem ersten Weltkrieg, an dem er teilnahm, wurde er 1921 zum Priester geweiht und bekam 1942 das Amt des Bischofs von Tarbes und Lourdes. Am 29. 7. 1937 wurde er Erzbischof von Lyon. Bis Kriegsende beteiligte sich Gerlier an der Rettung vieler Juden. 1944 nach dem Abzug der Deutschen aus Lyon erreichte er die Freilassung von 800 zur Hinrichtung bestimmter Franzosen.

81 Allen, Jews and Catholics, S. 77. Gerlier hatte das Lager selbst besucht.

82 Der höchste Repräsentant der Protestanten Frankreichs, Marc Boegner, schrieb in Absprache mit Gerlier am 20. 8. 1942 ebenfalls einen Protestbrief an Pétain, indem er sich gegen die Deportation der ausländischen Juden aus Frankreich wandte. Diesen Brief zitierte vor allem die ausländische Presse in der Folgezeit häufig. Boegner und Gerlier standen seit dem Sommer 1941 – der Verkündung des zweiten Judenstatuts – in Verbindung. Siehe dazu Malinowski-Krum, Frankreich am Kreuz, S. 66.

83 Zit. nach Klarsfeld, Vichy – Auschwitz, S. 451.

Auch die katholischen Bischöfe von Toulouse und Montaubon, Saliège und Théas, verurteilten wie Gerlier in Predigten am 23. und 26. August 1942 die Behandlung der Juden. Der Hirtenbrief des Bischofs von Montauban, Monsignore Théas, hob die Gleichheit aller Menschen hervor: „Ich spreche entrüsteten Protest des christlichen Gewissens aus, und ich erkläre, daß alle arischen und nichtarischen Menschen Brüder sind, weil sie von demselben Gott geschaffen worden sind, und daß alle Menschen, welcher Rasse oder Religion sie auch angehören, ein Anrecht auf Achtung durch den einzelnen wie auch den Staat haben. Die gegenwärtigen antisemitischen Maßnahmen bedeuten eine Verachtung der Menschenwürde, eine Verletzung der heiligsten Rechte der Person und der Familie."[84] Der Hirtenbrief des Erzbischofs von Toulouse Jules Gérard Saliège, der ebenfalls betont hatte, daß die Juden als Teil der Menschheit „unsere Brüder" seien, wurde vervielfältigt und in der gesamten Erzdiözese per Fahrrad verteilt.[85]

Am 29. August 1942 kam es in Lyon zu einem der ersten Fälle konkreter Hilfe von Katholiken für Juden. 550 Juden aus dem Lyoner Raum waren an diesem Tag auf Anweisung des Regionalpräfekten Agneli in das Lager Venissieux eingeliefert worden, um noch am selben Tag nach Drancy abtransportiert zu werden. In Anwendung einer Direktive der Grenz- und Ausländerpolizei vom 15. August nahm Agneli in Unkenntnis einer gegenteilig formulierten neuen Direktive vom 18. August 84 Kinder, deren Eltern der Zurücklassung der Kinder zugestimmt hatten, von dem Transport aus. Nach der Abfahrt von 544 Juden nach Drancy forderte Bousquet vom Polizeiintendanten von Lyon die Herausgabe der Kinder. Nach längerem Hin und Her informierte Gerlier, der sich protestierend an die Präfektur gewandt hatte, am 31. August den Präfekten darüber, daß die unter seiner Schirmherrschaft stehende Vereinigung „Amitiés Chrétiennes"[86] die Verantwortung für die Kinder im

84 Zit. nach ebenda, S. 441.

85 Mordecai Paldiel, The Path of the Righteous. Gentile Rescuers of Jews during the Holocaust, New York 1993, S. 12, sowie Allen, Jews and Catholics, S. 78 f. Saliège (Dossier Yad Vashem Archive M-1/0197) und Théas (Dossier Yad Vashem Archive M-31/0197) wurden von der Gedenkstätte Yad Vashem nach dem Krieg wegen ihres Einsatzes für die Juden in Frankreich ausgezeichnet.

86 „Amités Chrétiennes" wurde Anfang 1942 in Lyon von Katholiken und Protestanten gegründet, unter anderem von dem protestantischen Pastor Rolande de Pury und dem Jesuitenpater Pierre Chaillet. „Amitiés Chrétiennes" arbeitete eng mit jüdischen Organisationen zusammen und unterhielt ab Frühjahr 1942 eigene Kinderheime, in denen auch Juden untergebracht wurden. Weitere Führer der Vereinigung waren

Auftrag der Eltern übernommen habe. Hauptorganisator der „Amitiés Chrétiennes" war der schon seit 1941 als Hitlergegner bekannte Jesuitenpater Chaillet, der noch vor Informierung der Dienststelle Bousquets durch die Präfektur die Kinder abgeholt hatte. Mit Unterstützung Gerliers blieben die Kinder unter dem Schutz der „Amitiés Chrétiennes". Chaillet jedoch wurde auf Anweisung des Präfekten verhaftet.[87] In einem von dem SS-Sturmbannführer Hagen verfaßten Aktenvermerk vom 4. September 1942 über eine Besprechung mit Bousquet am Vortag heißt es mit Bezug auf die Lyoner Ereignisse: „Er [Bousquet] macht darauf aufmerksam, daß die Aktion auf Schwierigkeiten durch die Maßnahme der katholischen Kirche gestoßen sei. Wie er bereits bei der letzten Besprechung erwähnte [...], hat Kardinal Gerlier selbst und durch die ihm unterstellten Geistlichen in der Judenfrage offen gegen die vom Staat ergriffenen Maßnahmen Stellung genommen bzw. nehmen lassen. Trotz der schwierigen Situation habe man zur Bereinigung der Atmosphäre die ‚rechte Hand' Gerliers, den Jesuitenpater Challier [sic] [...] festgesetzt. [...] Die Geistlichkeit ist aufgrund der Haltung Gerliers teilweise soweit gegangen, daß selbst in Messen Aufrufe Gerliers gegen die anti-jüdischen Maßnahmen des Staates verlesen wurden."[88] An der Rettung von Kindern im Lyoner Raum hatte sich darüber hinaus Abbé Glasberg beteiligt.[89] In Marseille und später in Italien rettete Vater Marie Benoît[90] durch die Beschaffung und Erstellung falscher Papiere ca. 4000 Juden.[91]

Olivier Harty de Pierrebourg und Dominique Ponchardier. Siehe dazu Malinowski-Krum, Frankreich am Kreuz, S. 173, sowie Steinberg, Jewish Rescue, S. 610.

87 Klarsfeld, Vichy – Auschwitz, S. 164 f.

88 Zit. nach ebenda, S. 454 f.

89 Allen, Jews and Catholics, S. 78, sowie Halls, Catholicism, S. 142.

90 Marie Benoît wurde 1895 unter dem Namen Pierre Peteul in Bourg-d'Iré geboren. 1943 lernte er in der italienisch besetzten Zone Angelo Donati kennen. Nachdem dieser ihm seinen Plan zur Rettung mehrerer tausend Juden erläutert hatte, versuchte Benoît ihm bei der Verwirklichung seines Planes durch seine guten Kontakte zum Vatikan zu helfen. 1966 wurde Benoît von der israelischen Gedenkstädte Yad Vashem mit der Medaille „Gerechter unter den Völkern" ausgezeichnet (Dossier Yad Vashem M-31/0201). Nähere Ausführungen zum Donati-Plan finden sich im Abschnitt über Italien.

91 Gay Block/Malka Drucker, Rescuers. Portraits of Moral Courage in the Holocaust, New York 1992, S. 112.

Die protestantische Kirche Frankreichs

Die protestantische Kirche Frankreichs war ab 1940 in großem Ausmaß an der Rettung von Juden beteiligt. Eine der größten Rettungsaktionen während des Zweiten Weltkrieges unter ihrer maßgeblichen Beteiligung ereignete sich in der südostfranzösischen Ortschaft Le Chambon-sur-Lignon im Departement Haute-Loire. In der 3000 bis 4000 Einwohner zählenden, auf dem Plateau du Velav gelegenen protestantischen Gemeinde[92] wurden in den Jahren 1941 bis 1945 zwischen 2500 bis 5000[93] Juden gerettet. Wesentliche Hilfe leisteten die Pastoren André Trocmé, Édouard Théis, André Bettex und Marc Donadille.[94] Die meisten der Einwohner von Le Chambon-sur-Lignon waren überzeugte Protestanten, deren hugenottische Vorfahren vor den Verfolgungen im späten 16. Jahrhundert aus ihrem Land hatten fliehen müssen.[95] Die Tradition der in den Jahren 1941 bis 1945 geleisteten Fluchthilfe hatte im wesentlichen ihre Wurzeln in dieser verfolgungsreichen Geschichte des französischen Protestantismus.

Als sich abzeichnete, daß die neue französische Regierung in Vichy eine antijüdische Politik durchzusetzen beabsichtigte, begann die Flucht von Juden nach Le Chambon-sur-Lignon. Vielen unter ihnen war der Ort

92 Etwa 80 % der Einwohner von Le Chambon-sur-Lignon waren Protestanten. Die Katholiken stellten etwa 20 %. Im vorwiegend bis heute katholischen Frankreich war diese Konstellation sehr ungewöhnlich.

93 Die Zahlenangaben der verschiedenen Autoren, die zu diesem Thema veröffentlicht haben, schwanken erheblich. Als generelle Aussage findet sich meist jedoch die Bemerkung, es seien annähernd gleich viele Juden gerettet worden, wie es Einwohner in Le Chambon-sur-Lignon gab. Eine Zahl von knapp 4000 Geretteten kann also als relativ gesichert angesehen werden.

94 Eric Silver, Sie waren stille Helden. Frauen und Männer, die Juden vor den Nazis retteten, München/Wien 1994, S. 34 f. (engl.: The Book of the Just. The Unsung Heroes who Rescued Jews from Hitler, New York 1992, S. 18.). Insgesamt setzten sich nachweislich elf Pastoren in und um Le Chambon sur-Lignon für die Rettung von Juden ein.

95 Die französischen Protestanten, die 1559 auf ihrer ersten Nationalsynode in Paris ihr Glaubensbekenntnis formuliert hatten, wurden nach dem Eindringen kalvinistischen Gedankengutes in den französischen Protestantismus Mitte des 16. Jahrhunderts zunehmend Ziel von Angriffen der katholischen Mehrheit im Lande. Die Auseinandersetzungen um die Anerkennung ihres Glaubens in Frankreich führten 1562 zum ersten von mehreren „Hugenottenkriegen". Ihren Höhepunkt fand die Verfolgung von Protestanten in Frankreich in der sogenannten Bartholomäusnacht (24. 8. 1572), als 13 000 „Hugenotten" (französischer Begriff für Eidgenossen) in Paris und auf dem Lande ermordet wurden.

als Sommerferienziel bekannt. Ein Leben auf dem Lande in einem der zahlreichen Hotels der Ortschaft und die beruhigende Nähe zur Schweiz schien vielen sicherer zu sein als ein Dasein in der Stadt.[96] Die Rettung von Juden – französischen wie ausländischen – in größerem Umfang nahm ihren Anfang, als im Winter 1940/1941 eine ärmlich gekleidete und hungrig aussehende deutsche Jüdin an der Tür des Pfarrhauses des Pastors André Trocmé in Le Chambon-sur-Lignon anklopfte und um Hilfe bat. Magda Trocmé, die aus Italien stammende Ehefrau des Pastors, nahm die junge Frau auf und erfuhr, daß diese bereits eine lange Odyssee von Deutschland über Nordfrankreich und die „freie Zone" nach Le Chambon-sur-Lignon hinter sich hatte.

Nachdem Magda Trocmé die Frau versorgt hatte, versuchte sie, beim Bürgermeister des Ortes Lebensmittelkarten für die junge Deutsche zu bekommen. Dieser verweigerte jedoch die Herausgabe von Papieren und ordnete die Ausweisung der Frau für den nächsten Tag an. Im Gespräch mit Magda Trocmé verwies der Bürgermeister auf die Gefahr, die von der Frau für das ganze Dorf ausgehe. Er offenbarte damit eine für die damalige Zeit gängige Haltung vieler Franzosen, die sehr wohl bereit waren, sich für ihre verfolgten Landsleute, nicht jedoch für Ausländer einzusetzen. Magda Trocmé brachte die junge Frau zu einer in der Nähe wohnenden oppositionellen katholischen Familie.[97]

Das Haus der Familie Trocmé entwickelte sich nach der Ankunft weiterer ausländischer Juden in der Folge immer mehr zu einem Zentrum der Rettungsaktivitäten in Le Chambon-sur-Lignon. Eine entscheidende Rolle dafür spielte aber nicht allein das private Engagement der Familie, sondern das Wirken von André Trocmé als protestantischer Geistlicher in der Ortschaft. Trocmé war 1934 zusammen mit seiner Frau Magda und seinen vier Kindern nach Le Chambon-sur-Lignon gekommen. Als 1938 die Kirchensynode der Region beschloß, eine Schule zu gründen, die Kinder und Jugendliche zur Hochschulreife führen sollte, fanden sich André Trocmé und sein Studienkollege Édouard Théis zusammen und gründeten in Le Chambon-sur-Lignon das „Collège Cévenol", das in den Kriegsjahren zu einem Flüchtlingszentrum wurde. Während Théis als zweiter Pastor des Ortes die Schule leitete, bestimmte Trocmé mit seinen Predigten das geistige Leben der Gemeinde.[98] Als erklärter

96 Rittner/Myers, Courage to care, S. 101.

97 Philip P. Hallie, Let Innocent Blood be shed. The Story of the Village of Le Chambon and how Goodness happened there, New York 1979, S. 120–123.

98 Malinowski-Krum, Frankreich am Kreuz, S. 135.

Kriegsdienstverweigerer nahm er von Anfang an eine ungewöhnliche Stellung ein. Er warnte vor den aufkommenden Kriegsgefahren und forderte seine Gemeindemitglieder dazu auf, als sich die Verfolgung von Juden abzuzeichnen begann, diese zu retten. Als der für Le Chambon-sur-Lignon zuständige Präfekt des Departements Haute-Loire, Bach, Trocmé Ende 1942 anläßlich der Einführung der Kennzeichnungspflicht für Juden in der ehemals freien Zone warnend darüber informierte, daß man bald gegen ausländische Juden vorgehen werde, antwortete Trocmé ihm mit einem für ihn typischen Satz: „Wir wissen nicht, was Juden sind. Wir kennen nur Menschen".[99] Mit zum Teil subtilen Mitteln versuchte Trocmé, möglichst viele Gemeindemitglieder zum Widerstand und zur Hilfe für Verfolgte zu motivieren. Wie Edouard Théis berichtete, verschickte „[...] der kämpferische Pazifist André Trocmé [seit Januar 1941, Anm. d. Verf.] Ansichtskarten als Ersatz für Zeitungen und Flugblätter, die nicht gedruckt werden konnten. Es waren Karten mit dem Turm von Aigues Mortes. Für Protestanten konnte das nur eins bedeuten, nämlich: RESISTER – Widerstand leisten, das, was Marie Durand einst in den Brunnenrand eingeritzt hatte. Nicht mehr als die Ansicht des Turmes und Bibelverse waren auf der Karte zu sehen; das mußte reichen, um Protestanten zum Widerstand zu ermutigen".[100] Nach der Ankunft weiterer Flüchtlinge im Winter 1940/1941 zeichnete sich für Trocmé, der bald alle Fluchthilfeaktivitäten koordinierte, ab, daß eine erfolgreiche Fluchthilfe neben privatem Engagement auch den Einsatz illegaler Mittel und die

99 Silver, Stille Helden, S. 36. Siehe dazu auch: Rittner/Myers, Courage to care, S. 103.

100 Malinowski-Krum, Frankreich am Kreuz, S. 43. Die Protestantin Marie Durand war Ende des 17. Jahrhunderts infolge des von König Ludwig XIV. 1685 erlassenen Edikts von Fontainebleau, welches den französischen Protestantismus faktisch verbot, im Alter von 19 Jahren in den Kerker der alten Kreuzfahrerfestung gebracht worden. Da sie nicht bereit war, ihrem Glauben abzuschwören, blieb sie 38 Jahre in Haft. Ein Viertel der damals 850 000 Protestanten sah sich infolge des Edikts jedoch gezwungen, Frankreich zu verlassen, um dem Glauben nicht abschwören zu müssen. Die meisten anderen übten ihren Glauben nicht aus oder schlossen sich protestantischen Zentren an. Die eigene Verfolgungsgeschichte, auf die Trocmé mit seinen Karten anzuspielen versuchte, war bei der Hilfe für die Juden in Le Chambon-sur-Lignon sehr wichtig. So wies auch der Präsident der protestantischen Föderation und des Nationalrats der Reformierten Kirche Frankreichs, Marc Boegner, in einem Protestschreiben vom März 1941 an Admiral François Darlan gegen die von Vichy erlassene antisemitische Gesetzgebung auf die Verfolgungsgeschichte der Protestanten in Frankreich hin. Siehe dazu Malinowski-Krum, Frankreich am Kreuz, S. 40. Wegen seiner Proteste gegen die antijüdische Gesetzgebung und die Judenverfolgung wurde der 1881 in Epinal geborene Boegner von der Gestapo verhaftet.

Unterstützung durch andere etablierte Hilfsorganisationen erforderte. Für die Herstellung von falschen Papieren und Lebensmittelkarten, die für die Versorgung der Flüchtlinge und deren spätere Weiterflucht wichtig waren, gewann Trocmé den Direktor der staatlichen Schule in Le Chambon-sur-Lignon, Roger Darcissac.[101] Um das „Wie" der Rettung möglichst vieler Juden zu klären und Unterstützung bei den eigenen Aktivitäten zu bekommen, sprach Trocmé im Winter 1940/1941 in Marseille den Vertreter der Quäkerorganisation „American Friends Service", Burns Chalmers, an. Nach verschiedenen Gesprächen kamen beide überein, Le Chambon-sur-Lignon den Flüchtlingen als Anlaufstelle und vor allem als Rettungsort für Kinder bekannt zu machen.[102] Hilfe bei der Finanzierung von Unterkünften, Schulen und Erziehern sicherte Chalmers zu.[103] Das Haus der Familie Trocmé diente oftmals als Verteilstation für ankommende Flüchtlinge, die dann in Verstecke gebracht wurden. Dauerhaft lebten die Jüdin Berthe Grünhut aus Karlsruhe und der Jude Kohn (alias „Colin") bei der Familie Trocmé.[104] Die in Le Chambon angesiedelten Schulen und Heime, darunter das von Théis und Trocmé ins Leben gerufene „Collège Cévenol", entwickelten sich ab 1941 zu Fluchtorten beziehungsweise Verteilzentren für Flüchtlinge, die weiter in die Schweiz fliehen wollten. In Le Chambon-sur-Lignon gab es vier vom Kinderhilfswerk „Schweizer Hilfe"[105] gegründete Häuser, in denen bis 1944 circa 800 Jugendliche und Kinder betreut wurden. Eines der Häuser – die landwirtschaftlich orientierte Farmschule – spielte bei der Rettung von Flüchtlingen – Lehrern wie Schülern – eine wichtige Rolle. Die Farmschule versorgte nicht nur die eigenen Schüler und Lehrer, sondern auch die Schulen und Heime anderer kirchlicher und nichtkirchlicher Träger. Die Lage der Landwirtschaftsschule – weit außerhalb des Ortes auf einem Hügel gelegen und mit Sicht

101 Malinowski-Krum, Frankreich am Kreuz, S. 137.

102 Ebenda.

103 Hallie, Innocent Blood, S. 136. Nach der deutschen Besetzung Südfrankreichs im November 1942 verließen die Quäker Frankreich. Ihre Finanzmittel gelangten ab diesem Zeitpunkt über Kuriere aus Genf in der Schweiz nach Le Chambon-sur-Lignon. Die Finanzierung der Heime und Schulen erfolgte teilweise auch aus anderen Quellen. Die Regierungen der Schweiz und Schwedens, aber auch die amerikanischen Kongregationalisten zählten zu den weiteren Geldgebern; ebenda, S. 176.

104 Ebenda, S. 141.

105 Die „Schweizer Hilfe" war dem „Schweizer Roten Kreuz" untergeordnet. Beauftragter des Kinderhilfswerkes in Le Chambon sur-Lignon war von 1941 bis 1944 Auguste Bohny.

auf alle hinauf führenden Straßen – war einer der sichersten Zufluchtsorte für Juden. Von hier aus flohen später viele Juden in die Schweiz.

Eine ebenso gute Lage hatte das „Blumenhügel"-Haus. Dieses Heim wurde 1942 von der Hilfsorganisation CIMADE (Comité Inter-Mouvements Auprès Des Evacués) gegründet.[106] Die CIMADE, in der vor allem junge Mädchen und Frauen engagiert waren, widmete sich seit Herbst 1939 zunächst der Betreuung von Flüchtlingen und Evakuierten aus dem Elsaß und Lothringen. Nach dem Waffenstillstand vom Juni 1940 kümmerten sich die Mitglieder der CIMADE vor allem um politisch und rassisch Verfolgte in den Internierungslagern der unbesetzten Zone (u. a. Gurs, Rivesaltes, Vernet-sur-Ariège).[107] Im „Blumenhügel"-Haus machten ebenfalls viele Flüchtlinge halt, die auf dem Weg in die Schweiz waren.

Ab Sommer 1942 begleiteten von der CIMADE ins Leben gerufene „Équipes" Juden und andere Flüchtlinge in die Berge und von dort in die Schweiz. Einer der prominenten Flüchtlinge, die von einer „Équipe" auf diese Weise gerettet werden konnten, war 1944 Pastor Edouard Théis, der in der Fluchthilfe tätig gewesene Direktor des „Collège Cévenol".[108] Katholische Gruppen, der Weltkirchenrat und die Regierung von Schweden unterstützten die CIMADE finanziell.

Neben den verschiedenen Schulen und Heimen, von denen eine vom Neffen Trocmés, Daniel,[109] geleitet wurde, versteckten viele der in Le Chambon-sur-Lignon ansässigen Pensionswirte Juden. Das katholische Ehepaar Eyraud rettete vorwiegend junge Männer, die die Eheleute eine Zeit in der Pension unterbrachten und versorgten. Für die Eyrauds war das Risiko, wegen der Fluchthilfe entdeckt zu werden, besonders hoch, da Léon Eyraud dem Widerstand angehörte. Die protestantische Pensionswirtin Marion beherbergte junge Frauen. In fast allen Fällen konnten die von den Pensionswirten aufgenommenen jugendlichen Flüchtlinge für ihre Unterbringung nichts bezahlen.[110] Auf Bauernhöfen in der Um-

106 Die CIMADE unterhielt in Le Chambon-sur-Lignon noch ein zweites Heim mit dem Namen „Die Grillen".

107 Zur Arbeit und Geschichte der CIMADE siehe Malinowski-Krum, Frankreich am Kreuz, S. 161–176.

108 Hallie, Innocent Blood, S. 177.

109 Paldiel, Path of the Righteous, S. 29. Daniel Trocmé wurde am 29. Juni 1943 zusammen mit einigen jüdischen Studenten aus Le Chambon sur-Lignon verhaftet und deportiert. Er kam im April 1944 im Lager Buchenwald um. André Trocmé, der im Februar 1943 ebenfalls verhaftet worden war, kam im Gegensatz zu seinem Neffen nach wenigen Wochen wieder frei.

110 Hallie, Innocent Blood, S. 178 ff.

gebung, aber auch in vielen Privathäusern wurden jüdische Flüchtlinge oft für Jahre untergebracht. Zeitweilig überstieg die Zahl der in Le Chambon-sur-Lignon lebenden Flüchtlinge die Zahl der Einwohner.[111]

Für die Rettung von Juden in Le Chambon-sur-Lignon und Umgebung zeichnete die israelische Gedenkstätte Yad Vashem das Ehepaar Trocmé 1971 als „Gerechte unter den Völkern" aus.[112] Weiteren Bewohnern des kleinen Ortes wurden Ehrungen zuteil, unter ihnen Daniel Trocmé (1976), Pastor Edouard Théis und seine Frau Mildred (1981), Emilie Guth (1985), Hermine Orsi (1985), Pastor Marc Donadille und seine Frau Françoise (1986), Léon und Antoinette Eyraud (1987), Pastor André Bettex (1988) und Roger Darcissac (1988).[113]

Jüdische Organisationen[114]

Von den 310 000 aus 56 Ländern stammenden Juden, die 1940 nach der Besetzung durch die Deutschen in Frankreich lebten, waren 130 000 bis 140 000 Juden nicht französischer Herkunft.[115] Die nach Frankreich emigrierten Juden und ihre Vereine und Organisationen, die sich stark politisch definierten, neigten oft zu radikalen Formen der Auseinandersetzung mit den Besatzern bzw. ihren französischen Helfern. In bezug auf die Rettung von Juden zogen sie zu einem früheren Zeitpunkt als analoge französisch-jüdische Vereinigungen auch illegale Mittel in Betracht und wendeten sie auch an.

Die 1913 gegründete „Fédération des Sociétés Juives de France" (FSJF) unter Vorsitz des Sozialisten und Zionisten Marc Jarblum bildete den Dachverband der jüdischen landsmannschaftlich organisierten Einwanderer aus Ost- und Mitteleuropa. Nach dem Einmarsch deutscher Trup-

111 Darstellungen weiterer Einzelschicksale von Rettern und Geretteten in Le Chambon-sur-Lignon finden sich bei Block/Drucker, Rescuers, S. 110 ff.

112 Zur Begründung der Ehrung für das Ehepaar Trocmé siehe Dossier Yad Vashem Archive M-31/0612.

113 Lucien Lazare, Le Livre des Justes. Histoire du sauvetage des juifs par des non juifs en France 1940–1944, Paris 1993, S. 237–255. Für die oben Aufgeführten nennt Lazare folgende Dossiers im Archiv von Yad Vashem: M-31/1037, M-31/2066, M-31/3210, M-31/3211, M-31/3370, M-31/3795, M-31/3834 und M-31/3905. Zum Themenbereich „Rettung von Juden in Frankreich" siehe auch vom gleichen Autor: Rescue as Resistance. How Jewish Organisations fought the Holocaust in France, New York 1996.

114 Die zu den einzelnen jüdischen Organisationen im folgenden genannten Eckdaten (Gründung, Vorsitz etc.) sind dem Buch Adler, The Jews of Paris, entnommen.

115 Ebenda, S. 9.

pen in Paris am 16. Juni 1940 schloß die FSJF, gleich den anderen in Paris ansässigen Organisationen, in einer ersten Reaktion auf die Ereignisse ihre Büros.[116] Nach kurzer Absprache mit zwei zionistischen Emigrantenorganisationen und dem Bund (jüdischer sozialistischer Arbeiterverband) öffneten sie jedoch bereits vier Tage später wieder eine Kantine für die Versorgung bedürftiger Juden in der französischen Hauptstadt.[117]

Ebenfalls noch im Juni 1940 wurde in der Rue Amelot auf Initiative der FSJF und der anderen in Paris verbliebenen jüdischen Organisationen zur Koordinierung der Wohlfahrtsleistungen für Juden das später nach seinem Sitz in der Rue Amelot 36 benannte „Comité Amelot" gegründet. Anfang 1941 trat das „Comité Amelot" dem auf deutschem Druck hin entstandenen Koordinationskomitee der jüdischen Wohlfahrtsverbände, dem „Comité de Coordination des Œuvres Israélites de Bienfaisance" bei. Nach kurzer Zeit stellte das „Comité Amelot" seine dortigen Aktivitäten jedoch aufgrund der zunehmenden deutschen Einflußnahme auf das Koordinationskomitee ein. Nach der Gründung der Zwangsvereinigung der französischen Juden „Union Général des Israélites de France" (UGIF) arbeitete das „Comité Amelot" im Untergrund weiter. Seine Tätigkeit bestand in der Fürsorge für Juden, zunehmend auch in der Beschaffung falscher Papiere. Nach dem Beginn der Deportationen versteckte das „Comité Amelot", das unter der Führung David Rapoports[118] stand, vor der Deportation geflüchtete Juden. Im Juni 1943 wurde Rapoport selbst verhaftet und deportiert. Sein Nachfolger Abraham Alperine führte das Komitee bis Kriegsende. Anfang 1944 initiierte „Amelot" das „Comité Général de Défense", das die verschiedenen jüdischen Widerstandsgruppen vereinigte. „Amelot" rettete vermutlich mehreren tausend Juden das Leben. Die Finanzierung der illegal arbeitenden Organisation leistete der Joint. Die Gelder wurden aus der Schweiz nach Frankreich geschmuggelt, wo Marc Jarblum, der Führer der FSJF, seit seiner Flucht im März 1943 aktiv war.[119] Mit Jarblums Unterstützung gelang es von Oktober 1943 an, 1350 Kinder und Jugendliche aus Frankreich in die Schweiz zu schleusen.[120]

116 Ebenda, S. 33.

117 Ebenda, S. 166.

118 Zur Biographie Rapoports siehe Anny Latour, La Résistance juive en France (1940–1944), Paris 1970, S. 45 ff.

119 Haim Avni, The Zionist Underground in Holland and France and the Escape to Spain, in: Gutman/Zuroff, Rescue Attempts, S. 574 f.

120 Elisabeth E. Eppler, The Rescue Work of the World Jewish Congress in: Gutmann/Zuroff, Rescue Attempts, S. 65.

Das 1808 gegründete „Consistoire Central des Israélites de France" bildete die religiöse Dachorganisation der französischen Juden. In den von antisemitischen Ausschreitungen geprägten dreißiger Jahren rieten Vertreter des „Consistoire" den politisch radikaleren eingewanderten Juden, sich in der Kritik zurückzuhalten. Als die französische Regierung unter Paul Reynaud kurz vor dem Einmarsch deutscher Truppen in Paris entschied, ihren Regierungssitz zu verlegen und Paris zu verlassen, schloß sich das Consistoire an und verlegte sein Hauptbüro nach Lyon. Präsident des Consistoire war Jacques Helbronner. Er setzte die behutsame Politik seines Vorgängers Edouard de Rothschild fort, kritisierte jedoch vorsichtig in persönlichen Gesprächen mit Pétain dessen antisemitische Politik. Nach der Gründung der UGIF beschränkte sich die Tätigkeit des Consistoire auf die Fortführung des religiösen Lebens und der Wohlfahrtspflege. Der Beginn der Deportation von Juden aus Frankreich im März 1942 löste auf seiten des Consistoire zunächst nur gemäßigten Protest aus. Erst die Großrazzia gegen die Juden in Marseille im Januar 1943 und das Bekanntwerden der Zustände im Lager Drancy veranlaßten Helbronner zur Änderung der bisherigen Politik. Im Juli 1943 richtete er mehrere Protestschreiben an Laval und Pétain, in denen er sich über die Zustände im Lager Drancy beklagte. Besonders kritisierte er das brutale Vorgehen des Lagerleiters Brunner gegen die dort eingelieferten Juden.[121] Einen Schock und die radikale Wende der Politik des Consistoire löste schließlich die am 21. Oktober 1943 erfolgte Verhaftung und anschließende Deportation Helbronners und seiner Frau auf Anweisung von Brunner aus, der im Juli aufgrund der Kritik Helbronners beim Befehlshaber der Sicherheitspolizei Knochen in Bedrängnis geraten war. Unter der Führung von Léon Meiss arbeitete man bis Kriegsende nun auch mit kommunistischen Gruppen und Angehörigen des Widerstandes zusammen.[122]

Die UGIF wurde am 29. November 1941 als Zwangsvereinigung der Juden Frankreichs auf der Grundlage eines von Pétain unterzeichneten Gesetzes gegründet.[123] Sie sollte nach den Wünschen der Initiatoren

121 Klarsfeld, Vichy – Auschwitz, S. 233, 254 und 259. Helbronner schrieb am 13., 30. und 31. 7. 1943 Protestschreiben an Pétain bzw. Laval, in denen er sich explizit über den Leiter des Lagers Drancy beschwerte.

122 Klarsfeld, Vichy – Auschwitz, S. 290.

123 Zur Entwicklungsgeschichte der UGIF von September 1941 bis Januar 1942 siehe Adler, The Jews of Paris, S. 81–106. Der Wortlaut des von Pétain unterzeichneten Gesetzestextes findet sich bei Maurice Rajsfus, Des Juifs dans la collaboration. L'Union générale des israélites de France 1941–1944, Paris 1980, S. 109 f.

Dannecker und Vallat sowohl in der besetzten Nordzone wie auch in der unbesetzten Südzone eine Vertretung erhalten. Am 9. Januar 1942 wurden je neun Mitglieder für die UGIF-Nord und die UGIF-Süd benannt. Zum Präsidenten der gesamten Zwangsvertretung der Juden Frankreichs bestellte man Albert Lévy und zu seinem Stellvertreter André Baur. Die Tätigkeit der UGIF Nord beschränkte sich im wesentlichen auf die Unterhaltung sozialer Dienste, die Juden in Not Hilfe leisteten. Von Anfang an zwangen die Deutschen die UGIF Nord zur Mitarbeit bei den gegen Juden gerichteten Maßnahmen. Das Lager Drancy wurde u. a. aus Mitteln der UGIF Nord finanziert, Kinder von Deportierten kamen in von der UGIF Nord betriebenen Kinderheimen unter. Im Juli 1944 wurden 250 jüdische Kinder, die in Kinderheimen der UGIF Nord im Pariser Raum untergebracht waren, verhaftet und nach Auschwitz deportiert.[124] Die UGIF Süd, die ihre Arbeit erst im Mai 1942 aufnahm, betätigte sich ähnlich wie die UGIF Nord im Bereich der humanitären Hilfe für Juden. Bis August 1943 war Raymond Raoul Lambert Leiter der UGIF Süd. Unter seiner Leitung organisierten die in der UGIF Süd vereinten jüdischen Verbände EIF, OSE und FSJF Verstecke für Kinder und Erwachsene auf dem Land und halfen bei der Flucht nach Spanien bzw. in die Schweiz. Nach der Besetzung der freien Zone im November 1942 und der Teilbesetzung einiger Departements durch den deutschen Bündnispartner Italien riet die UGIF Süd Juden dazu, sich in die sehr schnell als judenfreundlich geltende italienische Zone abzusetzen. Nach der Verhaftung und Deportation Lamberts im August 1943[125] gingen Teile der UGIF Süd in den Untergrund. Lamberts Nachfolger Gaston Kahn verhielt sich vor allem nach der Besetzung der italienischen Zone durch die Deutschen angepaßt und kam Forderungen der Deutschen nach der Auslieferung jüdischer Kinder nach.

Die jüdische Pfadfinderorganisation „Éclaireurs Israélites de France" (EIF), die Robert Gamzon 1923 gegründet hatte, war eine der am aktivsten an der Rettung von Juden beteiligten Organisationen. Anfangs konzentrierten die Éclaireurs ihre Aktivitäten vorwiegend auf den Raum Paris und den Osten Frankreichs. Im September 1939 begannen sie Kinderheime im Südwesten Frankreichs aufzubauen und zu unterhalten. Nach der Verkündung des Waffenstillstandes vom 22. Juni 1940 verlegten

124 Klarsfeld, Vichy – Auschwitz, S. 315 f.

125 Latour, Résistance juive, S. 188. Der Leiter der UGIF Nord, André Baur, wurde einen Monat vor Lambert ebenfalls verhaftet und deportiert. Zur illegalen Tätigkeit der UGIF Süd siehe Adler, The Jews of Paris, S. 156 f.

sie ihren Sitz von Paris in die unbesetzte Zone. Ende 1941 traten sie wie alle jüdischen Organisationen als Zwangsmitglied der „Union Générale des Israélites de France" bei, in der sie unter Gamzon, der im Verwaltungsrat der UGIF saß, die 4. Sektion bildeten. Nach dem Beginn der ersten Deportationen im März 1942 gründeten sie den Sozialdienst „La Sixième" unter der Leitung von Marc Haguenau. „La Sixième" entwickelte sich zu einem der Hauptträger der Hilfe für Juden. Sie beschaffte falsche Papiere und suchte Unterkünfte für jüdische Kinder, die die Mehrzahl der Betreuten stellten, in nichtjüdischen Familien. Weiter halfen die Éclaireurs bei der Flucht nach Spanien bzw. in die Schweiz. Im Januar 1943 löste das Judenkommissariat, das zu diesem Zeitpunkt unter der Führung von Louis Darquier de Pellepoix stand, die 4. Sektion der UGIF auf. Heimlich arbeiteten die Éclaireurs jedoch weiter. Im Winter 1943 ging aus ihnen die Untergrundgruppe „Compagnie Marc Haguenau" hervor, benannt nach dem ehemaligen Leiter der „Sixième", der nach seiner Verhaftung Selbstmord begangen hatte. Die „Compagnie Marc Haguenau" schloß sich später der Widerstandsgruppe „Organisation Juive de Combat" und der „Armée Sécret" von de Gaulle an.[126]

Das international tätige jüdische Kinderhilfswerk OSE, das 1912 in Rußland gegründet worden war und ab 1933 seinen Hauptsitz in Paris hatte, rettete während der deutschen Besetzung Frankreichs insgesamt 5000 Kinder.[127] Vorrangige Aufgabe der OSE war die Versorgung jüdischer Flüchtlingskinder in den eigenen Kinderheimen sowie die medizinische und soziale Versorgung jüdischer Kinder und Erwachsener in verschiedenen französischen Städten und den Internierungslagern der freien Zone. Nach der durch den Waffenstillstand bedingten Teilung Frankreichs spaltete sich die OSE, wie viele andere Organisationen, in eine nördliche Sektion mit Sitz in Paris und in eine südliche mit Sitz in Montpellier. Im März 1942 wurde die OSE als jüdische Organisationen in die UGIF eingegliedert. In der Anfangsphase der deutschen Besatzung ermöglichte die OSE in Zusammenarbeit mit anderen Hilfsorganisationen[128] jüdischen Kindern die Emigration in die Vereinigten Staaten.

126 Latour, Résistance juive, S. 72 ff. Haguenau wurde 1944 in Grenoble verhaftet.

127 Sabine Zeitoun, L'Oeuvre de secours aux enfants (OSE) sous L'Occupation en France, Paris 1990, S. 193.

128 Auf nichtjüdischer Seite waren an der Rettung der Kinder die protestantische Organisation CIMADE, die Quäker, der YMCA sowie das „United States Committee for the Care of European Children", dem Eleanor Roosevelt vorstand, beteiligt. Der Joint und die HICEM finanzierten die Rettungsaktion.

Zwischen dem 31. Mai und dem 3. September 1941 konnten 202 Kinder per Schiff in die Vereinigten Staaten gebracht werden. Ein Großteil der Kinder stammte aus Deutschland und Polen. 71 Kinder davon waren vorher von der OSE mit Zustimmung der Eltern aus den Internierungslagern Gurs, Noé, Rivesaltes, Les Milles und Le Vernet herausgeholt und in Heime der Organisation gebracht worden.[129] Als sich im Sommer 1942 abzeichnete, daß die legale Emigration jüdischer Kinder nicht mehr möglich war – 5000 Kinder mit gültigen Visa für die USA konnten nicht mehr ausreisen –, wurden jüdische Kinder mit Hilfe der OSE bei nichtjüdischen Familien versteckt.[130]

Lokal arbeitete die OSE mit Gruppen der im Süden besonders aktiven Résistance zusammen.[131] In der Südzone entstand unter der Führung von Georges Garel der „Circuit Garel". In Zusammenarbeit mit dem Bischof von Toulouse, Saliège, wurden Kinder in den regionalen Einrichtungen der Diözese verteilt. 300 Kinder fanden in den Departements Tarne-et-Garonne und Haute-Garonne in Klöstern, Internaten und anderen religiösen Einrichtungen Unterschlupf. Gegen Ende des Sommers 1943 hatte sich der „Circuit Garel", der die Verteilung der Kinder organisierte, auf 30 Departements der ehemaligen freien Zone ausgedehnt. In den vier großen Regionen, die der „Circuit Garel" betreute, wurden 1600 Kinder versteckt.[132]

In der ehemals von Italien besetzten Zone entstand im September 1943 unter der Führung von Moussa Abadie mit dem „Circuit Abadie" eine weitere Fluchthilfegruppe, der es gelang, circa 300 Kinder zu retten.[133] Große Bedeutung erlangte auch der Schmuggel von Kindern in die Schweiz und nach Portugal durch Mitarbeiter der OSE. Ihnen gelang es, mehr als 1000 Kinder illegal außer Landes zu bringen.[134] Dr. Eugène Minkowski, Leiter der Nordsektion der OSE, konnte trotz weitaus komplizierterer Arbeitsbedingungen knapp 600 Kinder in der besetzten

129 Zeitoun, L'Oeuvre de secours S. 137–143.

130 Adler, The Jews of Paris, S. 226 f. Ab Herbst 1942 wuchs bei der OSE, wie auch zum Beispiel beim „Consistoire", in Anbetracht der Deportationen die Bereitschaft zu illegaler Tätigkeit.

131 Rittner/Myers, Courage to care, S. 69 f. Gaby Cohen, Mitarbeiterin der OSE in der Südzone, berichtet von der Hilfe der Résistance bei der Beschaffung „arischer" Identitäten für die Kinder.

132 Zeitoun, L'Oeuvre de secours, S. 145–149. Zweiter wichtiger Mann im „Circuit" war André Salomon.

133 Ebenda, S. 166–169.

134 Avni, Zionist Underground, S. 580 f.

Zone retten. Nach der Verhaftung einiger Mitarbeiter in der seit Anfang 1943 in Chambéry ansässigen OSE-Zentrale im Februar 1944 arbeitete die Organisation im geheimen weiter. Tragische Berühmtheit erreichte 1944 das von der OSE ebenfalls betreute Kinderheim „Colonie Enfant" in Izieux-Ain. Auf Befehl des Kommandeurs der Sicherheitspolizei von Lyon, Klaus Barbie,[135] wurden die 41 in dem Heim lebenden Kinder sowie ihre Betreuer am 6. April 1944 verhaftet und einen Tag später nach Drancy gebracht.[136] Die Deportation nach Auschwitz erfolgte am 13. April 1944.[137]

Eine der wichtigsten zionistischen Widerstands- und Kampforganisationen in Frankreich war die Ende 1941/Anfang 1942 in Toulouse gegründete „L'Armée Juive" (AJ), die ein fünfköpfiges Führungsgremium leitete, das aus Abraham Polonski, Lucien Lublin, Dika Jefroykin, Alexandre Kowarski und Léonard Zupraner bestand. Letzterer war für die militärischen Aktionen zuständig, während Polonski und Lublin, die sich bereits seit 1940 mit dem Aufbau einer militanten Gruppe beschäftigt hatten, nach außen hin als Führer der Gruppe fungierten.[138] Während im Lande der bewaffnete Kampf gegen Kollaborateure – hierbei insbesondere französische Gestapoinformanten – und Angehörige der deutschen Besatzungsmacht im Vordergrund stand, war die Zielsetzung der ab 1942 beginnenden Fluchthilfe für Juden darauf gerichtet, jüdische Kämpfer über Spanien nach Palästina zu bringen; sie sollten sich dort den jüdischen Einheiten in der britischen Armee anschließen und auf diese Weise zum Ende des Faschismus beitragen.[139] Fluchtwege nach Spanien wurden in Zusammenarbeit mit anderen zionistischen Gruppen ab 1942 ausgekundschaftet. Zwei Fluchtrouten benutzten die Helfer ab 1943 häufiger: die Strecke über Saint Girons nach Alos oder

135 Barbie wurde 1987 in Frankreich wegen Verbrechen gegen die Menschlichkeit vor Gericht gestellt. Einer der Hauptanklagepunkte war die Verhaftung und Deportation der Kinder aus Izieux-Ain 1944. Am 4. 7. 1987 wurde er zu lebenslanger Haft verurteilt, am 25. 9. 1991 starb er im Gefängnis in Lyon.

136 Siehe dazu: Fernschreiben des Befehlshabers der Sicherheitspolizei und des SD im Bereich des Militärbefehlshabers in Frankreich, Kommandeur der Sicherheitspolizei Lyon (gez. Barbie), an den Befehlshaber der Sicherheitspolizei in Paris vom 6. 4. 1944 betreffend das jüdische Kinderheim in Izieux-Ain. Faksimileabdruck des Schreibens bei Poliakov/Wulf, Das Dritte Reich und die Juden, S. 284.

137 Wetzel, Frankreich und Belgien, S. 126.

138 Latour, Résistance juive, S. 94 f.

139 Eine ausführliche Darstellung der Aktivitäten und der Motivation der AJ findet sich bei Lucien Steinberg, La Revolte des Justes. Les juifs contre Hitler, Paris, 1970, S. 204–218.

Lerida und die Route über Pau und Oloron in die Region um Pamplona. In der Endphase des Krieges wurden die Flüchtlinge darüber hinaus auf einem weiter östlich gelegenen Weg über Andorra in Sicherheit gebracht.[140] Die „L'Armée Juive" bediente sich beim Übergang über die Berge teilweise der Hilfe von bezahlten Grenzführern, die zwischen 5000 und 8000 Francs für ihre Dienste verlangten. Wie die meisten anderen jüdischen Organisationen war auch die „L'Armée Juive" finanziell auf die Hilfe des Joint und des World Jewish Congress angewiesen. Jules Jofroykin beschaffte als Mitglied der „L'Armée Juive"-Führung und als französischer Vertreter des Joint mit Erlaubnis des in Portugal residierenden Europaleiters des Joint, Dr. Joseph Schwartz, die entsprechenden Gelder. 1944 nahm die „L'Armée Juive" den Namen „Organisation Juive de Combat" an. Insgesamt konnten durch die „L'Armée Juive" vermutlich 500 bis 600 Verfolgte über die Grenze nach Spanien geschleust werden.[141]

Flucht über die Pyrenäen

Von Spätsommer 1939 bis zur Befreiung Frankreichs im August 1944 flohen 80 000 bis 100 000 Menschen nach Spanien und Portugal. Die Mehrheit dieser Flüchtlinge waren Juden, deren Fernziele oftmals in Übersee lagen. 10 bis 20 % der nach Spanien und Portugal geflohenen Menschen stammten aus dem deutschsprachigen Raum, unter ihnen viele in den 30er Jahren nach Frankreich emigrierte Künstler und Politiker.[142] Während bis zum deutschen Einmarsch die meisten Emigranten Paris als Zufluchtsort gewählt hatten, entwickelte sich nach dem Waffenstillstand und der Besetzung Nordfrankreichs die in der freien Zone gelegene Küstenstadt Marseille zu ihrem Zentrum. Das Spektrum derjenigen, die Fluchthilfe nach Spanien und Portugal leisteten, reichte von politisch-humanitär motivierten Gruppen bis zu kommerziellen Schleppern, die Flüchtlinge meist zu Fuß über die Pyrenäengrenze brachten. Unmittelbar nach der Teilbesetzung Frankreichs erregten vor allem zwei Fluchthilfeaktionen Aufsehen: zum einen die vom Amerikaner Varian Fry von Marseille aus zwischen dem August 1940 und dem September 1941 organisierte Fluchthilfe für prominente Emigranten aus Politiker- und Künstlerkreisen und zum anderen die vom portugiesischen Botschafter

140 Avni, Zionist Underground, S. 572.
141 Ebenda, S. 584 ff.
142 v. zur Mühlen, Fluchtweg, S. 13.

in Bordeaux, Aristides de Sousa Mendes, in Bordeaux und Bayonne geleistete Hilfe für jüdische wie nichtjüdische Flüchtlinge im Mai und Juni 1940.

Der amerikanische Journalist Fry war im August 1940 im Auftrag des am 25. Juni 1940 in New York gegründeten „Emergency Rescue Committee“ (ERC) nach Marseille gereist, um 200 von der Auslieferung an die Deutschen bedrohte Künstler und Politiker zu retten.[143] Nach seiner Ankunft richtete Fry im Hotel Splendide ein Büro als Anlaufstelle ein und beriet Flüchtlinge über die Modalitäten einer legalen, aber auch illegalen Flucht nach Spanien, Portugal oder Nordafrika; des weiteren half er bei der Beschaffung notwendiger Transitvisa und von Geld. Nach kurzer Zeit begannen sich die Fluchthilfeaktivitäten Frys auch auf jene Flüchtlinge auszudehnen, die nicht auf der ERC-Liste standen. Für sie forderte er telegraphisch in New York Notvisa für die USA an. Konnten diese nicht erteilt werden oder war die Zeit zu knapp, beschafften er oder seine Mitarbeiter Visa für China, Siam, Mexiko oder Belgisch-Kongo, damit die in Not geratenen Flüchtlinge wenigstens nach Lissabon ausreisen konnten. Ende August 1940 gründete Fry in der Rue Grignan in Marseille das „Centre Américain des Secours“ (CAS), das sich nach außen der humanitären Hilfe für Flüchtlinge widmete, aber auch bei der Beschaffung legaler und illegaler Visa half.[144]

Frys Mitarbeiter Albert Hirschmann (alias „Beamish“ oder „Albert Hermant“) beschaffte die illegalen Papiere und führte im September 1940 mehrere Flüchtlingsgruppen über die Pyrenäen nach Spanien, bevor er im Oktober 1940 selbst emigrierte. Danach war Marcel Verzeanu (alias „Maurice“) für die Fluchthilfe über die Berge zuständig. Zusammen mit dem italienischen Antifaschisten Emilio Lussu arbeitete er eine Fluchtroute von Toulouse über Andorra nach Spanien und von dort nach Lissabon aus, die in der Folge mehrfach benutzt wurde.

Im März 1941 mußte die Fluchthilfe für Emigranten über die Berge fast vollständig eingestellt werden, da die Regierung in Vichy Emigranten den Aufenthalt in der Grenzregion verbot.[145] Bis zu seiner zwangs-

143 Varian Fry, Auslieferung auf Verlangen. Die Rettung deutscher Emigranten in Marseille 1940/41, München 1986. Artikel 19 des Waffenstillstandsvertrages vom 22. Juni 1940 verpflichtete die französische Regierung dazu, bestimmte Flüchtlinge, die sich in ihrem Hoheitsgebiet aufhielten, „auf Verlangen“ an Deutschland auszuliefern. Nach Frankreich emigrierte Politiker und Künstler sowie Antifaschisten waren, so die Vermutung des ERC und anderer, hiervon besonders bedroht.

144 Ebenda, S. 51.

145 Siehe dazu: ebenda, S. 39, sowie v. zur Mühlen, Fluchtweg, S. 50 ff.

weisen Abreise aus Frankreich im September 1941 – nach seiner Verhaftung am 29. August 1941 war er als Amerikaner nach Spanien abgeschoben worden –[146] konnten Fry und seine Mitarbeiter 602 meist prominente Emigranten und Flüchtlinge retten und darüber hinaus weiteren 3500 Flüchtlingen mit verschiedenen Maßnahmen helfen.[147]

Nach dem Beginn der deutschen Offensive an der Westfront und dem Einmarsch deutscher Truppen in Teilen Nordfrankreichs Anfang Mai 1940 setzten sich viele jüdische und nichtjüdische Flüchtlinge in das weiter südlich gelegene, noch unbesetzte Bordeaux ab, um von dort über Spanien nach Portugal zu entkommen. Für den Grenzübertritt von Frankreich nach Spanien benötigten sie ein portugiesisches Einreise- oder Transitvisum. Am 10. Mai 1940 hatte die portugiesische Regierung ihre konsularischen Vertretungen in Frankreich jedoch bereits angewiesen, keine Visa mehr an Personen zu erteilen, die nicht über ein Visum eines überseeischen Aufnahmelandes verfügten. Ein von der Salazar-Regierung in Portugal am 11. November 1939 erlassenes Gesetz untersagte darüber hinaus die Erteilung von Visa für Flüchtlinge, die nicht die Möglichkeit hatten, in ihr Heimatland zurückzukehren, oder als staatenlos galten.[148] In der Folge saßen annähernd 10 000 Flüchtlinge in Bordeaux fest.[149] Aristides de Sousa Mendes (1885–1954), seit 1938 in Bordeaux amtierender Konsul, entschloß sich in Anbetracht dieser Situation, entgegen der Anweisung seiner Regierung Visa an Flüchtlinge auszugeben. Die portugiesische Regierung in Lissabon ordnete daraufhin seine Rückkehr nach Lissabon an. In Kenntnis dieser Weisung erteilte Sousa Mendes zwischen dem 17. und 19. Juni 1940 dennoch weiter im portugiesischen Konsulat in Bordeaux Visa. Vermutlich mehr als tausend vor der Botschaft bis in die Nacht ausharrende Flüchtlinge erhielten Visa, unter ihnen der nach Frankreich geflohene Otto von Habsburg.[150] Auf dem Weg nach Lissabon wies Sousa Mendes in der ebenfalls von Flüchtlingen überfüllten Stadt Bayonne zwischen dem 20. und 21. Juni 1940 den dortigen Konsul an, auch hier entgegen der Regierungsanordnung Visa an Flüchtlinge zu erteilen. Er selbst unterzeichnete außerhalb des

146 Zu den näheren Umständen der Verhaftung siehe: Fry, Auslieferung, S. 316 f.

147 Ebenda, S. 298.

148 R. Afonso, Un homen Bom. Aristides de Sousa Mendes, o „Wallenberg Português“, Lissabon 1995, S. 29 f.

149 Moshe Bejski, The Rigtheous among the nations, in: Gutmann/Zuroff, Rescue Attempts, S. 646.

150 Afonso, Un homen Bom, S. 110 ff.

Konsulats Papiere für hilfsbedürftige Flüchtlinge.[151] Nach seiner Rückkehr nach Portugal wurde er fristlos entlassen.[152] 1966 verlieh ihm die Gedenkstätte Yad Vashem für seine Hilfsleistungen postum die Urkunde eines „Gerechten unter den Völkern".

Später waren es vor allem jüdische Organisationen wie die oben genannte „L'Armee Juive", die „Eclaireurs Israélites de France" und die OSE, die sich neben der ebenfalls schon genannten katholischen Hilfsorganisation „Amitiés Chrétiennes" und den Quäkern bei der Hilfe für jüdische Flüchtlinge hervortaten. Zu den weiteren Organisationen, die sich an der Fluchthilfe für jüdische und nichtjüdische Flüchtlinge beteiligten und auf die an dieser Stelle nicht näher eingegangen werden kann, gehörten die „Secours Rouge",[153] spanische antifaschistische Widerstandsgruppen,[154] die Résistance, die „Ligue des droits de l'homme",[155] die „Hechalutz", das „Mouvement de la jeunesse Sioniste"[156] sowie das „Comité national d'aide et d'accueuil aux Réfugiés" (CAR).[157]

Die meisten Flüchtlinge, die die Flucht über die Pyrenäen antraten, taten dies illegal. Bis zur Besetzung ganz Frankreichs im November 1942 reisten lediglich 6500 Menschen legal aus Frankreich aus.[158] Unmittelbar nach Frankreichs Niederlage war nur eine illegale Ausreise möglich, da die französische Regierung keine Ausreisegenehmigungen erteilte. Erst als sie sich im November 1940 bereit erklärte, die Emigration unerwünschter Ausländer zuzulassen, gab es für einen eingeschränkten Kreis von Flüchtlingen erneut die Möglichkeit zur legalen Ausreise. Allerdings hatten Flüchtlinge, die unter die genannte Gruppe fielen, diverse

151 Ebenda, S. 133.

152 Bejski, The Righteous, S. 647.

153 1926 gegründete Hilfsorganisation, die stark an die kommunistische Partei Frankreichs (Parti Communiste Français) gebunden war und sich wesentlich der Rettung linker Aktivisten widmete.

154 Siehe dazu den autobiographischen Bericht des Berliner Juden Fritz Teppich, Der Rote Pfadfinder. Der abenteuerliche Weg eines Berliner Juden durch das 20. Jahrhundert, Berlin 1996, S. 150 ff.

155 Die „Ligue des droits de l'homme" (vollständig: „Ligue française pour la défense des droits de l'homme et du citoyen") wurde 1898 als Reaktion auf die Dreyfus-Affäre gegründet. Zielsetzung der französischen Liga für Menschenrechte war und ist es, gegen staatliche Willkür, Machtmißbrauch und gesetzwidriges Verhalten gegenüber Gruppen oder Völkern vorzugehen. Die Liga besteht heute noch.

156 Zur Beteiligung der „Hechalutz" und des „Mouvement de la Jeunesse Sioniste" an der Fluchthilfe für Juden siehe Avni, Zionist Underground, S. 559–561.

157 Das CAR wurde 1933 von Baron Rothschild gegründet.

158 v. zur Mühlen, Fluchtweg, S. 36.

Hindernisse zu überwinden. So mußten sie ein Einreisevisum eines überseeischen Ziellandes, ein portugiesisches sowie ein spanisches Transitvisum und eine französische Ausreisegenehmigung vorlegen. War eines der schwierig zu erwerbenden Dokumente zwischenzeitlich abgelaufen, mußte die gesamte Prozedur von vorne beginnen. Um trotz dieser Schwierigkeiten die Auswanderung unliebsamer Ausländer zu beschleunigen, wurde jüdischen und anderen Hilfsorganisationen erlaubt, Büros in den französischen Internierungslagern der freien Zone einzurichten, in der sich ein Großteil der Klientel befand, der die französische Regelung die Möglichkeit einer legalen Ausreise eröffnete.

Ab dem Frühjahr 1941 – Überseevisa wurden immer restriktiver vergeben und damit legale Ausreisen immer schwieriger – versuchten die meisten Flüchtlinge, mittels falscher Papiere aus Frankreich zu fliehen. Vorwiegend in Marseille betätigten sich kommerziell oder politisch motivierte Fälscher. Legale, aber völkerrechtlich ungültige Visa erteilten in Marseille die Konsulate der mittlerweile besetzten Länder Litauen und Tschechoslowakei. Große Fluchtwellen in Richtung Spanien und Portugal gab es im Juni und Spätherbst 1940, nach Beginn der Deportationen im Sommer 1942, nach der Besetzung Vichy-Frankreichs im November 1942 und im Februar 1943 nach der Zwangsrekrutierung junger Franzosen zum Arbeitsdienst nach Deutschland. Ab November 1942 wurde die Flucht über die Berge zunehmend schwieriger, da die Pyrenäengrenze ab diesem Zeitpunkt nicht mehr allein die französische Gendarmerie, sondern deutsche Gebirgsjäger überwachten. Am 18. Februar 1943 wurden zusätzlich alle grenznahen Orte zu Sperrzonen erklärt, in denen jeweils deutsch und französisch besetzte Kontrollposten jede unbekannte Person zu identifizieren versuchten. Die Kontrollposten standen darüber hinaus mit den Sicherheitsdienst-Außenstellen in Perpignan und Toulouse in Verbindung. Die individuell arbeitenden Bergführer – meist ortskundige Franzosen oder Spanier –, die den illegal einreisenden Flüchtlingen über die Berge halfen, verlangten 4000 bis 10 000 Francs für eine Tour.[159] Einige wenige, wie das aus Deutschland stammende, im Grenzort Banyul lebende Ehepaar Fittko, halfen unentgeltlich.[160] Die

159 Ebenda, S. 46.

160 Das Ehepaar Fittko half in der Zeit von Oktober 1940 bis März 1941 über 100 Menschen bei der Flucht über die Berge, unter anderem Walter Benjamin, der jedoch nach seiner Ankunft in Spanien Selbstmord beging. Er hatte eine Vorladung der spanischen Behörden zur Überprüfung seiner Papiere als Verhaftungsaktion mißverstanden und keinen anderen Ausweg aus seiner Situation als den Freitod gesehen. Vgl.

meisten Fluchthilfeaktionen wurden mit Hilfe amerikanischer Geldgeber wie dem ERC oder dem Joint finanziert.[161]

Flucht in die Schweiz

Während des Zweiten Weltkrieges, besonders nach der Besetzung mehrerer westeuropäischer Länder durch Deutschland, verfolgte die Schweiz eine restriktive Flüchtlingspolitik. Französische Flüchtlinge wurden ab dem 13. August 1942 generell an der Schweizer Grenze zurückgewiesen und damit in vielen Fällen direkt in die Arme ihrer Verfolger getrieben. Lediglich Kinder unter 16 Jahren und alte Menschen durften in Ausnahmefällen einreisen.[162] Für die in Frankreich aktiven Fluchthelfer bedeutete die Schweizer Entscheidung, daß der Mehrheit der Flüchtlinge, die in die Schweiz wollten oder denen keine andere Fluchtalternative blieb, illegal Hilfe geleistet werden mußte. Neben den genannten Hilfsorganisationen wie der protestantischen CIMADE oder der jüdischen OSE halfen vor allem Einzelpersonen, ausgestattet mit guten Kenntnissen der schweizerisch-französischen Bergregion, den Flüchtlingen, über die Grenze in die Schweiz zu entkommen.[163] Eine der umfangreichsten privat organisierten Rettungsaktionen, die hier exemplarisch vorgestellt werden soll, initiierte der aus Dänemark stammende Industrielle und Adventist John/Jean Weidner. Er hatte als Jugendlicher in Collonges an der französisch-schweizerischen Grenze gelebt, wo er im dortigen Siebentageadventistenkolleg, an dem sein Vater Lehrer war, zur Schule ging. Als die Deutschen Frankreich besetzten, befand sich Weidner, der zwischenzeitlich in Genf studiert hatte, in Paris. Nachdem er von der Mißhandlung von Juden in Lyon erfahren hatte, entschloß er sich, Juden aus Frankreich in die Schweiz zu schleusen. Anfangs noch allein, arbeitete Weidner später mit insgesamt 300 Helfern zusammen. Über eine von ihm ausgearbeitete Fluchtroute, die von Holland über Belgien nach Frankreich und von dort in die Schweiz führte, konnten er und seine Helfer 1000 Flüchtlinge, darunter circa 800 Juden, retten. Letzter

Lisa Fittko, Mein Weg über die Pyrenäen. Erinnerungen 1940/41, München/Wien 1985.

161 v. zur Mühlen, Fluchtweg, S. 174 f.

162 Raul Hilberg, Täter, Opfer, Zuschauer. Die Vernichtung der Juden 1933–1945, Frankfurt a. M. 1992, S. 282 f.

163 Wurden Flüchtlinge allerdings von Schweizer Grenzern ohne entsprechende Papiere aufgegriffen, schickten diese die Flüchtlinge nach Frankreich zurück. Siehe nähere Ausführungen dazu im Abschnitt über Italien.

Haltepunkt für Flüchtlinge vor dem Grenzübertritt in die Schweiz war das „Seminaire Adventiste du Salève“ in Collonges, wo Weidner selbst zur Schule gegangen war. Die meisten Flüchtlinge wurden mit falschen Papieren ausgestattet, bevor sie die Grenze überschritten. Weidner selbst hatte mehrere Pässe, ausgestellt auf die Namen Jacques Vernet, Paul Lins und Paul Rey. Die umfangreiche Hilfe des später als „Dutch-Paris“ bekanntgewordenen Flüchtlingshilfsnetzwerkes unterstützte der Generalsekretär des Weltkirchenrates in der Schweiz, Dr. W. A. Visser't Hooft, sowie die dänische Exilregierung in London mit finanziellen Mitteln. 1944 wurden 150 Mitglieder der Weidner-Gruppe verhaftet und in deutsche Konzentrationslager gebracht.[164] Weidner, der selbst mehrfach in Haft saß, gelang einen Tag vor seiner geplanten Hinrichtung die Flucht aus dem Gefängnis von Toulouse. Nach dem Krieg zeichnete Yad Vashem Weidner mit der Medaille „Gerechter unter den Völkern“ aus.[165]

Sonderfall Italien

Als am 11. November 1942 infolge der alliierten Landung in Nordafrika deutsche Truppen große Teile der sogenannten freien Zone besetzten, rückte Bündnispartner Italien in Absprache mit den Deutschen in die östlich der Rhône gelegenen Departements Drôme, Basses-Alpes, Var, Isère und Vaucluse vor.[166] Die französische Regierung in Vichy, die im Amt und damit scheinbar souverän blieb, wurde in der Folge mehr und mehr zum bloßen Erfüllungsgehilfen der deutschen Besatzer und mußte jetzt verschiedene antijüdische Maßnahmen in ihrer ehemaligen Zone durchsetzen, deren Realisierung sie vorher noch abgelehnt hatte. Während in der besetzten Nord- und Südzone französische Polizei auf deutsche Anordnung die Verhaftung von Juden vorantrieb und diese zur Deportation auslieferte, schlug der in dieselbe Richtung zielende Versuch in der italienisch besetzten Zone fehl. Bei der Organisation der „Endlösung der Judenfrage“ offenbarten sich bereits nach kurzer Zeit krasse Unterschiede zwischen den Deutschen und der Regierung von Vichy einerseits und den Italienern andererseits, in deren Besatzungszone sich im November 1942 etwa 25 000 Juden befanden. Noch im Dezember 1942 kam es zu ersten Konfrontationen zwischen Vertretern der Vichy-Regierung

164 Steinberg, Jewish Rescue, S. 612.
165 Rittner/Myers, Courage to care, S. 58–65.
166 Klarsfeld, Vichy – Auschwitz, S. 195. Die Departements Isère und Vaucluse wurden nur teilweise besetzt.

und den italienischen Besatzungsbehörden, als im italienisch besetzten Departement Alpes-Maritimes der dortige Präfekt Ribière, der persönlich mit dem Staatschef Pétain befreundet war, am 20. Dezember die Durchsetzung der antijüdischen Gesetzgebung und die Abschiebung aller ausländischen Juden aus seinem Departement in die westlich gelegenen, teilweise deutsch besetzten Departements Ardèche und Drôme anordnete. Am 27. Dezember intervenierte der in Nizza ansässige italienische Generalkonsul Alberto Calisse gegen die Durchführung der angekündigten Maßnahmen und erhielt vom italienischen Außenministerium, das vor allem die Abschiebung von Juden in deutsch besetzte Gebiete ablehnte, Unterstützung. In einer telegraphisch übermittelten Stellungnahme des Außenministeriums vom 29. Dezember an das Verbindungsbüro bei der IV. Italienischen Armee, das italienische Oberkommando, das Innenministerium in Rom und die in Frankreich akkreditierten Diplomaten heißt es dazu: „Wir halten es für notwendig, diesbezüglich klarzustellen, daß nicht hingenommen werden kann, daß in der von italienischen Truppen besetzten Zone die französischen Behörden ausländische Juden, darunter italienische, dazu zwingen, sich in Gebiete zu begeben, die von deutschen Truppen besetzt sind. Schutzmaßnahmen gegenüber ausländischen und italienischen Juden dürfen ausschließlich von unseren eigenen Dienststellen ergriffen werden […].“[167]

Am 30. Dezember wurde Ribière schließlich vom Stabschef der IV. Armee, General Trabucchi, von der Entscheidung der Italiener in Kenntnis gesetzt, keine Internierung jüdischer Personen in den italienisch besetzten Departements zuzulassen. Gegebenenfalls werde man mit Hilfe der Armee oder von Marineeinheiten Versuche französischer Behörden zur Durchführung der Anordnungen verhindern. Proteste Lavals, der argumentierte, daß doch auch italienische Juden Italien etwas angingen, stießen auf seiten der Italiener auf Unverständnis.[168] Einen Tag später sah sich die Regierung von Vichy gezwungen, die vorgesehenen Maßnahmen auszusetzen. Auch die von Vichy angeordneten antijüdischen Maßnahmen verhinderten die italienischen Behörden: Identitätspapiere und Lebensmittelkarten, die gemäß einem Gesetz der

167 Zit. in: ebenda, S. 195.

168 Lavals Argumentation offenbarte sehr deutlich die nationalistische Haltung vieler Franzosen zur „Judenfrage“. Maßnahmen gegen einheimische französische Juden stießen sowohl in der Zivilbevölkerung als auch bei der in die Judenpolitik verwikkelten Polizei und Verwaltung oftmals auf Unverständnis oder sogar offenen Widerstand.

Vichy-Regierung vom 11. Dezember 1942 mit dem Wort „Jude" zu kennzeichnen waren, wurden in der italienischen Zone nicht gestempelt.[169]

Die Verweigerungshaltung der Italiener bei der Mithilfe der „Endlösung der Judenfrage" setzte sich auch in den folgenden Monaten fort. Als im Februar 1943 französische Polizei in Annecy und Grenoble über hundert Juden verhaftete, umstellte eine italienische Armee-Einheit die örtliche Gendarmeriestation und verlangte erfolgreich die Freilassung der Inhaftierten.[170] Jean Leguay, auf diese Weise düpierter Polizeichef der Vichy Regierung, beklagte sich schließlich bei der Gestapo, die ihrerseits verärgert Berichte nach Berlin an Eichmann bzw. Müller weiterleitete, in denen eine „absolut verschiedene" Auffassung der Italiener und der Deutschen in der Judenfrage konstatiert wurde.[171] In dem vom SS-Obersturmführer Röthke am 22. Februar 1942 verfaßten und vom Befehlshaber der Sicherheitspolizei Knochen unterzeichneten Bericht an den Gestapochef Heinrich Müller wies Röthke zudem auf die Folgen der italienischen Aktion für die grundsätzliche Bereitschaft der Franzosen zur Beteiligung an der „Endlösung der Judenfrage" hin: „Der in Grenoble stationierte italienische General hat nach Mitteilung des französischen Polizei-Intendanten von den französischen Behörden die Zurückziehung des Befehls zur Festnahme der Juden verlangt. Der französische Polizei-Intendant sei notgedrungen diesem Befehl gefolgt. [...]. Durch das Eintreten der Italiener für die Juden ist den französischen Behörden erneut bewiesen worden, daß die deutsche und die italienische Auffassung in der Judenfrage absolut verschieden ist. Ich darf nochmals darauf hinweisen, daß die französische Regierung, die nur widerwillig an die Lösung der Judenfrage herangehen möchte, in dieser Auffassung durch die Maßnahmen der italienischen Behörden geradezu bestärkt wird. Abgesehen aber davon ist es auf die Dauer ein unhaltbarer Zustand, daß die Endlösung der Judenfrage ausgerechnet von dem mit Deutschland verbündeten Italien auf diese Weise ungeheuer erschwert und teilweise sogar unmöglich gemacht wird."[172]

Am 2. März 1943 lehnte schließlich der Vertreter des italienischen Oberkommandos in Vichy, General Carlo Avarna di Gualtieri, katego-

169 Susan Zuccotti, The Italians and the Holocaust. Persecution, Rescue and Survival, New York 1987, S. 83.

170 Raul Hilberg. Die Vernichtung der europäischen Juden, Frankfurt a. M. 1990, S. 690.

171 Klarsfeld, Vichy – Auschwitz, S. 213 f.

172 Zit. in: ebenda, S. 493.

risch die Festnahme von Juden, gleich welcher Nationalität, auf italienisch besetztem Boden ab und ordnete die Freilassung aller bisher internierten Juden an.[173] Die Protektion ausländischer wie französischer Juden in der italienisch besetzten Zone führte innerhalb kürzester Zeit zum Anwachsen der Zahl der jüdischen Flüchtlinge von 15 000 bis 20 000 auf 50 000, wie aus einem weiteren Bericht des SS-Obersturmführers Röthke vom 21. Juli 1943 hervorgeht, der zudem die ganze Verärgerung der Deutschen über das Verhalten der Italiener aufzeigt: „Italienisches Militär und italienische Polizei schützen die Juden mit allen ihnen zur Verfügung stehenden Mitteln. Italienische Einflußzonen, insbesondere die Côte d'Azur, sind geradezu das gelobte Land in Frankreich für die Juden geworden. In den zurückliegenden Monaten Massenflucht der Juden aus dem von uns besetzten Gebiet in das italienische Interessengebiet. Flucht wird begünstigt durch Tausende von Schleichwegen, durch die Mithilfe der mit den Juden sympathisierenden französischen Zivilbevölkerung und Behörden, falsche Identitätskarten, unübersichtliches Gelände, das eine hermetische Sperrung der Interessengrenze unmöglich macht. [...] Eine Änderung der Haltung der Italiener ist bisher nicht zu verzeichnen."[174]

Die meisten der neu ankommenden jüdischen Flüchtlinge hielten sich zunächst in Nizza auf, wo sie Lebensmittelkarten und ihre Aufenthaltsgenehmigungen bekamen. Innerhalb der französischen Bevölkerung in der italienischen Zone war die Reaktion auf die Protektion der Juden durch die Italiener zweigeteilt. Während sich manche aktiv am Schutz der Juden beteiligten, hielten sich andere gegenüber den Juden für benachteiligt.[175] Das deutsche Außenministerium versuchte, diplomatischen Druck über seinen Botschafter in Italien, Hans Georg von Mackensen, auf Mussolini auszuüben. Nach mehreren Treffen machte Mussolini schließlich das Zugeständnis, ein Kommissariat für Judenfragen in Nizza unter Leitung von Guido Lospinoso einzurichten und alle an der Küste lebenden Juden in Internierungslager ins Landesinnere zu bringen.

173 Ebenda, S. 214 f., und Zuccotti, Italians, S. 84. Am 25. 2. 1943 noch hatte der deutsche Außenminister Ribbentrop Mussolini in Rom aufgesucht, um ein grundlegend anderes Verhalten der Italiener in der italienisch besetzten Zone Frankreichs einzufordern. Wie erfolglos dies war, sollte Ribbentrop bereits wenige Tage später erfahren.

174 Klarsfeld, Vichy – Auschwitz, S. 545 f.

175 Kasten, „Gute Franzosen", S. 169. Französische Polizisten, die von der italienischen Armee zur Herausgabe ihrer jüdischen Gefangenen genötigt wurden, konnten teilweise nicht verstehen, was der Grund für die Italiener war, auch für Juden nichtitalienischer Herkunft einzutreten.

Was nach Lospinosos Ankunft am 20. März 1943 in der italienisch besetzten Zone in Frankreich geschah, erwies sich als Gegenteil dessen, was sich die Deutschen von der Einrichtung eines Judenkommissariats und der Internierung der Juden erhofft hatten. Unmittelbar nach seiner Ankunft in Nizza traf Lospinoso mit dem jüdischen Bankier und ehemaligen Präsidenten der italienischen Handelskammer in Paris, Angelo Donati, zusammen, um sich über die Lage der Juden in der italienisch besetzten Zone Frankreichs zu informieren. Donati, der sich bereits im Dezember 1942 für den Schutz der Juden des Departements Alpes-Maritimes eingesetzt hatte, erklärte sich zur Kooperation bereit und vermittelte Lospinoso Kontakte zum jüdischen Flüchtlingskomitee in der Rue Dubouchage in Nizza und zum Kapuzinerpater Marie-Benoît.

Vordringliches Problem Lospinosos war jedoch zunächst die Unterbringung der Juden im Landesinneren gemäß der Weisung des „Duce“. Alle Juden, die vor dem 26. März 1943 in die italienisch besetzte Zone gekommen waren, wurden mit Hilfe der italienischen Armee zu ihren Zwangsaufenthaltsorten im Departement Haute-Savoie nahe der schweizerischen und italienischen Grenze gebracht,[176] mehrere tausend vorher an der Küste lebende Juden in die als Kurstätten berühmten Orte Megève, Saint-Gervais und Saint-Martin-de-Vésubie, 1000 weitere nach Vence, Barcelonnette, Le Moustier, Combloux und Chambéry. Vor ihrer Verschickung in einen der Orte meldeten sich die jüdischen Flüchtlinge in Nizza beim Aufnahmebüro des jüdischen Flüchtlingskomitees, wo sie ein Dokument mit Lichtbild bekamen. Mit diesem Dokument mußten sie zur italienischen Polizei gehen, die sie dann unter ihren Schutz stellte und ihnen den jeweiligen Zwangsaufenthaltsort zuwies. Die Italiener stempelten erst unmittelbar vor der Abreise den Buchstaben „E“ für das Wort Ebreo – Jude – in das Papier. In den Zwangsaufenthaltsorten mußten sich die Juden zweimal täglich bei den Behörden melden und am Abend um 21 Uhr wieder ihre Unterkünften aufsuchen. Ansonsten galt für die Juden innerhalb des Ortes volle Bewegungsfreiheit. Soziale Kontakte untereinander oder mit der französischen Bevölkerung waren möglich, ebenso der Besuch von Restaurants, kulturellen Einrichtungen und selbstorganisierten Schulen.[177] Die Empörung der Deutschen über das Verhalten der Italiener wird aus dem bereits oben erwähnten Bericht Röthkes vom 21. Juli 1943 deutlich: „Italiener haben annähernd 1000 arme Juden von der Côte d’Azur in Kurorte der Departements Isère und

176 Klarsfeld, Vichy – Auschwitz, S. 225.
177 Zuccotti, Italians, S. 84.

Savoie verbracht. Juden sind dort so gut wie keinen Einschränkungen unterlegen, dafür in den besten Hotels untergebracht."[178]

Zusätzlich Schwierigkeiten machte den Deutschen die Unerreichbarkeit des für diese „Judenfrage" zuständigen Lospinoso, der sich bis zum Sommer 1943 verleugnen ließ, Termine verschob und nicht entscheidungsbefugte Mitarbeiter zu Treffen schickte. Der Befehlshaber der Sicherheitspolizei und des Sicherheitsdienstes in Frankreich, Helmut Knochen, sah sich schließlich zu einer Beschwerde bei Gestapochef Heinrich Müller veranlaßt, der ihm jedoch auch nur versichern konnte, daß der Italiener Lospinoso seit März in Frankreich sei.[179] Während des gesamten Frühjahres und Sommers 1943 setzten die Italiener Juden gemäß der Weisung Mussolinis ins Landesinnere um und konnten gegenüber den Deutschen darauf verweisen, etwas zu tun. Italienische Polizei- und Militäreinheiten schützten die vorwiegend in Nizza lebenden Juden, die noch nicht ins Landesinnere geschickt worden waren bzw. nicht zum Kreis derjenigen zählten, die dorthin gebracht werden konnten.[180]

Der Sturz Mussolinis am 25. Juli 1943 erlaubte es Lospinoso erneut, Zeit zu gewinnen, da er nun gegenüber den Deutschen argumentieren konnte, er müsse vom italienischen Regierungschef Pietro Badoglio[181] neue Anweisungen einholen. Die Ungewißheit über die Haltung Badoglios löste innerhalb der italienisch besetzten Zone in Frankreich vermehrte Aktivitäten der jüdischen Hilfsorganisationen aus. Angelo Donati, der Lospinoso bei der Auswahl der Zwangsaufenthaltsorte wohlweislich zum späteren Schutz der Juden grenznahe Orte empfohlen hatte, arbeitete einen Fluchtplan aus.[182] Dieser sah vor, per Schiff 30 000 Juden nach Nordafrika zu bringen. Recht bald hatte er für die Finanzierung des Unternehmens den American Joint gewonnen. Amerika und Großbritannien hatten sich bereit erklärt, der Landung der Schiffe zu-

178 Klarsfeld, Vichy – Auschwitz, S. 546 f.

179 Zuccotti, Italians, S. 86.

180 Klarsfeld, Vichy – Auschwitz, S. 225. Die französische Polizei versuchte vielfach, vor Synagogen oder jüdischen Hilfswerken Juden wegen der Mitführung falscher Papiere zu verhaften. Um dies zu unterbinden, drohten italienische Carabinieri in Nizza ihren französischen Kollegen die Verhaftung an, falls sie versuchen sollten, ihrerseits gegen Juden vorzugehen.

181 Badoglio hatte zusammen mit anderen Mitgliedern der Generalität und Admiralität den Sturz Mussolinis vorbereitet.

182 Klarsfeld, Vichy – Auschwitz, S. 277. Bei den seit Wochen andauernden Verhandlungen mit der italienischen Regierung und dem Vatikan in Rom erhielt Donati Unterstützung durch den Jesuitenpater Marie Benoît.

zustimmen, und die Regierung Badoglio stellte schließlich vier Schiffe zur Verfügung, die vor der für den Oktober geplanten Verkündung des am 3. September 1943 heimlich ausgehandelten Waffenstillstandes zwischen Italien und den Alliierten auslaufen sollten.[183] Die Pläne scheiterten jedoch, da nach der einseitigen Bekanntgabe des Waffenstillstands durch das Hauptquartier des amerikanischen Präsidenten Roosevelt am 8. September 1943 deutsche Truppen die italienisch besetzte Zone Frankreichs und Norditalien besetzten. Am 9. September 1943 marschierten deutsche Truppen schließlich in die zuletzt vom italienischen Militär besetzte Schutzzone um Nizza ein, in der sich zu diesem Zeitpunkt über 20 000 Juden aufhielten. Ein Sonderkommando unter Leitung des vormaligen Leiters von Drancy, Brunner, traf einen Tag später in Nizza ein und führte eine Reihe von Razzien durch, die die Verhaftung vieler in Nizza lebender Juden zur Folge hatten.[184]

Französische Zivilisten, Pastoren und Priester versuchten, Juden in Nizza zu retten. Der Priester Rémond unterstütze die OSE, indem er eine große Anzahl jüdischer Kinder zeitweilig aufnahm, bis ein Versteck gefunden war, und elf jüdische Kinder dauerhaft im Kinderheim „Maison Blanche" unterbrachte. Alle jüdischen Kinder wurden mit falschen Pässen und Lebensmittelkarten ausgestattet und bekamen Papiere, die sie als Algerier auswiesen. Mitglieder der zionistischen Jugendbewegung „Mouvement des Jeunesses Sionistes" wurden ebenfalls in Nizza aktiv, beschafften falsche Papiere und versuchten, vor allem jüdische Kinder über die Grenze in die Schweiz zu bringen.[185] Zwischen dem 10. September, der Ankunft Brunners in Nizza, und dem 14. Dezember 1943 wurden 27 Transporte mit 1819[186] Menschen von Nizza nach Drancy geschickt. Von den aus Nizza deportierten Juden kamen 1326 ausländische und 494 französische Juden nach Auschwitz.[187] Die ländlichen Gebiete um Lyon, Grenoble und Le Chambon-sur-Lignon[188] wurden zu Fluchtzielen derer,

183 Zuccotti, Italians, S. 88.

184 Zur Tätigkeit des Sonderkommandos in Cannes siehe Urteil des LG Berlin vom 9. 6. 1964 (3 P Ks 1/64) gegen den Kaufmann und ehemaligen SS-Obersturmführer H., in: Justiz und NS-Verbrechen. Sammlung deutscher Strafurteile wegen nationalsozialistischer Tötungsverbrechen 1945–1966, bearbeitet von Adelheid L. Rüter u. a., Amsterdam 1978, Lfd. Nr. 578, Bd. XX, S. 273 ff.

185 Klarsfeld, Vichy – Auschwitz, S. 282 f. Genaue Zahlen über den Umfang der Rettungsaktion werden von Klarsfeld nicht genannt.

186 Ebenda, S. 284 f.

187 Zuccotti, Italians, S. 89.

188 Siehe dazu den entsprechenden Abschnitt.

die die Verhaftungswelle noch nicht erreicht hatte. Von dort aus versuchten viele, in die Schweiz oder aber nach Italien zu gelangen. Die Schweizer Grenzpolizisten wiesen jedoch viele der ankommenden jüdischen Flüchtlinge zurück, die dann oftmals doch noch verhaftet wurden.[189] 1100 Juden folgten der abrückenden italienischen Armee nach Italien in der Hoffnung, dort Schutz zu finden. Die meisten von ihnen waren zuvor in Saint-Matin-de-Vésubie gewesen. Von dort gelangten sie mit der italienischen Armee, die teilweise das Gepäck der Juden trug, nach Norditalien. Für viele endete die Flucht in den in der Provinz Cuneo gelegenen Bergdörfern Valdieri und Entracque südwestlich von Turin. Die von der örtlichen Bevölkerung wohlwollend aufgenommenen Verfolgten wurden jedoch schon bald wieder Opfer der Deutschen. Am 12. September besetzten Hitlers Truppen Cuneo. Einige Tage später, am 18. September, wurden in allen Bergdörfern der Region Plakate aufgehängt, die die Flüchtlinge aufforderten, sich zu melden. Die SS verhaftete daraufhin in beiden Orten 349 aus Südfrankreich geflohene Juden. Junge und kräftige Flüchtlinge versteckten die Anwohner in den Bergen. Die Verhafteten brachte man nach Borgo San Dalmazzo, von wo aus 330 Gefangene am 21. November 1943 wieder zurück nach Nizza und über Drancy im Dezember 1943 bzw. Januar 1944 nach Auschwitz deportiert wurden. Nur neun von ihnen überlebten den Krieg. 750 der vormals aus Südfrankreich geflüchteten Juden überlebten versteckt in den Bergen der Provinz Cuneo. Der Priester Don Raimondo Viale aus Borgo San Dalmazzo organisierte für viele Juden falsche Dokumente und Unterschlupf. Manche gelangten nach Genua. Dort übergab Don Francesco Repetto, Sekretär des Erzbischofs von Genua, die Juden Kardinal Pietro Boetto, der sie in Priesterseminaren und Konventen außerhalb der Stadt unterbrachte. Auch bei dieser Rettungsaktion war es der Joint, der die Finanzierung sicherte.[190]

189 Paldiel, Path of the Righteous, S. 15.

190 Zuccotti, Italians, S. 90 ff. Über London und den britischen Botschafter beim Vatikan wurde das Geld an Don Repetto und Don Viale und zu den Priestern in den Bergdörfern weitergeleitet. Einige der versteckten Juden wurden später gefunden und deportiert. Am 25. 4. 1945 ermordeten in Cuneo faschistische Milizionäre im dortigen Gefängnis 60 Juden, wo sie seit dem Frühjahr inhaftiert gewesen waren. Ebenda, S. 95.

Bilanz

Die Zahl der in Frankreich durch die verschiedenen politisch, religiös und humanitär motivierten Gruppen oder Einzelpersonen geretteten Juden ist nicht genau feststellbar. Dies verwundert nicht, wenn man berücksichtigt, daß ein Großteil der geleisteten Rettungsarbeit illegale Handlungen einschloß und damit notwendigerweise im Untergrund stattfand und eine weitere Gruppe von Helfern ihre Arbeit schlicht als selbstverständlich betrachtete und damit für nicht erwähnenswert hielt. Als Philippe Hallie in den 70er Jahren sein Buchprojekt über die Bewohner des Dorfes Le Chambon-sur-Lignon begann, erfuhren viele Einwohner erst, daß nicht nur sie selbst, sondern auch ihre Nachbarn an der Rettung von Juden beteiligt gewesen waren. Sie hatten bis zum Zeitpunkt ihrer Befragung nicht über ihr gerade in jener Zeit nicht alltägliches Verhalten nachgedacht oder gesprochen. Kommerziell orientierte Retter hatten ebenso nachvollziehbar kein Interesse daran, ihre gänzlich unpolitisch und auch nicht humanitär geprägte Rolle zu betonen. Die Zahl der in Frankreich geretteten Juden liegt – soweit dies anhand der dokumentierten Rettungsaktionen feststellbar ist – wahrscheinlich im fünfstelligen Bereich. Ein diese These bestätigender Hinweis ist die Zahl der Menschen, die Yad Vashem bis zum 1. Januar 1996 für die Rettung von Juden in Frankreich als „Gerechte unter den Völkern“ auszeichnete: 1366. Nur in Polen und in den Niederlanden erhielten mehr „Gerechte“ diese Ehrung.

Für das Überleben von drei Vierteln der in Frankreich lebenden Juden waren mehrere Gründe verantwortlich. Im Gegensatz zu vielen anderen Ländern West- und Osteuropas lebten die Juden nicht konzentriert in Großstädten, sondern vielfach auf dem Land. Dies machte es für die Helfer auf der einen Seite leichter, Juden zu verstecken, und auf der anderen Seite für die Verfolger schwieriger, Juden zu verhaften. Sowohl die deutschen Besatzer wie auch die mit ihnen kollaborierende Regierung von Vichy gerieten vor allem ab 1942 zunehmend in die öffentliche Kritik und lösten damit bei Teilen der Bevölkerung, die sich vorher neutral oder der Politik Vichys gegenüber zustimmend verhalten hatten, die Bereitschaft zu helfen aus. Bei manchen Helfern erhöhte die französische Nationalität des zu „Rettenden“ diese Bereitschaft. Die unterschiedliche Behandlung der Juden im besetzten und im unbesetzten Teil des Landes sowie die lokal unterschiedlichen Möglichkeiten der Durchsetzbarkeit der antijüdischen Maßnahmen trugen ihr übriges dazu bei, daß die Zahl der aus Frankreich deportierten Juden hinter den Erwartungen der Deutschen zurückblieb.

Livia Rothkirchen

„… Gnade und Barmherzigkeit …“

Die tschechischen Juden an der Schwelle des Todes

Der historische Hintergrund

Die frühesten Hinweise auf jüdische Siedlungen in den tschechischen Kronländern Böhmen und Mähren stammen aus dem 10. Jahrhundert, doch die Legende berichtet, daß Juden „seit undenklichen Zeiten“ in Frieden in der Stadt Prag lebten.[1] Als unabhängiges Königreich hörte Böhmen im Mittelalter auf zu existieren, als es in das Heilige Römische Reich eingegliedert wurde. 1526 wurde es Teil der Habsburger Monarchie. Eines der besonderen Merkmale der jüdischen Enklave war von Anfang an ihre Mittelposition, zwischen Tschechen und Deutschen, Katholiken und Protestanten, Adel und Bürgertum. Die Juden nahmen dabei nicht nur die Einstellungen und Anschauungen der Gesellschaft, die sie umgab, in sich auf, sondern auch die neuen religiösen Strömungen, die sich unaufhörlich in ihrer eigenen Mitte entwickelten. So war Prag gegen Ende des 17. Jahrhunderts mit einer Bevölkerung von etwa 10 000 Juden als blühende jüdische Ansiedlung weithin bekannt, und die Prager Rabbiner und Talmudgelehrten übten auf das religiöse und geistige Leben der jüdischen Gemeinden in ganz Europa maßgeblichen Einfluß aus.

Während die böhmischen Juden vor dem Dreißigjährigen Krieg meist die tschechische Landessprache gesprochen hatten, läutete nach der Schlacht am Weißen Berg (1620) und insbesondere seit der zweiten Hälfte des 18. Jahrhunderts, der Josephinischen Epoche, die Verwendung der deutschen Sprache im Alltag, im Handel und in der Erziehung den „Prozeß der Germanisierung“ ein.[2]

1 Karel Krejčí, Les legendes juives pragoises, in: Judaica Bohemiae 1 (1968), S. 3–19; Václav Vladivoj Tomek, Dějepis města Prahy, Prag 1855, Bd. 1, S. 150.

2 Ruth Kestenberg-Gladstein, Neuere Geschichte der Juden in den böhmischen Ländern, Erster Teil: Das Zeitalter der Aufklärung, 1780–1830, Tübingen 1969;

Die Bewegung der Haskalah (Aufklärung), die Prag zur Jahrhundertwende erreichte, war es schließlich, die den Weg für die Assimilation und Integration der Juden in die Gesamtgesellschaft ebnete. Mit der Emanzipation begannen Fortschritt und Assimilation alle Schichten der städtischen jüdischen Bevölkerung zu durchdringen, eine Entwicklung, die im Aufstieg der Prager Juden in Handel und Industrie ihren Höhepunkt erreichte. Gleichzeitig verloren die religiöse Praxis und das Gemeindeleben mehr und mehr an Bedeutung. Trotzdem wurde die „Gruppenidentität" weiter bewahrt.

Mit dem Beginn der Moderne und dem Erwachen des tschechischen Nationalbewußtseins Mitte der 50er Jahre des 19. Jahrhunderts waren die Juden mit dem deutsch-tschechischen Nationalitätenkonflikt konfrontiert. Der besonders unter den Juden Prags verbreitete Gebrauch der deutschen Sprache und die Loyalität der Juden gegenüber der Habsburger Monarchie führten zu anhaltenden Ressentiments auf tschechischer Seite. Die Ablehnung wuchs zudem sowohl durch die von der Kirche genährten Vorurteile als auch durch den Antagonismus der zwei rivalisierenden Parteien: Die Tschechen sahen in den Juden Instrumente der „Germanisierung", während die Deutschen ihrerseits – unter dem Einfluß der sich damals ausbreitenden rassistischen Ideen (Schönerers extrem pandeutsche Bewegung, die von den Deutschen in Böhmen begeistert aufgenommen wurde) – die Juden als Fremde betrachteten. Die Assimilation der Juden wurde folglich von beiden Seiten als Bedrohung ihrer Interessen angesehen, und so waren Ausschreitungen und Arbeiterunruhen an der Tagesordnung.[3]

Infolge des historischen Ausgleichs von 1867 und mit dem Anwachsen der tschechischen Nationalbewegung, die gegenüber der dominierenden deutschen Präsenz nationale Rechte geltend machte, benutzten die Tschechen die Sprache als Kampfmittel. In diesem kritischen Augenblick (1880) erkannte die jüdische akademische Jugend die Notwendigkeit, sich umzuorientieren. Mit dem Ziel, eine engere Verbindung zu der tschechischen Mehrheitsgesellschaft aufzubauen, wurde damals die

Wilma Iggers, Die Juden in Böhmen und Mähren. Ein historisches Lesebuch, München 1986.

3 Gary B. Cohen, The Politics of Ethnic Survival: Germans in Prague, 1861–1914, Princeton 1981; Hillel J. Kieval, The Making of Czech Jewry. National Conflict and Jewish Society in Bohemia 1870–1918, New York/Oxford 1988; Christoph Stölzl, Kafka's böses Böhmen: Zur Sozialgeschichte eines Prager Juden, München 1975; Jan Křen, O Kafkovi židovské otázce a antisemitismu, také českém, in: Svědectví 69 (1983), S. 137–142.

„Kapper-Gesellschaft" (Akademický spolek Kapper) – in Erinnerung an den Initiator dieser Bewegung – gegründet, die die Bestrebungen fortschrittlicher tschechischer Kreise aktiv unterstützte. Die Gesellschaft setzte sich für das Abhalten von Gottesdiensten und die Veröffentlichung von Gebetbüchern in tschechischer Sprache ein. In den weniger urbanisierten und konservativeren jüdischen Gemeinden Mährens, die sich kulturell mehr an Wien orientierten und in denen jüdische Traditionen und das religiöse Leben weiterhin das tägliche Leben bestimmten, verlief die Entwicklung anders.

Fast zeitgleich mit dem Aufschwung der tschechisch-assimilatorischen Bestrebungen fühlte sich eine kleine, aber bedeutsame Schicht der jüdischen Intelligenz – unter dem Einfluß von Theodor Herzl und Achad Ha'am – vom Zionismus angezogen. Sie sah im jüdischen Nationalismus eine Alternative sowohl zur tschechischen als auch zur deutschen Assimilation. Diese beiden Pole innerhalb des post-emanzipatorischen Judentums, die einander entgegengesetzte Richtungen der Selbstvergewisserung auf der Suche nach Identität repräsentierten, spielten vor allem in den Zwischenkriegsjahren eine wichtige Rolle.

Die letzten Jahre vor Beginn des Ersten Weltkrieges waren durch die fortschreitende Industrialisierung und durch den wachsenden Wohlstand der Bevölkerung gekennzeichnet, das sogenannte Wirtschaftswunder. Diese Entwicklung, die einerseits zu vielfältigen kulturellen und sozialen Aktivitäten der Prager Juden und andererseits zu häufigen Arbeiterunruhen führte, beeinflußte alle Bereiche des sozialen und gesellschaftlichen Lebens. Nicht wenigen Tschechen war die großzügige Förderung deutscher Kultureinrichtungen durch wohlhabende Juden ein Dorn im Auge.[4]

Schließlich bewirkten die Radikalisierung der tschechisch-nationalen Politik und die antisemitischen Ausschreitungen, die das Land im Jahr 1897 heimsuchten (und die 1899 im Hilsner-Prozeß ihren Höhepunkt erreichten), einiges ernsthafte Nachdenken auf jüdischer Seite. Der politische Druck, den die tschechisch-jüdische Bewegung ausübte, um der Vorherrschaft der deutschen Sprache ein Ende zu setzen, führte zu einer überraschenden „Umkehrung" der Sprachzugehörigkeit. Die Prager Ergebnisse der Volkszählung von 1900 signalisierten einen neuen Trend zur „Tschechisierung" der böhmischen Juden.

4 Gustav Otruba, Der Anteil der Juden am Wirtschaftsleben der böhmischen Länder seit dem Beginn der Industrialisierung, in: Die Juden in den böhmischen Ländern. Vorträge der Tagung des Collegium Carolinum in Bad Wiessee von 27.–29. November 1981, hrsg. v. Ferdinand Seibt, München/Wien 1983, S. 209–268.

Insgesamt gesehen vollzog die jüdische Stadtbevölkerung mit der fortschreitenden allgemeinen Säkularisierung in den tschechischen Ländern und mit der traditionell anti-katholischen Richtung im böhmischen Denken einen radikalen Wandel. Die einst religiöse jüdische Gemeinde Böhmens entwickelte sich zu einer pluralistischen Gesellschaft von Liberalen, Sozialisten, Nihilisten und Atheisten, von Assimilanten und Zionisten.

Die Intellektuellen dieser in tschechische Juden, deutsche Juden und Nationaljuden geteilten Welt der Kontraste nahmen alle geistigen Reichtümer des Landes in sich auf, die deutschen, tschechischen, österreichischen und jüdischen – daher der weite kosmopolitische Blick und die Größe der Literatur, die in ihrem *genius loci*, dem Phänomen Franz Kafka, eine absolute Krönung fand.

Die Jahre 1918 bis 1938

Mit der Auflösung der Österreich-ungarischen Monarchie im Jahr 1918 entstand als einer ihrer Nachfolgestaaten die Tschechoslowakische Republik. Sie umfaßte neben Böhmen und Mähren die Slowakei und das subkarpatische Ruthenien, frühere Provinzen Ungarns. Die tschechischen Provinzen besaßen 70 bis 80 Prozent der Industrien und Ressourcen der gesamten früheren österreichischen Monarchie. Die Juden waren vor allem im Handel tätig sowie in der Herstellung von Glas, Textilien und Strumpfwaren, in der Bauindustrie und im Bergbau.

Die Beziehungen zwischen Tschechen und Juden änderten sich nach 1918 erheblich. Mit dem Ziel größeren gegenseitigen Verständnisses und einer besseren Zusammenarbeit begann die tschechische kulturelle Elite, nachdem sie die staatliche Souveränität erlangt hatte, unter dem Einfluß von Tomáš Garrigue Masaryk der jüdischen Existenz größere Aufmerksamkeit zu schenken. Die Tschechoslowakei wurde das erste Land, das die Juden als nationale Minderheit mit eigenen politischen Parteien anerkannte. Die jüdische Gemeinschaft, von nun an als „tschechoslowakisches Judentum" bekannt,[5] wurde ungeachtet ihrer jeweiligen Sprache zu einem äußerst loyalen und staatstragenden Faktor. Auf der politischen Bühne wurde die Zwischenkriegszeit Zeuge des herausragenden Engagements von Dr. Ludwig Czech, des Vorsitzenden der

5 The Jews of Czechoslovakia. Historical Studies and Surveys, 3 Bde., Philadelphia 1968 ff.; A History of the Czechoslavak Republic 1918–1948, hrsg. v. Victor S. Mamatey and Radomír Luža, Princeton 1973.

deutschen Sozialdemokraten, der seit 1929 das Amt eines Ministers in der tschechoslowakischen Regierung bekleidete. Gemeinsam mit einigen anderen Politikern jüdischer Herkunft, die aktivistische deutsche Parteien repräsentierten und am öffentlichen Leben teilnahmen, suchte Czech entschlossen nach einem modus vivendi einer tschechisch-deutschen Koexistenz.[6]

Schon in den frühen 20er Jahren verlor die deutsch-jüdische Kultur in den tschechischen Ländern an Bedeutung, was das Ende eines historischen Prozesses signalisierte. Gleichzeitig gewannen die tschechisch orientierten Schriftsteller gemeinsam mit der ersten Generation jüdischer Literaten, die von nationaljüdischen Bestrebungen durchdrungen waren, an Einfluß. Trotzdem waren Reste deutscher Akkulturation in den Volkszählungsergebnissen von 1930 noch sichtbar: Von den damals 117 180 Juden in Böhmen, Mähren und Schlesien fühlten sich noch 30,42 Prozent der deutschen Nationalität zugehörig.[7] Die große Mehrheit der deutschsprachigen Juden wurde nach 1933 zu einem wichtigen Bestandteil der nationaljüdischen Gesamtheit.

Die deutsche Minderheit, die sich auf über drei Millionen Personen (23,32 Prozent der Bevölkerung) belief und die zum größten Teil seit Jahrhunderten in den nördlichen sudetendeutschen Industriegebieten ansässig war, verlor 1918 ihren Status als „herrschende Nation". Mit der Gründung der Republik wurde sie über Nacht zu einer Minderheit, die den Staat ablehnte.

Der Machtantritt Hitlers und die Verbreitung der nationalsozialistischen Ideologie übten zuerst und vor allem auf die unbotmäßigen Teile der deutschen Bevölkerung beträchtlichen Einfluß aus. Das sudetendeutsche Gebiet war es auch, das während der großen Depression in den 30er Jahren den höchsten Prozentsatz an Arbeitslosen aufwies.

Im Vergleich zu den Staaten der Umgebung konnte sich der Faschismus in Böhmen und Mähren nur schwer durchsetzen; ihm fehlten ideologische Wurzeln und die *raison d'être*.[8] So wurde die Nationale

6 Elisabeth Wiskemann, Czechs and Germans. A Study of the Struggle in the Historic Provinces of Bohemia and Moravia, London 1968; J. W. Brugel, Tschechen und Deutsche 1939–1946, München 1974; ders., The Germans in Pre-war Czechoslovakia, in: The History of the Czechoslovak Republic 1918–1948, S. 167–215.

7 Eine spätere Volkszählung, die den Wendepunkt nach Hitlers Machtantritt von 1933 hätte dokumentieren können, wurde nicht durchgeführt.

8 Jan Havránek, A Fascism in Czechoslovakia, in: Native Fascism in the Successor States 1918–1945, hrsg. v. Peter F. Sugar, Santa Barbara 1971; S. 47–55; Joseph F. Žáček, Czechoslovak Fascism, ebenda, S. 56–62.

Faschistische Gemeinschaft (Národní fašistická obec) als „groteske Imitation ausländischer Vorbilder" beschrieben. Trotzdem darf die von der rechtsgerichteten Presse unterschiedlicher Färbung unter dem Einfluß NS-Deutschlands angefachte antisemitische Kampagne nicht unterschätzt werden. Zu einem Wendepunkt gestalteten sich die Wahlen des Jahres 1935: Henleins Sudetendeutsche Partei, deren ursprüngliches Programm die territoriale Autonomie war, erhielt insgesamt 33 Prozent aller deutschen Stimmen und übertraf damit die gemäßigten deutschen Parteien.

Nach 1933 reichten die tschechoslowakischen Behörden im allgemeinen und die tschechischen Intellektuellen im besonderen den deutschen Emigranten in einem spontanen Schrei der Entrüstung gegen den aufsteigenden Faschismus die Hände. Eine ganze Reihe von Komitees, die sich der dringenden Bedürfnisse der Emigranten annahmen, wurden gegründet.

Die Prager Internationale Karikaturenausstellung (1934), die Ausstellung „Das verbrannte Buch" und andere Kulturveranstaltungen, die von führenden tschechischen Schriftstellern und Künstlern organisiert wurden, warnten vor der drohenden Zerstörung der Kultur und zeigten damit das wahre Gesicht des Faschismus. Pavel Eisner hat die Solidarität der tschechischen intellektuellen Elite mit dem „Bauen von Pfeilern, auf denen eine kulturelle Brücke errichtet werden könnte", verglichen.[9]

Prag, in den 30er Jahren ein Vorposten der Demokratie, diente Tausenden von jüdischen und nichtjüdischen Emigranten, die der Nationalsozialismus vertrieben hatte, als Zufluchtsstätte. Die zweisprachige tschechische Hauptstadt mit ihrer bunten Mischung der Kulturen vermittelte den überwiegend intellektuellen und politisch denkenden Flüchtlingen ein Gefühl der Sicherheit und der geistigen Affinität. Tschechische, jüdische und linke sudetendeutsche Kreise wetteiferten um die Gesellschaft der Emigranten und öffneten ihnen die Seiten der Zeitungen; sie schrieben für die führenden Tageszeitungen „České slovo" und „Lidové noviny", für das Wochenblatt „Přítomnost", die zionistische „Selbstwehr", die „Prager Presse", das „Prager Tageblatt" u. a. Die tschechischen Behörden legalisierten ihren Aufenthalt und stellten vorübergehend

9 Vgl. Ivan Pfaff, Německá kultura v českém exilu 1933–1938, in: Svědectví 70/71 (1983), S. 494; vgl. auch Thomas Kraft, Zuflucht in der Tschechoslowakei. Die Situation deutscher Literaten in Prag und Brünn von 1933 bis 1939, in: Detlef Brandes/Václav Kural (Hrsg.), Der Weg in die Katastrophe. Deutsch-tschechoslowakische Beziehungen 1938–1947, Essen 1994, S. 27–37.

Unterkünfte zur Verfügung. Zwischen 1935 und 1937 wurde insgesamt 891 deutschen Flüchtlingen die tschechoslowakische Staatsbürgerschaft verliehen.[10]

Doch die nationalsozialistische Propaganda und die eskalierende sudetendeutsche Hetze gegen die Republik blieben nicht ohne Einfluß auf die nationalistische, rechtsgerichtete Presse und hallten in den parlamentarischen Debatten wider. Im Jahr 1937 vollzog sich ein grundlegender Wandel in der offiziellen Politik. Er äußerte sich in der Einschränkung des Flüchtlingszustroms und schärferen Grenzkontrollen sowie in der Kürzung der Beiträge zum Lebensunterhalt. Schließlich wurden in der Zweiten Republik, am 27. Januar 1939, zwei Gesetze zur Abschiebung der Flüchtlinge (die nun durch den zusätzlichen Zustrom aus dem Sudetenland ein akutes Problem darstellten) verabschiedet.

Hitlers Aufstieg und später der Anschluß Österreichs stärkten die Position der rechten Gruppierungen, die alles daran setzten, die tschechische Politik Hitlers „neuer Ordnung" anzupassen. Die nationalsozialistische Propaganda, die von Agenturen im Land selbst und im ganzen Reich verbreitet wurde, nutzte jede Gelegenheit zur Hetze gegen die Juden. Inmitten der aufgeheizten Atmosphäre nach dem Münchener Abkommen machte der namhafte tschechische liberale Intellektuelle und Publizist Ferdinand Peroutka die „germanisierenden" Juden verantwortlich für die umfangreichen territorialen Verluste.[11] Es wurde bald deutlich, daß das Land, wie der amerikanische Diplomat George Kennan formulierte, „in den deutschen Machtbereich trieb".[12] Trotzdem bemühten sich offizielle tschechische Kreise, allen voran einige führende Mitglieder des Parlaments, der „Demagogie der Gosse" zu begegnen und die Emigration von Juden zu unterstützen.

Vor der Okkupation der tschechischen Länder wurde am 13. Januar 1939 ein Transferabkommen zwischen dem tschechoslowakischen Finanzministerium und der Jewish Agency for Palestine unterzeichnet, das 2500 Juden die Einwanderung in das damalige Mandatsgebiet Palästina ermöglichte (durch den Transfer eines Teils der britischen Rehabilitierungsanleihe, die der Tschechoslowakei als „englisch-französische Steuernachzahlung" zugeteilt worden war). Durch diese Vereinbarung

10 Ebenda, S. 484.

11 Ferdinand Peroutka, Něco o českém národu a o Židech, in: Přítomnost vom 19. 1. 1938.

12 George F. Kennan, From Prague after Munich. Diplomatic Papers 1938–1940, Princeton 1968, S. 7.

konnten einige zionistisch orientierte Persönlichkeiten des öffentlichen Lebens und Intellektuelle (u. a. Max Brod und Felix Weltsch) den Klauen der Nationalsozialisten in letzter Minute entkommen. Der letzte Transport mit 1500 Flüchtlingen erreichte Palästina im Jahr 1940, dank der Intervention Jan Masaryks bei den britischen Behörden.

Vor dem deutschen Einmarsch gab es in Böhmen, Mähren und Schlesien insgesamt 136 jüdische Religionsgemeinden. Nach den Kriterien der Nürnberger Gesetze zählte die jüdische Bevölkerung damals 118 310 Seelen. Zwischen 1939 und 1941 gelang es ungefähr 30 000 von ihnen zu emigrieren.[13]

Unter deutscher Herrschaft (1939–1945)

Die Iden des März trafen die Bevölkerung unvorbereitet. Mit der Gründung des Reichsprotektorats und dem Einzug der Gestapo begann unverzüglich die Verfolgung der Juden. Dabei war das im besetzten Europa eingeführte deutsche Verwaltungs- und Herrschaftssystem von Land zu Land unterschiedlich. Anders als in Polen richtete sich der Terror im Protektorat anfangs nicht gegen alle Bevölkerungsteile. Er konzentrierte sich zunächst auf die Vernichtung der Intelligenz und derjenigen, die am Widerstand beteiligt waren. Aufgrund der Bedeutung der Ressourcen und der Schwerindustrie des Protektorats für die Kriegführung sollten die tschechischen Länder „Kornkammer“ und Rüstungsschmiede des Reiches werden. Der jahrhundertealte tschechisch-deutsche Konflikt und Hitlers politisches Endziel, die Eingliederung von Böhmen und Mähren in das Großdeutsche Reich, sollten nach dem Krieg geregelt werden.[14]

Die Judenverfolgung wurde im Protektorat mit größerer Raffinesse durchgeführt als in Osteuropa. Aus diesem Grund und weil die kulturelle Elite ebenfalls verfolgt wurde, neigten die Tschechen dazu, die antisemitische Diskriminierung lediglich als eine von vielen Unterdrükkungsmaßnahmen anzusehen. Erst die umfassende, am 21. Juni 1939 vom Reichsprotektor verkündete „Verordnung zur Rechtsstellung der Juden“, die auf die Ausschaltung der Juden aus dem Wirtschaftsleben zielte, öffnete der Regierung von General Alois Eliáš die Augen. Es wurde ein System drastischer gegen die Juden gerichteter wirtschaftlicher

13 Livia Rothkirchen, The Jews of Bohemia and Moravia: 1938–1945, in: The Jews of Czechoslovakia, Bd. 3, S. 3–74.

14 Jan Tesař, Poznámky k problémum okupačního režimu v tzv. protektoráté, in: Historie a vojenství 2 (1964), S. 178.

Maßnahmen eingeführt. Die volle Autorität bezüglich ihrer Durchsetzung lag beim Reichsprotektor; gleichzeitig übernahm er die Kontrolle über die jüdischen Gemeinden. Unter dem Deckmantel der „Arisierung" sollte der jüdische Besitz die deutsche Volksgruppe in den tschechischen Ländern stärken.[15] Der dem Reichssicherheits-Hauptamt (RSHA) untergeordneten „Zentralstelle für jüdische Auswanderung" wurde die Abwicklung der jüdischen Angelegenheiten übertragen; die tschechischen Behörden waren zu ausführenden Organen degradiert und verstrickten sich später im Netz der nationalsozialistischen Täuschung. Der Ausbruch des Krieges setzte schließlich der Massenemigration aus dem Protektorat ein Ende und machte es schwierig, wenn nicht unmöglich, das Land zu verlassen.

Die Erforschung des Themas Solidarität und Hilfe von Nichtjuden gegenüber der verfolgten jüdischen Bevölkerung in den verschiedenen Phasen des Krieges erfordert eine genauere Betrachtung der unterschiedlichen Rahmenbedingungen, die in den besetzten Ländern vorherrschten. Letztendlich stellten das Wesen und Ausmaß der deutschen Okkupation die wichtigsten Faktoren dar, die über die Zahl der jüdischen Todesopfer entschieden. Das Verhalten der nationalsozialistischen Behörden in der tschechischen Enklave unterschied sich von dem anderswo eingeführten Muster. So wurden zum Beispiel Formen der Hilfe, die in anderen Ländern relativ geringe Gefahren mit sich brachten, wie die Beschaffung von falschen Papieren und Lebensmittelkarten, im Protektorat seit Herbst 1941 mit dem Tode bestraft.

Der Ehrentitel „Gerechter unter den Völkern" wird von Yad Vashem an Nichtjuden verliehen, „die aus uneigennützigen Motiven ihr Leben riskierten, um Juden zu retten".[16] Guter Wille und Selbstaufopferung waren jedoch nicht immer von Erfolg gekrönt. Rettungsversuche schlugen häufig durch unglückliche Umstände, Denunziation oder aus den verschiedensten anderen Gründen fehl. Im Falle einer Festnahme durch die Gestapo wurde den potentiellen Rettern vor Sondergerichten der Prozeß gemacht, und sie wurden wegen „feindlichen Staatsaktivitäten" hingerichtet.[17] Diese „Grauzone" betraf im Protektorat mehrere

15 Acta Occupationis Bohemiae et Moraviae. Dokumenty z historie československé zahraniční politiky, Bd. 1–2, hrsg. v. Libuše Otahalová, Milada Červinková, Prag 1966, Bd. 2, Dok. 365, S. 464–465.

16 Zit. nach dem 1953 von der Knesseth verabschiedeten Gesetz.

17 Vgl. etwa: Verbrecher in Richterroben. Dokumente über die verbrecherische Tätigkeit von 230 nazistischen Richtern und Staatsanwälten auf dem okkupierten Gebiet

Dutzend Personen, deren Drangsal bislang nicht genug Beachtung geschenkt worden ist. In den 50er Jahren wurden die Akten der vor den NS-Gerichten verhandelten Fälle vom Státní Bezpečnost (StB), dem tschechischen Geheimdienst, für eigene Zwecke benutzt. Erst jetzt sind diese wichtigen Unterlagen ausgewertet worden, so daß sie in naher Zukunft zu weiteren Erkenntnissen führen können.

Bedauerlicherweise war dieser Forschungsbereich infolge der politischen Situation, die sich bald nach dem Ende der NS-Herrschaft ergab, fast 40 Jahre lang tabu. Erst in der jüngsten Vergangenheit, nach dem Zusammenbruch des kommunistischen Systems in der Tschechoslowakei, konnten die Forschungen beginnen. Infolgedessen fehlen einige grundlegende Informationen, hauptsächlich die Aussagen derjenigen Retter, die starben, bevor ihre Erinnerungen aufgezeichnet werden konnten. Überdies haben die meisten überlebenden Retter ihr Handeln als „Judenfreunde" den Behörden gegenüber verschwiegen und erhielten daher keine öffentliche Anerkennung in Israel. Auch die Überlebenden zögerten, ihre Geheimnisse preiszugeben. Besonders anschaulich ist der Fall des Kantors Berthold Wolf. Sein älterer Sohn Kurt war in der Schlacht bei Sokolovo im März 1943 gefallen. Dessen Bruder, der damals 17jährige Otto, führte in den Jahren 1942 bis 1945, als er sich in einer Hütte in dem Wald Tršice in der Nähe von Olmütz versteckte, ein Tagebuch.[18] Das Tagebuch gibt Aufschluß über den heroischen Kampf einer frommen jüdischen Familie, die noch unter härtesten Bedingungen fortfuhr, die jüdischen Riten einzuhalten. Sie feierte die traditionellen Feste und betete täglich zu Gott um ihre Befreiung. Dank der Hilfe der Dentistin Ludmila Tichá, des Gärtners Jaroslav Zdařil und einiger anderer Dorfbewohner, die die Familie auf unterschiedliche Weise unterstützten, konnten Berthold Wolf, seine Frau Rosalie und ihre Tochter Felicitas überleben. Der junge Tagebuchschreiber jedoch wurde gefaßt und in den letzten Tagen des Krieges durch Gestapo-geführte Wlasow-Truppen barbarisch umgebracht. Obwohl bereits 1952 entziffert und transkribiert, konnte das Dokument erst 1984, kurz nach dem Tod von Wolfs

der Tschechoslowakischen Republik, die gegenwärtig in der westdeutschen Justiz dienen, Prag 1960; Heroes and Victims, hrsg. v. Czechoslovak Ministry of Foreign Affairs and Information Service, London 1945. Die Liste der Erschossenen, Enthaupteten oder Gehängten ist nicht vollständig.

18 Vgl. Miroslav Kárný/Ludvík Václavek, Deník Otto Wolfa, z let 1942–1943, in: Okresní archiv v Olomouci, 1987, S. 31–41; and dies., Otto Wolfs Tagebuch 1942–1943, in: Germanistisches Jahrbuch DDR–ČSSR, 1987–1988, S. 133–144.

Witwe, der Jüdischen Gemeinde in Prag übergeben und erst 1997 veröffentlicht werden.[19]

Die politische Entwicklung läßt sich in drei Phasen untergliedern: 1) die Jahre 1939 bis 1941, die sogenannte Phase der Befriedung unter Konstantin von Neurath, als die Hilfe für diejenigen, die aus politischen Gründen ins Ausland flüchten wollten, zwar strafbar war, aber relativ geringe Risiken barg; 2) Herbst 1941 bis 1943, als mit der Ankunft Heydrichs die Massenumsiedlung der tschechischen Juden einsetzte: Jede Unterstützung von Juden durch Nichtjuden wurde als „reichsfeindlich" eingestuft und mit dem Tode bestraft; 3) die Jahre 1943 bis 1945, die „Liquidation" der verbliebenen Juden, die Phase der von bezahlten Informanten und Agenten der Nationalsozialisten betriebenen „Judenjagd".

Die im folgenden vorgestellte Auswahl unterschiedlicher Fälle und Formen von Solidarität gewährt auch neue Einblicke in die Opferbereitschaft und den Edelmut der Retter.

Solidarität und Hilfe für Juden

Die ersten Flüchtlinge verließen das Land, bald nachdem František Moravec, der Chef des militärischen Nachrichtendienstes, zusammen mit elf seiner Mitarbeiter nach London entkommen war; er hatte geheime Informationen von dem Abwehragenten Paul Thümmel (bekannt als „A-54") erhalten. Ihre Flucht erregte großes Aufsehen und beflügelte so die Phantasie all jener, die noch Wege ins Ausland suchten.[20] Erste Ziele waren Polen, die mährische Grenze oder die Slowakei.

Zwischen den Widerstandsorganisationen im Protektorat und den Antifaschisten in der Slowakei (Dr. Michael Zibrin und seine Leute, die „Demec"-Gruppe) bestanden damals enge Verbindungen.[21] Sie ermöglichten gewisse Formen der Zusammenarbeit beim Aufspüren von Fluchtwegen in den Westen. Neben Vertretern des „ancien regime", Offizieren der tschechoslowakischen Armee und linken Parteifunktionären entkamen auf diesem Wege einige Hundert jüdische Jugendliche aus

19 Vgl. zur Entdeckung des Tagebuchs, Ottos Verhaftung und die Umstände seines Todes: Deník Otty Wolfa 1942–1945, Prag 1997. Vorwort von Ludvík Václavek und Ivan Klíma, S. 20 f.

20 František Moravec, Master of Spies. The Memoirs of General František Moravec, New York 1975.

21 Näheres hierzu siehe Livia Rothkirchen, The Defiant Few: Jews and the Czech „Inside Front" 1938–1942, in: Yad Vashem Studies 14 (1976), S. 49.

Böhmen und Mähren. Sie gehörten dem Makkabi-Sportverband an und gelangten durch die Zusammenarbeit mit Makkabi-Mitgliedern aus Bratislava in letzter Minute über Jugoslawien und Ungarn nach Palästina.[22] Andere Gruppen wurden aus Prag oder Brünn nach Polen geschickt; ein großer Teil dieser Flüchtlinge ließ sich von tschechoslowakischen Armee-Einheiten anwerben, die sich Ende 1939 in Polen und Palästina formierten.

Die Rolle der Kirchen

Am 5. Juli 1939 verurteilte Karel Kašpar, der katholische Kardinal von Prag, die „totale Mißachtung der Menschenrechte". Außerdem protestierte er vom Krankenbett aus gegen die beabsichtigte Verabschiedung antijüdischer Gesetze: Falls die angekündigten Maßnahmen durchgesetzt würden, werde er sie in einem Hirtenbrief öffentlich verurteilen.[23] Bekannt ist, daß einige Geistliche verhaftet und vor Gericht gestellt wurden, weil sie für Juden Taufbescheinigungen ausgestellt hatten, um deren „arische" Herkunft nachzuweisen. Im großen und ganzen jedoch war der Beitrag der Kirche im Bereich der Rettung von Menschenleben weniger eindrucksvoll als in anderen Ländern. Ein klassisches Beispiel ist das Schicksal des führenden katholischen Theologen und Philosophen Dr. Alfred Fuchs (Pseudonym „Draf"), eines Konvertiten.[24] Obwohl er in dem Franziskanerkloster St. Mary in Prag Asyl erhielt, wurde er 1940 von der Gestapo verhaftet. Sein Leben endete in Dachau.

Die Hilfe einzelner

Zum Mittelpunkt einer Fluchthilfeorganisation wurde Milena Krejcarová-Jesenská (1914–1944), nach dem Münchener Abkommen eine bekannte Journalistin, die „unangreifbare" Milena, die vor allem durch ihre Verbindung zu Franz Kafka Berühmtheit erlangte. Unterstützung erhielt Krejcarová-Jesenská von Dr. Joachim von Zedtwitz, der sich

22 Zeugenaussage siehe Yad Vashem Archive, Dossier M-31/6319; vgl. auch Marie Jirásková, Stručná zpráva o trojí volbě (M. Jesenská, J. Zedtwitz a J. Nachtmann v roce 1939 a v čase následujícím), in: Literarní Noviny vom 5. 10. 1995.

23 Detlef Brandes, Die Tschechen unter deutschem Protektorat, Bd. 1–2, München /Wien 1969, Bd. 1, S. 119.

24 Jan Podlesák, Mučedník za židovství a křest'anství; Život, dílo a smrt Alfreda Fuchse, in: Židovská ročenka, Prag 1990–1991, S. 16–23.

durch ihre Initiative an der Hilfe für politische Flüchtlinge und Juden beteiligte. 1900 in Wien geboren, war von Zedtwitz ein nationalistisch denkender sudetendeutscher Medizinstudent der Karls-Universität in Prag, der sich später in Neuburg bei Aachen niederließ, wo seine Familie seit Jahrhunderten ein Gut besaß. In seinen Aufzeichnungen vom 18. April 1994, die in Yad Vashem aufbewahrt werden,[25] beschreibt Zedtwitz, wie er die Flüchtlinge in seinem Sportwagen von Prag nach Mährisch Ostrau fuhr, von wo aus ihnen bezahlte Schmuggler (Slíva, Marenčák) den Weg nach Polen oder in die Slowakei wiesen. Einige der Flüchtlinge verbrachten die Nacht vor ihrer Flucht in Jesenskás Wohnung. Zu den Flüchtlingen, an deren Namen sich Zedtwitz erinnerte, gehören: Rudolf Keller, Chefredakteur des „Prager Tageblatts", Redakteur Walter Tschuppik, Eugen Klinger, Jesenskás Lebensgefährte, der nach dem Krieg als Politiker Karriere machte, die Nichte des Bankiers Petschek mit ihrem Kind, Willi Kraus und andere.

Mit Unterstützung von Pater František Fiala konnte sich der Verbindungsmann zwischen der Leitung der tschechoslowakischen kommunistischen Partei und Ministerpräsident Alois Eliáš, Milan Reiman (alias „Miloš Novotný" und „Pospíšil"), in den Jahren 1942 bis 1945 in der Prager Altstadt versteckt halten.[26] Nach dem Krieg war er aktiv an der Vorbereitung des marxistischen Wirtschaftssystems beteiligt und leitete die Kanzlei von Premierminister Gottwald. Während des Prozesses gegen den früheren KP-Generalsekretär Rudolf Slánský und weitere führende Kommunisten im Jahr 1952, der eine antisemitische Welle auslöste, wurden Reiman „imperialistische" Aktivitäten zur Last gelegt; er starb im Gefängnis infolge der Folterungen.

Dr. Přemysl Pitter (1895–1976) war Erzieher und Direktor des „Milič-Hauses" in Prag, eines Heims für verlassene Kinder, das er 1922 gegründet hatte.[27] In seiner Zeitschrift „Sbratření" (Verbrüderung) publizierte er Artikel über zwischenmenschliche Beziehungen und über die Gleichheit der Menschen. In den späten 30er Jahren wurde er aktives Mitglied in der „Liga gegen Antisemitismus" unter der Leitung von

25 Zeugenaussage Zedtwitz, Dossier Yad Vashem Archive, M-31/6319a.

26 Vgl. Jaroslava Eliášová/Tomáš Pasák, Poznámky k Benešovým kontaktům s Eliášem ve druhé světové válce, in: Historie a vojenství 1 (1967), S. 112 (Hinweis von Dr. Alena Hájková an die Verfasserin).

27 Eidesstattliche Erklärung von Ota Ganz, 20. 5. 1963, Dossier Yad Vashem Archive M-31/93; vgl. auch Přemysl Pitter, Unter dem Rad der Geschichte. Ein Leben mit den Geringsten, Zürich 1970.

Pastor Dr. Bohumil Vančura. Unter deutscher Okkupation, nachdem die jüdischen Kinder vom Schulbesuch ausgeschlossen worden waren und das Milič-Haus verlassen hatten, blieb er mit ihnen in Kontakt und schickte ihnen regelmäßig frische Milch in das jüdische Waisenhaus nach Prag, um ihre mageren Lebensmittelrationen aufzubessern. Er besuchte auch weiterhin jüdische Häuser und verteilte an die Kinder Früchte und Süßigkeiten aus den Geschenkpaketen, die er von Schweizer Hilfsorganisationen erhalten hatte.

In Ansprachen, die er bei Versammlungen in der „Kirche der tschechischen Brüder" in Smíchov hielt, erinnerte Pitter die Gläubigen wiederholt an die Notlage der Juden und rief sie dazu auf, ihren jüdischen Freunden zu helfen und mit ihnen ihre Lebensmittelrationen zu teilen. Nach dem Krieg kümmerte er sich um Kinder, die aus den Konzentrationslagern befreit worden waren, sowie um verlassene deutsche Kinder. In einer Reihe von Schlössern auf dem Land richtete er zu diesem Zweck Erholungsheime ein.[28] Als er 1964 den Titel eines „Gerechten" erhielt, erklärte Dr. Pitter, daß er sich durch die Hilfe für seine jüdischen Schützlinge für alles revanchiert habe, was er von den großen Lehrern und Propheten des jüdischen Volkes gelernt habe.

Im Protektorat existierte kein organisiertes Netz, das eigens für die Hilfe für Juden konzipiert war, wie etwa die in Warschau ansässige Organisation „Zegota", die von der polnischen Exilregierung in London unterstützt wurde, oder verschiedene nationale Hilfsorganisationen in Westeuropa. Die einzige Person, die die Rettung von Hunderten von Ghettobewohnern in die Wege leitete, war der Sudetendeutsche Oskar Schindler.[29] Allerdings sollte der Versuch der Protektoratsregierung unter General Eliáš, einige Juden von der antijüdischen Gesetzgebung auszunehmen, nicht übersehen werden: Die ursprüngliche Liste mit „Ausnahmen des Präsidenten" umfaßte eine Schicht angesehener und prominenter Persönlichkeiten, die zu Kultur, Wissenschaft, Bildung, Kunst und Industrie des Landes Wesentliches beigetragen hatten.[30] Die Liste, die dem Reichs-

28 Přemysl Pitters Brief aus Affoltern am Albis (Schweiz) an Richter Moshe Landau, Vorsitzender des Committee of the Righteous Among the Nations, 19. 11. 1966, Dossier Yad Vashem Archive, M-31/93.

29 Zu Oskar Schindler vgl. den Beitrag von Beate Kosmala, Ungleiche Opfer in extremer Situation. Die Schwierigkeit der Solidarität im okkupierten Polen, in: Wolfgang Benz/Juliane Wetzel (Hrsg.), Solidarität und Hilfe für Juden während der NS-Zeit. Regionalstudien 1, Berlin 1996, S. 77 f.

30 Genaueres zu den Ausnahmeregelungen des Ministerpräsidenten Eliáš siehe Miroslav Kárný, Konečné řešení. Genocida českých židu v německé protektorátní poli-

protektor schließlich am 21. November 1940 vorgelegt wurde (sie nannte nicht mehr 1000 Namen wie die ursprüngliche Liste, sondern nur noch 41), konnte Staatssekretär Burgsdorff jedoch nicht davon überzeugen, daß ein „öffentliches Interesse" daran bestünde, die aufgeführten Personen von der Gesetzgebung auszunehmen. Die endgültige Ablehnung wurde nach Heydrichs Ankunft in Prag ausgesprochen; sie besagte lapidar, daß Ausnahmen „aus Prinzip" nicht in Frage kämen.[31]

Auch Staatspräsident Hácha setzte sich für einen einzelnen ein. Er bemühte sich um eine Ausnahmeregelung für Prof. Hugo Siebenschein, zu dessen Gunsten er bei dem SS-Gruppenführer und Staatssekretär der Protektoratsverwaltung, Karl Hermann Frank, intervenierte, um ihn vor den Folgen der antisemitischen Gesetze zu bewahren.[32] Dabei unterstrich er, daß die Mutter des Antragstellers aus einer alten deutschen protestantischen Familie stammte, und hob hervor, daß „Siebenschein an der Zusammenstellung eines tschechisch-deutschen Wörterbuchs beteiligt" sei. Doch vergeblich: Frank „bedauerte" seinerseits, nicht helfen zu können.[33]

Während die Protektoratsregierung in ihren Bemühungen völlig erfolglos blieb, wurden in Vichy-Frankreich, der Slowakei und Ungarn privilegierte Juden von der antijüdischen Gesetzgebung ausgenommen.

Die Heimatfront: Hilfe für Personen des Widerstandes

Widerstandsgruppen waren bei der Aufnahme jüdischer Mitglieder in der Regel vorsichtig. Sie wußten, daß man Juden im Falle einer Verhaftung schlechter behandelte: Da sie schwerer gefoltert wurden, war die Existenz der illegalen Gruppe durch sie besonders gefährdet. Es gab allerdings eine stillschweigende Billigung von Ausnahmen, sowohl im demokratischen Widerstand, dessen Leitung (ÚVOD) Befehle von der Londoner Exilregierung erhielt, als auch im kommunistischen Widerstand, der von Moskau gesteuert wurde.

Seit Juni 1941 befürwortete die kommunistische Widerstandsbewegung Sabotage und Untergrundaktionen in großem Umfang, um eine breitere Unterstützung der Öffentlichkeit zu gewinnen. Daher waren die

tice, Prag 1991, S. 58 ff.; zu derselben Frage siehe auch Livia Rothkirchen, Motivy a záměr protektorátní vlády v řešení židovské otázky, in: Nisko 1939/1944. Der Fall Nisko in der Geschichte der „Endlösung der Judenfrage", hrsg. v. Ludmila Nesládková, Facultas Philosophica Ostraviensis, Ostrava 1995, S. 166–167.

31 Kárný, Konečné řešení, S. 60.

32 Dušan Tomášek/Robert Kvaček, Cause Emil Hácha, Prag 1995, S. 100.

33 Ebenda.

linken Gruppierungen nachsichtiger in der Frage der Mitarbeit von Juden. Diejenigen Juden, denen es gelang, sich – meist aus ideologischen Gründen – den Untergrundgruppen anzuschließen, wurden offenbar von ihren nichtjüdischen Freunden unterstützt. Sie waren bei der Herstellung von Verbindungen behilflich, die es ihnen ermöglichten, ihre Identität zu legalisieren (durch die Registrierung bei der Polizei), bei der Beschaffung von Unterkünften und bei ihrer Tarnung am Arbeitsplatz (vor allem bis zum Herbst 1942).

Ein anschauliches Beispiel ist das Schicksal von Gerhard Fuchs (er war „Volljude") und Arnošt Lorenz (mit jüdischem Vater), die seit September 1941 das illegale Informationsblatt „Svět proti Hitlerovi" (Die Welt gegen Hitler) herausgaben.[34] Fuchs hatte mehrere Jahre in Berlin verbracht, er kehrte Mitte der 30er Jahre nach Prag zurück und arbeitete seit 1938 für die Firma Praga-textil. Beide waren Mitglied der kommunistischen Partei; dem deutsch-sowjetischen Nichtangriffspakt (23. August 1939) und der Politik der UdSSR am Vorabend des Krieges standen sie kritisch gegenüber. Sie benutzten einfachste technische Mittel: eine Schreibmaschine, die sie von der jüdischen Gemeinde erhalten hatten, und einen Vervielfältigungsapparat. Bis Anfang 1942 erreichte das Blatt eine Auflage von 2000 Exemplaren. Fuchs und Lorenz wurden am 25. April 1942 verhaftet. Fuchs wurde in das berüchtigte Gefängnis am Karls-Platz in Prag gebracht. Aus den Aufzeichnungen des Prager Gestapo-Kommissars Joseph Böhm, die er nach dem Krieg im Gefängnis schrieb, erfährt man von einem äußerst mutigen Akt der Solidarität für Fuchs: Der Leiter von Praga-textil versuchte, den Gefängniskommissar Kallus zu bestechen, indem er ihm 150 000 Kronen zukommen ließ, mit dem Hinweis, daß er noch einmal dieselbe Summe erhalte, falls er Fuchs freilasse. Fuchs selbst unternahm auf dem Weg zu einem Gestapo-Verhör einen erfolglosen Fluchtversuch; er wurde gefaßt und am 1. Juli 1942 in Kobylisy erhängt. Mit ihm zusammen wurden Václav Kotlář, der Leiter von Praga-textil, und drei weitere Mitarbeiter der Firma – František Šulc, Alois Trunečka und Rudolf Finger – hingerichtet, die vier Männer, die das Lösegeld für Gerhard Fuchs bereitgestellt hatten.[35]

Die Vršovice-Gruppe setzte sich aus zahlreichen Widerstandszellen zusammen. In einigen von ihnen gehörten jüdische Jugendliche zu den

34 Vgl. auch Alena Hájková/František Janáček, Na okraj motáku, in: Julius Fučík, Reportáž psaná na oprátce. První úplné, kritické a komentované vydání, Prag 1995, S. 88, 125, 129.

35 Ebenda, S. 232 f.

führenden Mitgliedern: Jiří Kysela, Hanuš und Ladislav Polák.[36] Durch ihre Vermittlung schlossen sich auch junge Zionisten aus dem „Hashomer Hatzair" den Zellen an. Die meisten der jungen Zionisten stammten aus der Slowakei und der Karpathoukraine und hielten sich 1939 im Protektorat auf, wo sie an Berufsumschichtungskursen (Hachsharah) teilnahmen. Sie stellten sich gegen die Linie der zionistischen Zentrale, indem sie beschlossen „unterzutauchen", und lebten somit versteckt in Prag. Auf den Rat ihrer tschechischen Kameraden hin ignorierten sie die Deportationsbefehle. Sie änderten entweder kunstgerecht ihre eigenen Kennkarten oder kamen durch ihre Freunde, die sie auch mit Nachrichten, Briefen und Lebensmitteln sowie gegebenenfalls mit Warnungen versorgten, an „arische" Papiere.

Die faszinierenden Lebensgeschichten der Mitglieder des „Hashomer Hatzair"[37] sind auch von ihren Rettern beschrieben worden, die den Krieg überlebten. So ist es möglich, dieses Kapitel aus einem anderen Blickwinkel zu betrachten. Aus den Aussagen von Miloš Hájek,[38] der führenden Persönlichkeit der tschechischen Untergrundgruppe „Přehledy", die ihre Mitglieder über die politische Situation auf dem laufenden halten mußte, entnehmen wir darüber hinaus zusätzliche Informationen aus erster Hand. Bezahlten Agenten gelang es, sie zu enttarnen und zwei von ihnen festzunehmen. Jani Lebowitz, der für die Widerstandsgruppe Nachrichtenmaterial sammelte, wurde in Prag gefaßt und von der Gestapo zu Tode gefoltert. Andere jedoch konnten wie durch ein Wunder überleben. Arnošt Lemberger (Limberský), der an einer privaten Sprachenschule in Prag Deutsch unterrichtete, behielt seine Stellung bis zum Ende des Krieges.[39] Sein Kollege Arnošt Neumann, der ebenfalls seinen Lebensunterhalt mit Deutschunterricht verdiente, und dessen Frau Hede Türk-Neumann, die in einer Prager Firma als Sekretärin und Korrespondentin arbeitete, gelangten 1943 mit Hilfe der slowakischen jüdischen Untergrundbewegung getrennt voneinander zurück in die Slowakei. Beide kamen wenig später nach Ungarn und erstatteten dem Vertreter der Organisation „Hechalutz" in Genf in einem Brief detail-

36 Vlasta Kladivová, K historii činnosti ilegální KSČ v Praze v letech 1941–1942, in: Acta Universitatis Carolinae Philosophica et Historica I, S. 121–174.

37 Vgl. Livia Rothkirchen, The Defiant Few, S. 35–85.

38 Vgl. Alena Hájková/Miloš Hájek, O přátelství a solidaritě v letech nejhorších (Über Freundschaft und Solidarität in den schwersten Jahren).

39 Arnošt Lemberger (Moshe Leshem) zeichnete seine Erinnerungen in den späten 70er Jahren auf. Eine Kopie des Manuskripts befindet sich im Besitz der Autorin.

liert Bericht über ihr Leben und das der anderen Mitglieder der Gruppe in Prag.[40]

Dank der Verbindung zu der Gruppe „Přehledy", der u. a. Miloš Hájek sowie Milan Pažout aus Libáň angehörten, der vom ansässigen katholischen Priester gefälschte Geburtsurkunden besorgt hatte, konnten sich ungefähr 15 junge Männer und Frauen, die in Arnošt Neumanns Bericht erwähnt sind, auf unterschiedliche Weise der Deportation durch Flucht entziehen. Manchen von ihnen gelang es, sich zusammen mit anderen Tschechen in Deutschland als Fremdarbeiter anwerben zu lassen. Ernst Kruh zum Beispiel arbeitete in Deutschland, kam aber während seines Heimaturlaubs mehrfach nach Prag zurück. Endre Farkas meldete sich ebenfalls freiwillig als Fremdarbeiter und wurde später von der Deutschen Reichsbahn in Breslau eingestellt. Elie Friedmann, Vojtěch Narcissenfeld und František Vořížek arbeiteten als Bühnenarbeiter und Elektriker an einem Wiener Theater. Abraham Grünberger alias „Zdeněk Vaněk" war in Weimar als Leiter der Versandabteilung eines Betriebes tätig.

In seinem Bericht gab Arnošt Neumann eine knappe Beschreibung der unter den Tschechen nach Heydrichs Ermordung herrschenden Stimmung:[41] „Es gibt nur sehr wenige Nichtjuden, die bereit sind, in dieser Sache zu helfen. Man muß sich die schreckliche Terrorherrschaft in Erinnerung rufen: im Anschluß an die Heydrich-Affäre zum Beispiel erschossen sie jeden, der versteckt lebte und nicht [bei der Polizei] registriert war. Und zweitens unsere Leute als Christen zu ‚legalisieren' – man muß bedenken, wie schwierig dies unter dem herrschenden Regime ist."

Bei Heydrichs Ankunft in Prag am 27. September 1941 lebten insgesamt noch 80 000 Juden im Protektorat. Seit Mitte Oktober 1941 und dem Beginn der Deportationen nahm ihre Zahl drastisch ab. Zwischen 1941 und 1945 wurden insgesamt 73 608 Juden in das Ghetto Theresienstadt deportiert (Ziel anderer Transporte waren Łódź, Minsk und Riga). Von dort gingen die Transporte in verschiedene Vernichtungslager nach Polen, vor allem nach Auschwitz-Birkenau, Bełżec,

40 Neumanns Bericht vom 5. 9. 1943, der von Budapest nach Genf geschickt worden war, befindet sich in der Sammlung Nathan Schwalb, Archives of the Labor Movement, Tel Aviv; Neumann zeichnete auch nach dem Krieg seine Erfahrungen und Kontakte mit verschiedenen kommunistischen Untergrundkämpfern auf. Seine Aussagen finden sich im Militärarchiv. Hede Türk-Neumanns Brief vom 7. 2. 1944, von Budapest aus an das Rescue Committee in Istanbul gerichtet, ist im Archiv des Ghetto Fighter House, GFHA Z/1063-Th.-10, archiviert.

41 Neumann-Bericht (vgl. Anm. 40).

Chełmno, Treblinka, Lublin (Majdanek). Einige kamen im Fort IX in Kaunas zu Tode.

Die letzten Transporte mit „Volljuden" verließen Prag im Sommer 1943; der reduzierte Mitarbeiterstab des jüdischen Ältestenrates setzte sich aus „arisch versippten" und dadurch zunächst geschützten Funktionären zusammen. Die anderen in Prag verbliebenen Juden waren „Halbjuden" oder Partner aus Mischehen, darunter 1081 „strittige Fälle", andere lebten in Haft oder versteckt.

Infolge der Ereignisse an der Ostfront und der erwarteten Öffnung einer zweiten Front im Westen setzte im Frühjahr 1944 eine neue Welle der Einschüchterung ein. Der Staatspräsident selbst warnte die Bevölkerung am 14. April 1944, daß die Verordnung des Reichsprotektors vom 3. Juli 1942 noch in Kraft sei und daß jeder, der „reichsfeindlichen Elementen" Unterschlupf gewähre, mit dem Tode bestraft würde.[42]

Am 5. Mai 1945 (dem Tag der Befreiung Böhmens und Mährens) befanden sich noch 2803 offiziell gemeldete Juden im Protektorat. Von den 92 199 Juden (März 1939: 118 310), die vor Beginn der Massendeportationen in Böhmen und Mähren gelebt hatten, waren 78 154 dem Genozid zum Opfer gefallen; demnach haben 14 045 den Krieg überlebt.[43]

Einschüchterung: Massenmord auf legaler Grundlage

Am Vorabend der Massendeportationen Mitte Oktober 1941 wurde ein Presse-Kommuniqué herausgegeben, das die Bevölkerung über die geplanten Maßnahmen informierte. Es enthielt die ausdrückliche Warnung an die tschechische Bevölkerung, sich auf die Seite der Juden zu stellen; wer dies tue, werde selbst als Jude evakuiert.[44] Nach Heydrichs

42 Tomášek/Kvaček, Cause Emil Hácha, S. 189.

43 Vgl. Eva Schmidt-Hartmann, Tschechoslowakei, in: Wolfgang Benz (Hrsg.), Dimension des Völkermords. Die Zahl der jüdischen Opfer des Nationalsozialismus, München 1991, S. 379; Miroslav Kárný, Die tschechoslowakischen Opfer der deutschen Okkupation, in: Der Weg in die Katastrophe, S. 151–160; Pavel Škorpil, Probleme bei der Berechnung der Zahl der tschechoslowakischen Todesopfer des nationalsozialistischen Deutschlands, ebenda, S. 161–164.

44 Aufzeichnungen einer Besprechung über die Zukunft Böhmens und Mährens am 17. 10. 1941, vgl. Protektorátní politika Reinharda Heydricha, hrsg. v. Miroslav Kárný/Jaroslava Milotová, Prag 1991, doc. 19, S. 141. Ebenso: Deutsche Politik im „Protektorat Böhmen und Mähren" unter Reinhard Heydrich 1941–1942. Eine Dokumentation, hrsg. v. Miroslav Kárný/Jaroslava Milotová/Margita Kárná (Hrsg.), Berlin 1997, Dok. 33.

Ermordung und der darauffolgenden Vergeltungskampagne wurden die sogenannten destruktiven Elemente hingerichtet, darunter 477 Personen – viele von ihnen Persönlichkeiten des öffentlichen Lebens –, die Heydrichs Tod gutgeheißen hätten.[45] Einer großen Zahl einfacher Frauen und Männer wurde vorgeworfen, „feindlichen Agenten“ Zuflucht und Hilfe gewährt und sie nicht bei der Polizei angezeigt zu haben. Andere verdächtigte man des Besitzes von Waffen und Munition. Hinrichtungen wegen „Hochverrats“, Sabotage und anderer Vergehen waren an der Tagesordnung. Aus den Urteilen der in Prag und Brünn etablierten Sondergerichte konnten Rundfunk und Presse regelmäßig die Namen der Ermordeten entnehmen. Bemerkenswert ist, daß die Anklageschrift in zahlreichen Fällen darauf verzichtete, das Delikt „Beherbergung von Juden“ anzuführen.[46]

Während seines Treffens mit Hitler am 28. Mai 1942 schlug der SS-Gruppenführer und Staatssekretär in der Protektoratsverwaltung Karl Hermann Frank in einem Sieben-Punkte-Programm vor:[47] „Hohe bis höchste Belohnungen für alle Angehörigen des tschechischen Volkes, die zur Aufdeckung der Tat beitragen oder weitere reichsfeindliche Handlungen verhindern oder aufklären, über die bereits ausgebotenen 10 Millionen Kronen hinaus.“ Die Protektoratsregierung leistete ihren eigenen Beitrag, indem sie die Bevölkerung dazu aufrief, Fallschirmspringern und Untergetauchten keine Unterkunft zu gewähren, sondern ihren Aufenthaltsort umgehend den Behörden mitzuteilen.[48]

Ein anderes, komplexeres Thema jedoch ist die Kollaboration der Protektoratsregierung sowie die große Zahl von Personen, die die Nationalsozialisten mit Gewalt, durch Bestechung oder andere Methoden dazu brachten, als Informanten zu fungieren. Besonders aufschlußreich ist in diesem Zusammenhang ein Bericht, den die UVOD an die Exilregierung in London sandte und in dem sie sich abfällig über die „Feiglinge, Opportunisten und tschechischen Überläufer“ äußerte und behauptete:[49] „Hácha und seine Regierung willigen ein [...]. Niemand protestiert, um die Deut-

45 Brandes, Die Tschechen, Bd. 1, S. 159–267.

46 Vgl. Žaluji. Pankrácká kalvarie, Bd. 1–2, hrsg. v. R. Karel, Prag 1946, nennt weitere Personen, die wegen der Hilfe für Juden hingerichtet wurden.

47 Karl Hermann Frank, Protokoll des Treffens mit Hitler am 28. 5. 1942, vgl. Deutsche Politik im „Protektorat Böhmen und Mähren“ unter Reinhard Heydrich 1941–1942, Dok 106.

48 Vgl. Anm. 40.

49 DHCP, Bd. 2, S. 575; vgl. auch Lubomír Lehár, Gestapo a odbojová skupina PVVZ, in: Historie a vojenství 6–7 (1968), S. 1034 f.; Rakovina a udavačství. Dokumentace

schen nicht zu irritieren und um die eigene Position zu behaupten, sei es in der Regierung oder anderswo [...]. Im großen und ganzen gibt es zuviel moralische Verleumdung, obwohl die Nation insgesamt gesund bleibt."

Die Methode der Nationalsozialisten, Gefangene zu „Vertrauten" oder „Informanten" zu machen – um so die Widerstandszellen zu unterwandern und ihre versteckt lebenden Mitglieder ausfindig zu machen –, wurde seit 1939 angewandt. Nun stellte man sie auf eine legale Basis: Am 3. Juli 1942 erließ der neue amtierende Reichsprotektor Kurt Daluege die „Verordnung zur Abwehr der Unterstützung reichsfeindlicher Handlungen". Für die „Unterstützung von Verrätern und geflohenen Kriegsgefangenen" wurde die Todesstrafe eingeführt. Obwohl sich die Verordnung in erster Linie gegen alliierte Fallschirmspringer richtete,[50] schloß sie gleichzeitig jüdische Personen mit ein. In welcher Weise sie auf die Juden angewandt wurde, erfahren wir aus den Kommentaren der Richter des Prager Sondergerichts. Dort heißt es in den am 18. Mai 1943 ausgesprochenen Todesurteilen gegen eine von Marianne Goltz-Goldlust geleitete Gruppe von 18 „Volksschädlingen":[51] „Ein Jude, der sich der Evakuierung entzieht, ist ein Reichsfeind. Die Juden im nationalsozialistischen Deutschland stellen eine Gesamtheit politischen Gepräges dar. Sie sind der Bestandteil des internationalen Judentums, das dem deutschen Reich als eine Feindmacht gegenübersteht [...]. Ein wesentliches Mittel, um der Gefährdung, die von dem Judentum ausgeht, zu begegnen, ist die Evakuierung und Konzentration der Juden an bestimmten dafür eingerichteten Orten."

Marianne Goltz, eine Wiener Schauspielerin, Sängerin und Journalistin, Tochter einer Tschechin und eines Polen, war mit dem jüdischen Journalisten Hans Goltz aus Berlin verheiratet. 1933 flüchteten beide in die Tschechoslowakei.[52] Hans Goltz gelang kurz nach der Okkupation die Flucht nach London, während Marianne beschloß zu bleiben. Die anderen Personen, die sie zur Mitarbeit in ihrer Hilfsorganisation gewinnen konnte, kamen aus unterschiedlichen Berufen und sozialen Verhältnissen: Die meisten waren Tschechen, einige österreichischer Nationalität. Angeklagt wurden sie des „Menschenschmuggels": Sie hatten in Prag Juden versteckt, ihnen bei der Beschaffung falscher Papiere geholfen

z nacistické okupace, zusammengestellt v. Jaroslav Švanda, Prag 1984, Židovské Muzeum, inv. no. 80.

50 Vgl. Oldřich Sládek, Přicházeli z nebe, Prag 1993.

51 Marie Goltz-Goldlust, Der große Tag, Stuttgart 1988, S. 20 f.; vgl. auch Verbrecher in Richterroben, S. 85.

52 Ebenda.

und ihnen so den Grenzübergang nach Deutschland und Wien erleichtert. Dort meldeten sich die Flüchtlinge ordnungsgemäß an, sie erhielten Unterkünfte und auch Arbeitsplätze. Nachdem das Netz aufgeflogen war, wurden alle Mitglieder verhaftet. Marianne Goltz und dem tschechischen Designer Václav Dryák, der in Deutschland arbeitete, gelang es, vor ihrer Hinrichtung aus dem Pankrác-Gefängnis einige Briefe an Verwandte hinauszuschmuggeln.[53] Die erhaltene Korrespondenz wirft, neben der Dokumentation der Sondergerichte, Licht auf einige Aspekte, die bislang übersehen worden sind. Unter anderem zeigen die Briefe, daß Marianne Goltz' Familie von Wien aus vergeblich versucht hatte, in Prag einen Anwalt zu finden, der bereit gewesen wäre, ihre Verteidigung zu übernehmen. (Deutschen Rechtsanwälten war es in der Regel verboten, Juden, Zigeuner und Polen zu verteidigen.)[54] Schließlich erklärte sich die mutige tschechische Anwältin Dr. Marie Schramek bereit, den Fall zu übernehmen. Sie unterstrich in ihrer Verteidigung die Herzensgüte der Angeklagten, die sie dazu gezwungen habe, sich den Bedürftigen zuzuwenden.[55]

Zehn der Angeklagten wurden zum Tode verurteilt: Walter Lewit, Yvonne Lewit, Joseph Goldschmidt und Ervin Samek als Juden, weil sie versucht hätten, sich der Deportation zu entziehen; Marianne Goltz, Otakar Zápotocký, Emilie Funk, Ladislav Dlesk, Svatopluk Cila und Václav Dryák, weil sie ihnen geholfen hatten, sich zu verstecken, die Grenzen nach Österreich und Deutschland zu überqueren, Arbeitsplätze zu finden usw. Sie wurden im Pankrác-Gefängnis enthauptet. Fünf weitere Personen, die in diesen Prozeß involviert waren, erhielten mildere Strafen.[56]

Die folgenden Personen wurden vom Sondergericht des deutschen Landgerichts in Prag zum Tode verurteilt, weil sie Juden beherbergt hatten:[57]

Marie Bauerová geb. Kosatová, geb. 1910 in Prag, hingerichtet am 28. April 1944, weil sie mit Max Michl in ihrer gemeinsamen Wohnung zwei Juden, die von der Gestapo wegen ihrer illegalen politischen Arbeit gesucht wurden, versteckt und sie mit Lebensmitteln u. a. versorgt hatte.

53 Zuerst veröffentlicht in Žaluji, Bd. 1.

54 Vgl. Deutsches Recht vom 13. Mai 1944, zit. in: Heroes and Victims, S. 7.

55 Goltz-Goldlust, Der große Tag, S. 53.

56 Verbrecher in Richterroben, S. 85.

57 Vgl. Heroes and Victims. Zitiert sind nur jene Personen, deren kriminelle Handlungen darin bestanden, „Juden Unterschlupf zu gewähren".

František Černý, geb. am 29. September 1890 in Ohrozim, Bezirk Prostějov, hingerichtet am 1. Juli 1943, weil er seine „reichsfeindliche Haltung“ zum Ausdruck gebracht habe, indem er illegal in Prag lebenden Juden half, der Deportation zu entgehen.

Jan Fleischmann, geb. 1903 in Prag, hingerichtet am 26. Mai 1944, weil er Juden gefälschte Papiere beschafft hatte, um ihre Herkunft und Abstammung zu verschleiern.

Vlasta Hellerová, geb. am 4. Juli 1909 in Prag, hingerichtet am 1. Juli 1943, weil sie „reichsfeindlichen Elementen“ Zuflucht gewährt habe.

Karel Heřmánek, 27 Jahre alt, geb. in Dublovice, hingerichtet wegen Vergehens gegen die Wirtschaftsordnung, weil er Kleidermarken an Juden weitergegeben hatte, und sein Bruder Václav Heřmánek, 28 Jahre alt, geb. in Dublovice, hingerichtet am 18. Dezember 1942 wegen desselben Anklagepunktes.

Jaroslav Klemeš, geb. 1896 in Sudoměřice, hingerichtet am 5. November 1943, weil er Juden zur Flucht ins Ausland verholfen und damit die deutschen Befehle zur „Lösung der Judenfrage“ in Böhmen und Mähren sabotiert habe.

František Kučera, geb. 1909 in Prag-Strašnice, hingerichtet am 5. November 1943, weil er Juden zur Flucht ins Ausland verholfen und damit die deutschen Befehle zur „Lösung der Judenfrage“ in Böhmen und Mähren sabotiert habe.

Josef Malý, geb. 1904 in Malešice bei Prag, hingerichtet am 1. Oktober 1943, weil er einem Juden, der jahrelang in Prag im Schwarzhandel tätig war und ins Ausland flüchten wollte, falsche Personaldokumente beschafft hatte.

Jan Michl, geb. 1891 in Prag, hingerichtet am 28. April 1944, weil er zwei Juden, die wegen illegaler politischer Arbeit von der Gestapo gesucht wurden, versteckt und mit Lebensmitteln u. a. versorgt hatte.

Josef Palička, Polizei-Agent, 33 Jahre alt, geb. in Ríčany, hingerichtet am 21. Juni 1942, weil er sein Amt mißbraucht habe, indem er Walter Stein die Erlaubnis erteilte, als „Arier“ in Prag zu wohnen.

Vilemína Pruchová, geb. am 23. September 1899 in Česká Skalice, hingerichtet am 1. Juli 1943, weil sie „reichsfeindlichen Elementen“ Zuflucht gewährt habe.

Petr Riháček, geb. 1907 in Strašnice, hingerichtet am 5. November 1943, weil er Juden zur Flucht ins Ausland verholfen und damit die deutschen Befehle zur „Lösung der Judenfrage“ in Böhmen und Mähren sabotiert habe, und sein Bruder Tomáš Riháček, geb. 1902 in Strašnice, hingerichtet am 5. November 1943 wegen desselben Anklagepunkts.

Jan Sádlo, geb. 1904 in Radlice, hingerichtet am 5. November 1943, weil er Juden zur Flucht ins Ausland verholfen und damit die deutschen Befehle zur „Lösung der Judenfrage“ in Böhmen und Mähren sabotiert habe.

František Šedivý, geb. 1896 in Prag, hingerichtet am 5. November 1943, weil er Juden zur Flucht ins Ausland verholfen und damit die deutschen Befehle zur „Lösung der Judenfrage“ in Böhmen und Mähren sabotiert habe.

Oldřich Smetana, geb. am 28. Juli 1909 in Holice, Kommunalbeamter, hingerichtet am 13. Januar 1943, weil er sich eine beträchtliche Zahl von Lebensmittelkarten widerrechtlich angeeignet und sie größtenteils an Juden weitergegeben hatte.

Elsa Tausigová, geb. 1885 in Prag, hingerichtet am 5. November 1943, weil sie Juden zur Flucht ins Ausland verholfen und damit die deutschen Befehle zur „Lösung der Judenfrage“ in Böhmen und Mähren sabotiert habe.

Gemeinsame Rettungsversuche von Juden und Nichtjuden

Valtr Komárek konnte seine ungewöhnliche Geschichte erst veröffentlichen, als er nach der Revolution vom November 1989 Mitglied der tschechoslowakischen Regierung wurde.[58] Er war 1932 als Sohn einer ledigen jüdischen Mutter, Ružena Pisková aus Stupavy in der Slowakei, geboren worden. Um die „Ehre“ ihrer tiefreligiösen Mutter zu retten, ging Pisková in das ferne Hodonín nach Mähren. Ihr Neugeborenes ließ sie in der Obhut einer Hebamme zurück, die in der einfachen Arbeiterfamilie Bedřich und Božena Komárek – selbst Eltern zweier Kinder – Adoptiveltern für das Kind fand. Als der Junge Valtr die dritte Klasse besuchte, mußte er die Schule verlassen, weil er als Mitglied der jüdischen Religionsgemeinschaft registriert war. Mit zehn Jahren erhielt er den

58 Valtr Komárek, Returned to Life, in: Mé pády a vzestupy, hrsg. v. Jan Bauer, Prag 1992, S. 7–11.

Deportationsbefehl. Seine mutigen Eltern schalteten sich jedoch ein, um ihn zu retten. Sie wandten sich an die Behörden, um zu bezeugen, daß Valtrs Vater „Arier“ sei, doch die Gestapo wies sie ab. So meldete sich Valtr am 27. Februar 1942 mit seiner Reisetasche am Bahnhof und bestieg mit den Juden Hodoníns den Zug. Als der Transport am Sammelpunkt in Uherský Brod stand, unternahm der Vorsitzende der jüdischen Gemeinde, Rechtsanwalt Dr. Deutsch, der die Adoptiveltern juristisch vertrat, einen letzten Versuch, die „halbarische“ Herkunft des Jungen nachzuweisen. Mit dem weinenden kleinen Jungen an der Hand erschien er vor Gericht:[59] „Mit dem gelben Stern auf der Brust erhob er seinen Einspruch. Er stand aufrecht inmitten der brüllenden braunschwarzen SS-Uniformen; ruhig trug er Tatsachen und Halbwahrheiten vor.“ Dank seiner Überzeugungskraft und seines brillanten juristischen Kopfes gewann er den Fall. Es wurde beschlossen, die Identität des arischen Vaters nochmals zu überprüfen. Der Junge wurde zum Zwecke weiterer Nachforschungen zu seinen Adoptiveltern nach Hodonín zurückgebracht. Rechtsanwalt Deutsch selbst stieg in den Todeszug.

Geschenkpakete aus Prag nach Litzmannstadt und Auschwitz

Das riskante Unternehmen, das von dem 17jährigen Heinz Prossnitz (Sohn eines der Mitglieder des jüdischen Ältestenrates in Prag) und zwei seiner halbjüdischen Kameradinnen, Erika Wolf und Edita Březina, geleitet wurde, ist bereits beschrieben worden.[60] Prossnitz entschloß sich, sein Wissen und seine Adressen im Ausland zu nutzen, um die Lage von Freunden und Bekannten zu erleichtern, die nach Polen deportiert worden waren, indem er ihnen direkt aus Prag Pakete schickte. Er baute auch Briefkontakte mit jüdischen Organisationen in Genf (Dr. Fritz Ullmann und Nathan Schwalb) auf, durch deren Hilfe Hunderte von Paketen das Ghetto Łódź (Litzmannstadt), Auschwitz und Sachsenhausen erreichten. Erst vor kurzem wurde bekannt, daß der Hauptanteil bei der Beschaffung der Nahrungsmittel und anderer Produkte und ihrer Verschickung in die Lager Erika Wolfs Mutter, die selbst deutsche „Arierin“ war, zukam.[61]

59 Ebenda, S. 9.

60 Zu den Eintragungen in Heinz Prossnitz’ Tagebuch und seiner umfangreichen Korrespondenz mit Theresienstadt und der ganzen Welt vgl. YVA, 07/18–1.

61 Diese Information verdanke ich Mr. Bllu Amir (Kibbutz Neot Mordechai), der mir einen Brief von Dr. Rudolf Wolf (Bruder von Prossnitz’ Partnerin Erika Wolf) vom

Die hilfreichen Wachen in Theresienstadt

Trotz drohender Nachteile und Gefahren haben auch einige Männer in der Uniform der tschechischen Polizei, die als Wachen im Ghetto Theresienstadt Dienst taten, ihre Menschlichkeit unter Beweis gestellt. Von der Sondereinheit der tschechischen Polizei, die 150 Mitglieder umfaßte, wurden 14 inhaftiert, da sie mit Juden verkehrt oder Juden geholfen hatten. Zwei dieser tschechischen Wachen, Vilém Vach und Jiří Černý, wurden in die kleine Festung versetzt, die von Kommandant Rahm befehligt wurde, und kamen dort um.[62] Eine andere Tat von einzigartiger historischer Bedeutung war die Hilfe zweier Ghettowachen, der Brüder Přikryl, die eine Reihe von Skizzen und Bildern von Künstlern aus Theresienstadt, die das wahre Gesicht des angeblich „paradiesischen" Ghettos zeigten, in die Schweiz schmuggelten.[63] Dies geschah offenbar im Frühjahr 1944, vor der Verhaftung der Künstler Leo Haas, Bedřich Fritta (Taussig), Otto Ungar, Felix Bloch und Norbert Troller im Juni des Jahres, von denen die meisten ihre mutige Arbeit mit dem Leben bezahlten.

Die Solidarität tschechischer Schriftsteller mit ihren jüdischen Freunden

Die tschechische kulturelle Elite kann stolz darauf sein, auf ganz besondere Weise ihre Solidarität mit ihren jüdischen Kollegen (von denen einige in der Illegalität lebten) unter Beweis gestellt zu haben. Sie machten es möglich, daß sie deren Werke unter fiktiven oder verschlüsselten Namen veröffentlichen konnten, manchmal sogar, indem sie ihnen ihre eigenen Namen liehen. Die meisten Literaten in Prag konnten die Identität der Schriftsteller hinter den unterschiedlichen Pseudonymen erraten. So wurde die Veröffentlichung ihrer Werke, abgesehen von dem bescheidenen Einkommen, das sie ihnen einbrachte, für die in der Isolation tätigen Menschen oft die einzige Quelle moralischen Beistandes. Die berühmtesten

18. 5. 1989 zur Verfügung gestellt hat, in dem er die Rolle seiner Mutter bei der Versendung der Päckchen von Prag erklärt.

62 Vgl. Miroslav Kárný, Zvláštní četnický oddíl v Terezíně a terezínští věznové, in: Vlastivědný sborník 1985–1986 Litoměřicko, XXI-XXII, S. 43 f.

63 Leo Haas, Die Affäre der Theresienstädter Maler, in: F. Ehrmann/O. Heitlinger/R. Iltis (Hrsg.), Terezín. Council of Jewish Communities in the Czech Lands, Prag 1965, S. 171–176.

unter ihnen waren Jiří Orten, Hanuš Bonn, Pavel Eisner, Eric A. Saudek, Karel Poláček, Jiří Weil und Norbert Frýd.[64]

Was die Frage der nationalsozialistischen Zensur anbetrifft, die für ihre kompromißlose Härte bekannt war, erfahren wir aus den Erinnerungen des Dichters Josef Hiršal, daß die Nachsicht der Zensurbehörde aller Wahrscheinlichkeit nach Vilém Kostka, einem früheren Major der tschechoslowakischen Armee, zu verdanken ist.[65] In seiner Eigenschaft als Assistent des deutschen Zensors Dr. Augustin von Hoop (der frühere Herausgeber der „Prager Presse") sorgte er dafür, daß diese Bücher die Zensur unbemerkt passieren konnten.

Das große Talent der tschechischen Dichtkunst der Zwischenkriegsjahre, der junge Dichter Jiří Orten, konnte vor seinem tragischen Tod im August 1941 die Drucklegung seiner ersten Gedichte unter den Pseudonymen „Karel Jílek", „Jiří Jakub" u. a. noch erleben, dank seiner treuen Freunde Boněk Březovský, Kamil Bednář und Zdeněk Urbánek.[66] Es war Urbánek, der das literarische Erbe des Dichters schließlich für die Nachwelt bewahrte und der für diese wie für andere Taten als „Gerechter unter den Völkern" ausgezeichnet worden ist.

Die Rettung des jüdischen kulturellen Erbes

Das außergewöhnlichste und symbolträchtigste unter allen Hilfsprojekten war die Initiative einer Gruppe resoluter Männer und Frauen in der Prager jüdischen Gemeinde, das jüdische kulturelle Erbe für die Nachwelt zu erhalten. Die Geschichte der Rettung der Kultgeräte und Kunstgegenstände, die sich über mehrere Jahrhunderte in den tschechischen Ländern angesammelt hatten und die heute die einzigartige Sammlung des Jüdischen Museums in Prag bilden, hat allgemeinen Beifall geerntet. Weniger bekannt ist die Tatsache, daß dieses Projekt in allen seinen Phasen von dem nichtjüdischen Kunsthistoriker Dr. Zdeněk Wirth von der staatlichen Denkmalpflege unterstützt wurde, der sich durch sein mutiges Handeln in Lebensgefahr begab.[67]

64 Vgl. meinen Artikel Czech Attitudes towards the Jews during the Nazi Regime, in: Yad Vashem Studies 8 (1977), S. 287–320.

65 Josef Hirsal, Vínek vzpomínek, Prag 1991, S. 136 f.

66 Vgl. Anm. 92.

67 Vgl. Die Juden zur Zeit des Protektorates in Böhmen und Mähren-Schlesien, bearbeitet von Friedrich Thieberger nach einer Reihe von Besprechungen mit dem Vorsitzenden der jüdischen Kultusgemeinden in Prag, nach dem Krieg. Kopie des 22-seitigen Manuskripts im Besitz der Autorin.

Erst kürzlich stießen wir auf den Brief eines Prof. Dr. Armin Hergeth vom 27. November 1941, der an den amtierenden Reichsprotektor Reinhard Heydrich adressiert war und in dem Hergeth gegen die Deportation der tschechischen Juden protestierte. Soviel wir bislang wissen, handelt es sich um das einzige Schreiben solchen Inhalts, das Heydrichs Kanzlei erreichte.[68] Hergeths Brief ist eine kurze Notiz des Leiters der Sicherheitspolizei und des SD in Prag (vom 14. Januar 1942) hinzugefügt, in der es heißt, daß es keinen Nachweis für „Prof. Dr. Armin Hergeths" Existenz in Prag gebe und daß „dies ein Deckname sein könnte".[69]

Da „Armin" kein sehr verbreiteter deutscher Name war, ist zu vermuten, daß die Wahl des Vornamens absichtlich erfolgte. Vieles deutet darauf hin, daß dem Autor des Briefes Armin T. Wegners heute berühmte „Warnung" an Hitler vom Ostermontag, dem 11. April 1933 bekannt gewesen sein muß.[70] Wegner reagierte mit seinem langen Protestbrief auf Hitlers Ankündigung des Boykotts jüdischer Geschäfte – ein Vorspiel der Kristallnacht – vom 29. März 1933. Hergeths kurzer Protestbrief ist, was Stil und Inhalt betrifft, eine blasse Imitation. Trotzdem ähneln einige Wendungen den Schlüsselsätzen in Wegners Warnung.[71] Hergeths Kernsätze lauten:[72] „Amerikanische Blätter nennen diese Deportationen von Juden sowie ihre Unterbringung in Ghettos eine organisierte Räuberei, begangen an einem wehrlosen Volke, das man nackt ins Elend hinausstößt. Eine Barbarei, die ans schwärzeste Mittelalter gemahnt. Es werden dringend Repressalien gegen die Deutschen in Amerika verlangt. Als gutem Deutschen, der sein Volk liebt, tut es mir in der Seele weh zu sehen, welche falschen Wege eingeschlagen werden, um das Ideal zu erreichen, das uns allen vorschwebt."

68 Protestbrief Prof. Dr. Armin Hergeths an den amtierenden Reichsprotektor Reinhard Heydrich Prag, 25. 11. 1941, Bd S IV-9725/41, YVA, M-58/25.

69 Die Ergebnisse der Befragung des Befehlshabers der Sicherheitspolizei und des SD, 14. 1. 1942, ebenda.

70 Der Dichter und Anwalt und einsame Kämpfer seiner Zeit, Theophil Wegner, erhielt nach dem Krieg von der Bundesrepublik Deutschland das Bundesverdienstkreuz und wurde von Yad Vashem als „Gerechter unter den Völkern" anerkannt; vgl. Wolfgang Gerlach, Document: Armin T. Wegner's Letter to German Chancellor Adolf Hitler, Berlin, Easter Monday, April 11, 1933, in: Holocaust and Genocide Studies 8 (1994), S. 295–409.

71 Ebenda: „The fate of Germany is also at stake! For whom must the blow now directed against the Jews ultimately strike – whom but ourselves?"

72 Siehe Anm. 68.

Seinerzeit schien Wegners Protest eine „Stimme in der Wüste" zu sein. Es ist daher bedeutsam, seiner einsamen Mahnung ein Echo hinzufügen zu können, das neun Jahre später, als Heydrichs Deportationen ihren Höhepunkt erreichten, aus Prag widerhallte. Wer auch immer sich hinter dem Namen „Prof. Dr. Armin Hergeth"[73] verbarg, verdient es, unter die Gerechten gezählt zu werden.

Der Abwehragent als Helfer

Seit dem Ende des Krieges ist die Historiographie dem Phänomen des deutschen Abwehr-Agenten „A-54" nachgegangen, der auch unter dem Namen „René" bekannt war und seit 1936 für den tschechoslowakischen militärischen Nachrichtendienst arbeitete. Das Rätsel „A-54" fordert noch immer dazu heraus, diesen einzigartigen Fall von Kriegsspionage zu lösen.[74]

Der gelernte Bäcker Paul Thümmel (1902–1945) arbeitete seit 1928 für die NSDAP, später für die SA und seit 1933 für die militärische Abwehr des deutschen Sicherheitsdienstes. 1934 wurde er leitender Offizier der Dresdener Abwehrstelle. Nach der Okkupation stand er der Abwehrstelle in Prag vor. Thümmel war der einzige hochrangige Offizier des deutschen militärischen Nachrichtendienstes, der in den Jahren 1938 bis 1941 direkt mit den Organisationen der alliierten Nachrichtendienste zusammenarbeitete. Sein Verbindungsmann war der berühmte Oberst František Moravec, der Leiter des militärischen Nachrichtendienstes in Dr. Benešs Exilregierung. Dank Thümmel wurde die SIS mit erstklassigen politischen und militärischen Nachrichten beliefert (Informationen über Deutschlands Interventionspläne, über Schlacht- und Mobilisierungpläne, die Ausstattung der Wehrmacht, den deutschen Einmarsch in Prag, den Angriff auf Polen usw.).[75]

„A-54" wurde 1942 zweimal unter dem Vorwurf des Hochverrats verhaftet. Er wurde schließlich in der kleinen Festung in Theresienstadt interniert und am 27. April 1945 in Prag von der Gestapo hingerichtet.

Es existieren unterschiedliche Auffassungen über Thümmels Motivation und die Bewertung seiner Arbeit für die Alliierten. Was Paul

73 Die Identität Prof. Dr. Hergeths wurde nicht aufgedeckt.

74 Jaroslav und Stanislav Kokoškovi, Spor o Agenta A45, Kapitoly z dějin československé zpravodajské služby, Prag 1994, S. 131; vgl. auch F. H. Hinsley, British Intelligence in the Second World War, Bd. 1, London 1979, S. 58 f.

75 Vgl. ebenda, S. 462 f.

Thümmel dafür qualifiziert, in die hier behandelte Kategorie von Helfern aufgenommen zu werden, ist eine einzige grauenerregende Nachricht von „René“ an „Pavel“ vom 26. Juli 1941 über die Massenhinrichtungen der ukrainischen Juden:[76] „Der Kraftfahrer des Chefs der Gestapo Prag, der von der Ostfront zurückgekehrt ist, gibt an, daß in der Ukraine die Judenfrage radikal gelöst wird. Kurz nach der Besetzung eines Ortes müssen die männlichen Juden zum Arbeitsdienst antreten und unter dem Vorwand, Befestigungen herzustellen, vor dem Ort Laufgraben ausheben. Ist derselbe tief und breit genug, werden sie erschossen und wieder zugeschüttet.“

Die Kernfrage betrifft zweifellos Thümmels Motivation: Bot er seine Dienste an, weil er dafür bezahlt wurde oder weil er das Hitlerregime ablehnte? Experten der Abteilung Nr. 5 des Generalstabs der tschechoslowakischen Armee haben 1946 unter Leitung von Oberstleutnant Bedřich Reicin[77] die noch vollständigen Unterlagen einige Monate lang geprüft und ausgewertet. In dem Bericht vom 17. August 1946, der Thümmels Handeln beurteilt, kamen sie zu dem Schluß, daß er dem tschechoslowakischen Nachrichtendienst seine Dienste nicht aus finanziellen Gründen, sondern als Gegner des NS-Regimes angeboten hat.[78]

Eine ganze Reihe von Forschungsarbeiten ist bisher erschienen, die der Frage nachgehen, wann die ersten Nachrichten über die Massenhinrichtungen von Juden die westliche Welt erreichten, ohne die zitierte Nachricht aus erster Hand von Paul Thümmel zu berücksichtigen.[79] Sogar in den erst vor kurzer Zeit publizierten Untersuchungen führender tschechischer Fachleute, die Thümmels Spionagetätigkeit detailliert beschreiben, wird dieses aufschlußreiche Dokument ignoriert.[80] Einige Fachleute neigen außerdem dazu, Thümmels Beitrag zu unterschätzen, indem sie sein „doppeltes Spiel“ in den Mittelpunkt rücken.[81] Sie heben

76 Zitiert von Detlef Brandes, Großbritannien und seine osteuropäischen Alliierten 1939–1943. Die Regierungen Polens, der Tschechoslowakei und Jugoslawiens im Londoner Exil vom Kriegsausbruch bis zur Konferenz von Teheran, München 1988. Brandes zitiert in Fußnote 45, S. 201 f. „René“ an „Pavel“ vom 26. 7. 1941, Institut für Zeitgeschichte München T 77, R 1050.

77 J. u. St. Kokoškovi, Spor o Agenta A–45, Kapitel 26, S. 305–317.

78 Ebenda.

79 David Bankier, The Germans and the Holocaust: What Did They Know?, in: Yad Vashem Studies 20 (1990),S. 69–98..

80 Keine der Publikationen, die zu diesem Thema erschienen sind, erwähnt Thümmels Nachricht vom 26. 7. 1941.

81 Vgl. J. u. St. Kokoškovi, Kap. 26, S. 305–317.

hervor, daß er „seine tschechischen Partner im Stich gelassen" habe – Mitglieder der Geheimen Militärorganisation (NO), die gefaßt und hingerichtet wurden.

Hervorzuheben ist die Tatsache, daß Thümmel die Notwendigkeit erkannte, die Massaker der Einsatzgruppen gleich zu Beginn der „Operation Barbarossa" und die Vernichtung der Juden (einen Monat nach dem Überfall auf die Sowjetunion) aufzudecken. Ebenso bedeutsam ist, daß diese Information im Juli 1941 an die SIS weitergeleitet wurde. Trotz aller Bemühungen fand die Nachricht jedoch bei ihren Empfängern keinerlei Beachtung.

Der Fall Otto Gall

Eine der wichtigsten Untergrundgruppen war die zivile Gruppe „Wir bleiben getreu" (Petiční výbor „Věrni zůstaneme" – PVVZ), die den größten Anteil an Juden in ihrer Leitung aufwies.[82] Sie war bereits nach dem Münchener Abkommen gegründet worden und profitierte sehr früh (1939) von der Zusammenarbeit mit Otto Gall,[83] dem Sekretär der „zivilen" Abteilung der Gestapo. Schon während seines Dienstes in Aussig hatte sich Gall vom Nationalsozialismus abgewandt. Von der Notlage der jüdischen Bevölkerung erfuhr er durch seine Verlobte Herta, deren Vater Dr. František Bauer Jude und deren Mutter tschechische „Arierin" war. Bauer traf sich zusammen mit Anna Dohalská, der Ehefrau von Zdeněk Bořek-Dohalský,[84] regelmäßig im Auftrag der PVVZ mit Otto Gall. Gall informierte sie über die von der Gestapo geplanten Aktivitäten und Operationen gegen tschechische Organisationen, die als Regimegegner bekannt waren. Dank seiner Intervention wurden einige von der Gestapo verhaftete PVVZ-Mitglieder wieder freigelassen, anderen wurden bevorzugte Funktionen im Gefängnis übertragen, die ihnen den Alltag erleichterten. Wir können davon ausgehen, daß die PVVZ bereits im Januar 1940 durch Gall von der Möglichkeit bevorstehender Deportationen in Kenntnis gesetzt wurde und ihrerseits die tschechoslowakische Exilregierung informierte.[85]

82 Vgl. Rothkirchen, The Defiant Few, S. 55–63.

83 Vgl. Václav Černý, Křik koruny české, 1938–1945, Brno 1992, S. 306 f.

84 Ebenda.

85 Zdeněk Bořek-Dohalský, der bekannte Journalist, diente als Verbindungsmann zwischen der tschechoslowakischen Exilregierung und Premierminister Eliáš. Er wurde in den letzten Tagen des Krieges hingerichtet. DHCP, Bd. 2, S. 500.

„Hinsichtlich bestimmter Maßnahmen ist es ratsam, amerikanische Repressalien zu fordern und zu diesem Zweck eine Kampagne einzuleiten; nichts anderes kann helfen. Wir können nicht dastehen und alles passiv beobachten. Falls es zum Beispiel zur Mobilisierug kommen sollte, zur Rekrutierung von Zwangsarbeitern, der Massendeportation von Juden, muß die öffentliche Meinung vorbereitet sein, so daß die Kampagne, wenn notwendig, eingeleitet werden kann."

Die PVVZ hielt den Kontakt zu Otto Gall bis zu dessen Enttarnung am Ende des Krieges; er wurde verhaftet, nach Theresienstadt gebracht und nie wieder gesehen. (Gerüchte besagen, er könnte in sowjetische Gefangenschaft geraten sein.)[86]

Überlebende der Todesmärsche

Bis heute ist eine ganze Sammlung von Literatur und Erinnerungen erschienen, die das Grauen der letzten Kriegsmonate und die berüchtigten „Todesmärsche" beschreiben. Viele dieser Kolonnen hungriger und verzweifelter Menschen stießen bei ihrer Ankunft an der tschechischen Grenze sofort auf eine Welle von Sympathie von Menschen, die die ausgezehrten Häftlinge mit Brot und warmen Getränken versorgten.[87] Es ist bemerkenswert, daß viele Überlebende in ihren Aufzeichnungen mit großer Dankbarkeit auf die Hilfe und Mitmenschlichkeit der einfachen Bevölkerung zurückblicken. Einer der bewegendsten Berichte stammt von Eva Erben, die 1930 in Prag geboren worden war und die sich an das tschechische Bauernehepaar erinnert, das sie gerettet hatte.[88]

Kryštof und Ludmila Jahn, die in dem Dorf Postřekov in Südböhmen lebten, erweckten das erschöpfte junge Mädchen wieder zum Leben und pflegten es liebevoll, ohne zu wissen, woher sie kam. Als sie Eva auf dem Feld fanden, wußten sie noch nichts über ihre Erlebnisse in Theresienstadt und später in Auschwitz. Nachdem sie während des „Todesmarsches" Zeugin des Todes ihrer Mutter geworden war, beschloß Eva, nicht weiterzugehen. Als die SS-Wachen ihrer Gruppe befahlen, in einer Scheune Schutz zu suchen, wartete sie, bis alle eingeschlafen waren. Sie verkroch sich in einem riesigen Heuhaufen und harrte dort aus, bis die

86 Černý, Křik koruny české, S. 307.

87 Zahlreiche Beweise dafür finden sich in der Literatur und den Erinnerungen, die das Archiv Yad Vashem verwahrt.

88 Eva Erben, Mich hat man vergessen. Erinnerungen eines jüdischen Mädchens, Weinheim/Basel, 1996.

Kolonne weiterzog. Drei Tage lief sie allein die Eisenbahnschienen entlang, bis sie ein tschechisches Dorf erreichte.[89] „Das erste Haus, an dessen Tür ich klopfte, war das größte Gebäude im Dorf. Als niemand antwortete, öffnete ich vorsichtig die Tür. In dem kleinen Flur stand eine ganze Reihe blank geputzter Stiefel [...]. Ich schloß nicht einmal die Tür hinter mir, sondern rannte so schnell ich konnte auf die offenen Felder zu. Dort wurde ich ohnmächtig und fiel zu Boden."

Als Eva wieder zu Bewußtsein kam, lag sie, in ein Nachthemd gekleidet, in einem sauberen Bett in einem Bauernhaus in Postřekov. Kryštof und Ludmila Jahn standen an ihrem Bett und boten ihr etwas zu essen an.[90] Später erfuhr sie, daß der Bauer sie in seinem Kleefeld gefunden hatte. In einem improvisierten Versteck unter dem Küchenfußboden sorgte das Ehepaar liebevoll für das Mädchen, bis zum Juli, als eine Tante Evas kam, um sie mitzunehmen.[91]

Der Schriftsteller Zdeněk Urbánek (geb. 1917) war eng mit Jiří Orten befreundet.[92] Seit Beginn der Okkupation versuchte er, wo immer er konnte, das Leiden seiner Bekannten und Kollegen zu lindern. Seine bescheidene Prager Zweizimmerwohnung, die er mit seiner Frau und seinen zwei Kindern teilte, diente als Postdepot für Lebensmittelpakete, die an Freunde in Theresienstadt geschickt wurden.[93] An die kostbaren Lebensmittelvorräte kam er durch seine Eltern, die auf dem Land lebten. Einige Juden fanden auch vorübergehend Zuflucht in seiner Wohnung, bevor sie in ein sichereres Versteck gebracht werden konnten.

Seine letzte Rettungsaktion fand im Januar 1945 statt, als eines Nachts acht tschechisch-jüdische Mädchen mit kahlgeschorenen Köpfen an seine Haustür klopften, ihm von ihrer wunderbaren Flucht erzählten und ihn um Hilfe baten. Die Mädchen hatten die Situation während der Evakuierung des Lagers in Kurzbach (im Generalgouvernement) genutzt, um sich davonzustehlen, als sie sich mit ihren Wachen in das Lager Groß-Rosen aufmachten. Urbanek besorgte ihnen, zusammen mit einigen Freunden, sichere Unterkünfte, und so konnten sie den Krieg überleben. Eines der Mädchen, Anita Premsler (Hiršalová), brachte er in seiner eigenen Wohnung unter.

89 Ebenda, S. 37 f.

90 Ebenda, S. 38.

91 Ebenda, 56 f.

92 Zeugenaussage von Věra Bednářová, Yad Vashem Archive, Dossier M-31/6923; Yad Vashem Archive, Dossier M-31/5474; Aussage von Anita Hiršalová, Dossier M-31/6923; Brief von Zdeněk Urbánek (Prag) an Mordecai Paldiel vom 2. 6. 1991.

93 Vgl. Zeugenaussage Bednářovás, ebenda.

Immer wieder taucht die Frage auf, ob die Tschechen ihrem Ruf als Philosemiten im Sinne von Masaryks humanistischer Weltanschauung gerecht wurden. Es gibt triftige Beweise, daß öffentliche Sympathiebekundungen für die Notlage der jüdischen Bevölkerung verbreiteter waren als in allen anderen besetzten Ländern. Juden, die den gelben Stern trugen, waren auf der Straße oder in der Straßenbahn keinen Gewalttaten ausgesetzt. Zwar kann man den Informationen der Meldungen der Sicherheitspolizei und des SD wegen ihres oft tendenziösen Inhalts nicht trauen und muß ebenso die mögliche Parteinahme für die Juden zum Nutzen eigener Zwecke und Interessen berücksichtigen, aber man darf die Fakten auch nicht ignorieren.[94] Jedenfalls fehlten dem tschechischen Antisemitismus zwei grundlegende Elemente, die fanatischen Judenhassern gemeinsam sind: Rassismus und bigotter Religionshaß.[95]

Die geringe Beteiligung an Rettungsversuchen läßt sich mit der Überwachung durch die Gestapo, der Vielzahl einschneidender Gesetze sowie drakonischer Strafen, den Schnellhinrichtungen und schließlich der realen Todesgefahr erklären. Ein altes Sprichwort besagt, daß schlechte Zeiten die Herzen der Menschen verhärten. Diese Gedanken schwingen in Zdeněk Urbáneks tiefem Bedauern mit:[96] „Ich schäme mich dafür, wie gering und unangemessen die Hilfe oder Verteidigung war, die wir, das ist das damalige tschechische Volk, und ich unseren jüdischen Landsleuten und Freunden anbieten konnten [...]. Noch heute glaube ich, daß das Münchener Abkommen von Herrn Beneš nicht hätte akzeptiert werden dürfen, wenn nicht aus anderen Gründen, so aus dem einfachen Grunde des mörderischen Antisemitismus der Nationalsozialisten."

Noch fünfzig Jahre später erzählt Urbánek, wie dankbar er dem Schicksal dafür sei, daß er einigen Menschen in jenen Jahren mit Pro-

94 Generalisierungen und Übertreibungen wurden gemacht, um sich der nationalsozialistischen Politik anzupassen; vgl. Ian Kershaw, German popular Opinion and the „Jewish Question", 1933–1945: Some further Reflections, in: Arnold Paucker (Hrsg.), Die Juden im nationalsozialistischen Deutschland, Tübingen 1986, S. 365–386.

95 In einigen osteuropäischen Ländern litten die Juden unter Angriffen auf der Straße: Schätzungen haben ergeben, daß mindestens 3000 Juden von antisemitischen polnischen Gruppen während des Krieges und kurz nach dessen Ende ermordet wurden; vgl. Yisrael Gutman, Shmuel Krakowski, The Unequal Victims – Poles and Jews during World War II, New York 1986, S. 238, 370.

96 Urbáneks Brief an Paldiel, siehe Anm. 92.

viant und Unterkünften helfen konnte. Die Hilfe für jüdische Freunde „bleibt eine der wichtigsten Säulen seines Lebens".

In meinen früheren Untersuchungen zum Schicksal der tschechischen Juden habe ich mich zu dem grausamen Tatbestand geäußert, daß die jüdische Gemeinschaft in Böhmen und Mähren am Ende des Krieges eine der höchsten Todesraten im nationalsozialistischen Europa zu verzeichnen hatte. Bezüglich der Haltung der Bevölkerung schrieb ich, daß die Tschechen die antisemitischen Maßnahmen als eine traurige Notwendigkeit akzeptierten und ein großer Teil geschwiegen hatte. Neuere Forschungen in der „Grauzone" jedoch belegen, daß es zahlreiche Tschechen und auch einige Deutsche gab, die trotz des großen Risikos Mittel und Wege fanden, sich der „Elendsten der Elenden" anzunehmen, um sie vor der Deportation zu retten. Unglücklicherweise haben die meisten für diese Taten mit ihrem Leben bezahlt.

Aus dem Englischen von Maren Krüger

Angelika Königseder

Österreich – ein Land der Täter?

1. Der „Anschluß" 1938

Am Nachmittag des 12. März 1938 überschritt Adolf Hitler im Gefolge der deutschen Wehrmacht bei seiner Geburtsstadt Braunau am Inn die deutsch-österreichische Grenze und zog unter dem frenetischen Jubel der Bevölkerung auf blumengeschmückten Straßen weiter nach Linz, wo er am folgenden Tag das „Gesetz über die Wiedervereinigung Österreichs mit dem Deutschen Reich" unterzeichnete. Damit war der Schlußpunkt gesetzt unter das zwei Jahrzehnte dauernde Anschlußbestreben, das anfänglich von österreichischer, dann von deutscher Seite aus forciert worden war. Der Friedensvertrag von St. Germain 1919 hatte Österreich zweifelsohne noch härter getroffen als der Vertrag von Versailles das Deutsche Reich. Die Donaumonarchie war regelrecht zerschlagen worden, und es entstand mit „Deutsch-Österreich" ein „Staat, den keiner wollte". Das Land, das nur noch ein Fünftel des Territoriums und ein Viertel der Bevölkerung des ehemaligen Habsburger Reiches umfaßte, glaubte selbst nicht an die Möglichkeit einer eigenständigen Existenz, und die wirtschaftlichen und innenpolitischen Probleme verschafften der „Vision vom Heiligen Römischen Reich ... magische Anziehungskraft".[1] Der Vertrag von St. Germain verbot jedoch einen Anschluß an das Deutsche Reich.

Nach der nationalsozialistischen Machtübernahme in Deutschland am 30. Januar 1933 drängte die deutsche Seite aus ökonomischen, strategischen und ideologischen Gründen auf den Anschluß Österreichs. Der österreichische Bundeskanzler Engelbert Dollfuß, der im März 1933 den Nationalrat aufgelöst und nach den Februarunruhen 1934, in deren Zusammenhang die Sozialdemokratische Partei zerschlagen worden

1 Joachim Riedl, Anschluß von innen, in: Die Zeit vom 18. März 1988.

war, einen autoritären „Ständestaat" eingerichtet hatte, widersetzte sich den nationalsozialistischen Annäherungsversuchen jedoch vehement. Im Juni 1933 verbot er nach Terrorakten die Nationalsozialistische Partei in Österreich; viele ihrer Kämpfer sammelten sich daraufhin in der „Österreichischen Legion" in Bayern, wo sie jederzeit zum Eingreifen bereitstanden. Bei dem nationalsozialistischen Putschversuch im Juli 1934, dessen Gelingen Mussolinis Drohung, die österreichische Unabhängigkeit notfalls auch militärisch verteidigen zu wollen, vereitelte, wurde Bundeskanzler Dollfuß erschossen. Bis 1938 blieb das deutsch-österreichische Verhältnis gespannt.

Dollfuß' Nachfolger Kurt von Schuschnigg behielt die Politik der Eigenständigkeit Österreichs bei, sah sich jedoch immer stärkerem Druck von Deutschland und den illegalen Nationalsozialisten ausgesetzt. Gleichzeitig erfolgte eine für Österreich folgenschwere Annäherung Deutschlands an Italien. Der makabre Scherz, die Achse Rom – Berlin sei der Spieß, an dem Österreich braun gebraten werde, entstand.[2] Dem immer dreisteren Drängen Görings und Hitlers wollte Schuschnigg mit einer Volksabstimmung über die Unabhängigkeit Österreichs, die er am 10. März für den 13. März 1938 anberaumte, zuvorkommen. Nach hektischen Aktivitäten deutscher Diplomaten in der Frage, ob England, Frankreich und Italien eine Föderation Österreichs mit dem Deutschen Reich hinnehmen würden, drohte Hitler Schuschnigg mit militärischem Eingreifen, falls er die Volksabstimmung nicht absage. Schuschnigg kapitulierte vor dem deutschen Druck und trat in den Abendstunden des 11. März 1938 zurück; Bundespräsident Miklas ernannte den Nationalsozialisten Arthur Seyß-Inquart zum österreichischen Bundeskanzler. Hitler erteilte dennoch den Befehl zum Einmarsch für den folgenden Tag. Der am 13. März erfolgte „Anschluß" Österreichs an das Deutsche Reich war für Hitler ein gewaltiger machtpolitischer Erfolg. Seine Bedeutung analysierte die „Neue Zürcher Zeitung" am 15. März 1938 sehr weitsichtig: „Der triumphale Einzug, den Adolf Hitler gestern in Wien feierte, ist von nicht geringerer Bedeutung wie der siegreiche Abschluß eines großen Krieges. [...] Im Zeitraum von 48 Stunden, vom Abend des 11. März [...] bis zur Verkündung des Anschlußgesetzes am Abend des 13. März ist Hitler die Eroberung und Annexion eines Staates mit einem Flächeninhalt von 83 868 qkm und einer Bevölkerung

2 Norbert Schausberger, Österreich und die nationalsozialistische Anschlußpolitik, in: Manfred Funke (Hrsg.), Hitler, Deutschland und die Mächte. Materialien zur Außenpolitik des Dritten Reiches, Düsseldorf 1976, S. 741.

von rund 6 3/4 Millionen ohne Schwertstreich gelungen. Das ist ein Gewinn, der die Verluste übertrifft, die Deutschland im Jahre 1920 auf Grund des Friedensvertrages von Versailles [...] erlitt. Da der Besitz Österreichs zugleich die Herrschaft über eine Schlüsselposition der europäischen Politik bedeutet, ist der tatsächliche Machtzuwachs für Deutschland unvergleichlich viel größer. [...] Wer in Wien sitzt, sagte in der Zeit der Friedenskonferenz ein italienischer Diplomat, wird letzten Endes den Weltkrieg gewonnen haben. Darin – ganz abgesehen von der zum Teil einmaligen, aber im Augenblick äußerst wichtigen Bereicherung, die der kriegsmäßigen Mangelwirtschaft des Nationalsozialismus mit der Aufsaugung der Rohstoff- und Devisenschätze Österreichs zufällt – ist das beispiellose Triumphgefühl und Selbstbewußtsein begründet, das sich Deutschlands bemächtigte, sobald der Erfolg des gewaltigen Handstreiches [...] feststand. [...] Sowohl die Methoden, die dabei angewendet wurden, als auch die machtpolitischen Verschiebungen und die drohenden Konsequenzen des gestörten europäischen Gleichgewichts sind für die nächste Zukunft des Kontinents von der allergrößten Bedeutung."[3]

Am 10. April 1938 ließ Hitler in Österreich eine Volksabstimmung durchführen, die mit 99,08 Prozent Ja-Stimmen für den „Anschluß" ein überwältigender Erfolg wurde. Thomas Nipperdey erklärt diesen Stimmungsumschwung zugunsten des Deutschen Reiches mit der fehlenden Verwurzelung von Schuschniggs im Volk, mit wirtschaftlichen Hoffnungen, einer Unterschätzung der wahren Ziele der Nationalsozialisten, vor allem aber sei es nicht unbedingt eine Entscheidung für Hitler gewesen, sondern „für den alten großdeutschen Traum, für die nie untergegangene elementare Sehnsucht nach der Einheit der Nation – jenseits des kleinen Rumpfstaates, in dem man nie zu Hause gewesen war".[4] Der österreichische Historiker Gerhard Botz sieht das Ergebnis als „perfektes Zusammenspiel" verschiedener Faktoren: „Durch terroristische Einschüchterung, soziale Kontrolle und breite Organisierung der Bevölkerung, durch technische und psychologische Raffinesse der Propaganda, Hervorrufung von Zustimmungserklärungen aus allen relevanten politisch-sozialen Gruppen, durch scheinpartizipatorische Massenmobilisierung und durch kurzfristig wirksame sozialpolitische Maßnahmen; schließlich hätte auch eine Ablehnung des ‚Anschlusses'

3 Neue Zürcher Zeitung vom 15. März 1938.

4 Thomas Nipperdey, Das Ende des großdeutschen Traums. Fünfzig Jahre nach dem Anschluß Österreichs, in: Frankfurter Allgemeine Zeitung vom 12. März 1988.

nichts an der Anwesenheit der deutschen Wehrmacht in Österreich geändert."[5]

Obwohl die Begeisterung über den „Anschluß" bei den Österreichern in den folgenden Monaten zurückging, stieß bei vielen die antisemitische Ideologie des Nationalsozialismus auf offene Ohren. Sie aktivierte die seit Jahrhunderten in Österreich tradierten religiösen und wirtschaftlichen antijüdischen Stereotype, die bis in die zweite Hälfte des 19. Jahrhunderts ein Anwachsen der jüdischen Gemeinde im Land verhindert hatten.

2. Ausgrenzung, Verfolgung und Deportation der österreichischen Juden

Obwohl bereits die Zollordnung von Raffelstätten (904/906) erstmals die Existenz von Juden in Österreich nachwies, spielte die jüdische Bevölkerung bis Ende des 18. Jahrhunderts nur eine Nebenrolle im katholisch geprägten Habsburger Reich. Erst das Staatsgrundgesetz von 1867 beendete die jahrhundertelange Politik des Schwankens zwischen Duldung und Vertreibung, indem es die von Joseph II. 1782 eingeleitete Entwicklung der Verbesserung der Position der Juden zum Abschluß brachte und alle rechtlichen Beschränkungen aufhob. Im Jahr 1900 lebten im Habsburger Reich einschließlich Ungarns 2 065 165 Juden, was einem Anteil von 4,5 Prozent an der Gesamtbevölkerung entsprach.[6] Vor allem Wien entwickelte sich aufgrund seiner wirtschaftlichen Möglichkeiten zu einem Anziehungspunkt, und die jüdische Bevölkerung trug um die Jahrhundertwende wesentlich zur politischen, wirtschaftlichen und kulturellen Bedeutung der Stadt bei. Der Erste Weltkrieg verstärkte die Zuzugsbewegung von Juden aus den östlichen Gebieten des Habsburger Reichs nach Wien, so daß Teile des zweiten Wiener Bezirks Leopoldstadt, wo die meisten Flüchtlinge Quartier nahmen, den ostjüdischen Schtetl glichen. Die Zuwanderer blieben den dem Wiener Bürgertum nahestehenden assimilierten Juden genauso fremd wie der nichtjüdischen Bevölkerung. 1938 lebten in Österreich 185 028 Juden, davon 169 978 in Wien, 8010 in Niederösterreich, 3220 im Burgenland, 2028 in der

5 Gerhard Botz, Das Anschlußproblem (1918–1945) – aus österreichischer Sicht, in: Robert A. Kann/Friedrich E. Prinz (Hrsg.), Deutschland und Österreich. Ein bilaterales Geschichtsbuch, Wien 1980, S. 192.

6 Dokumentationsarchiv des österreichischen Widerstands/DÖW (Hrsg.), Jüdische Schicksale. Berichte von Verfolgten, Wien 1992, S. 3.

Steiermark, 980 in Oberösterreich, 346 in Tirol, 257 in Kärnten, 189 in Salzburg und 18 in Vorarlberg.[7] Nach dem „Anschluß" kamen zu diesen „Glaubensjuden" noch mehr als 30 000 Personen, die von den Nationalsozialisten den „Nürnberger Gesetzen" folgend als „Rassejuden" deklariert und damit von der Verfolgung bedroht waren.[8]

Die Verfolgung der Juden begann unmittelbar nach dem „Anschluß" Österreichs an das Deutsche Reich am 12. März 1938. Die aufgestaute Frustration der Nation entlud sich im Anschlußtaumel in pogromartigen Ausschreitungen gegen die jüdische Bevölkerung, die der Brutalität des Straßenmobs und dem demütigenden Beifall zahlreicher Zuschauer ungeschützt ausgesetzt war. Sogenannte Reibpartien, bei denen Juden die Straßen von den Wahlkampfparolen Schuschniggs und der „Vaterländischen Front" meist mit bloßen Händen reinigen mußten, dienten der Belustigung des Pöbels; sie gingen einher mit privaten Raubzügen, in denen Parteiangehörige und Zivilisten jüdische Wohnungen nach Geld, Schmuck, Pelzen und anderen Wertgegenständen durchsuchten.

Gleichzeitig mit den ungezügelten Ausschreitungen begann die rechtliche und wirtschaftliche Ausgrenzung der jüdischen Österreicher. Bereits am 15. März 1938 wurden die jüdischen Beamten entlassen, und am 26. April wurde mit der „Vermögensverkehrsstelle für Juden" eine Institution errichtet, die die unmittelbar nach dem „Anschluß" einsetzenden wilden Arisierungen legalisieren sollte. Bis zur Volksabstimmung über den „Anschluß" am 10. April 1938 überließen die Deutschen den österreichischen Nationalsozialisten die Initiative in der Judenpolitik, sie hatten dann allerdings Mühe, die damit einhergehenden brutalen Ausschreitungen, die in den Augen der neuen Machthaber ein schlechtes Bild auf das Deutsche Reich warfen, zu unterbinden. Am 20. Mai 1938 traten alle bis zum „Anschluß" in Deutschland erlassenen antijüdischen Gesetze und Verordnungen in Kraft,[9] und von diesem Zeitpunkt an wurde Österreich ein Exerzierfeld für die deutsche Judenpolitik.

Bereits am 18. März 1938 wurde das Amtsgebäude der Israelitischen Kultusgemeinde Wien geschlossen, und alle zu diesem Zeitpunkt anwesenden Angestellten kamen in Haft. Adolf Eichmann veranlaßte die

7 Herbert Rosenkranz, Verfolgung und Selbstbehauptung. Die Juden in Österreich 1938–1945, Wien 1978, S. 13.

8 DÖW, Jüdische Schicksale, S. 671.

9 Jonny Moser, Österreich, in: Wolfgang Benz (Hrsg.), Dimension des Völkermords. Die Zahl der jüdischen Opfer des Nationalsozialismus, München 1996, S. 67.

Wiedereröffnung der Gemeinde am 2. Mai 1938, weil er ihre Mitarbeit bei der Auswanderung und später auch bei der Deportation der Juden benötigte. Der Amtsdirektor Dr. Josef Löwenherz wurde zu ihrem Leiter bestellt. Die Hauptaufgabe der Gemeinde sollte die Forcierung der jüdischen Auswanderung sein. Dafür mußte sie Visa und Devisen beschaffen und Berufsumschichtungskurse einrichten. Die rasch fortschreitende Verarmung der österreichischen Juden, durch Berufsverbote, „Arisierungen“ und Zwangsräumungen von Wohnungen bedingt, zwang die Gemeinde, gleichzeitig ihr Fürsorgenetz zu erweitern. Am 1. November 1942 wurde die Israelitische Kultusgemeinde aufgelöst und in den „Ältestenrat der Juden in Wien“ umgewandelt. Er mußte, wie vorher die Gemeinde, die Deportationslisten zusammenstellen.

Um die Auswanderung – die in Österreich einer Austreibung glich – zu fördern, wurde unter Leitung von Adolf Eichmann im August 1938 die „Zentralstelle für jüdische Auswanderung“ in Wien errichtet, die eine „rationelle und für den Staat einträgliche Organisationsform der Vertreibung“ darstellte.[10] Wegen ihres wirtschaftlichen Erfolges – sie zog das gesamte Vermögen der Emigranten zugunsten des Staates ein – wurde sie zum Vorbild für weitere „Zentralstellen“ in Berlin und Prag. Bis November 1941 verließen 128 500 Juden Österreich, davon emigrierten 55 505 in europäische Länder, 28 700 in die USA, 28 172 nach Asien und in den Nahen Osten, 11 580 nach Mittel- und Südamerika, 1880 nach Australien und Neuseeland und 644 nach Afrika. Viele Juden, die in einem europäischen Land Zuflucht gesucht hatten, fielen allerdings nach Kriegsbeginn wieder in die Hände der Judenmörder.[11]

Der Pogrom im November 1938, der für viele Juden in Deutschland ein Schlüsselerlebnis darstellte, weil er die wahren Absichten des neuen Regimes deutlich machte, traf die österreichischen Juden weniger unvorbereitet. Bereits im Oktober hatte sich der Antisemitismus, nachdem er nach den Exzessen in den ersten Wochen nach dem „Anschluß“ im Sommer etwas abgeflaut war, radikalisiert, waren Juden willkürlich verhaftet und Synagogen geschändet worden. Der Pogrom in Wien stellte dann allerdings einen neuen Höhepunkt der gewalttätigen antijüdischen Ausschreitungen dar. Tausende von jüdischen Geschäften und Wohnungen wurden geplündert oder zerstört und 42 Synagogen und Bethäuser angezündet. Mindestens 27 Juden fielen den Gewalttätigkei-

10 Christian Kloyber, Man nannte sie „Emigranten“, in: Wien 1938, Wien 1988, S. 302.

11 Erika Weinzierl, Zu wenig Gerechte. Österreicher und Judenverfolgung 1938–1945, Graz 1969, S. 52 f.

ten zum Opfer. In Wien verhaftete die Gestapo 6547 Juden, im übrigen Österreich etwa 1250, von denen 3700 sofort in das KZ Dachau überstellt wurden.[12]

Da sich ab Kriegsbeginn die Auswanderungsmöglichkeiten für Juden dramatisch verschlechterten, wollte Eichmann den zu diesem Zeitpunkt im Reichssicherheits-Hauptamt diskutierten Plan eines „Judenreservats" im Gebiet um Lublin in die Tat umsetzen. Mitte Oktober 1939 wurden Transporte aus Wien, Mährisch-Ostrau und Kattowitz in das Gebiet östlich von Nisko am San geschickt. Der Plan eines dort angelegten „Judenreservats" scheiterte jedoch. Lediglich 198 der 1584 deportierten Wiener Juden kehrten zurück; alle anderen waren über die sowjetische Grenze gejagt worden.[13]

In Österreich begannen die Deportationen bereits vor dem 15. Oktober 1941, dem Tag, an dem der erste Transport das „Altreich" verließ.[14] Die akute Wohnungsnot in Wien war Anlaß für die Deportation von 5031 Juden im Februar und März 1941 in das Generalgouvernement. Im Oktober 1941 wurden 4995 österreichische Juden in das Ghetto Litzmannstadt/Łódź deportiert. Seit November 1941 waren Riga und Minsk, seit April 1942 die Vernichtungslager in Polen Ziel der Deportationen. 15 122 meist alte und gebrechliche Juden und Kriegsteilnehmer des Ersten Weltkriegs wurden nach Theresienstadt ausgesiedelt, viele von dort später weiter nach Auschwitz deportiert. Am 7. Juli 1942 ging der erste Transport mit 995 Juden direkt aus Wien nach Auschwitz.

Ende 1942 lebten nur mehr 8102 Juden (im Sinne der „Nürnberger Gesetze") in Österreich. Aber noch 1943 wurden 1393, 1944 451 und 1945 30 Personen deportiert oder in ein Konzentrationslager eingewiesen. Bei der Befreiung lebten in Österreich noch 5816 Juden. Nach den Forschungen des österreichischen Historikers Jonny Moser sind 65 459 österreichische Juden während des Nationalsozialismus ermordet worden.[15]

12 Gerhard Botz/Ivar Oxaal/Michael Pollak (Hrsg.), Eine zerstörte Kultur. Jüdisches Leben und Antisemitismus in Wien seit dem 19. Jahrhundert, Buchloe 1990, S. 297; Gerhard Botz, Nationalsozialismus in Wien. Machtübernahme und Herrschaftssicherung 1938/39, Buchloe 1988, S. 402.

13 Vgl. dazu: Nisko 1938/1994. Die Aktion Nisko in der Gesamtgeschichte der „Endlösung der Judenfrage". Internationale wissenschaftliche Konferenz. Sammelband, Hrsg. Facultas Philosophica Universitatis Ostraviensis, Ostrava 1995.

14 S. dazu Ino Arndt/Heinz Boberach, Deutsches Reich, in: Benz, Dimension des Völkermords, S. 44.

15 Moser, Österreich, S. 69 ff.

In Österreich und vor allem in Wien traf die NS-Judenpolitik auf einen seit Jahrhunderten tradierten kirchlichen Judenhaß, der von der „Deutschnationalen Bewegung" des Georg Ritter von Schönerer und der „Christlichsozialen Partei" Karl Luegers seit den achtziger Jahren des 19. Jahrhunderts um eine rassistische Komponente erweitert worden war und dort eine politische Heimat gefunden hatte. Besonders in den ersten Wochen nach dem „Anschluß" tobte sich dieser Antisemitismus sogar radikaler aus, als es den neuen Machthabern opportun schien. Die tiefe Verwurzelung des Antisemitismus mündete in eine weitreichende Zustimmung zu den entwürdigenden, diskriminierenden und ausgrenzenden Maßnahmen der NS-Judenpolitik. Damit war keine gute Basis für Hilfe und Solidarität mit den Verfolgten vorhanden.

3. Solidaritätsbeweise und Hilfeleistungen nach dem „Anschluß"

Obwohl in Österreich seit Jahrhunderten Juden lebten und in Wien eine große jüdische Gemeinde existierte, deren Mitglieder das politische, kulturelle und gesellschaftliche Leben des Landes wesentlich mitgetragen hatten, war die Zahl der Helfenden im Vergleich zu einigen anderen Ländern klein. Aber dennoch gab es Österreicher, die den Radau-Antisemitismus, der sich vor allem in den „Reibpartien" unmittelbar nach dem „Anschluß" Luft machte, mißbilligten; größerer Widerstand regte sich allerdings gegen die verletzenden und erniedrigenden Ausschreitungen nicht. Ein Bericht vom April 1938 zeichnet ein realistisches Bild der Situation: „Man muß daher verstehen, daß die Katastrophe, die die österreichische Judenheit befallen hat und die krassen Veränderungen, durch die innerhalb weniger Wochen ihre wirtschaftliche, gesellschaftliche und rechtliche Lage drastisch verwandelt wurde, nicht die Folge öffentlich verkündeter Gesetze ist, sondern von Aktionen, die de facto von verschiedenen Faktoren verbrochen werden, wie: den Nazi-Partei-Organisationen, der Geheimen Staatspolizei, den uniformierten SS und SA und von einzelnen [...]. Obgleich eine augenscheinliche Nebensächlichkeit im Vergleich mit den anderen Handlungen unter dem neuen Regime, hatten doch die tiefste Wirkung auf die jüdische Bevölkerung das erzwungene Reiben von Gehsteigen, Waschen von Kasernen, etc. Nicht nur lähmt die Angst, solcher Frohn [sic!] unterzogen zu werden die Bewegungsfreiheit einer großen Klasse, besonders älterer Mitglieder der Bevölkerung, sondern der Anblick der sich weidenden, verhöhnenden und schreienden nichtjüdischen Menge, hervorgerufen durch solche demütigende Vorstellungen, verursachte der gesamten jüdischen Bevölkerung einen furchtbaren Schock. Es beraubte die Juden jeden Gefühls persönlicher Sicherheit und ihres Glaubens an die Menschlichkeit des Nachbarn. Es enthüllte ihnen, daß sie nicht nur in einem Narrenparadies, sondern in einer wahren Hölle lebten. Niemand, der den Durchschnittswiener bis damals kannte, würde glauben, daß er auf eine solche Stufe sinken konnte."[16]

Ein Junge in Wien, der einen Juden von der Straße weg zum Fensterputzen in einem Parteilokal zwang, mißbilligte dieses Vorgehen zwar nicht ausdrücklich, aber die Situation war ihm zumindest peinlich. Zur Frau des zum Schrubben Gezwungenen meinte er beschwichtigend: „Soll die gnädige Frau nach Hause gehen. Es wird Ihrem Mann nichts geschehen. In einer Stunde ist er wieder bei Ihnen." Vor dem Mann glaubte er sich folgendermaßen rechtfertigen zu müssen: „Meinetwegen könntest du sofort nach Hause gehen. Ich meinerseits brauche deine Arbeit überhaupt nicht, wenn mich aber mein Vorgesetzter schickt, muß ich doch gehorchen. Er hat mich heute schon zehnmal auf die Straße geschickt, um Juden zu fangen. Rauchen Sie? Bitte, da haben Sie eine Zigarette. Doch wenn Sie jemanden gehen hören, werfen Sie sie sofort weg!"[17]

Öffentlich tat der Inhaber des größten Kaufhauses in Floridsdorf, Wodicka, seine Mißbilligung dieser „Reibpartien" kund. Er zeigte sich mit dem Davidstern und seinen Auszeichnungen aus dem Ersten Weltkrieg dekoriert in der Öffentlichkeit. Seinen Mut mußte er jedoch teuer bezahlen; schwerverletzt wurde er in ein Krankenhaus eingeliefert.[18]

Der Widerstand gegen diese primitive Form der Judenfeindschaft schloß aber nicht unbedingt eine Ablehnung des Antisemitismus oder des Nationalsozialismus ein. Dagmar Ostermann, in Wien geboren, erinnert sich: „In unserem Haus hat ein Ingenieur gewohnt, der sich erst in Abendschulen seinen Ingenieur erarbeitet hat. Tagsüber hat er im Landeserziehungsheim Grinzing als Erzieher gearbeitet, und er war überzeugter Nationalsozialist [...]. In diesen ersten Tagen sind jüdische Schüler aus der Schule zu ihm gekommen und haben gesagt: ‚Herr Ingenieur, der Lehrbub meines Vaters hat ihm den Geschäftsschlüssel weggenommen, meinen Vater haben sie verhaftet.' Und dieser Mensch hat

16 Zit. nach Rosenkranz, Verfolgung und Selbstbehauptung, S. 42 f.
17 Ebenda, S. 44.
18 Ebenda.

sich derartig exponiert für die Eltern seiner Schüler und für die Schüler selber, daß ihm die Illegalität aberkannt wurde und er wieder ein profanes Parteimitglied mit der Parteimitgliedsnummer von 1938 war. Er hat sich sofort distanziert und ist zu meiner Mutter hinuntergegangen und hat gesagt: ‚Gnädige Frau, wenn Ihnen irgend jemand zu nahe tritt, holen Sie mich, ich werde für Ordnung sorgen, denn ich muß Ihnen sagen, dafür habe ich, ehrlich gesagt, nicht gekämpft. Ich hab' mir das anders vorgestellt; ich hab' mir vorgestellt, daß für das kleine Österreich vielleicht ein Anschluß an das Großdeutsche Reich einen wirtschaftlichen Vorteil bringen kann, und ich habe eigentlich nach einer ganz anderen Ideologie gehandelt, aber doch niemals, daß man Menschen irgendwie wegen ihrer Religion verfolgt.'"[19]

Noch aufschlußreicher sind einige Schreiben von Gesinnungsgenossen an den Wiener Gauleiter Bürckel, die mit den pogromartigen Ausschreitungen nicht einverstanden waren. Die Einstellung, die in diesen Briefen zum Ausdruck kommt, scheint typisch für weite Kreise der österreichischen Bevölkerung gewesen zu sein, sowohl in ihrer Zustimmung zu antijüdischen Maßnahmen als auch in der gleichzeitigen Ablehnung der diese begleitenden Brutalität. Die gewalttätigen Ausschreitungen wurden von vielen Österreichern nicht befürwortet, wenn auch nur wenige den nächsten Schritt zur Solidarität mit den Opfern wagten. Ein bißchen Mut gehörte allerdings auch dazu, als überzeugter Nationalsozialist bei Gauleiter Bürckel seinen Protest zum Ausdruck zu bringen: „Als Nationalsozialist, der ich seit Jahren illegal gearbeitet habe – wie wohl ich bei einer jüdischen Erzeugerfirma angestellt war und bin, und also wiederholt meine Kündigung erwarten mußte – will ich Sie, sehr geehrter Herr Gauleiter, auf Vorkommnisse in unserer Stadt aufmerksam machen, die unmöglich Ihrem nationalsozialistischen Empfinden entsprechen können. Ich bin mit meinem Chef an einem der letzten Abende durch die Taborstraße gegangen. Da standen, anscheinend vor jüdischen Geschäften, Juden mit Tafeln in der Hand versehen mit der Aufschrift ‚Arier kauft nicht bei Juden'. Einer dieser Träger, der mir durch sein Alter und durch schneeweißen Bart auffiel, wurde mir von meinem Chef ohne jeden Zweifel als der Oberrabbiner von Wien Dr. Taglicht bezeichnet. Ist das Nationalsozialismus? Glauben Sie mir, sehr geehrter Herr Gauleiter, daß ich mich bei dieser Bemerkung meines Chefs eines inneren Schamgefühls nicht erwehren konnte. Weiters begegnete ich

19 DÖW, Jüdische Schicksale, S. 262 f.

einem Trupp S.A.-Leuten, die mehrere zusammengefangene Juden in ihrer Mitte führten. Auf mein Befragen erhielt ich die Antwort, daß diese Juden für verschiedene Reibarbeiten verwendet werden. Ist das Nationalsozialismus? [...] Da ich nun mit vielen tausenden, ehrlichen Nationalsozialisten ein solches Treiben ganz entschieden ablehne, halte ich es für meine Pflicht, Sie, sehr geehrter Herr Gauleiter, gleich nach Ihrem Eintreffen in Wien, von diesen hier eingerissenen Zuständen zu unterrichten [...]. Ich kann Ihnen versichern, [...] daß ein derart zügelloses Treiben unserer Bewegung keine neuen Anhänger bringen wird, sondern ganz im Gegenteil bedeutend schadet. Als ich in der Zeitung von ihrer Ernennung las, war es für mich ein befreiendes Gefühl, nun die Bewegung straff organisiert in Ihrer Hand zu wissen, und bitte Sie daher, diesem ganz zügellosen Treiben der letzten Zeit ein rasches Ende bereiten zu wollen, zur Ehre der nationalsozialistischen Bewegung. Mit deutschem Gruß."[20]

In seiner Offiziersehre getroffen fühlte sich ein anderer Briefschreiber: „Gestatten Sie mir, daß ich im Namen vieler Offiziere der Armee Folgendes mitteile: Wir sind begeisterte Nationalsozialisten und von den Ideen dieser Bewegung durchglüht. Wir wollen mit unserem ganzen Einsatz für unseren geliebten Führer an dem Aufbau der Ostmark arbeiten. Deshalb sagen wir gleich eingangs, daß es uns ferne liegt für die Juden, welche dem Staat so viel Schaden zugefügt haben, hier Playdoyers [sic!] zu halten. Wir wünschen und regen jedoch eine legale Lösung der Judenfrage an. Es verletzt das Stadtbild unserer schönen Wienerstadt durch Bemalen mit herabrinnenden Farben der Auslagenscheiben jüdischer Geschäfte, ebenso das wahllose Abfangen jüdischer Passanten auf den Straßen für Reinigungsarbeiten. Ich selbst habe einen dekorierten jüdischen Frontoffizier bei einer Reinigungsarbeit in der Großmarkthalle gesehen [...]. Für dekorierte Offiziere wollen wir sogar eintreten, da dies auch unsere Ehre angreift, wenn dieselben zu erniedrigsten Arbeiten gezwungen werden. Wir Wiener waren immer und sind heute nur für gesetzliche Regelung und nicht für Selbstjustiz [...] Mit treudeutschem Gruß. Heil Hitler."[21]

In Graz, der Hauptstadt der Steiermark, wo die neuen Machthaber viel Sympathie erfuhren und der Antisemitismus ebenfalls eine lange Tradition hatte, regte sich vereinzelt Unmut über die Ausschreitungen

20 Hans Witek/Hans Safrian, Und keiner war dabei. Dokumente des alltäglichen Antisemitismus in Wien 1938, Wien 1988, S. 49 f.

21 Ebenda, S. 79 f.

während des Novemberpogroms. Ein SD-Bericht konstatierte, daß vor allem „die körperlichen Züchtigungen und insbesondere das Niederbrennen der Zeremonienhalle“ (des jüdischen Friedhofs in Wetzelsdorf) Kritik hervorgerufen hatten. Der Grazer Professor Johannes Ude bezeichnete in einem Schreiben an Reichsstatthalter Seyß-Inquart und Gauleiter Uiberreither dieses gewalttätige Vorgehen als eine „sonst nur im Busch und im Wildwest gebräuchliche Lynchjustiz“. Zum 1. Mai 1939 erhielt der Theologieprofessor, der dem Nationalsozialismus positiv gegenübergestanden und sich in vielen Predigten für ein „Ja“ bei der Volksabstimmung am 10. April 1938 ausgesprochen hatte, „Gauverweis“.[22]

Solidarität von seiten seiner Nachbarin während des Novemberpogroms 1938 erfuhr der in Niederösterreich geborene Heinrich Berger, der damals in Wien lebte: „Am 10. November ist mein Vater Milch holen gegangen und nicht mehr zurückgekommen. Wir haben sehr arm gewohnt, aber neben uns hat eine Frau noch viel ärmer gewohnt [...]. Sie ist in der Früh gekommen und hat gesagt [...] ‚Herr Berger, gehen S’ nicht auf die Straße. Solang das dauert, sorg’ ich für Ihr Essen.‘ Sie hat mich vor Dachau gerettet, weil sie zu den SA-Leuten gesagt hat: ‚Do san kane Juden‘, und dann wollte diese arme Frau auch für mein Essen sorgen! Um acht in der Früh hat sie dann schon angeklopft: ‚Herr Berger, das Frühstück ist da!‘ Ein Ei hab’ ich gekriegt und Butter, und zu Mittag Würstel und am Abend Fleisch mit Erdäpfeln! Nach drei Tagen ist sie gekommen: ‚Herr Berger, Sie können auf die Straße, ist alles wieder in Ordnung.‘“[23]

Einige Helfer handelten allerdings weniger selbstlos; sie ließen sich ihre Unterstützung teuer bezahlen. Im Falle der Wiener Familie Csillag kam noch hinzu, daß ihr der Helfer bekannt war. Die Csillags wollten noch im Frühsommer 1938 auswandern, Vater und Sohn versuchten deshalb, im Polizeikommissariat in der Wiener Wehrgasse Pässe zu erhalten. Der Sohn erinnert sich: „Dorthin sind die Leute schon vor Mitternacht mit Sesseln und Stockerl hingekommen, und bei Tagesbeginn sind dort schon Schlangen gestanden, die reichten um den Häuserblock [...]. Rings um diesen Häuserblock sind teils uniformierte SA-Leute, teils nichtuniformierte Burschen wie die Geier herumgelungert und haben zum Beispiel wahllos Leute aus der Menge rausgegriffen und mißhandelt [...]. Eines Tages ist ein SA-Mann direkt auf meinen Vater zugekom-

22 Stefan Karner, Die Steiermark im Dritten Reich 1938–1945. Aspekte ihrer politischen, wirtschaftlich-sozialen und kulturellen Entwicklung, Graz 1986, S. 171 f.

23 DÖW, Jüdische Schicksale, S. 101.

men, hat ihn grob am Arm gepackt und in ein nahes Haustor gezerrt. Mein Vater hat schon das Ärgste befürchtet. Auf einmal sagte der SA-Mann im Haustor: ‚Herr Csillag, san S' doch net blöd und stelln S' Ihna doch do net an, da is jo g'fährlich, und zu Ihrem Paß kommen Sie nie. Erinnern Sie sich nicht mehr an mich?' Der SA-Mann war ein ehemaliger Versicherungskunde meines Vaters. Der Mann war aber nicht ganz selbstlos in seinem Bestreben, meinem Vater zu helfen, denn er hat gesagt: ‚Wenn Sie mir soundso viel Reichsmark am Abend hierher bringen und mit Ihrer ganzen Familie kommen, dann verschaff' ich Ihnen einen Reisepaß.' Am Abend sind dort etliche Juden gestanden, mit ihren Familien und haben vor Angst gezittert. Jeder hat Geld bei sich gehabt, größere Summen. Dann ist unser Bekannter aufgetaucht mit einigen anderen Kollegen, aber in Zivil, nicht in Uniform, und hat uns in ein Haustor hineingeführt, und über Kellertreppen und durch Lichthöfe sind wir von hinten ins Magistratsgebäude hineingeführt worden. Dort haben einige Beamte in Zivil bei heruntergelassenen Jalousien gleichsam amtiert. Der Ton war unheimlich höflich, meine Mutter ist mit ‚Gnädige Frau' angesprochen worden. Der Betrag, den wir gezahlt haben, war hoch, aber davon haben ja etliche Leute was abbekommen, die Beamten dort auch." Die Familie erhielt auf diese Weise ihren Reisepaß, und da der Vater gebürtiger Ungar war, stellte ihnen das ungarische Konsulat ein befristetes Transitvisum für Ungarn aus. Als die Csillags dann im September 1938 zu ihrer Abreise mit dem Taxi an den Bahnhof fuhren, drückte ihnen der Taxifahrer sein Mitgefühl aus und gab ihnen – unentgeltlich – noch einen guten Rat: „‚Sind die Herrschaften Juden?' – ‚Ja!' – ‚Sie wollen auswandern?' – ‚Ja!' – ‚Ich beneide Sie. Ich würde am liebsten mitfahren! [...] Ich gebe Ihnen einen Rat, und glauben Sie mir, ich bin ehrlich und meine es gut mit Ihnen: Gehen Sie mit ihrem Gepäck am Bahnhof nicht zu der Stelle, die für die Gepäcksvisitation von jüdischen Auswanderern bestimmt ist. Dort wird man Ihnen die Hälfte stehlen und die andere Hälfte so durcheinanderbringen, daß Sie den Zug versäumen werden. Steigen Sie direkt in den Zug ein, und haben Sie keine Angst, ich weiß, was ich rede.' [...] Meine Eltern haben sich entschlossen, auf den Taxichauffeur zu hören, und die Stunde Fahrt bis zur ungarischen Grenze war für uns die Hölle, weil wir das Gepäck entgegen den obrigkeitlichen Weisungen nicht durchsuchen haben lassen. Aber, sehen Sie, der Taxler behielt recht!"[24]

24 Ebenda, S. 105 f.

Bei kleineren Solidaritätsbeweisen spielte häufig die Bekanntschaft eine wesentliche Rolle. Wahrscheinlich war es schlichtweg peinlich, die jüdischen Bekannten den offensichtlich ungerechtfertigten Maßnahmen ausgesetzt zu sehen. Erich Friedmann, dem die Flucht nach Palästina gelang, erinnert sich an die Zeit in einem steirischen Dorf: „Wir haben ein halbes Jahr in Prein an der Rax gewohnt, als einzige jüdische Familie, und man hat uns nichts gemacht, weil wir derartig beliebt waren. Da waren Leute von der SA, denen hat man gesagt: ‚Pick auf: 'Jüdisches Geschäft'', als ob man's nicht gewußt hätte! Der Mann, ein gewisser Panzenböck Hansl, leider ist er auch gefallen, der ist hereingekommen in Uniform und hat zu seinem Vorgesetzten gesagt: ‚Ich kann das nicht machen, ich kenn' die Leute, das sind anständige Leute, ich pick' da nichts auf!' Stell dir vor, einer hat den Mut gehabt! Hat der Vorgesetzte gesagt: ‚Gib ihnen des', und der Panzenböck Hansl ist hereingekommen, hat gesagt: ‚Pickt's des auf', hat sich umgedreht und ist davongelaufen. [...] Dann hätte vor unserem Geschäft eine Wache aufgestellt werden sollen, damit die Leute nicht einkaufen konnten. Da haben sich die Preiner geweigert! Man hat dann einen SS-Mann aus Reichenau geholt, der ist Wache gestanden vor unserem Geschäft. Also, ich kann mich über die Preiner nicht beklagen, im großen und ganzen. Man hat sich mit mir unterhalten, hat mich gegrüßt und so weiter.“[25]

Einige Fälle sind überliefert, in denen ehemalige Angestellte sich für ihre jüdischen Arbeitgeber einsetzten. Maria Hauneder aus Wien etwa erwirkte die Freilassung ihres Chefs, der unmittelbar nach dem „Anschluß“ verhaftet worden war, und unterstützte ihn bei seiner Auswanderung in die Schweiz.[26]

Selbst aktive Nationalsozialisten setzten sich manchmal für Juden ein, mit denen sie vor dem „Anschluß“ befreundet waren. Die Wienerin Erika Lorch erinnert sich: „Mein Vater war ein paar Monate vorher von den Nazis schon einmal verhaftet worden. Warum? Weil er Jude war [...]. Nachdem er wieder frei war, mußte er sich jeden Tag bei der Polizei registrieren lassen. Eines schönen Tages sagte man ihm dort, daß er sich bei einem hohen Polizeioffizier, den man nicht beim Namen nannte, in der Polizeidirektion sofort melden solle. Mein Vater war sehr besorgt [...]. In der Polizeidirektion wurde mein Vater in einen Raum geführt, da stand ein Mann in voller Uniform, von hohem Rang, mit dem Rücken zur Türe. Als derjenige, der meinen Vater hereingeführt hatte,

25 Ebenda, S. 108.

26 Weinzierl, Zu wenig Gerechte, S. 152.

sich zurückgezogen hatte und die großen Doppeltüren geschlossen waren, hat sich der Mann in Uniform umgedreht. Mein Vater erkannte einen Jugendfußballfreund vom WAC [Wiener Athletik-Club]. ‚Der Schlag hat mich fast getroffen', erzählte er nachher. ‚Ich wußte nicht, ob er mich erschießen oder mir helfen will.' Da stand mein Vater ganz still, bis der Polizeioffizier ihm um den Hals gefallen ist und gefragt hat: ‚Womit ich kann, werde ich dir helfen. Von heute an mußt du dich nicht mehr täglich bei der Polizei melden.' Mein Vater war der einzige Jude, dem dieser Mann geholfen hat. Sonst hat er an der Verfolgung von Juden aktiv teilgenommen."[27]

Hilfe konnten Juden natürlich von „arischen" Ehepartnern oder anderen „arischen" Familienmitgliedern erwarten. Die Wienerin Maria Peleschka etwa versorgte die Familie ihres jüdischen Bräutigams bis zu deren Deportation nach Theresienstadt im Jahr 1942 und finanzierte noch über diese Zeit hinaus die Einlagerung der Möbel der Familie bei einer Spedition.[28] In Kärnten sind einige Fälle überliefert, in denen Parteifunktionäre Druck auf die „arischen" Ehepartner ausübten, in die Scheidung einzuwilligen. Die Drohungen blieben aber erfolglos: nur eine „Mischehe" wurde in Kärnten – bereits in den ersten Tagen nach dem „Anschluß" – geschieden.[29] Maria Potesil schützte ihr „halbjüdisches" Adoptivkind Kurt und nahm dafür viele Jahre lang zahllose Entbehrungen auf sich. Sie wurde mit dem Kind zwangsumgesiedelt und war allen Restriktionen und Rationierungen, die für die Juden Wiens galten, unterworfen. Als die Razzien immer häufiger wurden, ließ sie das Kind, das sie bereits einmal wieder aus der Sammelstelle für die Deportationen befreit hatte, nicht mehr unbeaufsichtigt. Dank ihrer Hilfe überlebte Kurt die Verfolgung.[30]

Interessanten Einblick in die österreichische Mentalität – und wohl auch in die Entstehung des Mythos der österreichischen Opferrolle – gewähren die Antworten auf einen Aufruf der österreichischen Historikerin Erika Weinzierl in Rundfunk, Fernsehen und den großen österreichischen Zeitungen im Juni 1969. Alle Österreicher und Österreicherinnen, die von 1938 bis 1945 Juden selbst halfen oder denen Hilfeleistungen anderer bekannt waren, sollten ihr diese Erfahrungen mitteilen. Bis

27 DÖW, Jüdische Schicksale, S. 125

28 Weinzierl, Zu wenig Gerechte, S. 152.

29 August Walzl, Die Juden in Kärnten und das Dritte Reich, Klagenfurt 1987, S. 243 f.

30 Mordecai Paldiel, The Path of the Righteous. Gentile Rescuers of Jews During the Holocaust, Hoboken 1993, S. 160 f.

15. August 1969 erhielt Erika Weinzierl etwa 150 Antworten. Noch fast ein Vierteljahrhundert nach Kriegsende war eine alte Frau stolz darauf, daß sie über ihren jüdischen Obermieter, über dessen Verhalten man sich nach dem „Anschluß" bei ihr erkundigt hatte, nichts Negatives geäußert hatte, obwohl sie sich vorher durch dessen Lärm gestört gefühlt hatte. Eine Krankenschwester betrachtete es noch 1969 als erwähnenswert, daß sie jüdischen Zwangsarbeitern nicht ganz ausgekratzte Marmeladenkübel gebracht hatte.[31] „Trotz hämischer Bemerkungen" behielt ein Oberösterreicher bis zu seiner Einberufung 1942 die Gewohnheit bei, im örtlichen Gasthaus Scherer mit einem jüdischen Notar an einem Tisch zu essen und sich mit ihm zu unterhalten.[32]

Aber auch in Österreich gab es Menschen, die uneigennützig und ohne verwandtschaftliche Beziehungen den jüdischen Bürgern bewiesen, daß es andere Österreicher gab. Ein Wiener Beamter im Steueramt etwa ließ die Steuerakte einer jüdischen Familie verschwinden, um ihr weitere Unannehmlichkeiten zu ersparen.[33] Eine Schuldirektorin lud ihre jüdische Schülerin zu sich nach Hause ein, weil sie zeigen wollte, „daß nicht alle so sind".[34] Zwei Bäcker in Wien stellten täglich 20 Liter Vollmilch und 20 Kilo Brot für jüdische Fürsorgekinder zur Verfügung.[35] Eine Mutter von vier Kindern aus Amstetten gab im September 1944 jüdischen Kindern Milch und Brot.[36] Auch der öffentliche Solidaritätsbeweis eines Herrn, der eine Jüdin im Zug mit lauter Stimme auffordert: „Bitte nehmen Sie meinen Platz ein und setzen Sie sich nieder",[37] war alles andere als selbstverständlich. Der Wiener Martin Vogel berichtet, daß er völlig überrascht war, als er 1943 in einem Unfallkrankenhaus als „Mensch" wahrgenommen wurde. „Da war eine strenge Teilung", erinnert er sich, „hier die ‚Arier', da die Fremdarbeiter, und dann ganz hinten, wenn's welche überhaupt gegeben hat, Juden und Zigeuner. Ich bin pflichtschuldigst dort gestanden, bis ich aufgerufen und verarztet

31 Erika Weinzierl, Aspekte der Hilfe für Verfolgte. Österreich vor und nach dem „Anschluß", in: Günther B. Ginzel (Hrsg.), Mut zur Menschlichkeit. Hilfe für Verfolgte während der NS-Zeit, Köln 1993, S. 96 ff.

32 Dokumentationsarchiv des österreichischen Widerstands (Hrsg.), Widerstand und Verfolgung in Oberösterreich 1934–1945. Eine Dokumentation, Bd. 1, Wien 1982, S. 538.

33 DÖW, Jüdische Schicksale, S. 118.

34 Ebenda, S. 135.

35 Ebenda, S. 187.

36 Dokumentationsarchiv des österreichischen Widerstands (Hrsg.), Widerstand und Verfolgung in Niederösterreich 1934–1945. Eine Dokumentation, Wien 1987, S. 385.

37 DÖW, Jüdische Schicksale, S. 191.

worden bin, und dann wurde ich für vierzehn Tage später wieder hinbestellt. Wir trugen damals den gelben Stern, außerdem hatte man eine Kennkarte, in der stand bei Männern der Zusatzname ‚Israel' und bei Frauen ‚Sara'. Also ich hieß Martin Israel Vogel. Ich war also das zweite Mal dort, auf einmal ruft man Martin Vogel. Ich rührte mich nicht, ich hieß ja nicht Martin Vogel. Man rief ein zweites Mal. Da habe ich mich etwas vorgeschlängelt, ich weiß eigentlich nicht warum, ich dachte, vielleicht ist das ein Irrtum. Dann das dritte Mal, schon reichlich ungeduldig: ‚Martin Vogel!' Ich bin ziemlich weit vorne gewesen, der Arzt hat mich erkannt und gesagt: ‚Na, kommen Sie doch her, Herr Vogel!' Ich habe herumgestottert, mich quasi entschuldigt. Er sagte: ‚Hören Sie zu, bei uns sind alle Patienten, wir kümmern uns um das nicht.' Das war im Jahr 1943, man kann heute nicht ermessen, was das heißt, wenn dort einer sitzt und einen auf einmal als Mensch zur Kenntnis nimmt!"[38] Noch tiefer prägte sich Martin Vogel, der in einer Leergutsammelstelle Zwangsarbeit verrichten mußte, folgende Begebenheit ein: „Eines Tages war wieder ein SS-Wagen zu beladen, ein Auto. Da erklang der ‚Kuckuck' [Vorwarnung bei Fliegerangriffen]. Wenn der ‚Kuckuck' ertönte, mußten alle das Gelände verlassen. Der Chauffeur hat gesagt: ‚Juden, steigts ein, ich bring' euch in die Katakomben!' Die Katakomben waren der größte Luftschutzkeller in Wien. Vor der Stephanskirche war der Eingang. Wir wollten nicht einsteigen, dann hat er nochmals gebrüllt: ‚Juden, steigts ein!' Na gut, was soll man jetzt machen? Wir sind also eingestiegen. Das Auto war mit SS-Runen gekennzeichnet. Dann sind wir über die alte Praterstraße gefahren. Das war ein Bild, das mich wahrscheinlich bis an mein Lebensende verfolgen wird: Links und rechts sind unendliche Massen in die Stadt geströmt, alte Männer, alte Frauen, Mütter mit ihren Kinderwägen. Es war ein ungeheuer bedrückender Anblick. Die Fahrbahn mußte natürlich frei bleiben für Einsatzfahrzeuge, und in der Mitte ist nun ein SS-Fahrzeug gefahren mit Juden, die den Judenstern getragen haben. Das war schon eine paradoxe Situation. Der hat uns wirklich am Kai abgesetzt, wir sind in den Luftschutzkeller gegangen, und dann hat er zu uns gesagt: ‚Wenn's aus ist, bring' ich euch wieder zurück!' Er hat uns auch wieder zurückgebracht."[39]

Lotte Freiberger, die durch ihre katholische Mutter vor der Deportation geschützt wurde, konnte sogar eine Tanzschule besuchen. Sie erinnert sich: „Einem Menschen hatte ich damals viele schöne Stunden zu

38 Ebenda, S. 299.

39 Ebenda, S. 299 f.

verdanken: Oberstleutnant Willy Elmayer von Vestenbrugg, Inhaber der legendären Tanzschule in Wien. Ich wollte tanzen lernen, und womöglich beim Elmayer, also ging meine Mutter eines Tages in die Tanzschule und besprach die Angelegenheit persönlich mit Elmayer. Sie schenkte ihm reinen Wein ein, ohne ihm etwas zu verheimlichen. Elmayer reagierte sofort: ‚Ihre Tochter wird in meiner Schule tanzen lernen, ich gebe ihr persönlich Unterricht.' Er war ein altösterreichischer Offizier, hatte für Hitler nicht die geringste Sympathie, im Gegenteil. Er ließ für mich Sachertorten vom Demel kommen, wenn er keine Zeit hatte, schrieb er mir reizende Karten aus der Kaserne in Stockerau. Einmal wünschte er, mit meiner Mutter zu sprechen, ich war auch dabei. Es ging darum, wie er mich retten könnte. Er wollte mich adoptieren. Meine Mutter hat das mit vielem Dank abgelehnt, denn das wäre natürlich nicht bewilligt worden, und es hätte ihn in enorme Schwierigkeiten bringen können. Nachdem die Zustände immer kritischer wurden, habe ich von mir aus die Tanzstunden eingestellt, um ihm nicht zu schaden."[40]

Lebensrettende Hilfe leisteten einige Vorarlberger aus Hohenems; sie schleusten Juden über die Schweizer Grenze.[41] Hilfe bei der Auswanderung, also die Beschaffung von Visa oder die Bereitstellung der erforderlichen finanziellen Mittel, und beim illegalen Grenzübertritt ist in mehreren Fällen dokumentiert. Zahlenangaben lassen sich jedoch nicht machen. Für die Betroffenen war solche Hilfe aber besonders wertvoll, bot sie doch – sofern das Emigrationsziel nicht später in die Hände der Deutschen fiel – dauerhaften Schutz. Einige Helfer ließen sich jedoch ihre Dienste bezahlen. An der Grenze des österreichischen Bundeslandes Steiermark zu Jugoslawien etwa entwickelte sich ein reger Menschenhandel.[42]

Für die ausgegrenzten österreichischen Juden waren auch die kleineren Solidaritätszeugnisse von großer Bedeutung. In sehr vielen Erinnerungen werden kleine Freundlichkeiten oder Hilfsdienste lobend erwähnt, etwa von der Wienerin Lotte Freiberger, an deren Wohnung es am Abend der Pogromnacht 1938 klingelte: „Zitternd gingen wir zur Türe. Es war unsere ‚arische' Nachbarin. Sie wollte uns ihr Mitgefühl ausdrücken und ihren Abscheu über die Vorfälle. Hie und da gab es auch Anständige!"[43] Gerade in Österreich, wo sich der Antisemitismus nicht

40 Ebenda, S. 203.
41 Werner Dreier (Hrsg.), Antisemitismus in Vorarlberg. Regionalstudie zur Geschichte einer Weltanschauung, Bregenz 1988, S. 227 f.
42 Karner, Steiermark im Dritten Reich, S. 171.
43 DÖW, Jüdische Schicksale, S. 198.

nur durch eine immer weiter gehende Ausgrenzung äußerte, sondern durch eine massive, ständig präsente unberechenbare Gewaltbereitschaft, waren diese kleinen Gesten oft der letzte Strohhalm, an den sich die Verfolgten, die teilweise völlig fassungslos die Entwicklung in ihrem Heimatland beobachteten, klammerten. Wilhelm Stern etwa berichtet von einer Schulkollegin, „die sich auch lange Zeit um uns gekümmert hat. Man kann sich gar nicht vorstellen, wie aufbauend das auf unsere Psyche gewirkt hat, daß dieses junge Mädchen [...] zu uns gekommen ist und eine Stunde mit uns geplaudert hat [...]. Das war etwas, das das Durchhalten sehr erleichtert hat."[44]

Wie an mehreren Beispielen gezeigt, erfuhren die Juden eher von Bekannten Hilfe oder Solidarität; auf den unbekannten Juden ließ sich die antisemitische Ideologie besser projizieren. Darauf läßt sich auch die These aufbauen, daß die Hilfsbereitschaft in der Provinz größer, mindestens jedoch der gewaltbereite Antisemitismus, der für die Juden in Wien eine große Gefahr darstellte, geringer war. Um den Nachbarn, Kollegen, Schulfreund, Sportskameraden tätlich anzugreifen, mußte zweifellos eine höhere Hemmschwelle überwunden werden. So ist beispielsweise dokumentiert, daß viele Burgenländer die Vertreibung der jüdischen Bevölkerung mißbilligten. Flüchtlinge aus Frauenkirchen, die am 26. März 1938 aus ihrer Heimat vertrieben wurden, berichteten, „wie einheimische Nichtjuden mit ihnen mitweinten und die Gestapo-Leute baten, sie dort zu lassen, mit Ausnahme von einem geringen Teil des Pöbels".[45] Solidarität war also hauptsächlich von Bekannten oder Verwandten und eher in der Provinz als in der Großstadt zu erwarten. Die Anonymität der Großstadt bot zwar andererseits Schutz, die Gefahr, denunziert zu werden, war jedoch sowohl für die Verfolgten als auch für die Helfer groß. Es gibt einige Beispiele, bei denen die Helfer ihren Einsatz teuer bezahlten. Am 19. Oktober 1940 etwa wurde ein 57jähriger Fleischhauergehilfe verhaftet, weil er Juden außerhalb der für sie festgelegten Öffnungszeiten Fleisch verkaufte. Zu acht bzw. sechs Monaten schweren Kerkers wurden ein Wiener Bücherrevisor und der Leiter der Judenumsiedlungs-Abteilung beim Wohnungsamt der Gemeinde Wien verurteilt. Letzterer hatte die Aufschiebung der Räumung jüdischer Wohnungen bewilligt, um die ihn der Bücherrevisor gebeten hatte. Eine Straßenhändlerin wurde im Juli 1941 verhaftet, weil sie Juden Obst verkauft hatte.[46] Der

44 Ebenda, S. 289.
45 Rosenkranz, Verfolgung und Selbstbehauptung, S. 46.
46 Weinzierl, Zu wenig Gerechte, S. 115 f.

Wiener Arzt Dr. Rudolf Wertz wurde bis Kriegsende in eine Strafkompanie versetzt, weil er durch die Bestätigung schwerer Krankheiten für viele Juden einen Aufschub der Deportation erwirkt hatte.[47]

Die Sicherheit in der Provinz blieb jedoch relativ. Zum einen lebte die überwiegende Mehrheit der jüdischen Bevölkerung in Wien, und die Solidarität auf dem Land konnte so nur wenigen zugute kommen. Zum anderen beschränkte sie sich in den meisten Fällen auf Sympathiegesten oder kleinere Hilfsdienste. Den Schritt zu wirklichem Protest gegen die Judenpolitik des Regimes und damit verbunden zu lebensrettender Hilfe für die von der Deportation bedrohten Juden wagten nur sehr wenige.

4. Leben im Versteck

Bereits während des Novemberpogroms hatten einige Juden versucht, ihren Peinigern durch kurzzeitiges Untertauchen zu entkommen. Vor allem bei dem Ärzte-Ehepaar Lingens fanden zahlreiche Verfolgte während dieser Wochen Unterkunft.[48] Zu diesem Zeitpunkt hatten jedoch die Auswanderungsbemühungen noch erste Priorität, und nur wenige Juden lebten von 1938 an versteckt.

Als jedoch im Februar 1941 die Deportationen begannen und im Herbst des gleichen Jahres die Auswanderung verboten wurde, war Untertauchen, von wenigen Ausnahmen abgesehen, die einzige Möglichkeit, der Deportation zu entgehen. Das Verstecken bedeutete nun aber nicht mehr ein kurzfristiges Verschwinden, um einer bevorstehenden Aktion zu entkommen, sondern ein oft jahrelanges Zusammenleben von „U-Boot", wie die Versteckten genannt wurden, und Helfer, über dessen Konsequenzen und Schwierigkeiten sich wohl beide Seiten nur in den seltensten Fällen im voraus klar waren.

Meist kannten sich die Untergetauchten und die Helfer bereits. So auch im Falle der Rettung der drei Brüder Posiles. Die Wienerin Edeltrud Becher hatte den tschechischen Juden Walter Posiles 1937 in Österreich kennengelernt, wo er ein Geschäft betrieb. Die beiden verlobten sich und planten, in Walters Heimat eine gemeinsame Existenz aufzubauen, als

47 Ebenda, S. 143.

48 DÖW, Jüdische Schicksale, S. 633. Ella und Kurt Lingens wurden im Oktober 1942 denunziert und verhaftet, als sie für einen Bekannten die Flucht in die Schweiz organisierten. Kurt Lingens wurde einer Strafkompanie zugeteilt und kehrte ein Jahr später verwundet nach Wien zurück. Ella Lingens wurde nach Auschwitz deportiert. Nach Kriegsende kam sie nach Wien zurück.

Edeltrud im September 1938 wegen „Rassenschande" angezeigt wurde und, um der drohenden Verhaftung zu entgehen, zur Schwester ihres Verlobten nach Ungarn flüchtete. Erst als nichts mehr gegen sie vorlag, kehrte sie nach Wien zurück. Im Juli 1942 erhielten die drei Brüder Posiles ihren Deportationsbescheid von Prag nach Theresienstadt. Sie hinterließen einen Abschiedsbrief, in dem sie ihren angeblichen Selbstmord ankündigten, flohen jedoch nach Wien. Edeltrud mietete vom Verlobten ihrer Schwester, der eine große Atelierwohnung besaß und gerade zur Wehrmacht einberufen wurde, ein Zimmer für ihre Unterbringung. Aber die beiden Schwestern konnten nicht allein für die drei Männer sorgen. „Im Laufe der Zeit", erinnert sich Edeltrud, „gab es noch andere Personen, die in die Sache eingeweiht waren, die uns geholfen haben. Manchmal benötigten wir für die drei Männer andere Unterkünfte, so zum Beispiel, wenn F. [der Wohnungsbesitzer] auf Urlaub kam. Ludwig konnte dann meistens bei einer böhmischen Hausmeisterin [...] für ein paar Tage unterkommen, allerdings hat sie nur erlaubt, daß er bei ihr schläft, bei Tag mußte er schauen, wo er bleibt. Die meiste Zeit ist er Tramway gefahren, von einer Endstation zur anderen [...] Später ist er zu einem anderen Bekannten, Alois Kreiner. Dort konnte er in der Weingroßhandlung ein bißchen aushelfen, hat sich schließlich wie ein normaler Angestellter benommen. Im Haus des Alois Kreiner gab es ein Mansardenkammerl, da hat er dann auch wohnen können, von Fall zu Fall."
„Einmal war es brenzlig", erinnert sich ihre Schwester Charlotte: „Ich hatte in der Zwischenzeit meinen Bräutigam geheiratet, und ein Anruf meines Mannes kam von einem Bahnhof, er wäre auf dem Weg in sein Atelier! Mir blieb das Herz stehen, weil er durfte auf keinen Fall wissen, daß ich Juden versteckt hatte. Damals waren noch alle drei Brüder im Atelier [...]. Ich lief die ganze Strecke [...]. Knapp vor ihm kam ich an, und wir packten alles ‚Verdächtige' und die Brüder von Walter in das Zimmer meiner Schwester, welches sie offiziell von ihm gemietet hatte. Möglich, daß er nicht an ‚U-Boote' gedacht hätte, aber vielleicht geglaubt, einer wäre mein Liebhaber!" Während des letzten Kriegsjahres verteilten sie die Brüder jedoch auf verschiedene Plätze. Hans Posiles zog zu Maria Fasching nach Baden bei Wien, wo beide bei einem Luftangriff ums Leben kamen. Ludwig blieb bei dem Weinhändler Alois Kreiner und dessen Frau, und Walter überlebte in dem von Edeltrud Becher gemieteten Zimmer den Krieg. Sie heirateten nach der Befreiung. Edeltrud Becher, verheiratete Posiles, Charlotte Becher, eine Wienerin, Maria Fasching, Edeltruds Tanten Olga Holstein und Lydia Matouschek und

das Ehepaar Kreiner wurden von Yad Vashem für die Rettung der Brüder Posiles geehrt.[49]

Der Entschluß, ein „U-Boot" aufzunehmen, fiel meist spontan. So auch im Falle von Vera Heilpern, die sich im September 1942, als sie ihren Deportationsbescheid erhielt, eigentlich nur von ihren in St. Pölten lebenden ehemaligen Pflegeeltern verabschieden wollte. Ihre Pflegemutter meinte jedoch: „Du gehst mir nicht ins KZ, du bleibst da, wir werden schon sehen, wie's weitergeht." Sie blieb dort bis Kriegsende versteckt.[50]

Auch die Schauspielerin Dorothea Neff entschied sich ganz spontan, ihre Freundin Lilli Wolff, die sie bis dahin mit Lebensmitteln unterstützt hatte, in ihrer Wohnung zu verstecken. Sie erinnert sich: „Wir bereiteten alles vor – für die bevorstehende Deportation – in einem seltsamen, ohnmächtigen Fatalismus. Wir achteten, daß das Gepäck in der Hauptsache aus medizinischen, haltbaren und wärmenden Gegenständen bestand. Es ging in einen naßkalten November hinein. An einem trüben Abend knieten wir uns beide auf den Fußboden meines Zimmers, um diese Gegenstände abzuwiegen und in einen Rucksack zu verpacken [...]. Während wir am Boden hantierten, sah ich von der Seite das graue, müde Profil dieser Frau, die sich stumm über den Rucksack beugt. Das rechtlose Ausgeliefertsein dieses Menschen an eine brutale Macht griff mir in diesem Augenblick überwältigend ans Herz. Plötzlich hörte ich eine Stimme ‚Du darfst das nicht zulassen', sagte es irgendwo her [...]. Ich griff nach der Hand von Lilli. ‚Schluß damit, räum das Zeug weg, das ist alles unsinnig, du gehst heute abend nicht dorthin zurück, du bleibst bei mir, jetzt und weiterhin.' Unbeschreiblich und unvergeßlich der Ausdruck des Gesichtes, das sich mir voll zuwandte. Die fassungslos aufgerissenen Augen, der sprachlose Mund, unter Tränen ein verunglücktes Lächeln."[51] Unter großen Entbehrungen – bei einer Körpergröße von 1,76 m wog sie selbst nur noch 48 Kilo – und vielen Gefahren, besonders als Lilli Wolff ins Krankenhaus eingeliefert werden mußte, konnte Dorothea Neff ihre Freundin retten.[52]

49 Yad Vashem Dossier M-31/1429; Anton Maria Keim (Hrsg.), Yad Vashem. Die Judenretter aus Deutschland, Mainz 1983, S. 21 f., 33, 46, 74, 86, 96; DÖW, Jüdische Schicksale, S. 639 ff.

50 DÖW, Jüdische Schicksale, S. 654 f.

51 Zit. nach Brigitte Ungar-Klein, Bei Freunden untergetaucht – U-Boot in Wien, in: Kurt Schmid/Robert Streibel, Der Pogrom 1938. Judenverfolgung in Österreich und Deutschland, Wien 1990, S. 89.

52 DÖW, Jüdische Schicksale, S. 655 ff.; Paldiel, Path of the Righteous, S. 161 ff.

Die Bekanntschaft von Nichtjuden war unbedingt nötig, um in Wien ein Quartier zu finden. Untergetauchte und Helfer standen sich jedoch nicht in allen Fällen bereits vorher sehr nahe. Hedwig Mendelsohn genügte für ihre Rettung eine oberflächliche Bekanntschaft: „Im Jahre 1941 war ich mit Dr. Leopold Mendelsohn in Wien verheiratet. Er emigrierte im Jahre 1942 nach Argentinien, und ich sollte dorthin kommen und mich ihm anschließen. Während ich noch meine Dokumente für die Auswanderung vorbereitete, wurde ein Verbot erlassen, daß Juden aus Österreich nicht herausdürften. So blieb ich in Wien ohne jeglichen Verwandten. Eine Frau, die ich einmal bei einer Gesellschaft bei Bekannten oberflächlich kennengelernt hatte, Maria Steiner, interessierte sich für meine Lage. Ich fragte sie, ob sie bereit wäre, mir Unterschlupf zu gewähren. Sie war ohne Zögern sofort einverstanden. Im Hause dieser gutherzigen Frau war ich drei Jahre, und sie hat mir mit allem, was sie nur konnte, geholfen."[53]

Viel Mut bewies das Ehepaar Kuttelwascher. Mit drei kleinen Kindern hatten sie sich beim Wohnungsamt in Wien um eine Wohnung beworben, da sie zu diesem Zeitpunkt in einem möblierten Kabinett lebten. Otto Kuttelwascher wollte aber keine Wohnung, aus der Juden zwangsweise ausquartiert worden waren. Er erinnert sich: „Hin und wieder haben wir eine Zuschrift gekriegt, wir sollen uns dort und dort eine Wohnung anschauen – vom Wohnungsamt aus. Na, wenn ich hinkommen bin, waren das Wohnungen von Juden. Da hab' ich gedacht, wenn ich sie ablehne, schmeißens' die Leute nicht hinaus. Da war ich ziemlich naiv, ziemlich naiv." Schließlich akzeptierte die Familie dennoch die Wohnung eines alten jüdischen Ehepaares, Otto Kuttelwascher sicherte ihm jedoch zu: „Von mir aus können S' bleiben, so lange Sie wollen. Ich will Sie nicht hinausschmeißen." Einige Monate später zogen die Kuttelwaschers in ihre neue Wohnung. Da sie im vierten Stock lag, benötigten sie Fenstergitter wegen der Kinder. In den jüdischen Wohngegenden hingen damals viele Verkaufsangebote an den Häusern, und Otto Kuttelwascher reagierte auf eine dieser Anzeigen. Er kaufte seine Gitter bei Familie Kohn, mit deren beiden Töchtern Käthe und Erna sich in den folgenden Wochen eine Freundschaft entwickelte. Im Juni 1942 erreichte die Kuttelwaschers dann eine Abschiedspostkarte von Käthe: „Lieber Otto, liebe Mina, wir sind geholt worden." Kurze Zeit später stand jedoch Erna vor ihrer Haustür; auch sie hatte ihren Deportations-

53 Keim, Yad Vashem, S. 140.

bescheid erhalten. „Meine Frau und ich blickten einander an“, erinnert sich Otto Kuttelwascher. „Das Leben eines Menschen – oder das von uns allen – lag in der Entscheidung dieses Augenblicks. Wir wissen es nun nicht mehr, wer es von uns beiden zuerst aussprach: ‚Erna, du bleibst bei uns!‘ Es war ein Wagnis, schon wegen der drei Kleinkinder, von denen eines nach dem andern nun zur Schule kam […]. Eines von vielen Erlebnissen: Ein altes Nachbarehepaar kannte Erna von früher. Die Frau erblickte einmal die Versteckte durch das Fenster des Lichthofes zur Küche. Durch ihren Mann ließ sie meine Frau zu sich rufen und erklärte, daß die Jüdin aus dem Haus müsse: ‚Denken Sie doch an Ihre Kinder, das kann nicht gut ausgehen!‘ Meine Frau bat weinend um Geduld und versprach baldige Abhilfe. Doch nächsten Tag war es die Nachbarin, die unter Tränen erklärte: ‚Geben Sie bitte diesen Menschen nicht fort! Heute habe ich einen Judentransport gesehen – ich möchte so ein Schicksal nicht verschulden.‘“ Erna Kohn blieb bis zur Befreiung bei der Familie Kuttelwascher und wanderte später in die USA aus.[54]

Für einen Wiener Schularzt war es fast eine „Selbstverständlichkeit“, verfolgte Juden zu unterstützen. Herbert Berger wurde von ihm versteckt. Als seine Familie den Deportationsbescheid erhielt, wollte der Arzt ihn und seinen Bruder aufnehmen, sein Vater beschloß jedoch, „ein Kind mitzunehmen und eines dazulassen. Und so bin ich ganz einfach an dem Vormittag, an dem meine Eltern ins Lager in die Kleine Sperlgasse gegangen sind, in die Straßenbahn eingestiegen und bin in die Neubaugasse gefahren […]. Der Arzt war eine vollkommen vertrauenswürdige Persönlichkeit, man hat gewußt, er wird das beste aus der Situation machen […]. Ich bin im September 1942 bei ihm eingezogen, und wir haben uns ja gedacht, daß bis Jahresende die Sache erledigt sein wird. Eigentlich war dieser grenzenlose Optimismus die treibende Kraft. Nachträglich ist es jetzt leicht, es als besondere Heldentat hinzustellen, aber er sah es nicht als solche. Er war ein Mensch, für den es das Problem Jude – Nichtjude nicht gegeben hat.“ Da Herbert Bergers Familie nicht aus dem Konzentrationslager zurückkam, adoptierte ihn sein Pflegevater 1945.[55]

Einige Helfer hatten weniger edle Motive und ließen sich die Bereitstellung eines Quartiers bezahlen. Allerdings waren die Folgen des Entdecktwerdens so schwerwiegend, daß in den meisten Fällen ein anderer Beweggrund hinzu kam und die Bereicherung nicht ausschlaggebend für die Hilfe war, wie im Falle von Herma Braun: „Ich [kam] zu einer sehr

54 DÖW, Jüdische Schicksale, S. 635 ff.; Weinzierl, Zu wenig Gerechte, S. 197 ff.

55 DÖW, Jüdische Schicksale, S. 610 ff.

netten Dame, Frau Eckhart. Sie stammte aus München, und ihr verstorbener Mann war Jude, dadurch war sie judenfreundlich gesinnt und hat mich aufgenommen. Wohl gegen Bezahlung, aber trotzdem, sie ist ein Risiko eingegangen."[56]

Für den Untergetauchten vergrößerte sich durch die Notwendigkeit der Bezahlung das Risiko beträchtlich, vor allem, wenn er nicht vom Helfer mitversorgt wurde und die notwendigen Lebensmittel selbst organisieren mußte. Ein junger Mann etwa mußte für sein Quartier bezahlen und sich auch selbst verköstigen. Beim Schwarzhandel mit Orangen wurde er entdeckt und verhaftet.[57] Mehr Glück hatte die aus Galizien stammende Betti Beckermann. Ihren fünf Kindern hatte sie die Auswanderung nach Palästina ermöglicht; sie selbst blieb in Wien, weil sie ihren im Konzentrationslager inhaftierten Mann nicht allein zurücklassen wollte. Da sie durch ihr jiddisch gefärbtes Deutsch aufgefallen wäre, spielte sie eine Taubstumme. Sie hatte zwar eine Schlafstelle, als jedoch der Sohn ihrer Quartiergeberin Heimaturlaub bekam, mußte sie auf die Straße. Ihre Tochter erinnert sich: „Sie ist in den 1. Bezirk, zu Plätzen, von wo man sich Bedienerinnen oder Wäscherinnen geholt hat [...]. Die Mama setzte sich einfach dazu, war bald als die ‚Taubstumme' bekannt und bekam oft Arbeit. Lange Zeit war ihre Bleibe auf Märkten, Toiletten, manchmal hatte sie die Möglichkeit, dort, wo sie arbeitete, mehrere Tage zu übernachten [...]. Sie hat es auch verstanden, mit Kleinkram zu handeln und so ein bißchen zu Geld zu kommen [...]. Ich glaube, ihre große Stärke war, daß sie ihre fünf Kinder in Sicherheit wußte; sie wollte zu ihren Kindern, dieser Gedanke hielt sie aufrecht [...]. Ende 1943 hat sie dieses Vegetieren aber nicht mehr ausgehalten. Da ist sie zu einem bekannten Schuster gegangen, das war ein alter Herr, hat zu ihm gesagt: ‚Ich bin eine arme Frau, habe nicht einmal was zu leben. Vielleicht brauchen sie jemanden, der ein bisserl aufräumt, dafür habe ich eine Bleibe und etwas zum Essen.' Er hat sofort erkannt, mit wem er es zu tun hat und bot ihr ein kleines Zimmer im 1. Stock an." Dort lebte Betti Beckermann bis zur Befreiung.[58]

Fast die Hälfte aller in Österreich Versteckten blieb jahrelang im gleichen Quartier, ohne ihr „Zuhause" auch nur kurzzeitig zu verlassen. So etwa Helene Bock, die von 1942 bis 1945 in Wien ein Zimmer im Keller eines kleinen Häuschens bewohnte, ohne jemals auf die Straße gegangen

56 Ebenda, S. 618.
57 Ebenda, S. 612.
58 Ebenda, S. 621 ff.

zu sein.[59] Herma Braun hingegen mußte ihr Quartier oft wechseln. Ihre Eltern waren geschieden, und der Vater hatte in zweiter Ehe eine Christin geheiratet, was ihn vor der Deportation schützte. Als ihre Mutter im Juni 1942 deportiert wurde, entschloß sie sich unterzutauchen. Sie erinnert sich: „Mein Vater bot mir an, ich kann die erste Zeit bei ihm unterkommen, weil ja seine Frau Christin war, und das wär' sozusagen net so g'fährlich. Das hab' ich für eine kurze Zeit gemacht [...]. Da aber das Verhältnis zwischen der zweiten Frau meines Vaters und mir nicht besonders war, ist das nicht gut gegangen." Herma schlief – wie erwähnt – gegen Bezahlung bei einer Frau Eckhart. Dort konnte sie jedoch nur drei Tage in der Woche bleiben. Sie begann, sich nach Putzstellen umzuschauen, und „wo mich Leute zum Putzen gebraucht haben, bei denen habe ich gleich versucht, auch über Nacht zu bleiben [...]. Am Abend hat mir mein Vater sein Essen zu Bekannten gebracht [...]. Bei einer Familie war ich jeden Sonntag zum Essen eingeladen. Am Montag hab' ich bei ihnen geputzt, aber Sonntag war ich nur Gast [...]. Meine Kleidung hatte ich auf verschiedene Plätze verteilt. Ich hab' alles noch von früher gehabt [...]. Bei meinem Vater war nichts – dort konnte ich später nicht mehr hin. Aber mein Vater hat immer gewußt, wo ich bin, und er hat nur Essen gebracht."[60] In der Regel war es jedoch sicherer, das Quartier nicht zu wechseln. Auch Untergetauchte, die sich tagsüber auf den Straßen bewegten, unterlagen der Gefahr, aufgegriffen zu werden. Fast drei Viertel aller Untergetauchten, die in Österreich überlebt hatten, waren nur an einem Ort oder maximal an zwei verschiedenen Plätzen versteckt gewesen.[61]

Trotz der starken Konzentration der jüdischen Bevölkerung Österreichs in Wien gelang es einigen Juden, auf dem Land ein Versteck zu finden, meist unter einfachen Leuten, häufig Bauern; ihr Motiv war Ablehnung des neuen Regimes verbunden mit christlicher Nächstenliebe oder schlicht Mitleid mit den Verfolgten. Eine Berlinerin etwa floh mit ihren zwei 14 und elf Jahre alten Töchtern im Januar 1943 nach Tirol, wo sie von einem Bekannten den Namen einer christlichen Familie erhalten hatte, die ihr vielleicht ein Versteck anbieten konnte. Kurze Zeit durften sie im Keller des Hauses wohnen, dann vermittelte ihr die Hausfrau den Kontakt zu einem Lehrer in einem Bergdorf. Die drei Berliner wurden mit Hilfe des Dorfschusters auf einen Berggasthof, ein abgeschiedenes

59 Ebenda, S. 193.
60 Ebenda, S. 617 ff.
61 C. Gwyn Moser, Jewish U-Boote in Austria, 1938–1945, in: Simon Wiesenthal Center Annual 2 (1985), S. 59.

Bauernhaus und das Haus des Lehrers aufgeteilt, wo sie sich nützlich machten. Trotz der zahlreichen Mitwisser – der Lehrer vermutete 1946, daß etwa 150 Einheimische das Geheimnis kannten – wurden Mutter und Töchter nicht verraten. Zwischen Helfern und Geretteten entstand während der fast zweieinhalb Jahre eine tiefe Freundschaft, so daß die Familie nach der Befreiung bis zu ihrer Emigration nach Amerika noch ein Jahr im Dorf blieb.[62] Auch in Thüringerberg/Vorarlberg wurde von Januar bis Mai 1945 ein jüdisches Ehepaar versteckt.[63] Ein Wiener Jude überlebte in Keutschach/Kärnten; er wurde von seinen Rettern als Bombenflüchtling ausgegeben.[64] Diese Beispiele lassen den Schluß zu, daß es für fremde Juden in der Provinz einfacher war, Helfer zu finden, als für die ortsansässige jüdische Bevölkerung. Die Bekanntschaft zwischen Retter und Untergetauchtem, die für Wien das entscheidende Kriterium war, spielte auf dem Land nur eine untergeordnete Rolle.

An dieser Stelle scheinen sich auch zwei gegensätzliche Entwicklungen festmachen zu lassen. Vor Beginn der Deportationen erfuhren eher die einheimischen Juden auf dem Land Solidarität, als aber ein lebensrettendes Versteck benötigt wurde, scheint die Anonymität der Großstadt schützender gewesen zu sein. Wahrscheinlich erschien es den Dörflern als zu gefährlich, einen der ganzen Bevölkerung als Juden bekannten Verfolgten aufzunehmen, da die Zahl der Mitwisser und damit der potentiellen Denunzianten zu groß war. Fremden Juden bot sich aber noch eine Chance, auf dem Land einen Quartiergeber zu finden. Anders in Wien. Dort benötigte man unbedingt die Bekannt- oder Verwandtschaft von Nichtjuden, um eine Unterschlupfmöglichkeit zu erhalten. Auch das Überleben eines dreizehnjährigen Jungen im Bundesland Salzburg spricht für diese These. Franz Wesenauer aus Salzburg berichtet: „Ungefähr 1940/41 kam zu uns in die Pfarrei [St. Andrä] eine unbekannte Frau mit einem blonden, etwa dreizehnjährigen Knaben, der zwar katholisch, von der Abstammung aber voller Jude war. Sie bat uns um Hilfe, denn seine Eltern wären bereits verschwunden [...]. Ich selbst konnte ihn nicht verstecken, da ständig die Gestapo aus- und einging. Daher brachte ich ihn zunächst zu einer Familie namens Hammer in der

62 Kurt R. Grossmann, Die unbesungenen Helden. Menschen in Deutschlands dunklen Tagen, Berlin 1961, S. 189 ff.; ausführlich Martin Achrainer, In Tirol überlebt. Vier jüdische „U-Boote“ in Tirol 1943–1945, in: Tiroler Heimat. Jahrbuch für Geschichte und Volkskunde 60 (1996), S. 159-184.

63 Dreier, Antisemitismus in Vorarlberg, S. 227.

64 Walzl, Juden in Kärnten, S. 245.

Linzerstraße. Nach Weihnachten – die Frau war kurz vor Weihnachten gekommen – ging ich dann zu Bauern mit der Bitte, ob nicht einer den Jungen verstecken könnte. Keiner fand allerdings den Mut dazu. Erst der Bäcker Schmidhuber in Anthering nahm ihn auf. Bei ihm waren schon etliche Priesterstudenten untergebracht, so daß ein Zugang nicht sonderlich auffiel. Der Knabe, sein Rufname war Jussi, hat dann zweieinhalb bis drei Jahre dort gelebt. Den Leuten galt er als Student. Er ging in die Kirche und fiel daher nicht auf. Schließlich waren alle anderen bereits eingerückt, nur Jussi war übriggeblieben. Gegen Kriegsende tauchte plötzlich das Gerücht auf, was mit diesem Jungen eigentlich sei? Dies geschah etwa im Herbst 1944. Um ihn aus der drohenden Gefahr zu retten, brachte ich ihn bei Nacht und Nebel in einen anderen Ort in Oberösterreich. Soviel ich weiß, war er dann auch kurz im Stift Mattsee. Bei Kriegsende ist er durch die Kampflinie zu den Russen durchgestoßen und mit einem Panzer schließlich in Wien gelandet.“[65]

Gleich welche Möglichkeiten sich dem Untergetauchten boten, es stellte sich natürlich immer die Frage nach der Sicherheit, und niemand konnte die psychische Belastung und die Angst des möglichen Entdecktwerdens ablegen. C. Gwyn Moser vermutet, daß auf jeden geretteten Untergetauchten in Österreich mindestens zwei kamen, die entdeckt und deportiert wurden.[66] Aber auch der Helfer mußte mit strenger Bestrafung rechnen. Die Wienerin Maria Kramer etwa, die in ihrer kleinen Wohnung drei Juden versteckte, wurde gemeinsam mit ihren Schützlingen verhaftet und nach Ravensbrück gebracht, das sie schwerkrank wieder verließ.[67] Auch Karla Glaubauf, die mit ihrem jüdischen Lebensgefährten wegen nationalsozialistischer Repressalien von Deutschland nach Wien übersiedelte, wurde nach Ravensbrück verschickt. Sie hatte ihren Lebensgefährten und dessen Bruder versteckt; beide wurden im KZ ermordet.[68] In den Unterlagen des österreichischen KZ-Verbandes ist dokumentiert, daß 98 Österreicher wegen Hilfe für Juden inhaftiert wurden, 60 davon in einem Konzentrationslager, aus dem zwei nicht mehr zurückkamen.[69] Sowohl Helfer wie Gerettete begleitete ständige Angst. Es war ein wesentliches Charakteristikum des Versteckens.

65 Dokumentationsarchiv des österreichischen Widerstands (Hrsg.), Widerstand und Verfolgung in Salzburg 1934–1945. Eine Dokumentation, Wien 1991, S. 471 f.

66 Moser, Jewish U-Boote, S. 61.

67 Weinzierl, Zu wenig Gerechte, S. 157.

68 DÖW, Jüdische Schicksale, S. 628 f.

69 Moser, Jewish U-Boote, S. 60 f.

Eine authentische Quelle, die Einblick in die Zweifel und Ängste eines Helfers gewährt, ist das Tagebuch des Wiener Rechtsanwalts Ludwig Haydn. Von Juni 1942 bis Januar 1944 vertraute er seine Empfindungen dem Tagebuch an, das er 1946 unverändert veröffentlichte. Interessant ist es, weil seine Gefühle zum Zeitpunkt des Handelns – oder Unterlassens – deutlich werden, ohne das Wissen über die letzten Konsequenzen und Ausmaße des nationalsozialistischen Rassenwahns derer, die ihre Erinnerungen nach 1945 veröffentlichten. Auch nach dem „Anschluß" betreute Ludwig Haydn viele jüdische Klienten. Am 29. Juni 1942 vertraute er seinem Tagebuch an: „Der Nachmittag wird zu einem jüdischen Benefiz [...]. 25.000 Hirne – so viel Juden dürften ungefähr noch hier sein – quälen sich Tag und Nacht mit phantastischen Fluchtmöglichkeiten. Es soll burgenländische Grenzführer geben, die Juden auf Schleichwegen nach Ungarn schmuggeln. Es soll Kuriere geben, die Juden im Diplomatenauto nach Italien mitnehmen [...]. Man interpelliert mich, ob ich Näheres über solche Grenzführer und Diplomatenautos weiß; und ob es ja ganz sicher sei. Ich antworte ausweichend; ich habe nicht den Mut, den Wahnsinn auszureden. Desto eifriger lege ich die Platte schablonenhaften Trostes auf: ‚Behalten Sie die Nerven! Nur noch die nächsten Monate! Einen vierten Kriegswinter gibt es nicht mehr.' [...] Und dabei weiß ich: Niemals wird der Ministerialrat M. mit seiner Frau nächtlicherweile durch das Schilf des Neusiedlersees nach Ungarn waten. Niemals wird die 70jährige Frau St. im Diplomatenauto über die italienische Grenze rollen. Sie alle sind Gezeichnete; werden in wenigen Wochen nach Polen geschleppt, vergast oder über ihren selbst geschaufelten Gräbern erschossen werden." Am gleichen Tag beobachtete er die Deportation von Juden: „Damit aber der Tag nicht ohne letzte Mahnung an die große, die erhebende Zeit, in der wir leben, endet, pflanzt sich gleich um die Straßenecke ein offenes Lastauto entgegen, auf dem 20 Gestalten, trotz der sommerlichen Wärme in Überröcken, sich stumm zusammendrängen. Alle tragen den gelben Stern auf der Brust – Juden! Jüdisches Schlachtvieh wird verladen! Ich schaue weg und beschleunige meine Schritte. Auch die meisten Passanten schauen weg vor Beschämung. Aber es sind auch etliche darunter, die in der Nähe des Autos stehen bleiben und mit hämischem Behagen das Schauspiel genießen: Jüdisches Schlachtvieh wird verladen! Wieder 20 Juden weniger!"[70]

70 Ludwig Haydn, Meter, immer nur Meter! Das Tagebuch eines Daheimgebliebenen, Wien 1946, S. 9 ff.

Am 6. Juli 1942 betrat Ludwig Haydn nach drei Tagen Erholung im Gebirge wieder seine Kanzlei. „‚Frau Hofrat G. ist in die Sperlgasse gebracht worden‘, ist das erste, womit mich mein Kanzleileiter empfängt. Obwohl man schon abgestumpft ist, geht mir die Nachricht nahe. Frau G. war eine große Dame gewesen. Also auch sie auf der letzten Station des jüdischen Kreuzwegs angelangt! ‚Und sonst?‘ ‚Frau B. ist in die Sperlgase gekommen.‘ Das berührt mich weniger. Frau B. war 82 Jahre alt, sie hat ihr Leben gelebt, sie hat sich selber überlebt. Ich finde es nur unsagbar lächerlich, daß man sich die Schererei macht, eine Zweiundachtzigjährige in der Welt herumzuschleppen, statt sie hier von selbst sterben zu lassen. ‚Noch etwas?‘ ‚Herr K. ist in die Sperlgasse gekommen.‘ Ja, höre ich heute nur Sperlgasse? Der 72jährige Herr K. war ein bekannter Wiener Kunsthändler, mit dem ich gern über Antiquitäten gefachsimpelt hatte. Niemand kannte die Niederländische Schule besser als er. ‚Sonst?‘ ‚Zündhölzer gehen aus‘, meldet sich meine zweite Beamtin.“[71] Schwer erschütterte Ludwig Haydn die Deportation eines ehemaligen Kollegen: „Ich stand auf dem Schwedenplatz und wartete auf einen Wagen der Straßenbahn, als von der Brücke, die hier zur Leopoldstadt führt, drei Lastautos anrasselten, beladen mit lebendem Schlachtvieh: Juden, die von dem Lager Sperlgasse zum Nordbahnhof geschafft wurden, um nach Polen verfrachtet zu werden [...]. Da erkannte ich auf dem zweiten [...] meinen ehemaligen Kollegen R. [...]. Ganz vorne im Haufen stand er, der Sechzigjährige, der Advokat mit dem ausgemergelten Gelehrtenkopf und dem struppigen Bart [...]. Gerade als die Autos anzogen, kreuzten sich unsere Blicke. Sichtlich erkannte auch er mich. Am liebsten hätte ich aus Takt so getan, als hätte ich ihn nicht bemerkt. Aber dann hätte er gedacht: Auch du bist so einer! Und das durfte er nicht. Verwirrt lüftete ich den Hut, aber er schaute durch mich hindurch und erwiderte den Gruß nicht [...]. Wie betäubt von Beschämung lief ich in die nächste Gasse, während die Autos in der entgegengesetzten Richtung weiterrollten. Nur weg von diesem Bild! Ziellos lief ich durch die Gassen und es war mir, als sei ich der Erniedrigte, nicht er, der dort vom Viehwagen auf Hitlers Volk und mich unter ihm mit Verachtung herunterschauen durfte.“[72]

Am 17. Juli 1942 bat ein Untergetauchter Ludwig Haydn um Quartier: „Eine neue Variante des Martyriums: Tausende Juden haben es vorgezogen, ihre Wohnungen im Stich zu lassen, um unauffindbar zu sein, wenn sie für Polen abgeholt werden sollten, und vagieren nun herum, ohne festen

71 Ebenda, S. 21.

72 Ebenda, S. 54 f.

Unterstand, schlafen heute in einem Keller, morgen in einem Magazin, dann wieder bei mitleidigen Ariern, ihre Habseligkeiten da und dort verteilt – Ahasver im wahrsten Sinn! [...] An diesen ganzen Komplex von Vagantenmartyrium werde ich erinnert, als heute der nette, junge M., auffällig verwahrlost, übernächtig und verfallen, erscheint. Auch er ist unter die Vaganten gegangen. Als slowakischer Staatsbürger hatte er geglaubt, vor Verschickung nach Polen bewahrt zu sein [...]. Durch einen rechtzeitigen Wink hatte M. erfahren, daß auch er zur Abholung gezeichnet war [...]. Das war vor drei Tagen gewesen. Seither habe er nachts mit seiner Frau auf dem Fußboden im Büro seines ehemaligen Chefs geschlafen. Allerdings müßten sie, um diesen nicht zu großer Gefahr auszusetzen, noch im Morgengrauen aus dem Haus schleichen und abends den Eintritt der Finsternis abwarten [...]. Mich schaudert bei der Erzählung. Nicht auszudenken so ein Leben! Gehetztes Wild ist kein Vergleich! [...] Weil er noch zögert, zu gehen, frage ich: ‚Wollen Sie vielleicht bei mir etwas aufheben?' Dieses Ansinnen ist mir geläufig. Was habe ich für verfolgte Juden alles in Verwahrung – von Testamenten bis zu Pelzen! Bevor er noch zu einer Antwort ansetzt, errate ich mit Schrecken, was ihm auf den Lippen liegt: Er möchte mich um Unterschlupf bitten! Peinlichste Zumutung! Einen Juden verstecken bedeutet, wenn es auffliegt, sicheres Konzentrationslager. ‚Nur bis Montag', bettelt er. ‚Für ständig kann ich es von meinem gewesenen Chef nicht gut verlangen – von Dienstag an darf ich für eine Woche in einer Garage schlafen.' Er scheint sich förmlich einen Turnus bei seinen Bekannten eingeteilt zu haben. ‚Aber wo bei mir? In der Wohnung ist keine Gelegenheit.' ‚Nicht in der Wohnung. Bewahre! In der Kanzlei – niemand wird es bemerken, ich garantier' dafür – wir kommen, wenn es finster geworden ist, und verschwinden, bevor aufgeräumt wird.' Wir, sagt er! Einen Augenblick hatte ich nicht bedacht, daß ja auch seine Frau daran hängt! Die Vorstellung, daß die niedliche, kultivierte Frau – ich kenne sie! – auf dem Fußboden meiner Kanzlei übernachten soll, steigert das Peinliche bis zur Unerträglichkeit [...]. ‚In Gottesnamen bis Montag. Da nebenan steht eine Couch.' Während er sich übertrieben bedankt, ärgere ich mich, daß ich nachgegeben habe. Stecke ich nicht bereits in mehr als genug Gefälligkeiten gegen Juden, jede für sich eine Gefahr! Muß ich mir noch eine neue Gefahr aufladen! Aber ich weiß auch, daß ich mich nachträglich noch mehr ärgern würde, wenn ich aus Feigheit Nein gesagt hätte."[73]

73 Ebenda, S. 34 ff.

Drei Wochen später wurde M. erwischt: „‚Wo? Doch nicht –?' ‚Nein. Er war bei einer jüdischen Familie zu Besuch, als diese gerade geholt wurde – er konnte sich nicht ausweisen und da hat man ihn einfach mitgenommen – jetzt ist er in der Sperlgasse – im Bunker.' ‚Im Bunker?' ‚Ja. Er wollte nicht verraten, wo sich seine Frau und seine Mutter versteckt halten. Deshalb hat man ihn in den Bunker gesperrt – dort soll er fürchterlich verprügelt worden sein – trotzdem hätte er nichts verraten – aber dann hat sich ein Scharführer an ihn herangemacht, scheinheilig freundlich, und hat sich erbötig gemacht, seinen Angehörigen eine Botschaft zu übermitteln. Darauf ist er hineingefallen und hat sich dem Burschen anvertraut, mit dem Ergebnis, daß jetzt auch Frau und Mutter in der Sperlgasse sind. Das ist aber noch nicht alles!' ‚Hören Sie auf!' ‚Der Arier, der die beiden Frauen in seiner Wohnung aufgenommen hat, ist aus seinem Landaufenthalt von der Gestapo geholt worden. Und auch die arme Hausbesorgerin, die die Teppiche in Verwahrung genommen hat, sitzt jetzt drin.' Es fehlt nur noch eines: Man hat herausbekommen, daß der junge Mann ein paar Nächte in meiner Kanzlei geschlafen hat. Das hat man davon! Gutmütigkeit ist schön. Aber sie wird unverzeihliche Dummheit, wenn kleine, übrigens sinnlose Gefälligkeiten an den Rand des Konzentrationslagers führen. Nie wieder einem jüdischen Vaganten Unterschlupf!"[74]

Ein großes Problem für die Untergetauchten war das völlige Abhängigkeitsverhältnis vom Retter. „Letztlich war man als Versteckter, Verfolgter auf Gedeih und Verderb den Menschen, die einen versteckt haben, ausgeliefert", erinnert sich ein Betroffener.[75] Die Untergetauchten hatten keine andere Wahl, als oft jahrelang die Ängste und Stimmungsschwankungen ihrer Helfer zu ertragen, da ein Aufbegehren den Rauswurf aus dem lebensrettenden Quartier zur Folge hätte haben können. Verknüpft mit den eigenen Sorgen konnten sich daraus große psychische Probleme ergeben.

Einem 10jährigen Mädchen bereitete vor allem das Gefühl des Eingesperrtseins Schwierigkeiten: „Stellen Sie sich vor, ein Kind, das im Freien herumlaufen möchte, um mit Spielkameraden zusammenzukommen, soll man das nicht bedrückend finden, wenn man in einem zum Teil dunklen Zimmer ruhig sein muß, womöglich im Bett liegen [...] muß? Soll man das nicht als bedrückend empfinden? Es ist ein Wahnsinn – ist es schon für einen Erwachsenen schlimm, in einer Art Gefängnis zu sein.

74 Ebenda, S. 61.

75 DÖW, Jüdische Schicksale, S. 652.

Um wieviel schlimmer ist es erst, wenn ein Kind, das ja auch ein Bewegungsbedürfnis hat, ein Kommunikationsbedürfnis, – es ist die Hölle, es ist entsetzlich."[76]

Ein anderes Problem stellte die Versorgung dar. Da die Untergetauchten natürlich keine Lebensmittelmarken mehr erhielten, mußten ihre Helfer die knapp bemessenen Rationen mit ihnen teilen. In manchen Fällen wurden die kargen Mahlzeiten durch Bekannte oder Verwandte auf dem Land aufgebessert. Die Schwestern Becher, die die Brüder Posiles retteten, scheuten auch vor anderen Methoden nicht zurück: „Mit dem Tintentod hat man [...] viel zaubern können, besonders bei Lebensmittelmarken: Ungültig-Stempel haben wir gelöscht – das Papier hat dabei natürlich die Farbe verloren, die mußten wir dann nachfärben."[77] Andere versuchten auf dem Schwarzmarkt ihre Ernährungslage etwas zu verbessern.

Große Schwierigkeiten ergaben sich, wenn ein Versteckter ernsthaft krank wurde. Edeltrud Posiles erinnert sich: „Es war furchtbar, wie Walter so schwer krank geworden ist: Lungen- und Rippenfellentzündung. Man hat uns einen Arzt genannt, der in ‚Mischehe' mit einer Jüdin gelebt hat. Dieser Arzt ist ein paarmal gekommen, hat die Diagnose gestellt und hat Walter Injektionen gegeben. Als es aber schlechter und schlechter geworden ist, wollte der Arzt Walter ins Spital einweisen. Da mußten wir ihm die volle Wahrheit sagen. Er ist saugrob geworden und hat gesagt: ‚Geben Sie mir sofort alle Rezepte zurück, ich bin verpflichtet, Sie anzuzeigen.' Ich war sehr verzweifelt, habe auf ihn eingeredet, bis er schließlich gesagt hat, er wird nichts machen, möchte aber mit der ganzen Sache nichts mehr zu tun haben." Schließlich fand Edeltrud Posiles jedoch einen „jüdischen Krankenbehandler", der Walter bis zu seiner Genesung betreute.[78]

In eine schwierige Lage kam der Retter, wenn der Untergetauchte starb. Die Wiener Gärtnerin Rosa Pscherer hatte monatelang ein altes jüdisches Ehepaar im Haus ihrer Eltern versteckt. Der Mann hielt jedoch den psychischen Druck nicht aus und nahm sich das Leben. Seine Frau starb wenige Monate darauf an einem Herzschlag. Rosa Pscherer begrub beide heimlich nachts im Garten; 1946 wurden die Leichen exhumiert.[79]

76 Zit. nach Ungar-Klein, Bei Freunden untergetaucht, S. 91.

77 DÖW, Jüdische Schicksale, S. 640.

78 Ebenda, S. 641.

79 Weinzierl, Zu wenig Gerechte, S. 151.

Wenige Monate vor Kriegsende nahm in der Provinz die Bereitschaft, Juden zu verstecken, zu. Möglicherweise schien den Helfern die Gefahr geringer, da sie damit rechneten, daß die Befreiung unmittelbar bevorstand und sie nicht mehr bestraft würden. Vielleicht waren sie jedoch auch von den schrecklichen Bildern, die die KZ-Häftlinge auf den sogenannten Todesmärschen boten, berührt. Maria Grausenburger, eine Bäuerin aus Grafenwörth, beherbergte drei Geschwister und ihre Mutter, nachdem die vier in ihrem Dorf, durch das sie der Evakuierungsmarsch vom Lager Floridsdorf nach Mauthausen führte, geflüchtet waren. Dem Bürgermeister erzählte sie, daß sie eine ungarische faschistische Familie aufnehmen wolle, die ihr bei der Arbeit zur Hand gehen sollte. Maria Grausenburger gab der Familie bis Kriegsende Unterkunft, obwohl die Nachbarn ihr mit einer Anzeige drohten und sich bei dem Rückzug der Wehrmacht sechs deutsche Soldaten bei ihr einquartiert hatten. Für ihre Hilfsbereitschaft, die sie sich nicht bezahlen ließ, hatte die Bäuerin eine einfache Erklärung: „Ich sorge dafür, daß sie am Leben bleiben.“[80]

Fritz Edelmann, Bürgermeister von Thondorf in der Steiermark, rettete acht ungarische Juden, die auf Befehl Eichmanns zu Fuß von Budapest zu „Aufräumungsarbeiten“ nach Graz befohlen wurden. In Thondorf gelang es ihnen, völlig entkräftet, sich an Edelmann zu wenden und ihn um Hilfe zu bitten. Er versteckte sie bis Kriegsende auf seinem Dachboden, und seine Familie versorgte die Flüchtlinge mit Lebensmitteln. Alle acht überlebten.[81]

Einige Juden überlebten, weil sie in kleineren Ortschaften von den „Todesmärschen“ fliehen konnten und von der Bevölkerung versteckt wurden. Diese Hilfe beim Untertauchen unterschied sich von dem teilweise jahrelangen U-Boot-Leben in Wien. Zum einen kannten sich Helfer und Versteckte in der Regel nicht, was für Wien die entscheidende Voraussetzung war. Die Retter, die die von den „Todesmärschen“ geflohenen Juden aufnahmen, gingen davon aus, daß der Krieg nur noch wenige Tage oder Wochen dauern konnte, die Hilfe also befristet war. Zudem lebten sie auf dem Land, wo aufgrund der besseren Versorgungslage die Flüchtlinge miternährt werden konnten. Dennoch war das Verstecken auch kurz vor Kriegsende lebensgefährlich. In vielen Orten wurden außerdem Soldaten auf dem Rückzug einquartiert, die eine ernste Bedrohung für die Untergetauchten und ihre Helfer darstellen konnten. Der Helfer mußte damit rechnen, sofort erschossen zu werden.

80 Yad Vashem Dossier M-31/1459; Keim, Yad Vashem, S. 57.

81 Weinzierl, Zu wenig Gerechte, S. 121.

Ein tragisches Ende nahm der Versuch von neun Juden – acht davon waren Angestellte des „Ältestenrats der Juden in Wien“ gewesen –, versteckt in einem Keller im zweiten Wiener Bezirk Leopoldstadt die Befreiung zu erwarten. Sie wurden denunziert und am 12. April 1945, wenige Stunden vor dem Ende der Schlacht um Wien, von der SS erschossen.[82]

Es ist eine schwierige Aufgabe, ein Porträt sowohl der Helfer als auch der Geretteten zu zeichnen, da viele Zufallsfaktoren eine entscheidende Rolle spielten. Und dennoch gibt es Charakteristika, von denen sich einige Fälle allerdings wieder unterscheiden. So gehörten die meisten Helfer nicht der sozialen Oberschicht an.[83] Nach Untersuchungen von C. Gwyn Moser waren fast die Hälfte der 619 Juden, die in Österreich untergetaucht überlebt hatten, im Alter zwischen 40 und 59 Jahren. Lediglich 13 Kinder unter 13 Jahren und vier Personen über 70 finden sich in dieser Statistik.[84] Daraus läßt sich folgern, daß eine gewisse Entschlußkraft und vor allem – trotz des Angewiesenseins auf den Helfer – Selbständigkeit erforderlich war, was auch durch Beispiele, bei denen „U-Boote“ sich selbst versorgen oder das Quartier wechseln mußten, belegt wird. Fast 60 Prozent aller Versteckten tauchten alleine unter; für eine ganze Familie war ein Versteck schwieriger zu finden. Eine weitere wichtige Voraussetzung stellte die Assimilation dar, die Kontakte zu Nichtjuden zur Folge hatte, ohne deren Hilfe das Untertauchen – zumindest in Wien – nicht gelingen konnte. Nach einer Statistik des österreichischen KZ-Verbandes waren fast die Hälfte aller „U-Boote“ konvertiert, konfessionslos oder nur nach den „Nürnberger Gesetzen“ Juden.[85] Die Zahl aller Juden, die versteckt in Österreich überlebt haben, ist – wie in den meisten anderen Ländern – nicht genau eruierbar. C. Gwyn Moser machte 619 überlebende österreichische Juden aus; sie schätzt, daß insgesamt, wenn man die untergetauchten jüdischen Fremdarbeiter hinzurechnet, etwa 750 Juden im Land versteckt überleben konnten.[86]

82 Moser, Jewish U-Boote, S. 53; Hugo Gold, Geschichte der Juden in Wien. Ein Gedenkbuch, Tel Aviv 1966, S. 114.

83 Weinzierl, Aspekte, S. 98.

84 Moser, Jewish U-Boote, S. 55 f.

85 Ebenda, S. 56 und 58.

86 Ebenda, S. 62 Anm. 16.

5. Nächstenliebe oder Missionseifer? Hilfe von der Kirche

Österreich war und ist ein katholisch geprägtes Land. Daher ließe sich folgern, daß christliche Nächstenliebe das Verhalten gegenüber der verfolgten jüdischen Minderheit motivierte. Andererseits reichte der christliche Judenhaß lange zurück, und weder die katholische Bevölkerung noch die offiziellen Vertreter der Kirche hatten sich davon gelöst. Daß sich diese beiden Positionen nicht immer widersprechen mußten, machte ein Hirtenbrief des Linzer Bischofs Johannes Maria Gföllner über wahren und falschen „Nationalismus" im Januar 1933 deutlich. Einerseits erklärte der Bischof sozialistischen Klassenhaß und nationalsozialistischen Rassenhaß für unvereinbar mit dem wahren Christentum; folglich müsse auch der radikale Rassenantisemitismus des Nationalsozialismus entschieden abgelehnt werden. „Das jüdische Volk nur wegen seiner Abstammung verachten, hassen und verfolgen, ist unmenschlich und antichristlich." Gleichzeitig erlag der Bischof aber den jahrhundertealten Stereotypen von „jüdischer Weltherrschaft" und „jüdischem Bolschewisten" sowie der Fiktion vom „jüdischen Kapitalisten": „Verschieden allerdings vom jüdischen Volkstum und von der jüdischen Religion ist der jüdische internationale Weltgeist. Zweifellos üben viele gottentfremdete Juden einen überaus schädlichen Einfluß auf fast allen Gebieten des modernen Kulturlebens aus. Wirtschaft und Handel, Geschäft und Konkurrenz, Advokatur und Heilpraxis, soziale und politische Umwälzungen sind vielfach durchsetzt und zersetzt von materialistischen und liberalen Grundsätzen, die vorwiegend vom Judentum stammen. Presse und Inserate, Theater und Kino sind häufig erfüllt von frivolen und zynischen Tendenzen, die die christliche Volksseele bis ins Innerste vergiften und die ebenso vorwiegend vom Judentum genährt und verbreitet werden. Das entartete Judentum im Bunde mit der Weltfreimaurerei ist auch vorwiegend Träger des mammonistischen Kapitalismus und vorwiegend Begründer und Apostel des Sozialismus und Kommunismus, der Vorboten und Schrittmacher des Bolschewismus. Diesen schädlichen Einfluß des Judentums zu bekämpfen und zu brechen ist nicht nur gutes Recht, sondern strenge Gewissenspflicht eines jeden überzeugten Christen [...]. Die moderne Zeit braucht zwar die Juden nicht des Landes zu verweisen, sollte aber in Gesetzgebung und Verwaltung einen starken Damm aufrichten gegen all den geistigen Unrat und die unsittliche Schlammflut, die vorwiegend vom Judentum aus die Welt zu überschwemmen drohen. – Dabei sei rückhaltlos zugegeben, daß es auch im Judentum edle Charaktere gibt."[87]

Diese zwiespältige Haltung des Bischofs, der sich selbst sicherlich nicht als antisemitisch eingestuft hätte und der sich nach 1933 mehrmals klar gegen den Nationalsozialismus geäußert hatte, war typisch für viele Vertreter der österreichischen katholischen Kirche; allerdings überlagerte bei den meisten der Antisemitismus die aus christlicher Nächstenliebe genährte Hilfsbereitschaft für die Verfolgten.

Der Wiener Kardinal-Erzbischof Theodor Innitzer, in dessen Diözese 1938 90 Prozent aller österreichischen Juden lebten, bildete eine rühmliche Ausnahme. Sein Besuch bei Hitler am 15. März 1938, bei dem er versuchte, die kirchliche Eigenständigkeit zu erhalten, und die wenige Tage darauf in einer „Feierlichen Erklärung" ausgesprochene Empfehlung der österreichischen Bischöfe, bei der Volksabstimmung über den „Anschluß" am 10. April 1938 mit Ja zu stimmen,[88] war zwar für die österreichischen Juden sehr enttäuschend. Kardinal Innitzer behielt aber seine positive Einstellung Juden gegenüber bei. Bereits als Professor an der Wiener Universität hatte er antisemitische Ausschreitungen verhindert, indem er mit der Schließung der Universität drohte. Im Februar 1936 äußerte er bei der Einweihung der Räume des der Judenmission dienenden „Pauluswerkes" unmißverständlich: „In einer Zeit, in der Rassenhaß und Vergötzung der Rasse Triumphe feiert, ist es gut, wenn wir von der alten Kultur unseres Vaterlandes Österreich aus betonen, daß wir einen anderen Standpunkt einnehmen. Wenn Christus, der Herr, gesagt hat, sie sollen alle eins sein, so sind seine Brüder im Judentum nicht ausgeschlossen. Wir werden die große Parole Gerechtigkeit und Liebe im Auge haben, gerade in einer Zeit – ich sage dies nicht bloß ihnen zuliebe, es sollte viel öfter gesagt werden –, in der den Juden das elementare Naturrecht abgesprochen wird."[89] Dieser Haltung blieb der Kardinal auch nach dem „Anschluß" treu, allerdings kamen die von ihm unterstützten Hilfsangebote – von wenigen Ausnahmen abgesehen – lediglich „nichtarischen Katholiken", also getauften Juden zugute. Dieser Personenkreis war zwar von den Maßnahmen der neuen Machthaber ebenfalls betroffen, aber von einer christlichen Institution hatte die große Mehrzahl der nichtgetauften österreichischen Juden mehr Solidarität

87 Zit. nach Erika Weinzierl, Prüfstand, Österreichs Katholiken und der Nationalsozialismus, Mödling 1988, S. 233 ff.

88 Ebenda, S. 247 f.

89 Zit. nach Rosenkranz, Verfolgung und Selbstbehauptung, S. 24.

erhofft. Die Beschränkung auf die sogenannten Judenchristen als Charakteristikum der Solidaritätshandlungen der katholischen Kirche darf bei der nun folgenden Darstellung der Hilfsaktivitäten nicht außer acht gelassen werden.

Am 19. Mai 1938 schlug P. Georg Bichlmair die Gründung eines Hilfswerkes vor, das „nichtarische Christen" seelsorgerisch betreuen, eine Schule einrichten und sie bei Berufsumschulung, Auswanderung und rechtlichen Problemen unterstützen sollte. Er griff damit einen Vorschlag des Priesters Johannes Österreicher auf, der, selbst aus dem Judentum kommend, Pionierarbeit auf dem schwierigen Terrain der christlich-jüdischen Annäherung geleistet hatte.[90] Österreicher hatte das „Paulus-werk" geprägt, das die Gestapo im August 1938 auflöste. Ein Beichtkind warnte ihn vor der drohenden Verhaftung, und er konnte über Frankreich in die USA fliehen. Bichlmair begann gemeinsam mit der Gemeindefürsorgerin Gräfin Kielmansegg mit der Hilfstätigkeit, die sich „Aktion K" (Kielmansegg) nannte. Auch die „Beratungsstelle für katholische Auswanderer" und die „Hilfsstelle für nichtarische Christen" unterstützten die „nichtarischen Katholiken". Die Gestapo verhaftete Bichlmair jedoch am 10. November 1939, und er wurde nach Beuthen „gauverwiesen".[91] Bichlmair personifiziert wiederum die ambivalenten und mit antijudaistischen Vorurteilen versehenen Positionen, die einige österreichische Kirchenvertreter bezogen. Noch im März 1936 hatte er die sofortige Zulassung von Judenkonvertiten zu allen Stellen wegen der „bösen Erbanlagen" der Juden als fragwürdig und den Arierparagraphen für einzelne Bünde und Vereinigungen unter Umständen als „im Namen der christlichen Ethik für nicht verwehrbar" bezeichnet.[92] Diese Einstellung hinderte ihn jedoch nicht daran, ein Hilfswerk für die bedrohten „nichtarischen Katholiken" einzurichten und sich damit ernster Gefahr auszusetzen.

Nachfolger von Bichlmair wurde P. Ludger Born, der ein Jahr später auch die Leitung der im Dezember 1940 von Kardinal Innitzer in seinem Palais eingerichteten „Erzbischöflichen Hilfsstelle für nichtarische Katholiken" übernahm. Zu diesem Zeitpunkt lebten in Wien noch mehr als 4000 „nichtarische" Katholiken.[93] Innitzer hoffte, daß er die Hilfs-

90 S. dazu ausführlich Weinzierl, Prüfstand, S. 258 ff.

91 Weinzierl, Aspekte, S. 88.

92 Weinzierl, Prüfstand, S. 266.

93 P. Lothar Groppe SJ, Die Erzbischöfliche Hilfsstelle für nichtarische Katholiken in Wien, Wien 1978, S. 9.

aktivitäten, die immer stärker werdenden Repressalien ausgesetzt waren, durch sein Amt schützen könnte. Finanziert wurde die Arbeit der Hilfsstelle, in der neben Ludger Born acht bis zwölf Frauen tätig waren, aus den privaten Mitteln des Kardinals und durch Zuwendungen von Jesuiten, einigen Wiener Klöstern und Pfarrern und Privatpersonen. Im Durchschnitt gab die „Hilfsstelle" monatlich 7000 RM aus. Damit unterhielt sie gemeinsam mit der evangelischen „Schwedischen Mission" und der „Society of Friends" der Quäker bis August 1942 eine Privatschule für christliche und konfessionslose jüdische Kinder. Außerdem finanzierte sie eine Ärztin, da das Rothschild-Krankenhaus nur mosaische Juden behandelte, die anderen Kliniken jedoch nur „arische" Patienten aufnahmen und folglich für die getauften Juden keine ärztliche Versorgungsmöglichkeit mehr bestand. Für 13 Personen übernahm die „Hilfsstelle" die Kosten im jüdischen Altersheim, und für jede Bestattung eines „Judenchristen" auf dem jüdischen Friedhof erhielt der jüdische Ältestenrat 165 RM.[94]

Für Harry Gelbfarb war die Ausstellung eines Taufscheins durch Pater Born lebensrettend. Franzi Löw, Fürsorgerin der Israelitischen Kultusgemeinde Wien und seit 1938 in dieser Funktion Vormund für etwa 200 außereheliche jüdische Kinder und 20 geistig behinderte jüdische Jugendliche, erinnert sich: „Ich hatte einen ganz besonderen Schützling, der von der Kultusgemeinde aus bei einer Pflegemutter untergebracht worden war. Diese Pflegemutter wurde im Jahr 1941 evakuiert. Den Jungen, Harry Gelbfarb, haben wir dann in unser Heim aufgenommen. Er hatte einen ‚arischen' Vater [...]. Eines Tages mußte ich Harry in das Sammellager im zweiten Bezirk, Malzgasse, zum gefürchteten Alois Brunner bringen. Ich habe Herrn Brunner gesagt, daß der Junge getauft und eigentlich ‚Mischling ersten Grades' sei. Das war um 11 Uhr nachts. Daraufhin hat Brunner gesagt, wenn ich den Beweis erbringe, daß der Junge noch vor dem Stichtag [15. September 1935] getauft worden ist, dann kann der Junge wieder freikommen. Da bin ich in meiner Verzweiflung [...] in die Erzdiözese Wien [...] gegangen. An diesem Tage machte Pater Born Dienst [...]. Zu diesem Pater Born bin ich gegangen und habe ihm gesagt, es geht um Tod oder Leben, ich kann dieses Kind freibekommen, wenn ich mit einem Taufschein nachweise, daß das Kind bereits vor dem Jahre 1935 getauft worden ist. In seinem Zimmer hat Pater Born in einer Ecke ein Kruzifix gehabt. Er hat sich zu diesem

94 Weinzierl, Aspekte, S. 89.

Kruzifix hingekniet, hat lange gebetet, ist dann zu mir zum Schreibtisch gekommen, hat mir einen Taufschein auf den Namen des Kindes ausgestellt, hat den Taufschein unterschrieben und den Stempel draufgedrückt. Ich bin mit dem Taufschein um Mitternacht in das Lager zurückgegangen, habe dem Brunner den Taufschein gegeben; darauf sagte er, das Kind ist frei, ich kann mit dem Kind ins Heim [...]. Das Kind ist im Heim geblieben, hat den Umsturz hier in Wien überlebt. Seine Pflegemutter, die nach Theresienstadt gekommen ist, hat Theresienstadt überlebt, hat sich dann von Theresienstadt aus gemeldet, hat sich an mich gewendet und hat gebeten, daß Harry so wie sie nach Schweden kommt."[95]

Bis 1941 lag der Schwerpunkt der „Hilfsstelle" und der „Beratungsstelle für katholische Auswanderer" jedoch in der Unterstützung aller Auswanderungsbemühungen. 50 bis 60 Betroffene suchten täglich um Beratung und Hilfe bei der immer schwieriger werdenden Emigration.[96] Der von Papst Pius XII. 1941 mit 30 000 Dollar unterstützte Hamburger St.-Raphaels-Verein stellte dafür ebenfalls finanzielle Mittel bereit. Als dieser Verein im Juni 1941 von der Gestapo aufgelöst wurde, bemühte sich Kardinal Innitzer durch zahlreiche „Bettelbriefe" an den Papst und an Bischöfe in potentiellen Auswanderungsländern, „Judenchristen" noch die Ausreise zu ermöglichen. Etwa 150 „nichtarische Katholiken" konnten aufgrund seiner Intervention bis Ende 1941 noch nach Nord- und Südamerika auswandern.

Anläßlich der Einführung der Kennzeichnungspflicht von Juden mit dem gelben Stern im September 1941 diskutierte die österreichische Bischofskonferenz die Teilnahme der getauften Juden am Gottesdienst. Kardinal Innitzer bezog auch in diesem Punkt in einer Mitteilung an die Pfarrer eindeutig Stellung: „Am 19. September 1941 ist eine Polizeiverordnung in Kraft getreten, wonach es allen Juden, die das 6. Lebensjahr vollendet haben, verboten ist, sich in der Öffentlichkeit ohne Judenstern zu zeigen. Auf viele Anfragen, die an kirchliche Stellen ergangen sind, wird den Gläubigen mitgeteilt, daß die katholisch getauften Christen, auch die nichtarischen Christen, nach wie vor am religiös-kirchlichen Leben teilnehmen können."[97]

Im April 1943 wandte sich Kardinal Innitzer nochmals an den Papst, da ihn das Gerücht, daß alle noch bestehenden „Mischehen" zwangsweise geschieden würden, in Aufregung versetzte. Im Gegensatz zu vielen

95 DÖW, Jüdische Schicksale, S. 185 ff.
96 Groppe, Erzbischöfliche Hilfsstelle, S. 10.
97 Weinzierl, Zu wenig Gerechte, S. 106.

seiner gleichgültig reagierenden Zeitgenossen war er sich über die Konsequenzen für die Betroffenen im klaren: „Die Durchführung der Ehescheidung [...] bedeutet für den nichtarischen Teil Evakuierung in den Osten, ein Zerreißen der bestehenden, zumeist kirchlich geschlossenen Ehe, ein unsicheres Schicksal der vielen Mischlingskinder aus diesen Ehen [...]. Das mir stets nahegehende herzzerreißende Elend läßt mich Eure Heiligkeit innigst und inständigst bitten und anflehen, alles, was etwa in der Macht Eurer Heiligkeit steht, zu veranlassen und zu versuchen, daß die geplanten Maßnahmen, wenn möglich, unterbleiben oder durch Ausführungsbestimmungen wenigstens die kirchlich geschlossenen Ehen vor dem drohenden Unheil bewahrt bleiben."[98] Kardinalstaatssekretär Maglione gab nur eine allgemein gehaltene Antwort auf Innitzers Bitten. Da die Zwangsscheidung aber bis zum Ende des Regimes nicht durchgesetzt wurde, war ein Großteil der etwa 5500 Juden, die in Wien die Befreiung erlebten, durch eine „Mischehe" vor der Deportation geschützt worden.

Nach Beginn der Deportationen, von denen auch die getauften Juden nicht verschont blieben, versuchte die „Erzbischöfliche Hilfsstelle" mit ihren Schützlingen in Verbindung zu bleiben. Bis Mitte 1942 stand sie mit einigen nach Polen Evakuierten in Briefwechsel, und von Weihnachten 1942 an sandte sie Tausende von Paketen nach Theresienstadt.[99] In Österreich wurden die Zurückgebliebenen mit Lebensmitteln, Kleidung, Decken und Geld versorgt. Die „Hilfsstelle" richtete zudem eine Nähstube, einen Kindergarten, einen Kinderhort und ein Altersheim ein.[100] Auch seelsorgerisch wurden die „nichtarischen" Katholiken betreut. Pater Groppe erinnert sich: „Die Mitarbeiterinnen besuchten nicht nur die finanziell Befürsorgten regelmäßig, sondern suchten nach und nach alle der Hilfsstelle bekannten rassisch Verfolgten auf, um nach ihnen zu schauen, sie zu beraten, aufzurichten und in Kontakt mit der Kirche zu bringen. Alle waren unendlich dankbar für diese Besuche, um das Wissen, daß die Kirche sich um sie kümmerte, daß eine Stelle existierte, an die sie sich in aller Not wenden konnten. Die Besuche gaben oft den Anstoß, Austritte aus der Kirche rückgängig zu machen, Ehen zu ordnen."[101]

98 Ebenda, S. 107 f.

99 Groppe, Erzbischöfliche Hilfsstelle, S. 11.

100 Weinzierl, Aspekte, S. 90 f. Ausführlich: Groppe, Erzbischöfliche Hilfsstelle, S. 18–24.

101 Groppe, Erzbischöfliche Hilfsstelle, S. 12.

An dieser Stelle taucht die Frage auf, ob sich die „Hilfsstelle“ nur aus Gründen der christlichen Nächstenliebe um die Verfolgten kümmerte oder auch einen missionarischen Auftrag ausführen wollte. In einem Vortrag von P. Lothar Groppe über die „Hilfsstelle“ werden noch an anderen Stellen zumindest missionarische Tendenzen deutlich, etwa wenn er die Treffen der „Donnerstagskinder“ schildert: „Eine Gruppe größerer Mädchen, zumeist geltungsjüdische Mischlinge und Sternträger wurde ab Ende 1941/Anfang 1942 regelmäßig von P. Born betreut. Einige von ihnen hatten bei ihm den Weg zum katholischen Glauben gefunden. Sie trafen sich jeden Donnerstag – daher der Name – zu einem Arbeitskreis in der Universitätskirche der Jesuiten [...]. Sinn der Arbeitsgemeinschaft war, die jungen Menschen tiefer einzuführen in die Welt des Glaubens, sie zu einem echten religiösen Leben anzuhalten und alle aktuellen, sie persönlich berührenden und belastenden Fragen und Probleme mit ihnen durchzusprechen.“[102]

Seit 1941 baten auch untergetauchte Juden bei der „Erzbischöflichen Hilfsstelle“ um lebensrettende Unterstützung. „Eines Tages kam ein untersetzter kleiner Mann in die Hilfsstelle. ‚Ich bin der Josef‘, stellte er sich vor. Abgesehen von dem, was er auf dem Leibe trug, besaß er nur eine Blechdose, in der außer seinen Dokumenten noch sein Rasierzeug war. Sie diente ihm auch als Trinkgefäß und Rasierschale. Er hatte auf dem Lande gelebt, in einem Kloster gearbeitet. Um dem Kloster wegen seiner nichtarischen Abstammung keine Unannehmlichkeiten zu bereiten, tauchte er unter. In der guten Jahreszeit wohnte er in einer Gruft auf einem Friedhof und lebte von gelegentlichen Aushilfen in Gärtnereien in der Nähe des Friedhofes oder bei Straßenarbeiten. Abends ließ er sich im Friedhof einschließen und schlief in seiner Gruft friedlich bei den Toten. Als der Winter kam, konnte er auf dem Friedhof nicht bleiben, ohne entdeckt zu werden. Die Spuren im Schnee hätten seine Unterkunft verraten. Da kam er in die Hilfsstelle, die ihm Aufnahme in einem Kloster vermittelte, wo er sich nützlich machte und furchtlos nach den Bombenangriffen bei Aufräumungsarbeiten half. Er überlebte heil den Krieg.“[103]

Neben der „Erzbischöflichen Hilfsstelle“ erfuhren Juden aber auch vereinzelt von anderen Katholiken Solidarität und Hilfe. Ein wertvoller Dienst bestand in der Beschaffung von Taufscheinen, die für den „Ariernachweis“ erforderlich waren. Der Pfarrer von Korneuburg, Vinzenz Oskar Ludwig, sein Mesner Leopold Frühlinger und der Leopoldstädter

102 Ebenda, S. 18.

103 Weinzierl, Prüfstand, S. 271.

Pfarrer Wilhelm Suchet beispielsweise wurden im Oktober 1938 wegen der Fälschung von Taufscheinen inhaftiert.[104]

Der Mürzsteger (Steiermark) Pfarrer Alexander Seewald verbüßte über fünf Jahre Haft in den Konzentrationslagern Gusen und Dachau wegen einer judenfreundlichen Predigt zu Weihnachten 1939. Er wurde denunziert und am 16. Januar 1940 verhaftet, weil er feststellte, „die Abstammung eines Menschen [kann] kein Verbrechen sein“,[105] da auch Christus aus dem Judenvolk abstammte.

Im Vergleich zu Italien, dessen ebenfalls sehr starke katholische Prägung Hilfsaktionen von Hunderten von Priestern und Klöstern für die bedrängten Juden zur Folge hatte, liegen für Österreich nur wenig Solidaritätszeugnisse vor. Dies gründete zum einen in der langen Tradition des österreichischen Antisemitismus, der auch in Kirchenkreisen tief verwurzelt war und sich selbst in den Äußerungen derer, die halfen, immer wieder offenbarte. Daraus resultierte auch die Beschränkung der Solidarität auf getaufte Juden. Andererseits war die Zustimmung eines großen Teils der österreichischen Bevölkerung zum Nationalsozialismus so hoch, daß die Gefahr des Denunziertwerdens kaum ignoriert werden konnte, wie die genannten Beispiele zeigen. So erstattete auch eine Wiener Hauptschuldirektorin Anzeige, weil sie in der Pfarrkanzlei zu St. Stephan in Wien gehört hatte, wie ein Kirchenbeamter sagte: „Die Sache wegen ihres Ariernachweises wird schon gemacht werden!“ Als sie sich daraufhin bezüglich ihres „Ariernachweises“ erkundigte, gab ihr der Beamte zur Antwort: „Suchen Sie sich nur irgendeinen Josef Mayer aus, der in dem zutreffenden Jahre geboren wurde, wir stellen Ihnen jedes Dokument aus! Was glauben Sie, auf welche Weise jetzt die Stammbäume zustande kommen!“[106]

Auch Pfarrer Friedrich Kleinbrecht, aus Köln stammend, wurde bereits im Juli 1938 „wegen einer judenfreundlichen Predigt“, die er in Zell am See hielt, in Schutzhaft genommen. Aus dem über den Vorfall angefertigten Bericht des Gendarmeriepostenkommandos Zell am See an die dortige Kreisleitung wird deutlich, daß die Zustimmung weiter Kreise der österreichischen Bevölkerung zum Nationalsozialismus Hilfe für

104 Dokumentationsarchiv des österreichischen Widerstandes (Hrsg.), Widerstand und Verfolgung in Wien 1934–1945. Eine Dokumentation. 1938–1945, Bd. 3, Wien 1975, S. 70.

105 Weinzierl, Zu wenig Gerechte, S. 110; Karl Stadler, Österreich 1938–1945 im Spiegel der NS-Akten, Wien 1966, S. 290.

106 DÖW, Widerstand und Verfolgung in Wien, S. 69.

Juden gefährlich machte: „Am 10. Juli 1938 hielt ein Geistlicher um 10 Uhr in der Pfarrkirche Zell am See eine Predigt, in der er das Beten auspredigte. In seiner Predigt führte er an, daß die Juden nicht alle schlecht sind und es unter diesen auch gute Leute gibt. Er hat Juden in Jerusalem gesehen, wie diese andächtig und fleißig beteten, und stellte diese Juden den Katholiken in bezug auf das Beten als Beispiel hin. Bei diesen Worten konnte man meinen, als ob die Juden die besten Leute wären. Außerdem trug zu dieser Annahme auch seine Geste und Gebärde sehr viel bei. Auf diese seine Äußerung waren viele in der Kirche anwesende Zuhörer sehr empört und verließen das Gotteshaus, wobei sie sich äußerten, wie man nur die Juden von der Kanzel herab so herausstreichen kann [...]. Über den Inhalt dieser Predigt, speziell über den Judenpassus, beschwerten sich die Leute, die in der Kirche dies hörten, bei der SS in Zell am See, und erstattete diese hierüber am hiesigen Posten die Anzeige [...]. Die Anzahl der Personen, die die Kirche auf Grund der Predigt in bezug auf die Juden verließen, betrug ca. 20 bis 25 Personen. Im Verlaufe des Nachmittags sprach sich die Ärgernis erregend gehaltene Predigt bei der Bevölkerung im Stadtgebiete herum und führte schließlich zu einem demonstrativen Aufmarsch vor dem Gasthause Metzgerwirt, wobei die Schutzhaftnahme des Pfarrers dringend verlangt wurde [...]. Da die Forderung der sich inzwischen angesammelten Menge, den Pfarrer in Schutzhaft zu nehmen, immer dringender wurde und die Menge bereits auf eine Zahl von 800 bis 1000 Personen angewachsen war, wurde [...] auf nochmalige Anfrage bei der Gestapo in Salzburg durch die hierortigen SS- und SA-Kommandos erwirkt, daß er in Schutzhaft genommen werden konnte."[107]

Einige Pfarrer versorgten Juden mit Lebensmitteln, Kleidung oder auch nur Zuspruch, der Grazer Theologe Hermann Juri fand für einen Verfolgten ein Quartier bei den Schwestern des Hl. Kreuz in Andritz, Ulrichsberg. Ein Innsbrucker Pfarrer versteckte eine Jüdin, die getauft war; sie überlebte den Krieg in der Stadtwohnung eines Priesters, der auf dem Land war. Darüber hinaus sind Fälle von Fluchthilfe und Warnungen vor Verfolgung überliefert.[108] Aus christlicher Nächstenliebe versteckte die Wienerin Hilde Olsinger ein jüdisches Ehepaar von 1943 bis Kriegsende. „Frau Olsinger war gläubige Katholikin. Trotzdem in unserer Umgebung viele Häuser durch Fliegerbomben beschädigt wurden, sagte sie immer: ‚Gott hat euch zu uns geschickt, und unser Haus

107 DÖW, Widerstand und Verfolgung in Salzburg, S. 468.
108 Weinzierl, Prüfstand, S. 280 f.

wird nicht beschädigt werden.' Sie war dessen sicher."[109] Eine Ausnahme war auch Peter Lorenz, Pfarrprovisor von Rohr im Gebirge, der mit Hilfe einiger ortsansässiger Bauern im März 1945 16 ungarische Juden bis zur Befreiung versteckte.[110]

Abgesehen von der „Erzbischöflichen Hilfsstelle" und dem Engagement Kardinal Innitzers, das allerdings fast ausschließlich den „nichtarischen Katholiken" zugute kam, erfuhren die verfolgten Juden von der katholischen Kirche in Österreich wenig Solidarität. Manche Helfer konnten sich auch von den tradierten antijüdischen Stereotypen, die in den meisten Fällen wirksame Hilfe verhinderten, nicht lösen. Obwohl bei einigen Helfern missionarische Tendenzen sichtbar wurden, darf doch nicht übersehen werden, daß sie sich ernster Gefahr aussetzten. Vermutlich kann die Situation mit dem Personenkreis verglichen werden, der Juden gegen Bezahlung versteckte. Die Gefahr des Entdecktwerdens war zu groß, als daß Geld als einziger Motivationspunkt für das Verstecken ausreichte. Meist kam ein zweites Motiv – etwa ein jüdischer Ehepartner, Bekanntschaft oder Humanität – hinzu. So war wohl auch Missionsdrang nicht das einzige Motiv für die Hilfe von seiten der Priester, humanitäre Beweggründe spielten mit Sicherheit auch eine Rolle, wie das Engagement von P. Bichlmair und P. Born beweist.

Auch von seiten der evangelischen Kirche erfuhren verfolgte Juden in Österreich kaum Zeichen der Solidarität oder gar aktive Hilfe. Bereits im Mai 1938 stellte der Bischof der Evangelischen Kirche in Österreich, Eder, seiner Kirche ein Armutszeugnis aus; da die Gemeindepfarrer es nicht mehr wagten, bat er das schwedische Missionswerk („Schwedische Mission"), die seelsorgerische Betreuung der evangelischen Christen jüdischer Abstammung zu übernehmen.[111]

Die „Schwedische Mission" unterstützte alle „nichtarischen" evangelischen Christen und deren Ehepartner. Unter Leitung der Diakonissin Anna-Lena Petersen, die später die Mission in Wien leitete, eröffnete sie im Mai 1939 in Klosterneuburg-Weidling ein Altersheim, in dem die vermögenderen Bewohner für die Mittellosen aufkamen. Bis zur Schließung der „Schwedischen Mission" im Juni 1941 unterhielt sie zudem eine Armenküche und verteilte Lebensmittelpakete.[112] Scheintaufen, die einige katholische Pfarrer durchführten, lehnte die Mission jedoch

109 Ebenda, S. 283.
110 Weinzierl, Aspekte, S. 94.
111 Rosenkranz, Verfolgung und Selbstbehauptung, S. 192.
112 Ebenda, S. 238.

aus „prinzipiellen und Gewissensgründen" ab. Der Taufwillige wurde ein Jahr unterrichtet und beobachtet, so daß von 1936 bis 1940 nur 30 Juden getauft wurden.[113] Missionsdrang kann ihr somit nicht unterstellt werden.

Die wesentliche, weil lebensrettende Hilfe der „Schwedischen Mission" war jedoch die Unterstützung bei den Auswanderungsbemühungen. Etwa 3000 Verfolgten ermöglichte sie die Auswanderung in skandinavische und neutrale Länder und nach Übersee.[114]

Die „Schwedische Mission" wurde im November 1941 von der Gestapo verboten, und ihre Mitarbeiter mußten nach Schweden zurückkehren. Die Schwedin Malla Granat-Horn, die sich mit einigen Helfern nach der Auflösung der Mission ohne jegliche offizielle Rückendeckung um die evangelischen und konfessionslosen „Nichtarier" in Wien kümmerte, wurde 1944 ausgewiesen. Sie hatte die Verfolgten mit ihren eigenen Lebensmittelkarten unterstützt, was sie mit schweren, durch Unterernährung bedingten Gesundheitsschäden bezahlte.[115] Der ehemalige Sitz der „Schwedischen Mission" in der Wiener Seegasse 16 wurde nach dem Verbot des Missionswerkes ein Kranken- und Altersheim für Glaubensjuden und Christen jüdischer Abstammung.[116]

Schwieriger zu beurteilen sind die Motive des holländischen Predigersohns und Missionars Frank van Gheel Gildemeester. Einerseits betreute er aus „humanitären Gründen" von 1934 bis 1938 in Österreich inhaftierte Nationalsozialisten, gründete jedoch nach dem „Anschluß" die „Gildemeester-Auswanderungs-Hilfsorganisation", die die Auswanderung von „Nichtariern" unterstützen sollte.[117] Eine Pressenotiz, die die Gestapo im September 1938 zur Beschleunigung der Auswanderung von Juden verfaßt und Adolf Eichmann selbst redigiert hatte, stellt die geplante Funktionsweise der „Gildemeester-Aktion" vor: „Vermögende Nichtarier, deren Reinvermögen mindestens Reichsmark 100.000.– beträgt und die bereit sind, 10 % ihres Vermögens an den Fonds abzugeben zugunsten der Auswanderung mittelloser Juden, können in der ‚Gildemeester-Aktion' Aufnahme finden."[118] Reichere Juden sollten also mit Hilfe eines gewinnbringenden Fonds die Auswanderung der ärmeren

113 Ebenda, S. 192 und 340, Anm. 37.
114 Ebenda, S. 192.
115 Groppe, Erzbischöfliche Hilfsstelle, S. 13 f.
116 DÖW, Jüdische Schicksale, S. 173.
117 Rosenkranz, Verfolgung und Selbstbehauptung, S. 55.
118 Botz, Nationalsozialismus in Wien, S. 250 f.

mitfinanzieren. Dieser Plan fand die Zustimmung Adolf Eichmanns. Er versuchte die Vorteile des Systems zu nutzen, und Gildemeesters Ideen fanden Eingang in die im August 1938 gegründete „Zentralstelle für jüdische Auswanderung“ in Wien.[119]

Einem Bericht von Hermann Fürnberg zufolge, dem eigentlichen Leiter und Organisator, unterstützte die „Gildemeester-Aktion“ vom „Anschluß“ bis Kriegsbeginn 30 000 Personen, die nach den „Nürnberger Gesetzen“ als Juden galten, jedoch nicht Mitglied der Kultusgemeinden waren, bei der Auswanderung; sie gab für diesen Zweck zwei Millionen Reichsmark aus. Einen Teil des Geldes stellte Robert Yarnell, ein Quäker aus Philadelphia, zur Verfügung.[120] Allerdings gab Josef Galvagni, illegaler Parteigenosse und offizieller Leiter der Aktion, zu, daß aufgrund mehrerer potentieller Fehlerquellen die genaue Zahl der Unterstützten nicht zu rekonstruieren sei;[121] vermutlich lag sie niedriger. Tatsache bleibt aber, daß die „Gildemeester-Aktion“ durch die Beschaffung von Visa und Ausreisepapieren und finanzielle Förderung der Emigranten Tausende von Menschenleben rettete. Eine zentrale Rolle spielte sie auch bei den Kindertransporten nach Großbritannien und Schweden, bei denen sie mit der „Schwedischen Mission“ und den Quäkern zusammenarbeitete. In manchen Fällen konnte die Organisation mit Visa und Fahrkarten nach Shanghai noch die Befreiung von Juden aus Konzentrationslagern erreichen.[122]

Auf Hermann Fürnberg geht das Abessinienprojekt der „Gildemeester-Aktion“ zurück, demzufolge zwischen 15 000 und 20 000 „nichtarische“ Christen am Tana-See in Äthiopien angesiedelt werden sollten, um dort Landwirtschaft zu betreiben. Weder ihm noch Gildemeester selbst gelang es jedoch, das verantwortliche italienische Außenministerium für die Unterstützung dieses Vorhabens zu gewinnen.[123] Dennoch verlegte die „Gildemeester-Aktion“ ihre Zentrale am 25. November 1939 nach Rom; bereits am 19. Januar 1940 verweigerte ihr Reinhard Heydrich jedoch jegliche weitere Unterstützung, da sie seiner Meinung nach bei der Auswanderung nicht effektiv genug arbeitete. Gildemeester wurde gleichzeitig der Sichtvermerk zur Wiedereinreise ins Reichsgebiet, die

119 Moser, Österreich, S. 68.

120 George E. Berkley, Vienna and Its Jews. The Tragedy of Success 1880s–1980s, Cambridge, S. 328.

121 Rosenkranz, Verfolgung und Selbstbehauptung, S. 191 und 193.

122 Weinzierl, Aspekte, S. 96.

123 Rosenkranz, Verfolgung und Selbstbehauptung, S. 193 und 238 f.

er beantragt hatte, verwehrt, zumal seine Organisation in Wien auf Grund einer staatspolizeilichen Anordnung seit 1. Januar 1940 nicht mehr bestand. Gildemeester zog daraufhin nach Lissabon. Die „Gildemeester-Aktion“ änderte jedoch nur ihren Namen und führte de facto die Unterstützung der Auswanderer als „Auswanderungs-Hilfsorganisation für nichtmosaische Juden in der Ostmark“ bis zu ihrer endgültigen Auflösung am 31. Oktober 1942 fort.[124] Auch ihre Aktivitäten waren nur den „nichtarischen“ Christen zugute gekommen.

6. Rettungsaktionen außerhalb des Reichsgebietes

Bei der Untersuchung von Hilfe und solidarischem Verhalten der österreichischen Mehrheitsgesellschaft gegenüber der jüdischen Minderheit fällt auf, daß die meisten größeren Rettungsaktionen außerhalb Österreichs stattfanden. Großen Bekanntheitsgrad erlangte der Wiener Julius Madritsch, der – ähnlich wie Oskar Schindler – Juden durch die Arbeit in seinen Betrieben im Generalgouvernement vor der Deportation schützte. Madritsch wurde im März 1940 zur Wehrmacht eingezogen, bemühte sich aber aus Opposition gegen das NS-Regime um eine Zurückstellung. Ende 1940 gelang es ihm, als Textilfachmann zur Textilhandelsgesellschaft nach Krakau zu kommen, und kurz darauf übernahm er dort die treuhänderische Verwaltung von zwei Konfektionsbetrieben, der Fa. Straßberg & Co. und der Fa. Hogo, in denen Polen und Juden tätig waren. Wegen seiner guten Beziehungen zur Textilhandelsgesellschaft erhielt er bald größere Aufträge. Die Krakauer Kultusgemeinde, die von der guten Behandlung der Arbeiter erfuhr, trat mit ihm in Kontakt, um zumindest einigen ihrer Mitglieder die lebensrettende Arbeitsbescheinigung zu verschaffen. Gemeinsam mit dem Judenrat organisierte Madritsch jüdische Arbeitsgemeinschaften, deren Angestellte als „kriegswichtig“ anerkannt waren. Aufgrund eines neuen Gesetzes durften jedoch Treuhandfirmen nur noch von Kriegsversehrten geleitet werden; Madritsch wurde daher Ende April 1941 zur Wehrmacht eingezogen. Aber auch sein Nachfolger in Krakau, der Wiener Heinz Bayer, bemühte sich mit allen Kräften, den verfolgten Juden zu helfen. Als Bayer Madritsch in Wien besuchte, beschlossen beide die Gründung einer eigenen Firma mit Hilfe eines Gewerbescheins, den sich Madritsch mittlerweile besorgt hatte; Bayer übernahm die Leitung des neuen Hemden-

124 Ebenda, S. 239 f. und 293.

Produktions-Betriebs in Krakau. Bayer erkrankte aber kurz darauf und wurde arbeitsunfähig. Madritsch bekam mehrere Arbeitsurlaube bewilligt und konnte im August 1942 die Leitung seines Betriebs in Krakau selbst übernehmen. Im November 1942 wurde er gänzlich von der Wehrmacht freigestellt. In Krakau stand ihm sein Mitarbeiter Raimund Titsch zur Seite, dem die Produktion in den Nähwerkstätten unterstand. Er kümmerte sich um die Alltagsprobleme der Arbeiter und hielt den Kontakt zwischen den jüdischen Häftlingen und der Außenwelt; Madritsch hingegen pflegte die Beziehungen zu den deutschen Behörden und repräsentierte die Firma nach außen. Durch Wehrmachtsaufträge erreichte Madritsch die Einordnung als „Rüstungsbetrieb", obwohl mindestens 95 Prozent der Produktion in den zivilen Sektor gingen; in Krakau-Podgordze und Tarnów beschäftigte er jeweils etwa 800 Arbeiter auf 300 Nähmaschinen. „Ein Glück, daß der Zustand dieser Maschinen nie von Amts wegen überprüft wurde", erinnert sich Madritsch. „Hauptsache war, sie bewegten sich und ratterten, wenn eine Begehung der Betriebe durch die SS stattfand, und die Herrschaften daran ihre Freude finden konnten, wenn sie sahen, wie Männer, Frauen und halbe Kinder, mit dem Angstschweiß auf der Stirn, höchste Arbeitsleistung vorzuzaubern verstanden." Zudem versorgte er Werkstätten in den Ghettos von Bochnia und Tarnów mit Lohnaufträgen und stellte dadurch mehrere hundert Juden unter den Schutz der „Rüstung". 60 Prozent seiner Arbeiter – Ärzte, Rechtsanwälte, Ingenieure und Kaufleute mit ihren Familien – konnten allerdings nur wenig zur Produktion beitragen, und so mußten die restlichen 40 Prozent sowohl den Nachweis für die erforderliche Anzahl an jüdischen Facharbeitern erbringen als auch die Mittel verdienen, die für die Bezahlung der Arbeitskräfte an die SS, den Unterhalt der Werkstätten und ihrer Arbeiter, aber auch für die Bestechung der verantwortlichen SS notwendig waren.

Bis zur endgültigen Räumung des Krakauer Ghettos am 13. März 1943 blieb den Arbeitern von Madritsch die Evakuierung in das neu errichtete Lager Plaszów erspart. Kurz vor der Auflösung des Ghettos war es zu einer dramatischen Szene gekommen. Der im Ghetto eingesetzte österreichische Polizei-Wachtmeister Oswald Bosko stürzte mit der Hiobsbotschaft, daß alle Kleinkinder liquidiert würden, zu Madritsch und bat diesen um Hilfe. Sie entschieden, daß Bosko die Kinder von Madritschs Arbeitern aus dem Ghetto in den nahegelegenen Betrieb schmuggeln sollte. Um sich nicht durch Schreie zu verraten, wurden die kleinen Kinder betäubt und in Rucksäcken versteckt. Durch Löcher in den Stacheldrahtsperren geleitete Bosko die Familien mit ihren Kindern in den Betrieb von Madritsch. Mit Hilfe österreichischer Soldaten brachten Bosko und Madritsch die Kinder in den nächsten Tagen nach Tarnów, wo zu diesem Zeitpunkt noch ein – mehr oder weniger – schützendes Ghetto bestand. Bosko bezahlte seine Hilfsbereitschaft allerdings mit dem Leben. Er wurde von der Gestapo inhaftiert und am 18. September 1944 als „Verräter“ erschossen.

Da die Lebensbedingungen im Ghetto von Tarnów zu diesem Zeitpunkt noch günstiger waren als im Lager Plaszów, bemühte sich Madritsch im März 1943 um die Verlegung einiger seiner Arbeiter. Am 25. und 26. März überführte er 232 Juden unter dem Vorwand der „Beschleunigung eines dringenden Rüstungsauftrages“ von Plaszów nach Tarnów. Darüber hinaus half er zahlreichen Juden untertauchen, deckte Unregelmäßigkeiten bei den Zählungen der Arbeiter und half den dadurch Geretteten zur Flucht in die Slowakei, bestach die SS-Wachmannschaften und widerstand allem Druck, seine jüdischen Arbeitskräfte durch „arische“ zu ersetzen. Im Herbst 1943 drohte aber neue Gefahr. Am 1. September waren Titsch und Madritsch vom Lagerkommandanten Göth nach Plaszów zum Abendessen eingeladen. Unmittelbar nach der Begrüßung erfuhren sie, „daß heute Nacht die Umsiedlung aller Juden des Distriktes Krakau zur Durchführung gelange und wir bis zum Morgen bei ihm zu Gast bleiben müßten“. Erst um fünf Uhr morgens durften sie Plaszów verlassen. Titsch sondierte die Lage in Krakau, Madritsch brach sofort nach Tarnów auf. Im dortigen Ghetto traf er Göth wieder und rang ihm die Zusicherung ab, daß seinen Arbeitern nichts geschehen würde. Sie wurden in Waggons verladen und nach Plaszów überführt. Am 14. September 1943 gelang es Madritsch sogar, mit dem SS- und Polizeiführer einen „bis zum Kriegsende gültigen“ Vertrag abzuschließen. Als einziger Privatunternehmer des Distriktes Krakau erhielt er Baracken im KZ Plaszów zur Errichtung von Werkstätten; 2000 Häftlinge sollten dort arbeiten. Madritsch war jedoch mit einer Vielzahl von Problemen konfrontiert: Nachdem die harten Verhandlungen mit der SS Erfolg gezeigt hatten, mußte er trotz hoher Materialverluste bei der Umsiedlung von Tarnów nach Plaszów den Betrieb in Gang bringen. Um die Verpflegung aufzubessern, erhielt er von der SS die Erlaubnis, seinen Arbeitern Leistungsprämien in Form von Lebensmitteln auszuzahlen. Unter diesem Vorwand lieferte er wöchentlich etwa 6000 Laib Brot, Marmelade und sogar Zigaretten ins Lager. Mit dem Rückzug der deutschen Wehrmacht stand jedoch im Frühjahr 1944 die Räumung des

Lagers Plaszów vor der Tür. Trotz intensiver Verhandlungen war es Madritsch nicht gelungen, die Verlegung seines Betriebes nach Österreich durchzusetzen. „Uniformen sind keine kriegsentscheidende Fertigung, kämpfen kann man in Zivilkleidern, jüdische Arbeitskräfte dürfen nur mehr der Munitionsfertigung zur Verfügung gestellt werden", gab man ihm auf seine diesbezüglichen Interventionen in Berlin zu verstehen. Am 6. August 1944 wurde das KZ Plaszów geräumt, und seine etwa 10 000 Insassen, darunter auch 1000 Arbeiter von Madritsch, mußten den Weg nach Auschwitz und Mauthausen antreten. Seine restlichen 500 Arbeiter konnte Madritsch unter dem Vorwand von Aufräumungsarbeiten bis 5. Oktober 1944 weiterbeschäftigen, dann wurden die 200 Männer nach Groß-Rosen und 300 Frauen nach Auschwitz deportiert. Oskar Schindler konnte auf Bitten von Madritsch noch etwa 100 Arbeiter aus Groß-Rosen für seinen Panzerfäuste produzierenden Betrieb nach Brüsau bei Zwittau retten. Mit ihnen blieb Madritsch über Raimund Titsch bis März 1945 in Verbindung.

Madritsch wurde am 3. November 1944 vom SD in Krakau verhaftet und drei Tage später nach Berlin überstellt. Sein Name war auf einer Liste der polnischen Widerstandsbewegung gefunden worden; man warf ihm außerdem vor, er habe Greuelnachrichten über Plaszów verbreitet. „Sonst nichts?", merkt er in seinen Erinnerungen dazu an. Nach zwölf Tagen Einzelhaft wurde er entlassen. 1945 stellte er die geretteten Nähmaschinen der amerikanisch-jüdischen Wohlfahrtsorganisation „American Jewish Joint Distribution Committee" zur Verfügung, mit der Bitte, sie denen zu überreichen, die im Generalgouvernement für ihn gearbeitet hatten. Seine ehemaligen Schützlinge nennen sich in Erinnerung an ihren Retter „Madritschaner".[125]

Etwa 200 bis 300 Juden verdanken dem Wiener Feldwebel Anton Schmidt ihr Leben. In seiner Position als Leiter der Versprengtenstelle für Soldaten in Wilna durfte er für die angeschlossenen Werkstätten jüdische Zwangsarbeiter aus dem Wilnaer Ghetto beschäftigen, für die er sich bedingungslos einsetzte. Er schmuggelte Lebensmittel und Medikamente ins Ghetto, warnte seine Arbeiter vor Razzien und begleitete sie

125 Julius Madritsch, Menschen in Not! Meine Erlebnisse in den Jahren 1940 bis 1944 als Unternehmer im damaligen Generalgouvernement, Wien 1946; Yad Vashem Dossier M-31/23; Emil Zalesak, Abenteurer aus Nächstenliebe. Sie retteten eine ganze Welt, in: Express Magazin vom 3. Juni 1967; Alexander Bronowski, Es waren so wenige. Retter im Holocaust, Stuttgart 1991, S. 112–122; Weinzierl, Zu wenig Gerechte, S. 124 ff und 174 ff.

persönlich oder durch ihm als verläßlich bekannte Soldaten nach der Arbeit bei der Rückkehr ins Ghetto, um zu verhindern, daß seinen Schützlingen verbotene Lebensmittel abgenommen würden. Besonders Schutzbedürftige beherbergte er in seiner Wohnung; gleichzeitig übernahm er Kurierdienste zwischen in den Wäldern versteckten Juden und ihren Angehörigen im Ghetto. Im Herbst 1941 wurden gelbe und weiße Passierscheine für die Ghettobewohner eingeführt; die weißen erhielten die nicht mehr „arbeitsfähigen“ und zur „Liquidation“ bestimmten Juden. Schmidt organisierte eine große Anzahl von gelben sogenannten Todesurlaubsscheinen. Einigen Juden half Schmidt bei der Flucht aus dem Ghetto, indem er sie in Lastwagen seiner Dienststelle nach Libau brachte, von wo aus sie nach Schweden flüchten konnten. Viele weitere schmuggelte er in andere Ghettos, die zu diesem Zeitpunkt noch sicherer schienen als Wilna. Mitglieder der jüdischen Untergrundbewegung, denen er auch Waffen aus Wehrmachtsbeständen verschaffte, fuhr er ebenfalls mit Lastwagen von Wilna nach Warschau. Selbst den Vorschlag von Mordechai Tenenbaum-Tamaroff, des späteren Kommandanten des Aufstandes im Ghetto von Białystok, Juden von Wilna nach Białystok zu schmuggeln, unterstützte er. Am 9. April 1942 wurde Schmidt jedoch verhaftet und vier Tage später hingerichtet; unter den Juden Wilnas war er bereits zu Lebzeiten zur Legende geworden. Zu den Motiven für seine selbstlosen Aktivitäten meinte er in seinem Abschiedsbrief an Frau und Tochter in Wien lediglich: „Ich konnte nicht anders, ich half ihnen [...]. Ich habe nur als Mensch gehandelt und wollte niemandem Schmerz zufügen.“ Als in Wien bekannt wurde, daß Schmidt wegen seiner Hilfe für Juden hingerichtet worden war, ließen die nationalsozialistisch gesinnten Nachbarn ihren Zorn über diesen „Landesverrat“ an seiner Witwe aus, indem sie die Fenster ihrer Wohnung einschlugen und Teile ihres Besitzes, darunter auch Briefe ihres Mannes verbrannten.[126]

Reine Menschlichkeit war auch das Motiv des Salzburgers Johannes Pscheidt, dem etwa 80 Juden ihr Leben verdanken. 1941 kam Pscheidt als „Treuhänder“ mehrerer Betriebe nach Zaglebie in Polen. Er suchte den Kontakt zu Juden, um sie in seinen Betrieben einzustellen und dadurch ihre Deportation zu verzögern. Als Anfang 1943 die Juden von Zaglebie ghettoisiert wurden, errichtete er mit Mitgliedern der Unter-

126 Weinzierl, Zu wenig Gerechte, S. 127 ff.; Arieh L. Bauminger, The Righteous among the Nations, Jerusalem 1990, S. 19 ff.; Bronowski, Es waren so wenige, S. 107 ff.; Stanislaw Okecki, Österreicher in der polnischen Widerstandsbewegung, S. 16 ff. (DÖW).

grundbewegung neben dem Ghetto die Schuhcremefabrik „Rekord". In seinem Privatbüro wurden Stempel und Papiere gefälscht, der Dachboden der Fabrik diente als Versteck für flüchtende Juden. Als das Ghetto im Juli 1943 liquidiert wurde, versteckte er viele Juden auf diesem Dachboden, versorgte sie mit Nahrungsmitteln und stellte die Verbindung zur polnischen Untergrundbewegung her. Als kurze Zeit später die Ghettos von Zawiercie und Sosnowiec liquidiert werden sollten, gelang es ihm, einige Juden herauszuholen und zu retten. Selbst Drohungen des Betriebs-Schutzmannes, ihn bei der Gestapo anzuzeigen, hielten ihn nicht von der lebensgefährlichen Unterstützung der Flüchtlinge ab. Einigen gab er die Adresse seiner Schwester in Wien, die für die Verfolgten, denen die Flucht bis Wien gelang, eine Unterkunft bereitstellte. Nach dem Krieg führte Pscheidt eine bescheidene Existenz in Salzburg und blieb mit vielen seiner Geretteten in Briefkontakt, weigerte sich jedoch, von ihnen Hilfe anzunehmen. Ein Mitglied der polnischen Untergrundbewegung in Sosnowiec wollte ihn nach dem Krieg aufsuchen: „Im Jahre 1946 kam ich nach Salzburg, um Herrn Pscheidt zu besuchen. Ich traf ihn nicht zu Hause an. Ich ging in mein Büro im Riedenburg-D.P.-Lager. Am Eingang traf ich Herrn Pscheidt, wie er vor dem Lager auf und ab ging. Auf meine Frage, was er dort tue, antwortete er, mit Freudentränen in den Augen: ‚Jeden Abend, nach der Arbeit, gehe ich hier spazieren, um den Neubeginn jüdischen Lebens und die jüdischen Babies in den Kinderwagen zu sehen – das einzige, was mir Freude und Glück bringt. Eine neue jüdische Generation entsteht vor meinen Augen.'"[127]

Ludwig Semrad aus Wien verwendete ebenfalls eine Fabrik als Tarnung, um Juden beschützen zu können. 1941 wurde er in das polnische Jagielnica im Bezirk Czortków entsandt, um einen Tabakanbau- und Fermentierbetrieb zu leiten. Er beschäftigte Juden zu fiktiven Dienstzeiten und erklärte ihre Arbeit für kriegswichtig, um sie vor der Deportation zu retten. Die Gestapo hielt er durch Bestechung bei Laune. Auch Ludwig Semrads polnische Frau Wanda bewies großen Mut. Bei der ersten „Aktion" im Sommer 1942 vermißte sie eine jüdische Arbeiterin. Wanda durchstreifte das Städtchen, bis sie sie bei christlichen Nachbarn im Stall versteckt gefunden hatte, nahm sie an der Hand und brachte sie unter den Augen der Gestapo zurück. Das Ehepaar Semrad rettete auch den Ehemann und die drei Kinder der Arbeiterin.[128]

127 DÖW, Ehrung von Österreichern, die Juden während der nationalsozialistischen Ära gerettet haben, S. 3 f.; Weinzierl, Zu wenig Gerechte, S. 138 ff. und 181 ff.

128 Keim, Yad Vashem, S. 136 f.

Uneigennützig setzte sich auch der Wiener Buchdrucker Julius Natali jahrelang für verfolgte Juden ein. Schon als Kind war er mit seiner Familie nach Preßburg gezogen, wo er nach dem Ersten Weltkrieg die Druckerei seiner Eltern übernahm. Von 1934 bis 1938 druckte er dort illegale Zeitschriften der in Österreich verbotenen Sozialdemokratie. Nach Beginn der Deportationen aus der Slowakei bemühte er sich mit allen ihm zur Verfügung stehenden Mitteln, Juden zu retten. Kein Hilfesuchender wurde abgewiesen, jeder erhielt in seiner Druckerei „zwischen Papierhaufen und Druckereimaschinen" einen Schlafplatz. Seit 1944 diente seine Werkstätte als Aufbewahrungsort für rituelle Gegenstände, Geld und Wertsachen von Juden, die versuchten, versteckt zu überleben. Eine 16-köpfige Gruppe, die sich unter dem Boden eines Einfamilienhauses ein Versteck gegraben hatte, versorgte er mit allem Notwendigen. Dorthin brachte er auch einen Rabbiner, der von einem Zug nach Auschwitz abgesprungen war. Er traf den Rabbiner in St. Georgen, wo er bei einem Bauern Zuflucht gefunden hatte, rasierte ihm den Bart ab, verkleidete ihn als slowakischen Weinbauern und brachte ihn in einem 18 Kilometer langen Fußmarsch, vorbei an deutschen Posten, in den Bunker.

Da er jedoch nicht alle Hilfsbedürftigen verstecken und versorgen konnte, nutzte er seine beruflichen Möglichkeiten als Drucker und stattete Hunderte Juden mit „arischen Papieren" aus. Er fälschte Taufscheine aus Gemeinden, deren Archive abgebrannt waren, so daß keine Überprüfung möglich war. Lettern, die er für NS-Ausweise benötigte, goß er selbst. Vor allem aber fälschte er meisterhaft Hunderte von südamerikanischen Pässen, die selbst die betreffenden Staaten nur wegen der falschen Seriennummer als Fälschung enttarnten. Wie viele Juden mit Hilfe dieser Pässe überlebten, läßt sich nicht rekonstruieren.

Julius Natali gab sich aber nicht damit zufrieden, nur seinen Freunden oder Juden, die an ihn herantraten, zu helfen. Im Dezember 1944, als die Lage in der Slowakei für die Untergetauchten immer dramatischer wurde, bemühte er sich, ihm unbekannte Verfolgte zu finden und in seiner Druckerei zu beherbergen. Ein Geretteter: „Ende Dezember 1944, vor Weihnachten, war meine Lage unhaltbar geworden. Ich hatte mich bereits seit längerer Zeit in Preßburg und Umgebung illegal aufgehalten, von der Gestapo persönlich auf die Fahndungsliste gesetzt, da ich am Anfang der NS-Verfolgung eine Arbeitsbewilligung besessen hatte und ihnen bekannt war, daß ich nicht deportiert wurde. Am Vorabend des christlichen Weihnachtsfestes saß ich in einer Ecke des Volkskaffee des H. Czeke [...] und wußte nicht wohin, da ich die Nacht vorher den

Heizraum eines in der Nähe befindlichen Hauses, von dem Verwalter entdeckt, fluchtartig verlassen mußte. Es war bereits dunkel, und ich wußte, daß ich da bald auch werde verschwinden müssen. Da öffnete sich die Türe und ein Mann in kurzem Lederrock, schneebedeckt, trat ein und ging geradewegs auf mich zu. Ich erschrak im ersten Moment, doch er setzte sich mit einem Gruß neben mich, bestellte einen Tee mit Rum und sagte, ich sollte mit ihm kommen, er werde mich auf einen sicheren Platz bringen. Sein Name sei Julius Natali. Ich hatte vordem nur flüchtig über ihn gehört, doch jetzt kam er wie ein leibhaftiger Schutzengel. Er hatte von H. Halasz, den ich einige Stunden früher angerufen hatte, über meine Lage erfahren und gleich gehandelt. Er brachte mich in seine Druckerei in der Probstgasse, die sich in einem uralten verschwiegenen Hause befand [...]. Es waren dort Luftkissen zum Schlafen sowie Speisen und Wein vorbereitet. Die Fenster waren verdunkelt, und im Ofen brannte ein warmes Feuer. Er hielt mich über die Feiertage dort und weigerte sich die ganze Zeit, uns allein zu lassen, mit dem Hinweis auf die Gefahr der Entdeckung. In diesem Falle könnte er uns durch den Hinterausgang, der in den Hof führte, noch rechtzeitig herauslassen. So verbrachte Herr Natali auch die Feiertage dort und verließ uns nur bei Nacht auf eine Stunde, um, wie er sagte, ‚seinen Rabbinern' Essen zu bringen. Es handelte sich um einige ebenfalls verbunkerte religiöse Juden, denen er regelmäßig Nahrung zukommen ließ. Als ich nach den Feiertagen die Druckerei verlassen mußte, bot mir Herr Natali, der selbst nicht mit irdischen Gütern gesegnet war, noch Geld an."[129]

1945 wurde Julius Natali selbst zum Verfolgten. Seine Druckerei wurde enteignet und er selbst zweimal kurz inhaftiert. Als „gewesener Kapitalist" war er bis 1949 als Druckereiarbeiter in Bratislava tätig und durfte als „unabkömmlicher Arbeiter" nicht nach Österreich zurückkehren. Jüdische Freunde verschafften ihm die Papiere des in Auschwitz ermordeten Adam Herstein, mit denen er 1949 mit Frau und Tochter nach Israel auswanderte. Dort baute er mit seinem Freund Gelles, den er gerettet hatte, eine Werkstatt auf. 1955 kehrte er nach Wien zurück, wo ihn die österreichischen Behörden zunächst wegen „Irreführung der Behörden" anklagten, da sie die Geschichte von Adam Herstein alias Julius Natali nicht glauben wollten.[130]

129 Weinzierl, Zu wenig Gerechte, S. 180 f.

130 Ebenda, S. 136 ff.; Helmut Butterweck, Sieben Gerechte, in: Die Furche vom 27. Mai 1967, S. 16.

Das Ehepaar Kleisinger, damals noch unverheiratet, rettete 1943 drei Bewohner des Warschauer Ghettos. Danuta, die mit ihren Eltern in Warschau lebte, unterstützte einen jüdischen Bekannten im Ghetto mit Lebensmitteln und Geld. Während des Ghetto-Aufstands gelang es ihr, durch die Bestechung eines deutschen Wachsoldaten ihren Freund mit einem Kameraden und dessen Mutter aus dem Ghetto zu retten. Zunächst versteckte sie alle drei in ihrer Wohnung, mußte allerdings den aus Wien stammenden Offizier Ewald Kleisinger, der bei ihnen einquartiert war, um sein Zimmer bitten. „Um Gottes willen, sind Sie sich nicht bewußt, daß hier Standrecht herrscht?", war dessen erste Reaktion. Kleisinger stellte jedoch sein Zimmer zur Verfügung und verschaffte ihnen mit Hilfe der polnischen Untergrundbewegung falsche Papiere, mit denen sie als „ukrainische Fremdarbeiter" nach Wien kamen und von Kleisingers Eltern aufgenommen wurden. Dort überlebten sie den Krieg.[131]

Auch der Wiener Ernst Grusch half Juden im Warschauer Ghetto. Obwohl er als Kommunist zuerst für „wehrunwürdig" befunden wurde, versetzte man ihn als Chauffeur nach Polen. Mit Hilfe seines Dauerpassierscheins brachte er 25 Juden aus dem Warschauer Ghetto nach Prag. Offenbar konnte ihm das Feldgericht, vor das er im Juli 1941 zitiert wurde, jedoch sein „Vergehen" nicht nachweisen, da er lediglich zu Festungshaft verurteilt wurde, aus der er aber bald entlassen und in eine Strafkompanie in der Region Zamość versetzt wurde. Dort verhalf er etwa 150 Polen, Holländern, Sowjetbürgern und Roma zur Flucht.[132]

7. Schlußbetrachtung

Trotz der antisemitischen Haltung eines Großteils der österreichischen Bevölkerung, die sich in der Zustimmung oder sogar Teilnahme an den antijüdischen Ausschreitungen, die unmittelbar nach dem „Anschluß" im März 1938 einsetzten, äußerte, sind für Österreich einige Fälle von Hilfsleistungen in größerem Umfang überliefert. Bis 1. Januar 1996 wurden 78 Österreicher von Yad Vashem für ihren Einsatz für verfolgte Juden geehrt. Diese Zahl scheint im Vergleich zu einigen anderen Ländern nicht besonders hoch zu sein, der damalige Leiter der zuständigen Abteilung von Yad Vashem, David Alcalay, meinte aber bereits im Dezember

131 Keim, Yad Vashem, S. 80; Weinzierl, Zu wenig Gerechte, S. 132 f.; Butterweck, Sieben Gerechte.

132 Okecki, Österreicher in der polnischen Widerstandsbewegung, S. 22.

1967 zu Erika Weinzierl, daß Österreich zwar bei weitem nicht so viele ausgezeichnete „Gerechte" habe wie andere Länder, dafür aber einige bedeutende Fälle, die man eigentlich doppelt bewerten müsse.[133] Hierbei dachte er sicherlich an Julius Madritsch, Raimund Titsch, Julius Natali, Johannes Pscheidt, Anton Schmid, die unter Einsatz ihres eigenen Lebens jahrelang verfolgten Juden Schutz zu bieten versucht hatten. Sie stehen stellvertretend für die andere Seite des den neuen Machthabern zujubelnden Landes und beweisen, daß Österreich nicht nur ein Land der Täter war. Auffällig bleibt jedoch, daß fast alle größeren Hilfsaktionen nicht in Österreich stattfanden, dort vielleicht wegen des Antisemitismus der Bevölkerung und der damit verbundenen Gefahr von Denunziationen nicht möglich waren. Das Beispiel der Witwe von Anton Schmid, die nach der Erschießung ihres Mannes in Wien unter Anfeindungen und Angriffen zu leiden hatte, läßt diese Vermutung zu. Immerhin überlebten jedoch etwa 750 Juden in Österreich versteckt die Verfolgung; Zahlenangaben über kleinere Solidaritätsbeweise oder die lebensrettende Unterstützung bei der Auswanderung, die sich viele Österreicher außerdem bezahlen ließen, sind nicht möglich. Für das Untertauchen in Wien war zudem die frühere Bekanntschaft mit Nichtjuden die wesentliche Voraussetzung. Vor dem Hintergrund eines tiefverwurzelten Antisemitismus zeigten sich nur einzelne Österreicher bereit, den Verfolgten zu helfen, eine weitergehende Solidarisierung mit der jüdischen Bevölkerung fand nicht statt. Neben dem Antisemitismus war dafür auch das Verhältnis Österreichs zum Deutschen Reich verantwortlich. Obwohl sich das Land nach 1945 gerne als erstes Opfer der Hitlerschen Expansionspolitik betrachtete, war die Zustimmung zum Nationalsozialismus und besonders zur deutschen Judenpolitik relativ hoch; die Österreicher wehrten sich nicht gegen die Annektierung, und sie solidarisierten sich auch nicht mit den verfolgten Juden als Zeichen des Widerstands gegen die Deutschen, wie dies in manchen besetzten Ländern geschah.

133 Weinzierl, Zu wenig Gerechte, S. 141.

Margers Vestermanis

Retter im Lande der Handlanger

Zur Geschichte der Hilfe für Juden in Lettland während der „Endlösung“

Es ist ein heikles Thema. Eine problematische, widersprüchliche Geschichte: Solidarität mit Juden und Rettung jüdischen Lebens in einem kleinen Lande, das zwei große Nachbarstaaten 1940/41 im Laufe von 13 Monaten hintereinander besetzten. Lettlands Einwohner wurden zuerst durch den stalinistischen Terror dezimiert, der alle „kapitalistischen und nationalistischen Elemente“ zu vernichten trachtete, danach folgte der nationalsozialistische antikommunistische Terror und die Judenvernichtung. Die Bevölkerung stand bei all dem nicht abseits. Die unteren Schichten, aus denen sich erstmalig in der Geschichte Lettlands auch wenige Juden als Staatsbeamte rekrutiert hatten, beteiligten sich an den sowjetischen Maßnahmen gegen die frühere Oberschicht. Unter deutscher Besatzung verhielt es sich umgekehrt. Es herrschte Krieg, sein Ausgang war ungewiß. Die einen lebten in Furcht vor der Rückkehr der Sowjets. Für die anderen, besonders für die Juden und die „Judenretter“, bedeutete gerade dies die große Hoffnung, denn im Baltikum konnte die deutsche Besatzungsmacht nur durch die Rote Armee zerschlagen werden. Dadurch erhielt die „Judenrettung“ eine in ihrem Charakter fremde „rote“ Perspektive. Jedoch gilt dies nicht für das östliche Lettland (Lettgallen/Latgale) – eine unterentwickelte Region mit entsprechender Sozialstruktur und einer überwiegend slawischen Bevölkerung.

Es bestehen objektive Schwierigkeiten, diese unterschiedlichen Prozesse auf einen gemeinsamen Nenner zu bringen. Politischer Druck, nationalistischer Dünkel und psychologische Barrieren sind zusätzliche Faktoren, die die Aufarbeitung des Phänomens der Judenrettung verhindert haben. Probleme, die aus der historiographischen Situation klar zu ersehen sind: Über den Judenmord in Lettland und die Täter ist verhältnismäßig viel geschrieben worden – wenn auch zum größten Teil außerhalb des Landes.[1] Die Geschichte der Judenrettung ist jedoch noch immer Brachland.[2]

1. Warum die Aufarbeitung des Themas verhindert wurde

Das Forschen nach den Gründen der offensichtlich stiefmütterlichen Behandlung dieses Themas ist mehr als berechtigt. Kann den jüdischen Überlebenden Undankbarkeit vorgeworfen werden? Oder liegt der Hauptgrund in einer angeblichen jüdischen Lettophobie – wie es in einer 1949 von der „LCK“ (Latviešu Centrālā Komiteja – Lettisches Zentrales Komitee) herausgegebenen Streitschrift behauptet wurde?[3]

Die Überlebenden haben das Thema nie verdrängt, im Gegenteil: In der von der verhältnismäßig kleinen Zahl der Überlebenden (ca. 1300 von 75 000 jüdischen Menschen, die auf lettischem Territorium unter die nationalsozialistische Besatzung gerieten) geschaffenen Erinnerungsliteratur[4] wird immer wieder jeglicher Art von Hilfe in tiefer Dankbarkeit gedacht. Es bedeutete nicht nur ein menschliches Bedürfnis, eine Dankesschuld abzutragen – für das durch die Schoah stark angeschlagene jüdische individuelle und nationale Selbstbewußtsein war die Erkenntnis wichtig, daß sich in einer Welt des Hasses und tiefster Verachtung, in der ihnen sogar das Recht auf die nackte Existenz aberkannt wurde, Menschen fanden, die bereit waren, ihr Leben für Juden einzusetzen. Doch die Erinnerungen behandeln immer Einzelfälle, und auch bei Berücksichtigung aller publizierten und unveröffentlichten Aussagen erhalten wir kaum ein objektives Gesamtbild der Reaktion der Bevölkerung.

1 Wissenschaftliche Forschungsarbeiten: Gertrude Schneider, Journey into Terror. The History of the Riga Ghetto, New York 1979; Dov Levin, Pinkas hakehilot Latvia ve Estonija (ivrit, Chronik der Gemeinde Lettlands und Estlands), Jerusalem 1988; Hans-Heinrich Wilhelm, Die Einsatzgruppe „A“ der Sicherheitspolizei und des SD 1941/42, Frankfurt a. M. 1996; Andrew Ezergailis, The Holocaust in Latvia, 1941–1944: The Missing Center, Riga 1996.

2 Marginal nur in der Chronik der jüdischen Gemeinden Lettlands behandelt: Levin, Pinkas hakehilot.

3 Ch. Collins (K. Kalniņš), Latvian-Jewish Relations. The tragic plight of Latvians and Jews under Nazi Occupation of Latvia, Esslingen 1949, S. 35 ff.

4 So z. B. Gertrude Schneider (Hrsg.), Muted Voices, New York 1987; dies., The Unfinished Road, New York 1991; Bernhard Press, Judenmord in Lettland, Berlin 1992; Frida Michelson, I survived Rumbulá, New York 1979; Marija Rolnikaite, Man tas jāpastāsta (lett., Ich muß es erzählen), Riga 1966; Alexandr Lewin, Tschortu skwozj subi (russ., Dem Teufel durch die Zähne), Israel 1986; Pesja Frenkel-Salz-

Als formaler Grund für die zögerliche Aufarbeitung dieses Themas könnte der Umstand gelten, daß die Quellenlage sehr dürftig ist, da sich über Judenrettung in den Akten der Polizeibehörden nur dann kurze Notizen finden, wenn ein Versteck der Untergetauchten ausfindig gemacht worden ist. Aber auch hierüber gibt es nicht viele Hinweise, da die Polizeiarchive nur sehr unvollständig erhalten sind. Das wirkliche Ausmaß der Judenrettung hätte nur unmittelbar nach dem Krieg mit Hilfe einer breit angelegten, zentral geleiteten und gezielten Befragung festgestellt werden können. Diese hätte die sowjetische „Außerordentliche Kommission" durchführen müssen, die in allen Kreisen, Gemeinden und Städten Aussagen der Bevölkerung über deutsche Kriegsverbrechen gesammelt hatte. Es wäre möglich gewesen, wenn die Kreml-Ideologen nicht auch dieses Thema, wie den Holocaust insgesamt, tabuisiert hätten. Aus der engstirnigen sozialgeschichtlichen Sicht der sowjetischen Historiographie war die Judenrettung politisch schwer einzuordnen, da sie eine humane *Resistance* gegen die Unmenschlichkeit im allgemeinen darstellte. Politische Motivationen hatten in vielen Fällen eine große Bedeutung, doch ausschlaggebend war immer der ethische Imperativ. Dies konnten die Sowjets nicht akzeptieren.

Eine weitere Ursache für die Unterdrückung des Themas lag in dem sich verstärkenden Antisemitismus. Die in Sicherheit gebrachten Juden wurden oft provokativ der Kollaboration mit den Nationalsozialisten verdächtigt, die Retter als „Judenknechte" verleumdet, die ihr Leben für „jüdisches Geld" aufs Spiel gesetzt hätten. Daraufhin hüllten sich die Retter und Geretteten in Schweigen. Der Weltöffentlichkeit blieb so verborgen, daß Lettland eine ganze Reihe erstaunlicher Fälle der Judenrettung aufzuweisen hat: So organisierte der Rigaer Hafenarbeiter Jānis (Shanis) Lipke mit seiner Familie und einem Freundeskreis die Flucht von 56 Juden aus dem Ghetto in Riga und konnte ca. 50 von ihnen das Leben retten.[5] Dies blieb nicht der einzige Fall der Rettung ganzer

man, Häftling N° 94771 (jiddisch), Montreal 1949; Jakob Rassen, Mir willn leben (jiddisch), New York 1949; Abraham Spungin, Es is doch asoi gewen (jiddisch), Israel 1991; Jewgenij Salzmann, Eto gorkoje stschastije (russ., Dieses bittere Glück), Riga 1995; Basja Zin, Wishitj schtobi wernutsja (russ., Überleben um zurückzukehren) Tel Aviv 1997; Arkadiz Gurewitsch, Singende Pferde, Hamburg 1997; Mischa Polak, Ja, ich habe Dita geliebt (ivrit), Tel Aviv 1987; Menachem Sherman, Vom Elternhaus zum Vaterland (ivrit), Israel 1995; Philipp Lieberman, Den Fesseln trotzend (ivrit), Israel 1996; Sidney Iwens, So dark the heavens, New York 1992.

5 Yad Vashem Archives; Bestand Righteous among the Nations (YVA), 0207/66; über Shanis Lipke insbesondere in: Schneider (Hrsg.), Muted Voices; D. Silbermann, I ti

Gruppen: Der lettische Seemann Roberts Seduls versteckte in Libau (Liepāja) elf jüdische Freunde, die am 9. Mai 1945 ins Leben zurückkehren konnten,[6] andere elf Juden konnte der russische Förster Arsenij Kornilow unweit von Dünaburg (Daugavpils) bis zur Befreiung im Juli 1944 verstecken.[7]

In Riga konnten mit Hilfe von Elvīra Rone acht Juden untertauchen. Unter ihnen befand sich auch der Geiger Mark Kremer, dessen nach dem Krieg geborener Sohn Gideon Kremer heute ein weltbekannter Violinvirtuose ist. Alma Polis, Hausmeister in der Rigaer Altstadt, gewährte sieben, Artūrs Monmillers sechs Juden Unterschlupf.[8] Pjotr Afanasjev verhalf mit seiner Frau Lusia im Herbst 1943 drei jüdischen Mädchen aus dem Ghetto Dünaburg zur Flucht, kurz bevor sie in das KZ Kaiserwald/Riga überführt werden sollten. Nach acht Monaten mußte er sie zu seinem Bruder Fadej Afanasjev bringen, wo sich in der Umgebung von Kreslau (Krāslawa) in der Ortschaft Krasnoje noch drei weitere jüdische Frauen aus dem Ghetto Dünaburg versteckt hielten.[9] Das sind nur wenige illustrative Beispiele zur Geschichte der Rettung von Juden in Lettland, die auch ihre Märtyrer hat: Laut Angaben des Dokumentationszentrums „Juden in Lettland" (MDZ) in Riga wurden 52 namentlich festgestellte „Judenretter" verhaftet, oft ganze Familien: die Familie des Obsthändlers Vakonja aus Tukum, die den Rabbiner Lichtenstein und seine Angehörigen retten wollte, die Pianistin Sinaida Posnikowa, ihre Mutter und Schwester, die in Riga einem jüdischen Kollegen, Michail Hait, in ihrer Wohnung Zuflucht gewährten, die Familien Pūķis und Šusters in Hasenpoth (Aizpute), die vier aus dem Moor der naheliegenden Torffabrik geflüchteten Juden halfen, sich zu verstecken. Von den Verhafteten, deren heute feststellbare Zahl naturgemäß unvollständig ist, mußten nicht weniger als 14 ihr Leben lassen: Erschossen wurde Alma Polis, die schon erwähnte Hausmeisterin aus der Altstadt in Riga, Gerhards Šusters aus der Helfergruppe aus Hasenpoth, Grigorij Saitschikow aus Grīva bei Dünaburg, der in der Ortschaft Regentschikova die Jüdin

eto widel (russ.: Und du hast es gesehen), New York 1989. Zeugenaussagen: Latvijas Vēstures Arhīvs (LVA), P-132/30/39/ Bl. 71–75; Museum und Dokumentationszentrum „Juden in Lettland" (MDZ), III/1241.

6 YVA, 2167/81.

7 S. Jakub, Vstreča s prawednikami (russ., Begegnung mit Gerechten), in: „Dinaburg" vom 13. 9. 1993.

8 Margers Vestermanis, Juden in Riga, Bremen 1995, S. 71.

9 YVA, 6075/94, MDZ, III/1107; S. Jakub, B. Wolkowitsch, I. Steinman, Jevreji w Daugapilse (russ., Juden in Daugavpils), Daugavpils 1993, S. 346.

Dina Puklina und ihre Tochter versteckt hatte. Auch die Familie Vakonja aus Tukum soll erschossen worden sein. Die übrigen kamen in den nationalsozialistischen Konzentrationslagern ums Leben. Von der Rettungsgruppe aus Hasenpoth (Aizpute) kehrte nur Elsa Pūķe zurück – sie verlor im Todeslager Stutthof ihre Mutter –, Ieva Dzene, ihr Mann und Schwager Žanis und Kārlis Pūķis.[10] Auch Herta Bruno, ihr Mann, ihr Sohn[11] und viele andere kehrten aus den Lagern nicht zurück. Jeder normale Staat, jede zivilisierte Gesellschaft hätte mit Nachdruck und begründetem nationalen Stolz die Weltöffentlichkeit auf diese edlen humanistischen Leistungen aufmerksam gemacht. Auch die kommunistische Propaganda hätte sich, mit Hilfe einer Verschiebung der Motivation, dieser Leistung bedienen und in einen Erfolg der hinlänglich bekannten „Verbrüderung der Nationen im Sozialismus" ummünzen können. Aus Gründen, die schon eingangs erörtert worden sind, taten es die Sowjets nicht. Aber auch das wiedererstandene selbständige Lettland schweigt sich zu diesem Thema aus. Auch hier liegt der Grund auf der Hand: Das Thema Judenrettung kommt dem Tabu – dem „lettischen" Anteil an der „Endlösung" – viel zu nahe. Auch eine gewisse Distanz gegenüber den „Judenrettern" spielt eine Rolle. Ihr aktiver Humanismus und ihre Zivilcourage berauben die Masse ihrer nachträglichen Selbstrechtfertigung, man sei damals absolut machtlos gewesen, dem Verbrechen entgegenzuwirken. Aus diesem Grunde sind die „Judenretter" anscheinend auch nirgendwo besonders populär. Am wenigsten in Lettland.

So hat es sich ergeben, daß die Erforschung der Judenrettung ausschließlich den Juden selbst überlassen worden ist. Trotz jahrzehntelanger Verspätung hat das Museum und Dokumentationszentrum „Juden in Lettland" ein ansehnliches, wenn auch unvermeidlich lückenhaftes Material sammeln und prüfen können. Es besteht aus Archivalien, kritisch ausgewerteten Angaben aus Literatur und Zeugenaussagen, die aber nur in den Fällen berücksichtigt worden sind, wo eine Möglichkeit zur Überprüfung der Angaben vorlag. Auf dieser Basis wird im folgenden der Versuch unternommen, die Geschichte der Judenrettung in Lettland im Grundriß darzustellen.

Bei der Darstellung des Themas ist ein Aspekt bewußt ausgeklammert worden, und zwar die reichsdeutsche Hilfe für Juden, Retter und

10 MDZ, III.

11 MDZ, Kartothek der „Judenretter". In allen weiteren Fällen, in denen zu den Personalien der Retter keine Quellen angegeben sind, wurden die Angaben der Kartothek des MDZ entnommen.

Helfer im „deutschen Waffenrock". Die aufgearbeiteten Archivalien ergeben vorläufig nur fragmentarische Informationen und lassen kaum irgendwelche Zusammenhänge erkennen. Besonders bedauerlich ist das Fehlen von Material über den Chef des Heereskraftfahrparks (HKP) in Riga, Hauptmann Vogler, eine Art Oskar Schindler in Riga, der einige hundert jüdische Frauen vor den Vernichtungsaktionen des Winters 1941 bewahren konnte. Auch das Thema der Kontaktaufnahme deutscher Fahnenflüchtiger mit dem Ghetto bedarf noch einer weiteren Untersuchung. Hier wäre eine Zusammenarbeit mit deutschen Forschern besonders vonnöten.

2. Das jüdisch-lettische Verhältnis und seine Auswirkung auf die lettische Hilfsbereitschaft[12]

Die Geschichte der Vernichtung der Juden und auch deren Rettung hat immer eine Vorgeschichte: den historischen Verlauf des christlich-jüdischen Zusammenlebens.

In den ersten Jahrhunderten der jüdischen Präsenz (ab der Wende vom 16. zum 17. Jahrhundert) gestaltete sich die lettisch-jüdische Koexistenz nachweislich reibungslos: Das rechtlose lettische Bauernvolk und die ewig gehetzten Juden gehörten in ihrer Masse zu den Unterdrückten in der von den Deutschbalten – dem Landadel und dem städtischen „Patriziat" – beherrschten Gesellschaft. Daraus ergab sich eine gewisse Solidarität. Wichtig für die Beziehungen war auch der Umstand, daß der christlich religiöse Fanatismus den Letten im allgemeinen fremd blieb und die Stigmatisierung der Juden als „Christusmörder" bei der lettischen Wahrnehmung der Juden kaum eine Rolle spielte. Das bezieht sich jedoch nur auf den evangelischen Teil Lettlands – die Gebiete Kurland (Kurzeme) und Livland (Vidzeme). Das östliche Gebiet – Lettgallen (Latgale) – das 1561 Polen (bis 1772) einverleibt wurde, erhielt mit der Zeit einen anderen Charakter. Das Land wurde katholisiert und ist auch katholisch geblieben. Bei anhaltendem Analphabetentum der Massen war die Einstellung zu den Juden in gewissem Maße von den gängigen kirchlichen antijüdischen Vorurteilen und Mythen beeinflußt. Es ist wohl kein Zufall, daß der einzige Ritualmordprozeß in Lettland im katholischen Lettgallen (Ludsen, 1886) stattfand. Die Situation gestaltete sich

12 Zu diesem Problem siehe auch: Dov Levin, On the Relations between the Baltic Peoples and their Jewish Neighbours before, during and after the Holocaust, in: Holocaust and Genocide Studies 5 (1990), S. 53–66.

dort auch insofern anders, als es – nach der Einverleibung Lettgallens ins russische Zarenreich – später zur „Tscherta osedlosty“, dem zwangsweisen jüdischen Siedlungsgebiet, einem großen Reservat-Ghetto zugeschlagen wurde. In diesem bildeten sich die typischen jüdischen „Stedtlech“, und es entwickelten sich dort nicht nur Gegensätze, sondern auch eine Art engeren Zusammenlebens mit Christen. Ebenso waren dort die Kontakte der jüdischen Intelligenz mit den Gebildeten ihrer Umwelt viel reger auf der Basis der gemeinsamen russischen Sprache.

Die Anfänge des lettischen Antisemitismus sind in der zweiten Hälfte des 19. Jahrhunderts festzustellen; er beginnt mit dem Aufbruch der befreiten lettischen Bauern in die Städte. Der wirtschaftliche Ursprung des lettischen Antisemitismus jener Zeit und seine Ausdrucksform als Mittel im Konkurrenzkampf ist unverkennbar. Eine Zunahme der Animosität wurde durch die enge politische Zusammenarbeit lettischer und jüdischer demokratischer und revolutionärer Kreise vor und während der Revolution 1905 aufgehalten. Doch der lettische Nationalstaat entstand nicht als Resultat der gemeinsamen revolutionären Kämpfe gegen den Zarismus, sondern erheblich später, um 1918 bis 1920, als am Ende des Ersten Weltkrieges durch den Zusammenbruch Rußlands und Deutschlands im baltischen Raum ein machtpolitisches Vakuum entstanden war. Auch standen an der Wiege des neuen Staates nicht die Männer von 1905, sondern das konservative lettische Großbauerntum und das Bürgertum. Die Wege der Letten und Juden waren inzwischen – seit 1905 – entschieden auseinander gegangen. Aus Angst vor Einverleibung der lettischen Gebiete in das deutsche Kaiserreich und einer dann zu erwartenden Germanisierung des Landes warfen sich die Letten in die Arme des Zarismus, schufen zum Kampf gegen die Deutschen die später legendären lettischen Schützen und flohen beim Heranrücken der kaiserlichen Truppen zu Hunderttausenden nach Rußland. Die Juden wiederum wurden während des Krieges von der zaristischen Regierung besonders hart bedrängt; Pogrome in Frontnähe und Erschießungen wegen angeblicher „Spionage“ gehörten zur Tagesordnung, vielerorts wurden die Juden als „deutschfreundliches Element“ kurzerhand deportiert. So mußten auch die Juden Kurlands im Frühling 1915 binnen 24 Stunden das Gebiet verlassen, und nur in und um Libau wurde ein kleiner Teil der jüdischen Bevölkerung von dem Verhängnis durch den schnellen deutschen Vormarsch bewahrt. Dies wirkte sich dann später noch auf längere Zeit in einem Trend der jüdischen Wohlhabenden zur deutschen Bildung und Kultur in Kurland, Livland und besonders in

Riga aus, wo sich nach und nach die Hälfte der jüdischen Bevölkerung Lettlands konzentrierte. Auch das machte bei den Letten böses Blut und ebnete dem Antisemitismus den Weg.

Die Erregung über den Gewinn der Eigenstaatlichkeit gab dem nationalen Chauvinismus in Lettland einen starken Impuls. Schon in den ersten Jahren kam es zu Ausschreitungen – wie übrigens auch in allen neuen Nationalstaaten des Post-Versailler Europa. So gab es 1919 pogromartige Exzesse der Militärs im Laufe der Kampfhandlungen in Kurland und später in Lettgallen. In den frühen zwanziger Jahren kam es an der neugegründeten Latvijas Universität in Riga zu antisemitischen Studentenkrawallen. Es ist bezeichnend, daß sich aus diesem Umfeld – den jüngeren und mittleren Offizierskreisen und besonders aus der korporierten Studentenschaft – die ersten führenden Kader der extrem nationalistischen Verbände („Latvju Nacionālais Klubs", „Ugunskrusts", „Pērkonkrusts") rekrutierten. Auch die „Elite" der lettischen Hetzpropagandisten und Judenmörder stammte aus diesen Kreisen, als sich unter der nationalsozialistischen Besatzung die Gelegenheit bot, als letzte Konsequenz der antisemitischen Haßtiraden zum Massenmord zu schreiten.

Es waren aber auch gegensätzliche Prozesse im Gange. Im unabhängigen Lettland hatten sich anfänglich noch eine starke sozialdemokratische Tradition und der Einfluß der sozialdemokratischen Partei erhalten. Das bot die Chance einer neuen jüdisch-lettischen Annäherung der Arbeiterkreise und demokratischen Intelligenz. Die Entwicklung blieb jedoch in ihren hoffnungverheißenden Anfängen stecken, da die junge lettische Demokratie dem Ansturm der nationalen Euphorie nicht gewachsen war. 1934 kam es zu einem Staatsstreich und zur Etablierung eines konservativen autoritären national-ethnokratischen Regimes. Welche zu erwartende Auswirkung diese politische Umwälzung für das lettisch-jüdische Verhältnis in sich barg, war aus den ersten Proklamationen der totalitären Regierung leicht herauslesbar: „Das Volk ist eine Idee des gemeinsamen Blutes, des gemeinsamen Bodens, der gemeinsamen Sitten, der gemeinsamen Geschichte und der gemeinsamen Ehre."[13] „Lettland soll ein Staat der Letten werden"[14] – was ja eigentlich nur eine Umschreibung der nationalsozialistischen Parole „Lettland den Letten" bedeutete.

13 „Pieci gadi" (lett., „Fünf Jahre", Reden und Aufsätze des Staatsoberhauptes und Führers Kārlis Ulmanis), Riga 1939, S. 14.

14 Ebenda, S. 11.

Man nahm dies alles in jüdischen Kreisen anfänglich nicht sehr ernst. Das Regierungs- und Staatsoberhaupt des neuen Regimes Kārlis Ulmanis, der sich jetzt „Führer des Volkes“ (Tautas vadonis) nennen ließ, verbot unter anderem auch den öffentlichen Antisemitismus, besuchte während seiner Propagandareisen durch das Land gelegentlich auch Synagogen, jüdische Geschäfte und Schulen. Es stellte sich jedoch bald heraus, daß die Juden nicht nur aus dem öffentlichen Leben und aus der Wirtschaft, sondern auch aus der Zugehörigkeit zu Lettland ausgegrenzt werden sollten. Das Resultat einer intensiven nationalistischen Propaganda war, daß die Juden immer mehr als „nicht zu uns, nicht zu Lettland gehörig“ empfunden wurden. Die jüdische Reaktion, die eine Selbstisolierung verstärkte, erleichterte zusätzlich den Prozeß des Verstoßens. In diesen fünf bis sechs Jahren, in denen eine krankhafte nationale Überheblichkeit zur offiziellen ideologischen Doktrin erhoben wurde, begann sich in den führenden Kreisen, in der neuen Bürokratie, im Offizierskorps, Polizeibeamtentum und in den vom neuen Regime aufgezogenen nationalistischen Massenorganisationen eine betont verächtliche, zynische Einstellung den Juden gegenüber auszubreiten, die später das Verhalten gegenüber der Judenvernichtung bestimmte. Dieser Verlust des Rechts auf Zusammengehörigkeit mit dem lettischen Wirtsvolk, ja sogar des Gefühls der Zugehörigkeit zu Lettland überhaupt, sollte den Juden zum besonderen Verhängnis werden, als die nationale Katastrophe des Holocaust über sie hereinbrach.

In der Historiographie über den Holocaust in Mittel- und Osteuropa ist die Behauptung verbreitet, die Juden hätten sich die Sympathie und Solidarität ihrer Wirtsvölker durch ihre prosowjetischen Aktivitäten verscherzt. Bei näherer Untersuchung stellt sich die Behauptung als a posteriori ausgearbeitete antisemitische Propagandathese der Nazis heraus, mit der man der „Endlösung“ eine den Kriegszielen angepaßte politische Motivation zu geben suchte. Gewiß waren unter denen, die den sowjetischen Einmarsch begrüßten, auch linksorientierte jüdische Jugendliche, die bestimmt keinen Grund hatten, dem Regime, das sie gedemütigt und jeder Zukunftsperspektive beraubt hatte, auch nur eine einzige Träne nachzuweinen. Im Gegenteil, sie waren überzeugt, daß nun die nationale und soziale Gleichberechtigung aller Bürger gesichert werden würde. Auch unter denen, die an sowjetischen Maßnahmen (auch verbrecherischen) beteiligt waren, befanden sich Juden. Für die allgemeine politische Situation und ihre Entwicklung in den „neuen sowjetischen Republiken“ waren jedoch die jüdischen Aktivitäten oder ihr

Ausbleiben von ganz marginaler Bedeutung. Beileibe nicht die Mehrheit der Juden gehörte zu den „Panzerküssern", als die Rote Armee am 17. Juni 1940 in Lettland einmarschierte. Die nicht sehr zahlreichen Wohlhabenden unter den Juden, der breite jüdische Mittelstand, die Religiösen, die Masse der Zionisten waren alle eher verstört als erfreut und machten sich Gedanken, wie die Sowjets wohl mit ihnen verfahren würden. Aber aus jüdischer Sicht war die Sowjetmacht das kleinere Übel, da man sich durch die vermeintliche militärische Stärke der UdSSR vor dem Zugriff der Nationalsozialisten nun sicher wähnte. Das bedingte die allgemeine jüdische Loyalität und Bereitschaft, mit den Sowjets zusammenzuarbeiten.

Nicht durch die jüdische Zusammenarbeit mit den Sowjets gerieten die lettisch-jüdischen Beziehungen in ein kritisches Stadium, sondern durch den Umstand, daß sich die jüdischen nationalen Interessen und jene der Oberschicht der baltischen Völker zusehends polarisierten und sich letzten Endes feindlich gegenüberstanden. Für die lettischen „oberen Zehntausend" bedeutete die sowjetische Machtübernahme eine nationale, soziale und persönliche Katastrophe. Sie verloren nicht nur ihren Staat, in dem sie eine führende Rolle hatten spielen können. Sie verloren nicht nur ihren Wohlstand, Privatbesitz oder einträglichen Posten, sondern mußten auch für ihre Sicherheit und schließlich auch um ihr nacktes Leben bangen. Von Hitlerdeutschland hatten sie viel weniger zu befürchten. Durch die Konsequenzen der kommunistischen Klassenpolitik und den sowjetischen Terror wurden führende Schichten des nationalbewußten Lettentums zum ersten Mal in ihrer Geschichte auf die Seite Deutschlands gedrängt. Es war nicht ihre Schuld, sondern ihre Tragödie, daß es sich um das Deutschland Hitlers handelte. Um es in den drastischen Formeln der Propagandasprache jener Zeit auszudrücken: Was für die Juden Stalin, das war für einen großen Teil der Letten Hitler. Wo die einen ihr Heil suchten, sahen die anderen mit Recht ihren Untergang. Die Juden und die Masse der tonangebenden Letten befanden sich in diametral entgegengesetzten feindlichen Lagern. Das bedingte entscheidend die Atmosphäre und den Ablauf der „Endlösung" in Lettland, als das Land unter nationalsozialistische deutsche Besatzung kam. Selbstverständlich war unter diesen Bedingungen eine breite nationale lettische Solidaritätsbewegung zu Gunsten der verfolgten Juden von vornherein ausgeschlossen. Der sowjetische Terror 1940/41 in den zwölf Monaten der Sowjetmacht, dem der deutsche Einmarsch folgte, sollte sich nachhaltig negativ auf die lettisch-jüdischen Beziehungen auswirken.

In einer einzigen Nacht, vom 13. auf den 14. Juni 1941, wurden 5521 Familien in ihren Wohnungen festgenommen, in Viehwaggons gepfercht und unter strengster Bewachung nach Sibirien deportiert. Auch wurden nach dem deutschen Einmarsch, der schon im Juli 1941 erfolgte, in den Gefängnissen in Riga und anderen größeren Städten insgesamt 902 Leichen politischer Häftlinge entdeckt, die die Sowjets bei ihrem fluchtartigen Rückzug erschossen hatten.[15]

Die Erschütterung war allgemein. Von den deutschen Besatzern und ihren lettischen Kollaborateuren wurden diese Verbrechen propagandistisch sehr geschickt ausgenutzt, um die Bevölkerung in beständiger Angst vor einer Rückkehr der Sowjets zu halten. Andererseits gelang es der antisemitischen Hetzpropaganda, im breiten Volk die Vorstellung zu erwecken, daß die Juden in ihrer Allgemeinheit direkt verantwortlich für die von den Sowjets begangenen Morde und Massenverschleppungen seien. Dabei wurde wohlweislich verschwiegen, daß ein großer Teil der Deportierten Juden waren, und Juden waren auch unter den von den Sowjets Erschossenen zu finden. Es muß festgehalten werden, daß durch den sowjetischen Terror eine allgemeine Brutalisierung der Gesellschaft eingetreten war, eine Gewöhnung an Mord und Totschlag. Die deutsche Besatzungsherrschaft konnte daraufhin verhältnismäßig glatt ihre eigenen Mordaktionen als Vergeltung anlaufen lassen. Es wüteten nicht nur die Einsatzkommandos der Einsatzgruppe „A" der Sicherheitspolizei und des SD. In den ersten Wochen der Besatzung herrschten bürgerkriegsähnliche Zustände. Nach Schätzung deutscher Behörden standen etwa 12 000 Mann des lettischen „Selbstschutzes" unter Waffen, die eine interne Abrechnung mit den eigenen lettischen politischen Gegnern vornahmen: Es sollen 7144 lettische Sowjetsympathisanten und Aktivisten verhaftet und an Ort und Stelle nicht weniger als 800 erschossen worden sein.[16]

Insgesamt sollen es in den ersten Monaten bis zu 12 000 Letten gewesen sein, von denen ein Großteil hingerichtet wurde oder in der Haft starb. Durch die Verhaftungen und Erschießungen eigener Volksangehöriger war der Übergang zur Mitwirkung am Judenmord erheblich „erleichtert" worden. Als aber die ersten Gerüchte über das grauenhafte Abschlachten der Juden in der Bevölkerung eine gewisse Erregung hervorriefen, wurde die Parole ausgegeben, daß die Juden das lettische Volk

15 Die angegebenen Opferzahlen schwanken erheblich. Vgl.: A. Ceichners, Was Europa drohte. Die Bolschewisierung Lettlands, Riga 1943, S. 591–599.

16 LVA, P-82/1/39/Bl. 254, 363.

hätten ausrotten wollen und die jetzige Reaktion Vergeltung sei. Eine Parole mit nachhaltiger Wirkung – bis auf den heutigen Tag. Die Täter kamen aus den Kreisen der Stützen des autoritären Regimes: Offiziere, Beamte, Polizisten, in großem Ausmaß „Aizsargi", Mitglieder der paramilitärischen Massenorganisation des „Bauernbundes", auch Leute aus der „goldenen Jugend" akademischer Kreise. Korpsbrüder aus der Studentenschaft traten sogar freiwillig dem vom SD aufgestellten Erschießungskommando unter Viktors Arājs, einem studierten Juristen und lettischen Polizeioffizier, bei, das im Sommer 1941 die größten Judenerschießungsaktionen in Lettland durchführte. Die „bessere Gesellschaft", aus der ein Teil der Täter stammte, akzeptierte stillschweigend das Geschehene. Die Täter – im Volk verächtlich „Žīdu šāvēji" („Judenerschießer") genannt, wurden nie aus der Gesellschaft ausgegrenzt und als „salonunfähig" betrachtet. Auch die im lettischen westlichen Exil entstandene Belletristik hat die Täter im besten Fall bemitleidet, aber nie verurteilt.[17]

Das Verhalten der „soliden Gesellschaft" hat große Auswirkungen auf den Teil der „kleinen Leute", der immer die „Betuchten" nachahmen möchte. Die Judenverfolgung bot da große Möglichkeiten. So kam aus den Schichten der sozial Abhängigen auch eine gewisse Anzahl Aktivisten „der ersten Stunde" des antisemitischen Pöbels, die in den Schlangen „illegal" anstehende Juden aufspürten, diese aus den Straßenbahnen warfen und jeden bespitzelten, der ihnen helfen wollte. Oft waren es hysterische Frauen aus dem Volke, die alle erlittene Unbill und Demütigungen nun im Haß auf die Juden abreagierten.

Ein wichtiger Faktor, der die Haltung der Bevölkerung stark beeinflußte, war die militärische Konstellation: Europa lag zu Hitlers Füßen, der rasante Vormarsch der Wehrmacht im Osten erweckte die

17 Stellvertretend für andere Hinweise soll hier der einzige lettische Roman erwähnt werden, der der Tragödie des Holocaust nicht aus dem Wege ging: Gunārs Janovskis, Pilsēta pie upes (lett., Stadt am Fluß), Riga 1992. Janovskis, der das lettisch-jüdische Zusammenleben farbenreich und mit warmen Worten schildert, spricht die Täter nicht schuldig. Bezeichnend, daß auch während des Krieges die nationale lettisch-bürgerliche Resistance kein Wort der Verurteilung für die in den Judenmord verstrickten Täter fand; vgl. die illegale Zeitung „Tautas Balss" (Stimme des Volkes) 18. 11. 1941–14. 11. 1942, Organ der Untergrundorganisation der „Latviešu Nacionalistu Apvienība" (Vereinigung nationalistischer Letten), auch die illegalen Flugblätter anglophiler lettischer Kreise: Ereignismeldung UdSSR des Befehlshabers der Sicherheitspolizei und des SD (EM) Nr. 195 vom 24. 4. 42, vgl. auch politische Meldung: LVA, 1035/1/7/ Bl. 9a, 12a.

Vorstellung eines in Kürze zu erwartenden Endsieges des „Dritten Reiches". Die Anziehungskraft eines solchen Machtkolosses soll nicht nachträglich zu gering bewertet werden. Durch die Ablehnung der von den Nationalsozialisten durchgeführten Vernichtung der Juden geriet man in Opposition zu den – wie man damals glauben konnte – Siegern im gigantischen Weltringen. Die negative Auswirkung für das Schicksal eines solchen Oppositionellen lag auf der Hand. Durch die Bejahung der Judenverfolgung und in noch größerem Maße durch eine Anteilnahme bei der Vernichtung stellte man sich auf die Seite der vermeintlichen Gewinner, auch eine sofortige Bereicherungsmöglichkeit am jüdischen Gut bot sich. Besonders diese Perspektive war oft ausschlaggebend. Daß die direkte Mittäterschaft und die Unterstützung der „Endlösungspolitik" durch die Einheimischen in großem Maße vom deutschen militärischen Erfolg abhing, war den Nationalsozialisten sehr wohl bewußt. Im Januar 1942, nach der Niederlage vor Moskau und dem Eintritt der USA in den Krieg, konstatierte der Stab der Einsatzgruppe „A": Es sei nun zu „[...] beobachten, daß viele Letten eine enge Verbindung mit Deutschen vermeiden". Nur der Teil der Letten, der an der „Unschädlichmachung der Juden" teilgenommen hätte, sei von den Besatzern noch nicht abgerückt, da er nichts Gutes zu erwarten habe, „wenn das Blatt sich wenden sollte".[18]

Auch die Intensität des unablässig geschürten Judenhasses der Nationalsozialisten und deren lettischer Vasallen wurde letzten Endes in nicht unerheblichem Maße von der Frontlage beeinflußt. Gewiß hatte das grauenhafte Abschlachten Tausender und Abertausender Juden vielerorts Entsetzen und menschliches Mitleid hervorgerufen, was den überhitzten Judenhaß schwächen mußte und eine gewisse „Ernüchterung", ein „Umdenken" einleitete. Viel stärker war jedoch die Beeinflussung durch das Heranrücken der Front: Man mußte nun mit der Perspektive rechnen, für öffentlich manifestierte judenfeindliche Aktivitäten von den Sowjets als Kollaborateur der Nationalsozialisten zur Verantwortung gezogen zu werden. Unter dem Einfluß der NS-Propaganda glaubte man auch, daß „jüdische Kommissare" blutige Vergeltung üben würden. Bei den Tätern, für die es kein Zurück mehr gab, rief dies eine noch größere Mordlust hervor. Nur selten dachte jemand von ihnen daran, sich mit einem Alibi „rückzuversichern". In der breiten Masse erlebte aber jetzt der aktive Antisemitismus eine Zeit der Ebbe.

18 EM Nr. 155 vom 14. 1. 1942.

Der Befehlshaber der Sicherheitspolizei und des SD Ostland äußerte in einem Lagebericht im Mai 1943 sogar die Meinung, daß der Haß gegen die Juden allerorts beinahe erloschen sei und sich nur dort erhalten habe, wo Personen durch Juden persönlich gelitten hätten.[19] Wie dem auch sei, es kann mit Bestimmtheit behauptet werden, daß 1943 bis 1944 die Bereitschaft, den wenigen noch verbliebenen Juden zu helfen, unvergleichlich größer geworden war als zur Zeit der spektakulären „Sondermeldungen" am Anfang der Besatzung.

Jede Verallgemeinerung hat natürlich ihre schwachen Seiten, und das reale Leben läßt sich nicht immer in soziale und sozialpsychologische Schemata einordnen. So kamen aus dem Umfeld der Gesellschaft, die die Judenvernichtung akzeptierte, auch nicht wenige Personen, die dem Verhaltensmuster ihres Kreises zuwiderhandelten, wie zum Beispiel die bekannte lettische Essayistin Zenta Mauriņa. Diese, eine hervorragende Persönlichkeit der lettischen konservativen Intelligenz, hatte nie eine Vorliebe für Juden bezeugt. Im Angesicht der schrecklichen Tragödie konnte sie aber nicht neutral bleiben. Sie schrieb, daß nur jene Menschen gegenüber den grausamen Geschehnissen gleichgültig bleiben könnten, in deren Seele „sich öde Gebiete ausbreiten".[20] Mauriņa, seit früher Kindheit zum Leben im Rollstuhl verurteilt, sammelte Geld und Nahrungsmittel, um eine jüdische Bekannte, Frau Ettinger – die ehemalige Besitzerin einer Leihbibliothek –, zu unterstützen. Es sind noch weitere Fälle bekannt, bei denen Persönlichkeiten aus der Spitze der lettischen Gesellschaft sich ihren jüdischen Bekannten nicht verschlossen, wenn es nur um gelegentliche Unterstützung ging. „Lebensretter" waren in diesen Kreisen jedoch eine Seltenheit. Zu den wenigen gehörte der eingangs erwähnte Artūrs Monmillers, eine Berühmtheit des lettischen Sportlebens und Inhaber eines florierenden großen Sportladens in Riga. Er versteckte zuerst einen jüdischen Sportkameraden, den Torwart Leiba Katz aus dem Fußballclub „Hakoah", und nach und nach weitere fünf jüdische Bekannte. Er ist in der Kartothek des jüdischen Dokumentationszentrums Riga der einzige „Judenretter", der der Welt der reichen Leute zuzurechnen ist. Auch einige lettische Offiziere sind als „Judenretter" bekannt: Leutnant Jānis Vabulis, der zufällig auf ein jüdisches Mädchen, die Studentin des englischen College zu Riga Selma Schebschelowitsch, stieß, sie versteckte und später mit ihr durch dick

19 LVA, P-6190/1/1/Bl. 23.

20 Zenta Mauriņa, Dzelzs aizbīdņi lūst (lett., Die eisernen Riegel zerbrechen), Toronto 1960, S. 144.

und dünn ging.[21] Oberst Edgars Ozols, der in seiner Villa in Mežaparks Riga der Jüdin Regina Frenkel Unterschlupf gewährte. Auch einige Berühmtheiten des Kulturlebens der lettischen Metropole wurden zu Lebensrettern: die Schauspielerin Olga Liepiņa, der Liebling des Theaterpublikums, Jānis Osis, einer der bedeutendsten Architekten Lettlands, Professor Atūrs Krūmiņš, der seinen Nachbarn – den Arzt Oskar Press und dessen Sohn Bernhard (Autor des Buches „Judenmord in Lettland") fast drei Jahre lang versteckte.[22] Pauls Krūmiņš, Dozent und Musikpädagoge, versorgte in Dünaburg zwei seiner jüdischen Schülerinnen mit gefälschten Dokumenten und konnte sie vor seiner Verhaftung noch untertauchen lassen.[23]

Diese Aufzählung ist unvollständig. Doch sie vermittelt ein wahrheitsgetreues Bild der Situation: Aus den gehobenen Kreisen war Hilfe unter Einsatz des eigenen Lebens immer nur ein Ausnahmefall.

Auch die Geistlichkeit gehört zum exponierten Personenkreis, der einen erheblichen Einfluß auf die Haltung der Gesellschaft ausübt. Die in Lettland dominierende evangelische Kirche hatte sich seit Jahrhunderten zwar nie in einem besonderen Spannungsverhältnis zum örtlichen Judentum befunden, blieb jedoch während der totalen Ausrottung der Juden, die sich vor aller Augen vollzog, vollkommen „neutral" – wenn man Stillschweigen nicht als Zeichen geheimer Zustimmung sehen will. Die einzige nachweisbare humanitäre Aktivität ist ein Schreiben des Erzbischofs der lutherischen Kirche Lettlands, Prof. Dr. T. Grīnbergs, an die Zivilverwaltung der deutschen Besatzungsbehörden, in dem er sich für die jüdischen getauften Ehepartner arischer Ehemänner einsetzte.[24] Das Risiko dieser Eingabe war nicht groß, da auch nach NS-Bestimmungen die jüdischen Ehefrauen bei ihren Partnern verbleiben konnten, wenn sie bereit waren, sich sterilisieren zu lassen.

Als atypisch sind die ganz vereinzelten Fälle anzusehen, in denen evangelische Pfarrer öffentlich die Mordaktionen von der Kanzel verurteilten. Der Ereignismeldung vom September 1941 des Stabes der Einsatzgruppe „A" der Sicherheitspolizei und des SD kann im allgemeinen beigepflichtet werden: „Die evangelische Kirche [...] hat sich mit der

21 MDZ, III/1459.
22 YVA, 2586/83.
23 YVA, 4174/89.
24 LVA, P-69/1a/6, Bl. 2–6; siehe dazu auch: Seppo Myllyniemi, Die Neuordnung der baltischen Länder 1941–1944. Zum nationalsozialistischen Inhalt der deutschen Besatzungspolitik, Helsinki 1973, S. 76 ff.

durch den Einmarsch der deutschen Truppen geschaffenen Lage am ehesten abgefunden." Und in evangelischen kirchlichen Kreisen soll auch „[...] im allgemeinen Verständnis für die Ereignisse" zu finden sein.[25]

Die niedere Geistlichkeit der orthodoxen sowie der katholischen Kirche hatte aber ihrerseits viel weniger „Verständnis für die Ereignisse", wie der Stab der Einsatzgruppe seinen eigenen Massenterror bezeichnete. Wegen der antirussischen und antipolnischen[26] Nationalitätenpolitik der nationalsozialistischen Besatzungsmacht brachten diese Kreise viel mehr Verständnis und Mitgefühl für die verfolgten Juden auf und waren für lettische Verhältnisse in relativ zahlreichen Fällen zur Hilfe bereit. So führten katholische Priester überwiegend im katholischen Lettgallen Taufaktionen durch, dort waren, wie eingangs erwähnt, die christlich-jüdischen Beziehungen traditionell enger. In mehreren Fällen gewährten sie auch Unterschlupf auf eine gewisse Zeit. Eine breitere spontane Bereitschaft, Juden zu retten, bezeugten aber nur die Angehörigen der Gemeinden der Baptisten und der Adventisten des siebten Tages. Nach dem heutigen Stand der Forschung bildeten sie den Großteil der „Judenretter". Dieses Phänomen ist mit der tiefen Religiosität der Baptisten und Adventisten und ihrer positiven Einstellung zum Judentum zu erklären, da sie die Juden und sich selbst als zu den „Kindern Israels" zugehörig verstehen.

In größeren Massen waren potentielle „Judenhelfer" und „Judenretter" aber nur in der Bevölkerungsschicht zu suchen, die die deutsche Besatzung ablehnte und selbst in gewissem Maße unter Repressalien zu leiden hatte: in erster Linie die Arbeiterschaft, teilweise auch das Kleinbauerntum und die demokratische Intelligenz. Das demokratische Lager war durch den sowjetischen und deutschen Terror geschwächt und seiner Führungskader beraubt. Das schloß von vornherein organisierte politische Solidaritätsaktivitäten, in welcher Form auch immer, aus. Aber oft waren politische Schulung und Organisation gar nicht ausschlaggebend, sondern eine emotionale Bindung. In dieser Hinsicht spielten ehemalige Ammen und Dienstboten, die in jüdischen Familien gearbeitet hatten, als Helfer und Retter eine große Rolle. Es war auf den ersten Blick eine etwas widersprüchliche Allianz: die in ihrer Mehrheit dem Kleinbürgertum oder mittleren Klassen angehörenden Juden und

25 EM Nr. 96 vom 27. 9. 1941.

26 In Lettgallen, das ca. 200 Jahre als „Inflantien" in den polnischen Staat einverleibt war, hatte sich bis zum Zweiten Weltkrieg in kirchlichen Angelegenheiten ein starker polnischer Einfluß erhalten.

die Proletarier. Doch gehört zur historischen Tradition der Demokratie die Solidarität mit zu Unrecht Verfolgten. Die Bindung an diese Einstellung war während der Zeit des autoritären nationalistischen Regimes in Lettland zwar geschwächt worden, doch belebte sie sich jetzt wieder, da die Verfolger eine fremde und unbeliebte Macht darstellten. Daß diese theoretischen Überlegungen auch zur Wirklichkeit wurden, bezeugen viele Erinnerungen der Überlebenden, in denen die mitfühlende Atmosphäre in den Arbeitervierteln und Fabriken beschrieben wird.[27]

Auch die Kartothek des jüdischen Dokumentationszentrums Riga mit über 200 erwiesenen Fällen von Solidarität, Hilfe und Lebensrettung ergänzt dieses Bild: Der weit überwiegende Teil der Helfer und Retter kam aus den Schichten der „einfachen Leute". Als Beispiel könnten hier die Freunde des legendären Shanis Lipke angeführt werden, die ihm halfen, 50 Juden das Leben zu retten. Von den 29 Menschen, die den Kreis seiner Vertrauten und Helfer bildeten, gehörte der größte Teil der Arbeiterschaft an wie er selbst, andere waren Kraftfahrer, Hausmeister, Kleinbauern. Nur zwei aus dieser Gruppe kamen aus einem anderen Milieu: der Arzt Edgars Francmanis und der Gemeindevorsteher der Gemeinde Dobele Vilis Binenfelds, mit dessen Hilfe Lipke einige Güter pachten konnte, um dort unterirdische Bunker für die aus dem Rigaer Ghetto und dem KZ Kaiserwald/Riga geflüchteten Juden einzurichten.

3. Mitgefühlsbekundungen

Das Szenarium der „Endlösung" ist allgemein bekannt: zuerst Ausgrenzung, dann Vernichtung. Die offizielle Ausgrenzung lief auf administrativer, die gesellschaftliche dagegen auf psychologischer Ebene. Die Geringschätzung, Verachtung und letzten Endes Bewertung der Juden als „lebensunwertes Leben" kamen nicht von ungefähr – sie wurden systematisch durch Judenhetze vorbereitet. Auch in Lettland gingen die Besatzer nach diesem Muster vor, wobei sie von den einheimischen Tathelfern wirksam unterstützt wurden. Zu Parias, Freiwild und aus der Gesellschaft Verstoßenen wurde die Juden im okkupierten Lettland erst formell am 29. Tag der Besatzung Rigas, als der Feldkommandant Oberst Ullersperger das Tragen des Judensterns befahl.[28] Der General-

27 Besonders ausführlich in den Erinnerungen von S. Peiros, in: D. Silberman, „I ti eto widel" (russ., Und du hast es gesehen), New York 1989, S. 192 ff.

28 Tēvija (lett. „Vaterland", offiziöses Organ der lettischen Kollaborateure) vom 29. 7. 1941.

kommissar für Lettland, Otto-Heinrich Drechsler, zog dann noch später,[29] am 1. September 1941, mit einer Verordnung nach, die den Juden die Benutzung des Gehsteiges verbot.[30] Sie mußten von nun ab in der Gosse gehen.

Die antisemitische Aufwiegelung konnte nicht so lange warten, sie begann buchstäblich in den ersten Stunden des deutschen Einmarsches. Über ihre Wirksamkeit bestehen keine Zweifel. Das ist durch mehrere Umstände zu erklären:

- die Zuspitzung der lettisch-jüdischen Beziehungen am Vorabend des Zweiten Weltkrieges;
- einen der wichtigsten propagandistischen Trümpfe bot der sowjetische Massenterror, wofür den Juden die Verantwortung in die Schuhe geschoben wurde;
- die Verfasser der Hetzartikel kamen zum größten Teil nicht aus dem Lager der Besatzer, sondern aus den Reihen der eigenen nationalen Intelligenz, darunter auch junge Literaten, die sich noch in den letzten Jahren der Unabhängigkeit einen Namen hatten machen können;[31]
- schließlich der Umstand, daß immer auf die deutsche nationalsozialistische staatliche Judenfeindschaft, auf „das Beispiel unserer Befreier“, hingewiesen werden konnte.

Von einer organisierten Gegenpropaganda und organisierter Solidarität konnte nicht die Rede sein. Wie schon eingangs festgestellt, waren die demokratischen Kreise geschwächt, führerlos und selbst vom Terror bedroht.[32] Die Sowjets, die für ihre Sache mit Rundfunksendungen und Flugblättern Propaganda machten und später auch eine Widerstandsbewegung aufziehen konnten, klammerten dieses Problem bewußt aus. Das Volk war sich selbst überlassen. In extrem nationalistischen Kreisen bestand zweifelsohne eine psychologische Bereitschaft, bei den von der Besatzungsmacht durchgeführten Gewaltmaßnahmen gegen das Juden-

29 Diese Verordnung ist zwar relativ spät, aber am ersten Tage der Verwaltungsübernahme erlassen worden.

30 Tēvija vom 1. 9. 1941.

31 So z. B.: Teodors Zeltiņš, Jānis Sārts, die Dichterin Velta Maldona, anfänglich auch der Philosoph Konstantīns Raudive (Albatross) u. a.

32 Symptomatisch für die Atmosphäre des Terrors und der Einschüchterung sind die in der „Tēvija“ periodisch erschienenen polizeilichen Meldungen („Verhaftung von Juden- und Bolschewistenfreunden“) wie etwa folgende vom 11. 10. 1941: „Verräter verhaftet: Juden- und Bolschewistenfreunde.“ Als Verhaftungsgrund wurde im Gespräch geäußerter Zweifel an dem deutschen Sieg angegeben.

tum mitzuwirken. Vorerst waren es Intellektuelle – pathologische Judenhasser – wie der Pädagoge und Publizist Jānis Dāvis, der die Juden mit parasitären Insekten verglich und ihre allgemeine totale Vernichtung forderte.[33] Sie stellten vom ersten Tage der Besatzung die Kader für die Judenhetze. Dem Volke zu Ehren sei hier bezeugt, daß trotz zügelloser Anfeindungen keine allgemeine Pogromhysterie entstand. Das verlangsamte anfänglich die breitere Einschaltung lettischer Extremisten in die Massenmorde. Der Stab der Einsatzgruppe „A" der Sicherheitspolizei und des SD konnte erst Ende Juli/Anfang August 1941 melden, daß das „Selbstreinigungsbestreben" in Lettland „allmählich in Gang gekommen" sei.[34]

Es gab aber nicht nur passive Ablehnung der Geschehnisse durch den Großteil des Volkes. In gewissen Kreisen machte man in Alltagsgesprächen keinen Hehl aus der Empörung über das Verstoßen der jüdischen Mitbürger und über die anlaufenden Massenmorde. Bestimmt stellte dieser Personenkreis eine absolute Minderheit dar, aber die Proteste waren laut genug, um in der lettischen Kollaborationspresse eine wütende Reaktion hervorzurufen.

So wandte sich die Zeitung „Tēvija", die als offiziöses Blatt im ganzen besetzten Lettland gelesen wurde, allein im Juli 1941 fünfmal mit massiven Drohungen gegen die „žīdu žēlotāji" – „Bemitleider der Juden".[35] In verschiedenen Varianten sind Artikel und Notizen dieser Art in der „Tēvija" zahlreich zu finden. Sie verschwanden erst ab Anfang Dezember 1941, als das letzte große Ghetto in Lettland – das Rigaer Ghetto mit seinen 29 600 Häftlingen „liquidiert" wurde – wobei die Frauen, Kinder und Arbeitsunfähigen in Rumbula bei Riga in zwei Großaktionen, die ca. 25 000 Opfer forderten, ermordet wurden. Am folgenden Tage nach dem Beginn der Vernichtung – am 1. Dezember 1941 – schrieb die „Tēvija": es sei „[...] die Pflicht der Letten, die vom Staat durchgeführten Maßnahmen gegen die Juden zu ehren und anzuerkennen".[36]

Die Provinzpresse war in dieser Hinsicht viel aufschlußreicher, denn in der Provinz wird die Haltung jedes einzelnen sofort zum Tagesgespräch

33 J. Dāvis, Latvju nostāja žīdu jautājumā (lett., Die lettische Haltung zur Judenfrage), Riga 1943, S. 70.

34 EM Nr. 40 vom 1. 8. 1941.

35 Tēvija vom 7. 7., 15. 7., 16. 7., 25. 7. und 31. 7. 1941.

36 J. Mārtinsons, Cīna ar žīdismu (lett., Der Kampf mit dem Judentum) Tēvija vom 1. 12. 1941.

eines ganzen Städtchens und beeinflußt die Gesinnung der Einwohner in viel größerem Maße als in den großen Städten. Besonders verärgert waren die Kollaborateure über die Weigerung, die Juden als Außenseiter, als „Untermenschen" zu empfinden. Auch das vielerorts bezeugte Mitleid erregte großen Unmut und wurde als „Verrat am lettischen Volk" gebrandmarkt. So schrieb das in Smilten (Smiltene) herausgegebene Lokalblatt „Tālavietis"[37] am 19. Juli: „Das lettische Volk wird nie mehr eine gemeinsame Heimat mit dieser ekligen Rasse haben. Darüber muß sich jeder im klaren sein, der nicht mit dem jüdischen Maß gemessen werden möchte." Am 5. August drohte der „Tālavietis", eine namentliche Liste aller Juden-Freunde und Bemitleider zu veröffentlichen, zwei Tage später, am 7. August, druckte er einen Aufruf an „Letten, mit feigen und weichmütigen Herzen". Jedes Mitgefühl sei vergebens, hieß es im Aufruf, „... die Juden werden als Volk sterben müssen".

Mehrere hundert Kilometer trennen Smiltene im Herzen Livlands (Vidzeme) von dem Städtchen Talsen (Talsi) in Kurland. Es ist eine andere, westliche Region Lettlands, auch hieß das Lokalblatt anders, aber der Grund zu scharfem Tadel war der gleiche: „Das Gewissen so mancher Letten [...] hat sich als verbrecherisch dehnbar erwiesen. Das bezieht sich auf Letten, die mit ihrem Namen und ihrer Handlung bemüht sind, den Juden zu helfen und zu Unrecht und ohne Grund den Juden – den Henkern des lettischen Volkes – ihr Mitgefühl zu bezeugen."[38] In der nächsten Zeitungsnummer fand sich wieder ein anderer Grund für eine scharfe Zurechtweisung: „‚Eine schlechte Gewohnheit'. Bis auf den heutigen Tag sind Szenen zu beobachten, die dem Geist der neuen Zeit nicht entsprechen: Letten grüßen Juden." Den Schluß bildet der bekannte Refrain: „Im Kampf gegen die jüdischen Inquisitoren soll in unseren Herzen kein Raum für Mitgefühl sein."[39] Die Verurteilung des „verbrecherischen Mitleides" ist in allen Presseausgaben zu finden. Es variierten bloß die Tonarten. In der ehrwürdigen Residenzstadt der Herzöge Kurlands, in Mitau (Jelgava), der Stadt, die schon im Juli 1941 „judenfrei" gemacht wurde, war im Leitartikel der örtlichen Zeitung „Nacionālā Zemgale" unter der Überschrift „Wehe euch!" zu lesen: „Für den Juden ist in der Welt nun kein Platz mehr [...]. Klagen und Mitleid sind unangebracht [...]. Wehe denen, die uns bei der Erfüllung dieser Aufgabe stören möchten!

37 „Tālavietis" – nach „Tālava" – dem feudalen Staat der Lettgaller im 12.–13. Jahrhundert benannt.

38 Talsu vārds (lett. „Das Talsener Wort") vom 17. 7. 1941.

39 Talsu vārds vom 24. 7. 1941.

Wehe denen, die sich uns in den Weg stellen [...]!“[40] Die in der Hafenstadt Windau (Ventspils) herausgegebene „Ventas Balss“ nahm im Laufe eines Monates fünfmal Stellung zur unerwünschten Reaktion der Bevölkerung auf die „Lösung der Judenfrage“.[41] Es waren die sich überall wiederholenden Klagen über das Fehlen des Verständnisses für die Situation: „Für die Juden hat die Stunde der historischen Abrechnung geschlagen, und jegliches Mitgefühl ist nicht nur unangebracht, sondern ein Verbrechen.“[42] Drohungen gegen „Unbelehrbare“ waren hier konkreter als sonst irgendwo: „[...] sollte ein Lette nun wirklich nicht ohne Juden auskommen können, so stehen ihm ja die Tore des Internierungslagers zu seinen ‚Freunden‘ offen.“[43] Als einziges Blatt der Kollaborationspresse fand die „Ventas Balss“ auch eine objektiv wahrheitsgetreue Erklärung für die mancherorts nicht zu verleugnende Solidarität mit den Juden: „Die Beziehungen zwischen den Juden und Letten waren in Ventspils bei weitem nicht so schlecht wie anderswo. Deshalb fühlte so mancher Einwohner von Ventspils ein stilles und in vielen Fällen auch offen bezeugtes Mitleid [...].“[44] Die in Dünaburg (Daugavpils) herausgegebene Zeitung „Daugavas Vēstnesis“ (Bote der Daugava) verlieh alleine im Oktober 1941 viermal ihrer Empörung über die Mitleidsbekundungen verschiedener Art Ausdruck. Am 9. November, als im Ghetto von Dünaburg wieder eine „Großaktion“ mit mehreren tausend Opfern stattfand, schien es dem Schriftsteller Teodors Zeltiņš angebracht, einen Artikel mit dem Titel „Verbrecherisches Mitgefühl“ zu veröffentlichen.

Solche und ähnliche Beispiele können noch in Mengen zitiert werden, auch aus anderen Provinzblättern. Aber die Häufigkeit der Schimpftiraden und Drohungen ist kein sicheres Anzeichen der Intensität und des Ausmaßes des Mitgefühls. Auch hielten es mehrere Zeitungen, z. B. die in Libau (Liepāja) gedruckte „Kurzemes Vards“ (Stimme Kurlands), für besser, dieses Phänomen konsequent totzuschweigen. Demnach können keine Schlüsse über die Verbreitung und die „Epizentren“ dieser spontanen, allermenschlichsten Art der Solidarität gezogen werden. Daß es aber diese Regung gegeben hat, ist hier dokumentarisch festgehalten.

40 Nacionālā Zemgale vom 16. 7. 1941.

41 Ventas Balss („Stimme der Wenta“) vom 19. 7., 22. 7., 25. 7., 5. 8. und 22. 8. 1941.

42 Ebenda vom 22. 7. 1941.

43 Ebenda vom 11. 7. 1941. In Windau wurde eines der ersten Ghetto-Internierungslager schon in der ersten Juliwoche 1941 organisiert.

44 Ventas Balss vom 22. 8. 1941.

Mit der Ermordung der letzten Juden in der Provinz im Spätherbst 1941 verliert das Thema für die Presse seine Aktualität. Einige tausend Juden befanden sich noch in Ghettos in Riga, Libau und Dünaburg, und dort gab es dann auch die letzten Aufrufe zu Mord und Totschlag. Der letzte scheint am 31. Dezember 1941 veröffentlicht worden zu sein. Es handelt sich um einen Hetzartikel mit dem Titel „Befreien wir uns von den Juden“ von Jānis Martinsons in der „Daugavas Vēstnesis“: „Auf keinen Fall dürfen wir diesen erbärmlichen Ausgeburten Mitgefühl bezeugen [...]. Nur befreit von allem Jüdischen werden wir unsere arische Kultur pflegen können und einen allgemeinen Wohlstand erreichen.“

Die emotional überhitzte Tonart der Reaktion auf das bißchen Mitleid muß beim flüchtigen Lesen jeder Logik entbehren. Es entsteht der Eindruck, man hätte „mit Kanonen auf Spatzen geschossen“. Bei genauerem Hinsehen stellt sich aber heraus, daß es um Wesentliches ging: Das Mitgefühl war, politisch gesehen, eine Ablehnung des nationalsozialistischen Postulates, die Juden seien Urheber allen Übels auf der Welt. Lehnte man das ab und sah man in den Juden gewöhnliche Mitmenschen mit all ihren Tugenden und Schwächen, so war ihre Vernichtung nichts Geringeres als Mord. Daher die Wut der Kollaborateure, daß „[...] manche Einwohner von Smiltene noch immer mit Juden verkehren und sie grüßen, sich mit ihnen auf der Straße unterhalten, ihnen ihr Mitgefühl bezeugen und nach Kräften helfen“.[45] Ähnliches stand in der „Tukuma Ziņas“ (Tukumer Nachrichten) zu lesen: „Es finden sich aber trotzdem Leute unter uns Letten, die [...] sagen, daß die Juden [...] eigentlich gar nicht so schuldig seien.“[46] Die Forderung der Kollaborateure war strikt und ultimativ: „In dem von der heldenhaften deutschen Wehrmacht befreiten Lande der Letten kann keine Freundschaft mit diesen parasitären Schmarotzern bestehen.“[47] In einem mit „Besinnt euch!“ betitelten Beitrag hielt die Dichterin Velta Maldona ihr Credo fest: „Wie schmerzlich es uns auch sein möge, so müssen wir doch gestehen, daß es Menschen gibt [...], die sagen: ‚Ja, aber diese Juden sind ja unschuldig. Die Mörder sind doch geflohen‘.“ In lodernder Empörung forderte die Literatin daraufhin die ausnahmslose Ausmerzung aller Juden, „da sie wie auf ein religiöses Gebot sich verschworen haben, alle Nichtjuden zu vernichten“.[48]

45 Tālavietis vom 19. 7. 1941.
46 Tukuma Ziņas (Tukumer Nachrichten) vom 20. 7. 1941.
47 Rēzeknes Ziņas (Nachrichten aus Rēzekne) vom 23. 7. 1941.
48 Daugavas Vēstnesis (Bote der Daugava) vom 23. 10. 1941.

Mit diesen Zitaten aus den drei Hauptgebieten Lettlands – Livland, Kurland und Lettgallen – soll wiederholt auf die gesellschaftliche, politische und ethische Bedeutung hingewiesen werden, die eine natürlich mitfühlende Regung in jenen Tagen in Lettland hatte. Das wird auch zusätzlich durch ein sicherheitspolizeiliches Verfahren bekräftigt, das gegen die evangelischen Pfarrer Rosenberg (Kokenhusen) und Muižnieks (Dignāja) aufgenommen wurde, weil sie in einer Predigt „in scharfer Form“ die Juden- und Kommunistenmorde verurteilt hätten.[49] Sie kamen glimpflich davon – mit einer polizeilichen Verwarnung. Tragischer endete der Protest des Dekans der katholischen Kirche in Aglona, Aloisz Brokāns, der wegen einer Adventspredigt über das Thema „Du sollst nicht töten!“ verhaftet wurde. Nach längerer Einkerkerung im Rigaer Zentralgefängnis wurde er ins Konzentrationslager Stutthof gebracht, wo er ums Leben kam.[50]

4. Hilfe

Am zweiten Tag nach der Einnahme Rigas durch die Wehrmacht veröffentlichte der deutsche Feldkommandant eine Anordnung, die Juden verbot, zusammen mit der lettischen Bevölkerung in den Schlangen vor den Lebensmittelläden anzustehen.[51] Das kam einem generellen Verbot gleich, Lebensmittel einzukaufen. Diese Anordnung war für das ganze lettische Gebiet verbindlich, da die Feldkommandantur Riga auch die Funktion einer Hauptkommandantur innehatte. In Libau wurde diese Anordnung noch zusätzlich durch ein Ausgehverbot verschärft, das den Juden den Aufenthalt auf der Straße nur für einige Stunden erlaubte.[52]

Im besetzten Lettland waren schätzungsweise 75 000 örtliche Juden geblieben, dazu kamen noch einige tausend Juden aus Litauen, die auf der Flucht nach Osten hier von der Wehrmacht eingeholt worden waren. Wollte diese große Masse von jüdischen Menschen nicht schon in den ersten Wochen an Hunger sterben, mußte sie sich an „arische“ Nachbarn, Bekannte und oft auch völlig unbekannte Leute um Nahrungsmittelhilfe wenden. Es ist nichts über eine schwere Hungersnot der jüdischen

49 EM Nr. 96 vom 27. 9. 1941.

50 H. Trops, Latgale zem kāškrusta ēnas (lett. Lettgallen unter dem Schatten des Hakenkreuzes), in: Dieva vārda kalendārs (Kalender des Wortes Gottes) 1992, Riga 1991, S. 185.

51 Tēvija vom 2. 7. 1941.

52 Kurzemes Vārds vom 5. 7. 1941.

Bevölkerung im Sommer 1941 bekannt. Ergo sind die Juden in der ihnen belassenen kurzen Lebensfrist von einigen Monaten von der Bevölkerung mehr oder weniger mit dem Allernötigsten versorgt worden. Es ist leicht nachzuvollziehen, daß in diese heimliche Versorgungsaktion Tausende von Letten einbezogen waren.

Gewiß wurde für die Lebensmittel meistens gezahlt, oft wurden auch zusätzliche Geschenke gemacht. Aber in der Mehrzahl der Fälle war das nicht das Ausschlaggebende. Die „žīdu pabalstītāji", die „Judenunterstützer", wie die Helfer in der Kollaborationspresse haßerfüllt genannt wurden, mußten nicht wenig Zeit und Mühe aufwenden, um die nötigen Lebensmittel aufzutreiben. Auch war es nicht gefahrlos. Jedem Käufer wurde nur ein begrenztes Quantum ausgehändigt, darum mußte der „žīdu pabalstītājs", gewöhnlich waren es Frauen, in den Schlangen bei mehreren Läden anstehen. Fiel man auf – und beim systematischen Einkauf größerer Mengen von Lebensmittel war das unvermeidlich –, so wurde man ausspioniert, von der Polizei mit einer Geldstrafe belegt und in der Presse als „Judenfreund und Verräter" verunglimpft.[53] Wenn dies trotzdem von so breiten Kreisen praktiziert wurde, dann war bestimmt in viel größerem Maße Sympathie und ein Bedürfnis zu helfen im Spiel als die Suche nach materiellem Vorteil. So hat das auch der Verfasser persönlich erlebt, wie auch das Phänomen der Veränderung des Personenkreises um die Juden. Viele Bekannte aus der „normalen Zeit" beschränkten nun ihre Kontakte zu Juden oder brachen sie abrupt ab. An ihrer Stelle erschienen neue Gesichter – kaum bekannte oder auch gänzlich unbekannte –, die schlicht und ohne viele Worte ihre Hilfe anboten.

So eine Massenaktion konnte den Behörden nicht unbekannt bleiben. Das Rundfunkprogramm des Senders Riga bemerkte dazu: „Groß ist die Zahl der barmherzigen Letten, die Tag für Tag den Juden Dienste erweisen. Oft hören wir: Der ist doch ein gutes Jüdchen."[54] Der Ton der Presse wurde immer hysterischer und drohender. Am 15. Oktober meldete die „Tēvija": „Die Freunde der Juden haben schwere Strafen zu erwarten."[55] Aus Polizeidokumenten ist zu ersehen, daß es sich nicht nur um administrative Strafen handelte, sondern daß es auch Verhaftungen gegeben hat.[56] Einzelne tragische Fälle sind bekannt: So wurde in Marien-

53 Tēvija vom 7. 7., 15. 7., 16. 7 und 25. 7. 1941.

54 Hallo Latvija vom 27. 7. 1941.

55 In der Meldung waren hauptsächlich Ladeninhaber aufgezählt, die Juden heimlich Lebensmittel verkauft hatten.

56 LVA, 1035/1/7, Bl. 350 ff.; 1376/1/6, Bl. 367; 1537/13/418, Bl. 17.

burg (Alūksne) die Näherin Adelīna Brodele verhaftet, weil sie Juden Essen gebracht und sich lautstark über die Verfolgung der Juden empört hatte. Sie wurde am 12. August 1941 zusammen mit den Juden und einigen Politischen im Siseņu-Wäldchen erschossen. Der Landwirt Arnolds Zēvalds (Gesinde „Saulīte", Kreis Riga) wurde in das Lager Salaspils eingeliefert, weil er deportierten Juden aus dem Reich im Lager „Jungfernhof" bei Riga ein Brot geschenkt hatte. Er verstarb im Lager am 18. November 1943.[57] Im Dorf Sementova, Gemeinde Malta im Kreise Rositten (Rēzekne) wurden der Bauer Klauža und seine Tochter mißhandelt und verhaftet, weil sich in ihrem Haus noch vor der deutschen Besetzung die jüdische Zahnärztin Wassermann mit ihrer kleinen Tochter auf der Flucht nach Osten einige Tage aufgehalten hatte.[58]

Die lettische Essayistin Zenta Mauriņa, die mit ihrem Freundeskreis für eine jüdische Bekannte Lebensmittel besorgt hatte, schrieb erschüttert über das Unvermögen, wirksamer zu helfen, diese Art der Unterstützung sei nur „ein Tropfen Wasser im brennenden Meer. Was hilft es?"[59] Bei der verbreiteten Kontaktverweigerung und der von vielen bewiesenen Gehässigkeit war es trotzdem ein großer Trost, nicht von allen vergessen und verstoßen zu sein. Eine Überlebenschance konnte aber diese Solidarität nicht bieten: Ein jüdisches Leben konnte nur durch Identitätsverschleierung, Identitätsfälschung oder durch Verstecken gerettet werden. Über die bei der Verbergung der jüdischen Identität geleistete Hilfe ist einiges in Dokumenten und Erinnerungen festgehalten. So sind Fälle bekannt, wo lettische Freunde und Bekannte, darunter auch ein Reviervorsteher der lettischen Hilfspolizei, eine schriftliche Erklärung abgaben, der betreffende Jude – meist ging es um junge jüdische Frauen – sei eigentlich arischen Ursprungs und von der jüdischen Familie nur adoptiert worden.[60] Das gewährte im besten Fall nur einen Aufschub vom allgemeinen jüdischen Schicksal. Solche Bescheinigungen konnten nicht massenweise ausgestellt werden, auch war dies nur in Großstädten möglich, wo eine gewisse Anonymität bestand.

Eine andere Möglichkeit für die Identitätsverschleierung bot die Taufe, die Konversion zum Christentum. Früher wäre das kaum denkbar gewesen. Nach den Angaben der letzten Volkszählung (1935) gab es unter den 93 479 Juden Lettlands nur 325 getaufte Juden, gewöhnlich

57 MDZ, III/1126.
58 MDZ, III/853.
59 Mauriņa, Dzelzs aizbīdņi lūst, S. 145.
60 Diesen Versuch unternahmen Eva Hoff, Elsa Friedmann, Ella Gutmann u. a.

Ehepartner in „Mischehen". In der Provinz, wo das Gros der Juden schon im Sommer 1941 der ersten Vernichtungswelle zum Opfer fiel und die letzten Restgruppen im Oktober 1941 ermordet wurden, war die jüdische Bereitschaft zur Taufe nun unvergleichlich größer geworden: Man glaubte auf diese Weise die Familie oder wenigstens die Kinder retten zu können. Es war ein Trugschluß, doch entstand diese illusionäre Hoffnung in einer spezifischen Situation, in der dieser Versuch, das nackte Leben zu retten, nicht so ganz hoffnungslos erschien, wie er sich später erweisen sollte. Die „Säuberung" des flachen Landes von den Juden wurde nämlich vom SD als örtliche „Selbstreinigungsaktion" mit ausschließlich lettischen Kräften aufgezogen. Die deutsche Regie war dabei kaum zu erkennen, sie hat auch keine dokumentarischen Spuren hinterlassen. Es entstand dadurch der Eindruck, daß bei der Entscheidung über jüdisches Leben nicht unbedingt die nationalsozialistischen rassentheoretischen Maßstäbe ausschlaggebend sein könnten, sondern eher das Gutdünken der örtlichen lettischen Polizeibehörden. Dort, wo die Kirche noch ihren traditionellen Einfluß erhalten hatte, auch auf die Täter und ihre Gehilfen, schien die Taufe einen Weg zur Rettung zu bieten. Diesen Voraussetzungen entsprach das überwiegend katholische Lettgallen, in dem mehrere örtliche Geistliche den Juden diesen Rettungsversuch ermöglichten. Sie taten es bestimmt aus christlicher Nächstenliebe auf eigene Verantwortung, ohne vorher die prinzipielle Zustimmung des Kirchenoberhauptes, Bischof J. Rancāns, eingeholt zu haben. Hatte der Bischof Kunde von den „Taufaktivitäten" seiner Priester? Akzeptierte er sie stillschweigend oder verurteilte er sie? Es ist unbekannt. Jedenfalls half er später persönlich einem jüdischen Jugendlichen (M. Schäfer), der sich schon einige Jahre illegal in Riga aufgehalten hatte und der sich in kritischer Lage an ihn wandte, einen Unterschlupf zu finden. Aber das war nicht im Sommer 1941, sondern im Spätsommer 1944, als die Rote Armee vor den Toren Rigas stand.

Nur über wenige Taufen gibt es genauere Angaben: In Kreslau (Krāslava) wurde die Familie des Unternehmers Barkan mit zwei Knaben getauft, für die später mit Hilfe des Priesters in Weißrußland (Rayon Braslaw, Dorf Pajusi) bei M. Kishlo ein Versteck gefunden werden konnte; neun andere jüdische Kinder wurden getauft und auf alleinstehende ältere Frauen verteilt.[61] Die Taufe erhielten in Balvi drei Personen,[62]

61 Daugavas Vēstnesis vom 31. 10. 1941.

62 Levin, Pinkas hakehilot, S. 71.

in Warkland (Varakļāņi) vier junge jüdische Frauen;[63] in Schönberg (Skaistkalne) wurde eine Gruppe von Kindern getauft und von den Schwestern des Heiligen Kreuzes in ihrem Heim untergebracht.[64] In Dubena (Dignāja) nahmen der Ladeninhaber Jankel Dimant und seine Ehefrau Leja mit drei Kleinkindern die Taufe an,[65] in Lievenhof (Līvāni) taufte der Prälat Staņislavs Vaikulis, Dekan der örtlichen römisch-katholischen Kirche, eine größere Gruppe Juden. Einer Frau mit zwei kleinen Kindern, einer männlichen Person, später auch einem zehnjährigen Knaben gewährte er für eine gewisse Zeit Zuflucht.[66] Die „Taufaktionen" vollzogen sich in aller Öffentlichkeit, da ja die Proselyten am gemeinsamen Gottesdienst teilnehmen sollten, was auch gewöhnlich geschah. Es kam zu einer Konfrontation der Kirche bzw. der Priester mit den örtlichen Polizeibehörden. Der Kreischef von Rositten (Rēzekne) schrieb in diesem Zusammenhang am 20. Januar 1942 der SD-Dienststelle in Dünaburg: „Laut Verordnung des Herren Kommissars [wahrscheinlich ist der Gebietskommissar gemeint] hatte ich den Auftrag alle im Kreise Rositten noch verbliebene Juden im Ghetto von Rositten zu konzentrieren. Der katholische Vikar in Varakļāņi bemühte sich mit allen Mitteln um die Belassung der Juden in Varakļāņi und ignorierte auf diese Weise die Befehle [...]."[67]

Die bereits mehrfach zitierte Zeitung „Daugavas Vēstnesis" nahm auch zu dieser Frage Stellung: „Unter Mithilfe einiger Geistlicher bemühen sich viele Juden, zum Christentum überzutreten, um dem Davidstern zu entgehen." Die Zeitung nannte das einen „Skandal".[68] Die Kirche zog den kürzeren. Ihre Schützlinge wurden verhaftet und erschossen. Oft geschah es mit demonstrativem Sadismus. So wurde die Familie Dimant in Dubena in ihrem Wohnort an Ort und Stelle ermordet, das jüngste Kind, ein vierjähriges Mädchen, das sich im Backofen verkrochen hatte, wurde an den Füßen herausgezogen und ihr Köpfchen an der Wand zerschmettert.

Auch Geistliche der russischen orthodoxen Kirche versuchten, jüdisches Leben durch Taufe zu retten. Das bezeugen einige in den Polizeiarchiven gefundene Dokumente: So meldete der SS- und Polizei-Standortführer

63 Ebenda., S. 116.

64 Trops, Dieva Vārda kalendārs, S. 186.

65 Heimatkundliches Museum der Mittelschule Livāni.

66 Heimatkundliches Museum der Mittelschule Dignaja.

67 MDZ, III/2005.

68 Daugavas Vēstnesis vom 31. 10. 1941.

Libau in einem Lagebericht vom 18. August 1941, daß „der Pope der griechisch-orthodoxen Kirche in Libau, Pawel Jankowitsch, [...] mehreren Juden Bescheinigungen ausgestellt hat, daß sie seiner Kirchengemeinde angehören. Nach den bisherigen Ermittlungen hat er derartige Papiere in 6 Fällen ausgegeben. Er will dieses aus christlicher Nächstenliebe getan haben, um die Juden vor dem Tod zu bewahren."[69] Etwas später, im November 1941, meldete der Leiter des 1. Polizeireviers in Rositten dem Kreischef über einen ähnlichen Fall – die Taufe von zwölf jüdischen Kindern in Rositten durch den Popen Jānis Rusanovs.[70]

Die Hoffnung einiger Geistlicher, daß die christliche Solidarität ihrer Gemeinden den Konvertierten, ihren neuen Glaubensbrüdern, einen gewissen Schutz und eine Überlebenschance bieten würde, hatte getrogen. Sobald die Getauften in das Blickfeld der Behörden gerieten, waren Barmherzigkeit, Hilfsbereitschaft und Weihwasser umsonst gewesen: Jüdisches Leben konnte nur mit dem Einsatz des eigenen gerettet werden.

5. Lebensrettung

Die Geschichte der Judenrettung in Lettland kann auf eine Aufzählung der interessantesten Fälle reduziert werden. Bei einer solchen Darstellungsweise kommt aber das Spezifische der verschiedenen Rettungssituationen zu kurz. Eine tiefere Einsicht in die von den Umständen bedingte gewisse Gesetzmäßigkeit dieser dramatischen Geschichte kann eher durch eine Periodisierung gewonnen werden, die mit den zwei großen Vernichtungswellen (Sommer bis Herbst 1941; Winter 1941/42) zusammenfällt. Diesen gliedert sich noch eine dritte, längere Periode (1942–45) an, in der die noch verbliebenen lettischen Juden[71] als Häftlinge in den Restghettos in Riga, Dünaburg und Libau, ab Herbst 1943 im KZ Kaiserwald/Riga, gefangen waren. Die jüdischen Inhaftierten wurden dann von August bis Oktober 1944 in das KZ Stutthof deportiert, im Oktober war Riga und der größte Teil Lettlands von der

69 LVA, P-83/1/22/Bl. 162.

70 MDZ, III/2006.

71 Nach den großen Massenmorden im November-Dezember 1941 befanden sich im Ghetto Riga 4718 lettische Juden (LVA, P-69/1a/18/Bl. 108), im Ghetto Libau (am 1. 7. 42) 864 (Zeugenaussage K. Linkemer im Hannoveraner Prozeß gegen Grauel, Rosenstock u. a.), im Ghetto Dünaburg 957 (LVA, P-69/2/72/Bl. 27), d. h. es waren insgesamt 6539 Häftlinge. Laut Volkszählung vom 24. 2. 1943 in Lettland hatte sich die Zahl der lettischen Juden zu diesem Zeitpunkt auf 4904 verringert (Latvju enciklopedija, Bd. III, Stockholm 1955, Bl. 2834).

nationalsozialistischen Besatzung befreit. Die Geschichte der Rettung der Juden Lettlands hat noch ein Nachspiel in Kurland („Kurlandkessel"), wo Juden in Verstecken bis zum 9. Mai 1945 auf die Stunde ihrer Befreiung harrten.

Die erste Periode der Rettungsgeschichte

In der ersten Periode liefen in den größten Städten Treibjagden auf jüdische Männer, Tausende wurden ermordet,[72] das Provinzjudentum wurde Ende Juli und im Laufe des August ausgerottet, die „noch benötigten" jüdischen Handwerker und ihre Familien ereilte das allgemeine schreckliche Los Ende September/Anfang Oktober, in Einzelfällen erst im November.[73] Damit waren das flache Land und die Provinzstädte „judenfrei".

Man hatte schon vor dem deutschen Einmarsch mit Repressalien gerechnet. Auf eine völlige Ausrottung war man aber nicht vorbereitet, diesbezügliche Gerüchte schienen unglaubhaft, die unleugbaren Tatsachen der anlaufenden Massenmorde war man geneigt als „wilde Aktionen" der SS und der lettischen Extremisten zu verstehen. In den Anordnungen der Militärverwaltung über die Registrierungspflicht für Juden und die bevorstehende Ghettoisierung in Riga[74] wollte man Anzeichen einer „Normalisierung" und einer Verminderung der Lebensbedrohung sehen. Man hatte daher nichts unternommen, um ein „Untertauchen" vorzubereiten; und wo, bei wem hätten auch ganze Familien – vier, fünf und mehr Menschen – plötzlich für ungewisse Zeit Zuflucht finden können?

Und dennoch gab es gerade in dieser ersten Periode der Rettungsgeschichte als Panik-Reaktion auf die Todesangst sehr viele vorher nicht geplante, unvorbereitete Fluchtbewegungen. Es handelte sich um jüdische Menschen, die auf dem Weg zum Erschießungsort, von der Sammelstelle irgendwo im Wald oder auf dem jüdischen Friedhof, wo sie sich entkleiden und auf ihre Erschießung warten sollten, geflohen waren. Einigen gelang es, dem Massengrab zu entkommen; das Erschießungs-

72 Laut EM Nr. 24 vom 16. 7. 1941 sollen allein in Riga in den ersten zwei Juliwochen der Besetzung 2300 jüdische Männer erschossen und 2000 verhaftet worden sein. Es ist erwiesen, daß insgesamt 90 bis 95 % der Verhafteten schon in den nächsten Wochen erschossen wurden.

73 Nach einem Bericht des EK 2 der Einsatzgruppe A sollen bis Anfang November 1941 in der Provinz um 30 000 Juden ermordet worden sein, hinzuzurechnen sind noch einige Tausend vom lettischen Selbstschutz Ermordeter (LVA, P-1026/1/3/Bl. 264).

74 Tēvija vom 24. 7. und 23. 8. 1941.

kommando war immer angetrunken, zum Ende der „Aktion" total betrunken, und die Opfer fielen oft nur leicht verwundet in die Grube und konnten sich später herausarbeiten. In solch einem schrecklichen Zustand erschienen sie bei Bekannten und noch öfter bei Unbekannten. In einem Tagebuch, das ein 14jähriges Schulmädchen während des Krieges in Rositten geführt hatte, ist über diese Situation nachzulesen: „[...] Eine Frau aus dem Dorf Kleperi hat uns Folgendes erzählt: Vor dem russischen Kirchenfest ‚Wwedenije' wurden zehn Juden und zwei Kriegsgefangene erschossen. Ein Jude wurde nur an der Hand verwundet und erschien in Unterwäsche und barfuß bei 20-gradigem Frost aus Ančupāni[75] in Kleperi und begann zu bitten, man möge ihn verstecken. Sie gaben ihm zu essen und Kleidung und hießen ihn laufen, aber am nächsten Morgen erschien er wieder. Sie hießen ihn ins Badehaus zu gehen, aber jemand erfuhr etwas davon und zeigte an und bald darauf wurde er ‚erledigt'."[76]

Von ähnlich tragischen Episoden war in den Verfahren in Riga (1965) und vor dem Landgericht Münster (1990–1994) gegen den lettischen Kriegsverbrecher Boleslaw Maikovskis die Rede. Auch hier war der Ort des Geschehens Rositten und das Massengrab in Ančupāni, aus dem sich nach einer Erschießung von Frauen und Kindern im Herbst 1941 ein jüdisches Mädchen, Raja, befreien konnte. Sie ging von einer Bekannten zur anderen, bis man sie letzten Endes in die Gemeinde Rasno (Rēzna, Kreis Rositten) zu Afanasij Simow brachte, wo schon ein jüdischer Junge namens Falk Bortz versteckt lebte. Der Kreis der Eingeweihten war jedoch zu groß, und im Vorfrühling 1942 wurden sie entdeckt. Der Gesindewirt Simow konnte fliehen, Falk Bortz wurde an Ort und Stelle erhängt, Raja ins Gefängnis Rositten gebracht und anschließend erschossen – zum zweiten Mal.[77]

Während der Ermordung der jüdischen Bevölkerung der Stadt Ludsen in Lettgallen konnten zwei jüdische Frauen – Sora Taube und Rahil Ledinina, entfliehen. Sie suchten Unterschlupf im Dorfe Mischeni

75 Ančupāni: ehemaliger Schießstand unweit von Rositten; während der Besatzungszeit Ort der Massenexekutionen.

76 Tagebuch der Anna Michailowskaja vom Oktober 1941 bis Juni 1942. Latvijas Kara Muzejs (Kriegsmuseum Lettlands), Inv. Nr. 760-VII; Kopie im MDZ. Kleperi: Dorf in der Gemeinde Zvigzdene, Kreis Ludsen; Wwedenije: Fest zum Gedenken an den Einzug der Mutter Gottes in den Tempel in Jerusalem, das vom 21. November bis zum 4. Dezember gefeiert wird. Die Erwähnung des Kirchenfestes weist darauf hin, daß es sich um die letzten Juden in Rositten handelt, die Mitte November erschossen wurden.

77 Cīņa vom 24. 5. 1965. Dokumente des Maikowski-Prozesses in Riga.

(Gemeinde Mērdzene, Kreis Ludsen) bei Matvej Kusnetsow; es war ein unsicheres Versteck. Deshalb machten sie sich auf den Weg ins Nachbardorf Selttschi und überredeten Selimon Saitsew, sie in seiner Bodenkammer hausen zu lassen. Dort wurden sie, laut Meldung der Polizei vom 28. Mai 1942, entdeckt.[78]

Ähnliches geschah in Kurland, wo Anfang 1942 im Kreise Goldingen (Kuldīga), Gemeinde Zabeln (Sabile), bei Malvine Rozentāle und Žanis Alksnis zwei versteckte Jüdinnen aufgespürt wurden. Auch im Kreise Hasenpoth (Aizpute) wurden zwei Jüdinnen mit ihren lettischen Helfern verhaftet.[79] In Einzelfällen versuchte die Bevölkerung, besonders beliebte jüdische Ärzte, z. B. den Arzt Dr. Klein in Autz (Kreis Mitau), zu retten – aber immer vergeblich. In Tukum fanden sich Leute, die besonders prominente Juden retten wollten: den Rabbiner Lichtenstein, den Arzt Louis Kopenhagen und den Apotheker. Der Rabbiner und seine Familie wurden entdeckt und zusammen mit den Beschützern erschossen. Der Arzt und der Apotheker lebten im Versteck bis zum Juli 1944. Als sie es während der Kampfhandlungen um Tukum verließen, wurden sie von lettischen Nationalisten ermordet.

Die Aufzählung ähnlicher Beispiele könnte beliebig fortgesetzt werden. Sie bestätigen immer wieder, daß es sich in diesen Fällen gewöhnlich um panische Flucht in Todesangst handelte. In der Regel war nichts im voraus bedacht und vorbereitet – weder von den vor der Erschießung geflüchteten Juden, noch von den Leuten, die, vom Mitleid überkommen, einer ersten mitfühlenden Regung nachgebend, die Flüchtlinge aufnahmen. Aber oft wollte man nach einer gewissen Zeit die Aufgenommenen wieder loswerden. Viel seltener, als man gewöhnlich glaubt, war Habgier im Spiel. Die Situation schien für das Verstecken von Juden aussichtslos – es war Herbst, Spätherbst 1941, die Zeitungen schrieben, daß die Deutschen mit Ferngläsern schon die Türme des Moskauer Kreml sehen könnten. Auch Lev Luban, der der Erschießung in Wilon (Viļāni), Kreis Rositten, entkommen war, fand Aufnahme bei Bekannten, die er reichlich beschenkt hatte. Nach einer gewissen Zeit mußte auch er gehen – und wurde zu seinem Glück von der ihm fremden russischen Familie Sagorski versteckt und versorgt; er konnte dort im Juli 1944 den Einmarsch der sowjetischen Truppen erleben. Gewöhnlich gingen die aus ihrem Versteck Verwiesenen zugrunde. Eine Frau mit drei Kindern,

78 LVA, P-999/1/222/Bl. 84.

79 Meldung der SD Dienststelle in Libau an den SS und Polizeistandortführer Libau vom 18. 3. 1942, LVA, P-83/1/26/Bl. 9.

die bei einem Arzt in Friedrichstadt (Jaunjelgava) Zuflucht gefunden hatte, nahm ihren Kindern und sich das Leben, als sie einsah, daß dort keine Bleibe mehr sei.[80] Im Kreise Windau (Ventspils), Gemeinde Warwen (Vārve), hatte ein lettischer Bauer neun Juden versteckt. Nach geraumer Zeit eröffnete er ihnen, daß sie weggehen müßten. Als sie sich weigerten, tötete er sie alle.[81]

Solche und ähnliche Fälle werden auch in Dov Levins „Chronik der jüdischen Gemeinden Lettlands und Estlands" in großer Zahl angeführt.[82] Zwar basieren sie überwiegend auf Zeugenaussagen, die nicht mehr überprüfbar sind, aber im allgemeinen vermitteln sie eine wahrheitsgetreue Vorstellung über das grauenhafte Geschehen.

Trotz der Spontaneität der Flucht und des Umstandes, daß die potentiellen Retter völlig unvorbereitet Entscheidungen über Leben und Tod zu treffen hatten, gab es auch Überlebende. Es sind so wenige, daß sie hier alle aufgezählt werden können. In ganz Kurland (ohne Libau) wurden drei junge Männer gerettet – einer in Hasenpoth und zwei in Bauske, sowie ein 14jähriger Junge in Gostini.[83] Stellvertretend für die anderen Geschichten der Errettung soll hier die eines der jungen Männer aus Bauske, Toiks, erzählt werden: Kurz vor den letzten Erschießungen in Bauske Anfang August 1941 versteckte er sich im Keller eines fremden Hauses. Es gehörte der Inhaberin eines Friseurladens, einer älteren Dame mit Namen Jutschina. Sie stieß nach einigen Tagen zufällig auf ihn. Sie kannten sich nicht, aber trotzdem erlaubte sie ihm, im Versteck zu bleiben, und war bereit, ihn zu versorgen. Es dauerte ganze drei Jahre, bis er den Keller verlassen konnte.

In Lettgallen überlebte eine viel größere Zahl Versteckter – symptomatisch für das Verhalten eines Teiles der Bevölkerung in Ostlettland überhaupt. Die Sympathien für Rußland und die Sowjetmacht waren hier unvergleichlich größer als irgendwo sonst in Lettland, auch das Verhältnis zu den verfolgten Juden war teilweise von der bedingt prosowjetischen Haltung beeinflußt. Die Judenrettung hatte hier einen zum Teil politischen, „roten" Anstrich, dem auch Religiosität nicht widersprach. In Rositten rettete die Familie des Schmiedes Matusewitsch zwei Männer – Haim Israelit und seinen Neffen Jakow.[84] Im Kreis Rositten,

80 Levin, Pinkas hakehilot, S. 149.

81 Aussage des Heimatkundlers Jānis Neilands, Ventspils 1993.

82 Levin, Pinkas hakehilot, S. 52, 53, 61, 71, 116, 121, 134, 204, 211, 296.

83 LVA, P-1026/1/22/Bl. 91.

84 YVA, 4379/89.

Gemeinde Ataschan (Atašiena), half der Bauer Pēteris Vilcāns dem Juden Latvinski aus Lievenhof (Līvāni) überleben, im selben Kreise in der Gemeinde Osolaine in Bekši konnten Ulita Varuškina und P. Mikitenko ein Kleinkind retten.[85] In Prely (Preili), Kreis Dünaburg, rettete Vladimir Vuškāns sechs Juden – vier Männer, eine Frau und ein Kleinkind,[86] im selben Kreis bei Wyschki (Višķi) versteckte Sergej Trofimov zwei Juden aus Wyschki – Josif Rein und Hirsch Pogil.[87] Im Kreise Ludsen, Gemeinde Swisdino (Zvirgzdene), rettete die Familie des Bauern Kukurewitsch zwei jüdische Familien – Sujer und Grischkan. In Korsowka (Kārsava) baute der deutschbaltische Postmeister Alfred Bankowitsch ein Versteck für seine jüdische Frau aus. Er bot dort auch der sechsjährigen Judith Silber, seiner Schwägerin Sophie Minkina und Lew Udem – einem jungen Mann, der während der Exekution geflohen war, Unterschlupf.[88]

Die zweite Periode der Rettungsgeschichte

Die zweite Periode fällt mit der totalen Vernichtungsaktion des lettischen Judentums zusammen: Von den Anfang November 1941 in Riga, Dünaburg und Libau noch lebenden 41 300 Juden[89] wurden in den „Aktionen" im November/Dezember ca. 34 800 ermordet.[90] Die Ghettos,[91] die, wie man hoffte, eine größere Sicherheit vor den chaotischen Verhaftungen und Schikanen würden bieten können, erwiesen sich als Sammelstelle für die massenweise Abschlachtung. Nur ein verhältnismäßig kleiner Personenkreis aus der jüdischen assimilierten Intelligenz versuchte, sich durch Fälschung der Identität der Ghettoisierung zu entziehen. Andererseits erhofften sich jüdische Ehepartner aus Mischehen mit ihren Kindern anfänglich im Ghetto größere Sicherheit, da ihre Lage ungeklärt war und ein Verbleib in der Stadt mit Lebensgefahr verbunden schien.

Am 9. November 1941 begann die Vernichtung in Dünaburg, in Riga am 29./30. November mit einer Fortsetzung am 8. Dezember, in Libau dauerte sie vom 14. bis zum 16. Dezember 1941 mit einer Fortsetzung in

85 YVA, 685.
86 LVA, P-132/26/11/Bl. 384a.
87 LVA, P-132/26/11/Bl. 257.
88 YVA, 2526.
89 Nach Angaben des EK 2: 30 000 in Riga, 4300 in Libau, 7000 in Dünaburg; LVA, P-1026/1/3/Bl. 264.
90 Vgl. die Zahl der Überlebenden der Vernichtungsaktionen des Winters 1941 Anm. 71.
91 Ghettos wurden errichtet in Dünaburg (August 1941), in Riga (25. Oktober 1941), in Libau (1. Juli 1942).

kleineren „Aktionen" im Januar und März 1942. Ermordet wurden Frauen, Kinder, ältere Leute, aber teilweise auch arbeitsfähige Männer. Ein schrecklicher Tod stand diesen Menschen vor Augen, und es hätte eine massenhafte Flucht einsetzen müssen. Die Ghettos wurden zwar bewacht, doch das Entkommen aus der Kolonne oder von der Arbeitsstelle war mit keinen besonderen Schwierigkeiten verbunden. Und dennoch flohen kaum hundert Menschen aus allen drei Ghettos zusammen, kurz vor oder auch nach den Massenmorden; 100 von mehr als 30 000 Opfern! Dieses Phänomen ist nachträglich oft mit „jüdischer Feigheit" und Fatalismus „erklärt" worden. Selten hat man Verständnis für jüdischen Familiensinn aufgebracht und dieses bei der Antwortsuche mit einbezogen. Und noch seltener haben nichtjüdische Autoren den Mut aufbringen können, der fehlenden Rettungsbereitschaft der „arischen" Umwelt ins Auge zu sehen.

Wieder handelte es sich um Fluchten, die eine nur zu begründete Panik ausgelöst hatte. Viele Flüchtlinge wurden kurz danach entdeckt und verhaftet. Allein in Riga wurden vom 22. Januar bis zum 20. Februar 1942 nach unvollständigen Angaben (Meldungen einiger Polizeireviere) neun Juden in verschiedenen Wohnungen außerhalb des Rigaer Ghettos aufgespürt.[92] Nur wenige konnten sofort auf ein beständiges sicheres Versteck bei lettischen und russischen Bekannten auf mehrere Jahre hoffen wie Dr. Oskar Press mit seinem Sohn Bernhard beim Architekten Prof. Artūrs Krūmiņš, der Apotheker Tobias Gurwitsch mit Sohn Joseph in Jūrmala bei Riga in der Familie von Milda Āboliņa und auch die Geschwister Sara und Regina Frenkel, die erstere bei der Masseurin Augusta Bērziņa, die andere in der Familie Ozols – die Frau Emilia war Lehrerin, der Ehemann Edgars Oberst der Lettischen Armee der Vorkriegszeit. Es sind etwa zwölf feste Verstecke bekannt, in denen geflüchtete Juden während der großen Vernichtungsaktionen im November/Dezember 1941 in Riga Unterschlupf fanden. Mehrere Kinder konnten gerettet werden: die Tochter des Arztes Volpert von Karola Rudzīte, die vierjährige Benita Barnbaum von Ludmila Horda und vielleicht noch einige weitere. Eva Hoff nahm das Schicksal ihrer Kinder in die eigene Hand. Am 6. Dezember 1941, kurz vor der zweiten, endgültigen Vernichtung der Kinder im Ghetto, flüchtete sie mit ihrem dreijährigen Sohn und ihrer fünfjährigen Tochter zuerst in ein katholisches Frauenkloster, dann durch Vermittlung des Paters Thomas aus der Albertskirche in

92 Ezergailis, The Holocaust in Latvia, S. 411 f.

Riga zu einem kinderlosen Ehepaar, Jesupata und Indrikis Amola in Priedaine. Als ein allzu eifriger Nachbar mit einer Anzeige bei der Polizei drohte, mußten sie nach Riga zurückkehren, wo ihr ehemaliger Hausmeister Jānis Bataitis sie aufnahm. Von dort flohen sie zu Annija und Georgs Celmaraugs in Jūrmala, aber im Herbst 1942 wurde es auch dort unsicher. Sie gingen wieder nach Riga zurück, wo sie die Deutsche Margarethe Wagner aufnahm. Am 24. Februar 1944 wurde Eva Hoff mit ihren Kindern verhaftet. Sie kam ins Zentralgefängnis, dann ins Lager Salaspils, von dort ins KZ Stutthof und überlebte. Die Kinder konnten von der Frau des bekannten russischen Geistlichen und Historikers Schalfejev aus dem Lager Salaspils gerettet werden. Seraphima Parascha mußte mit ihrer Tochter Gabriela viermal den Zufluchtsort wechseln, Riva Schäfer und Valentina Freimane sechsmal. Dr. Valentina Freimane, heute eine bekannte Filmwissenschaftlerin, schrieb über dieses Erlebnis in ihrem „Curriculum vitae“: „Ich wurde von verschiedenen selbstlosen und edlen Menschen versteckt, die sich somit in Todesgefahr begaben. Es waren Leute verschiedener Nationalität, sozialer Herkunft und Religion. Darunter die Familie des bekannten russischen Opernregisseurs, eines Freundes Schaljapins, Peter Melnikow, ein katholischer Geistlicher A. Butorowitschs, die polnisch-lettgallische Familie Gajewski und Kartschewski (Emilia Gajevska war bei unseren Freunden Köchin gewesen), ein deutscher Feldwebel Otto Wichmann – früherer Sozialdemokrat, eine lettische Dame, frühere Stadtbeamtin, eine lettische Baptistenfamilie u. a. mehr. Mit besonderer Wärme und Dankbarkeit denke ich an den bekannten baltendeutschen Abgeordneten der Saeima [lettisches Parlament], langjährigen Redakteur der ‚Rigaschen Rundschau‘, Dr. Paul Schiemann und seine Frau Lotte zurück, bei denen ich die längste Zeit, über ein Jahr, wie in der eigenen Familie lebte, bis zu dem Tode von Dr. Schiemann in der Johannisnacht 1944. Dr. Schiemann diktierte mir seine Memoiren, die leider fragmentarisch blieben, von Frau Schiemann nach ihrer Rückkehr nach Bayern […] an den Carl-Schirren-Verlag[93] abgegeben wurden und dort auch 1978 erschienen [‚Zwischen den Zeitaltern‘].“[94]

Legendär ist der Fall der Schneiderin Frida Fride-Michelson, die buchstäblich vom Massengrab ins Leben zurückkehrte. Am Erschießungsort in Rumbula bei Riga ließ sie sich vor der Grube fallen und stellte sich tot.

93 Paul Schiemann, Zwischen zwei Zeitaltern: Erinnerungen 1903–1919, bearb. v. Helmut Kause, Lüneburg 1979, Bd. 3 der Schriftenreihe der Carl-Schirren-Gesellschaft.

94 MDZ, III/1254.

Bis zum Abend verbrachte sie am Rande des Massengrabes unbeschreibliche Stunden, bis sie in die Dunkelheit fliehen konnte. Emilie und Alfrēds Bērziņš, Bauern aus der Umgebung von Rumbula, waren die ersten, die sie aufnahmen und ihr die Möglichkeit gaben, sich zeitweise in leerstehenden Wohnungen aufzuhalten. Bisweilen war sie obdachlos. Dann kam sie zu deutsch-baltischen Adventisten – Schein, Pesla, Wilumsom –, wo sie für einige Zeit Unterkunft fand. Auch die russischen Adventistinnen Margareta und Alexandra Klebais waren ihr behilflich. Den letzten Sommer 1944 verbrachte sie überwiegend in einer Waldhütte in Keckau (Ķekava), Kreis Riga.

Dieses ununterbrochene „Wandern“ von einem Asylgeber zum anderen mußten in Libau die jüdischen Jugendlichen Israel Alite, Abram Fleischmann und Kolja Mandelkorn durchmachen, die während der Frauen- und Kinder-“Aktion“ vom 14. bis 16. Dezember 1941 den Festnahmen der Polizei entgehen konnten. Die Flucht dauerte bei ununterbrochenem Aufenthaltswechsel bis zur deutschen Kapitulation am 9. Mai 1945.

Auch im Ghetto Dünaburg war die Zeit für die Rettung ganz kurz bemessen. Der Mordaktion vom 9. November 1941 folgte die nächste vom 1. bis 2. Mai 1942, worauf die Deutschen das Ghetto auflösten und die verbliebenen Juden – über 300 ausgesuchte Arbeitskräfte und Handwerker – in die alte Festung der Stadt verbrachten. Hier wurden die noch möglichen Rettungsaktionen gut vorbereitet, die Verstecke immer mehr aus der Stadt aufs flache Land, teilweise ins nahegelegene Litauen, zum Großteil aber nach Weißrußland, in den an Lettland angrenzenden Rayon Braslaw, verlegt. Während dieser Bluttage konnten noch zwei Kinder gerettet werden – Saul Perelmann und Riva Beder. Das gleiche gelang mit den Familien Gellermann, Bljachmann, Träger und Ljak.

Die dritte Periode der Rettungsgeschichte

Die dritte Periode der Rettungsgeschichte umfaßt die Zeit der Restghettos 1942 bis 1943, das Jahr des Konzentrationslagers Kaiserwald/Riga von 1943/1944 bis zur Überführung nach Stutthof im Herbst 1944. Eine Art Appendix dieser Geschichte ist die Zeit des „Kurlandkessels“, wo geflüchtete Juden auf die Stunde der Erlösung warteten. Der endgültige deutsche Zusammenbruch am 9. Mai 1945 schließt dann endlich die Rettungsgeschichte in Lettland ab.

Von den 75 000 lettischen Juden am Anfang der nationalsozialistischen Besatzung waren in der dritten Periode der Rettungsaktivitäten nur noch etwa 6500 am Leben, ein Jahr später nur noch 4904.[95] Eine weitere Dezimierung brachte die Einweisung in das KZ Kaiserwald, die mit einer großen Selektion verbunden war (1.–2. November 1943). Von den 2200 Opfern waren nicht weniger als 800 lettische Juden, der andere Teil entfiel auf Menschen aus dem „Reichsjudenghetto" in Riga. Eine weitere Verminderung ergab sich aus der hohen Sterblichkeit im KZ. Ab 6. August 1944, vor dem Abtransport nach Stutthof, fanden ununterbrochen größere und kleinere Selektionen statt.

Trotzdem fällt gerade in diese Periode, in der nur noch ein verschwindender Rest des lettischen Judentums lebte, der größte Teil der Fluchten und Lebensrettungen. Die Erklärung liegt auf der Hand: Es ging jetzt nicht mehr um ganze Familien, sondern nur um Einzelpersonen. Das erleichterte die Flucht. Auch bildeten die Übriggebliebenen eine gewisse Auslese in dem Sinne, daß sie mobiler und jünger waren. Entscheidend ist aber der Umstand, daß die Hilfsbereitschaft der Bevölkerung anstieg. Sie wäre noch größer gewesen, wenn eine schreckliche Angst vor den Repressalien der Besatzungsmacht sie nicht gelähmt hätte.

Der im Juli 1996 verstorbene Ingenieur Scholom Kobliakow, ein geborener Rigenser, dem im Juli 1944 die Flucht aus dem KZ Kaiserwald gelang, als die Front sich Riga näherte, hat in seinen Erinnerungen die lähmende Angst vor den drakonischen Strafmaßnahmen der Nationalsozialisten sehr anschaulich geschildert. Auf einem Arbeitskommando wurde er mit einer älteren lettischen Arbeiterin, Frau Ramane, bekannt, die ihr Mitleid mit den Juden bezeugte und ihm ihre Adresse gab. Als er aber bei ihr nach seiner Flucht erschien, löste das eine Panik aus. Nur mit großer Mühe gelang es ihm, sie zu bewegen, ihm kurzzeitigen Aufenthalt zu gewähren. Sie fand ein Versteck für ihn bei ihrer Arbeitsstelle – in den Kellergewölben des städtischen Gemüselagers. Alle drei Tage brachte sie ihm etwas zu essen, aber am zehnten Tag eröffnete sie ihm, er müsse sich ein anderes Versteck suchen. Kobliakow versuchte sein Glück bei mehreren Vorkriegsbekannten, aber er traf keinen an. Deshalb beschloß er, einen anderen Bekannten, den lettischen Ingenieur Jēkabsons, aufzusuchen. Dieser hatte aus eigenem Antrieb Kobliakow im Ghetto ausfindig gemacht, ihn für sein Arbeitskommando angefordert und ihm mit Lebensmitteln geholfen. Kobliakow wußte, daß Frau Ramane Jēkabsons in ihre Probleme eingeweiht hatte. Als er bei Jēkabsons erschien, wurde der Ingenieur leichenblaß: „Gut, sagte er. Ich bin bereit, daß man mich und meine Frau

95 Vgl. Anm. 71.

wegen Hilfe für Juden erschießt. Aber schauen Sie auf mein Töchterchen – sie ist erst ein Jahr alt. Was soll aus ihr werden, wenn wir nicht mehr sind? Haben Sie Mitleid mit dem unschuldigen Geschöpf ..."

Er drückte Kobliakow einige Ostmark-Scheine in die Hand und verschloß die Wohnungstür. Es blieb nur noch eine Adresse, die seiner Freundin Austra, eines lettischen Mädchens, das ihm treu geblieben war. Die Tür öffnete die Mutter, Austra war nicht zu Hause. Doch auch die Mutter empfand es als Selbstverständlichkeit, ihn aufzunehmen und zu verstecken. Dann jedoch erschien die ältere Schwester und machte ihr Vorwürfe: „Das ist doch Wahnsinn, Mutter, was Du da tust. Man wird uns alle erschießen, wenn man ihn bei uns findet!" Es grenzt an ein Wunder, daß es Kobliakow gelang, aus der Stadt herauszukommen und sich zu den sowjetischen Truppen durchzuschlagen.[96]

Die „Retter"-Kartothek des Jüdischen Dokumentationszentrums Riga umfaßt mehr als 100 Karteikarten allein für Riga. Mehr als zwei Drittel der erfaßten Hilfsleistungen beziehen sich auf die Zeit nach 1942. Die jüdische Fluchtbereitschaft war jedoch viel größer als die zu erwartende Hilfe. Deshalb begann das heimliche Sammeln von Waffen, besonders in Riga, und die Suche nach Kontakten zu Partisanen. Der erste Versuch, sich nach Lettgallen durchzuschlagen, um Partisanen zu finden, endete mit einem eineinhalbstündigen Feuergefecht mit der Sicherheitspolizei am 28. Oktober 1942 auf der Chaussee Riga-Modohn.[97] Eine andere Gruppe in Riga und Libau nahm Kontakte auf, um nach Schweden zu entkommen.[98] In beiden Fällen gelang es dem SD, in das Verbindungsnetz lettische und deutsche „V-Männer" einzuschleusen und alle Fluchtpläne zu vereiteln. Es folgten zahlreiche Festnahmen und am 31. Oktober 1942 eine „Vergeltungsaktion" im Ghetto Riga mit Erschießungen, Geiselnahmen usw. Das veranlaßte viele zur Flucht, manche flüchteten Hals über Kopf. So sprang Solomon Westermann auf einen Güterzug in voller Fahrt und konnte auf diese Weise entkommen; nach einer abenteuerlichen Reise erreichte er die Gemeinde Tauerkaln im Kreise Bauske und fand dort bei einer bekannten Gesindewirtin sicheren Unterschlupf. Ein anderer Widerstandskämpfer, Boris Monastirski, mußte nach der Flucht in Riga pausenlos von einem Zufluchtsort zum anderen wandern. Daß sich in der Stadt nicht genügend Möglich-

96 MDZ, III/832.

97 Kurzbericht über die Tätigkeit der Sicherheitspolizei und des SD in der Bekämpfung von Banden und Fallschirmspringern seit dem 1. Oktober 1942. Fotokopie. MDZ.

98 LVA, P-83/1/26/Bl. 12 ff.

keiten zum Untertauchen boten, bezeugt die Geschichte der im Ghetto von der Gestapo gesuchten Juden Adler, Russ, Mendel Wulfowitsch und Miller, die in der „Entwesungsanstalt“ auf der Ludsas Straße 43 in einem ausgebauten „Bunker“ bis zum Einmarsch der Roten Armee in Riga am 13. Oktober 1944 hatten untertauchen können.[99]

Nur in der dritten Periode der Rettungsgeschichte werden in Riga allmählich ganze Gruppen von Juden versteckt – ein Symptom für den Gesinnungswandel eines leider sehr kleinen Teils der Bevölkerung, der einen Übergang vom Mitleid zur aktiven Hilfe vollzog. Den Anfang machte der legendäre „Žanis“ Jānis Lipke. Die ersten Flüchtlinge aus dem Ghetto brachte er schon im Dezember 1941 in sein bescheidenes Häuschen am linken Dünaufer Balasta dambis 8. Als es dort zu viele wurden, errichtete er zusammen mit den ersten Flüchtlingen unter seinem Schuppen ein unterirdisches Versteck. Aber auch dort wurde es allmählich zu eng – er organisierte bis zum Herbst 1944 die Flucht von 56 Menschen –, und im Zentrum der Stadt baute er mit seinen Freunden ein ganzes Netz von Verstecken aus: Marijas Str. 101 und 104, Lāčplēša Str. 102, Miera 15, Avotu 75, Brīvības 11 und später groß angelegte Verstecke im Kreise Doblehn (Dobele) – in den Gesinden „Rešņi“, „Mežamaki“ und „Miltiņi“. Nicht immer ging alles glatt: das Versteck in der Avotu 75, wo sich sechs Juden aufhielten, wurde von der Polizei ausgehoben, der Betreuer Andrejs Graubiņš verhaftet; er starb in einem KZ in Deutschland. Weitere Verhaftungen folgten. Aber diese Leistung eines einfachen Mannes ist in ganz Europa wohl unvergleichlich.

In sieben anderen „Bunkern“ mit drei und mehr Menschen waren 31 Juden versteckt. Im ganzen sind in Riga alleine wahrscheinlich bis 200 Juden gerettet worden.[100] Neu war der Umstand, daß sich Juden vielerorts bewaffneten und jetzt zu wehren suchten. Das geschah auch am 24. August 1944, als die Polizei zufällig auf der Peldu Str. 15 sieben versteckte Juden entdeckte, sechs Männer und eine Frau, die sich mit einigen Pistolen sofort verteidigten. Gegen diese „bewaffnete Macht“ wurde schnellstens ein „Alarmzug“ der SS eingesetzt.[101] Neu war auch, daß sich im Sommer 1944 lettische Fahnenflüchtige aus der „Lettischen

99 LVA, P-132/30/39/ nicht numeriertes Bl.: Zeugenaussage von Mendel Wulfowitsch 1945.

100 Gleich nach der Befreiung wurden in Riga mehrere Registrationslisten der Geretteten erstellt. Sie umfaßten unterschiedlich 160 bis 170 Namen. Auf Grund der zusätzlichen Erfassung konnten noch einige Dutzende Geretteter festgestellt werden.

101 Tēvija vom 25. 8. 1944, vgl. auch Deutsche Zeitung im Ostland vom 25. 8. 1944.

SS Legion“ vielerorts zusammen mit Juden verborgen hielten. In der letzten Meldung über lettische „Drückeberger“ schrieb die „Tēvija“ am 22. September 1944 voller Empörung, daß drei lettische bewaffnete junge Männer, die sich vor dem Kriegsdienst gedrückt hatten, ihr Versteck mit zwei geflüchteten Juden geteilt hätten.

Die Wellen jüdischer Fluchtbewegungen der letzten Periode sind klar zu erkennen: überstürztes Fliehen 1942/43 im Zusammenhang mit der Aufdeckung der jüdischen Widerstandsgruppen im Ghetto Riga, im Sommer/Herbst 1943 vor der Einweisung in das KZ Kaiserwald und im Sommer/Herbst 1944 vor der Deportation in das KZ Stutthof.

Durch den überstürzten Abtransport nach Deutschland hatten die Flüchtlinge der letzten Welle gewöhnlich keine Möglichkeit, sich mit lettischen Bekannten in der Stadt zu verständigen. Damit begann nach der Flucht das gefahrvolle Suchen eines Asyls. Nicht immer war dies so schwer wie bei Kobliakow. S. Jakobson, B. und L. Hertzberg konnten beim Hausmeister ihrer früheren Wohnung, Kārlis Gutāns, gleich eine sichere Bleibe finden. Haim Leibowitsch, ein anderer Flüchtling, fand Unterkunft bei fremden Leuten, doch mußte er im Laufe von drei Monaten viermal seinen Aufenthaltsort wechseln. Es hatte sich vieles im Verhalten der Bevölkerung zum Guten geändert.

Dünaburg war zu dieser Zeit (Juli 1944) schon befreit, die wenigen untergetauchten Juden waren gerettet. Etwas früher konnten jene zwölf Menschen, die in Weißrußland ein Versteck gefunden hatten, die Befreiung erleben. Die Zahl der Überlebenden aus Dünaburg wird auf knapp 30 geschätzt.

Über Libau liegen zwei polizeiliche Meldungen vor: In der Wohnung von Margrieta Roze wurde am 23. Februar 1943 der Jude Ilja Katz gefunden, am 7. Mai 1943 bei J. Brundzetis der Jude D. Blumenau.[102] Auch der Lette Bušs kam ins Lager Salaspils, weil bei ihm der Jude Mandelkorn gefunden wurde. Verhaftet wurde auch die Jüdin Regina Jakobi mit ihrer Tochter Jete. Es überlebten nur wenige Juden in Libau: elf Juden in dem Bunker, den Roberts Seduls im Hause Tirgonu Str. 14 eingerichtet hatte,[103] einige Jugendliche, die von Versteck zu Versteck wanderten und wahrscheinlich noch einige Frauen, über die keine genaueren Informationen vorliegen – zusammen ca. 20 Menschen.

In Nordkurland überlebte eine Gruppe jüdischer Häftlinge, die aus dem KZ Dondangen (Dundaga), Kreis Windau, hatte fliehen können.

102 LVA, P-83/1/24/Bl. 75; P-83/1/28/Bl. 47.
103 YVA, 2167/81.

Zwei der Geflüchteten, Abraham Spungin und Matis Frost, wurden von einem Arbeiterehepaar, Klara und Antons Vanags, aufgenommen und in ihrem Heuschober versteckt. Bei diesen Juden war nichts mehr zu holen – weder Geld noch Schmuck noch sonst irgendwelche materiellen Werte. Aber trotzdem ernährte diese Arbeiterfamilie zwei fremde Menschen neun Monate lang und bangte um aller Leben.[104] Weitere zwei Dutzend Juden lebten in den großen Wäldern von Dondangen und wurden von mehreren lettischen Bauern versorgt. Nicht alle überlebten die Walddurchkämmungen, ein Ehepaar aus Libau wurde im Wald festgenommen und in Talsen erschossen. Nach dem Krieg ließen sich in der jüdischen Gemeinde in Riga 16 Menschen aus dieser Gruppe als Überlebende registrieren. Nicht alle werden sich gemeldet haben, und die Zahl der in den Wäldern Nordkurlands Geretteten könnte etwas höher liegen.

Nach vorsichtiger Schätzung könnte die Gesamtzahl der in Lettland geretteten Juden 300 erreichen.

*

Werden die Retter im nationalen Bewußtsein Lettlands die als erdrükkend empfundene Last der Geschichte erleichtern können? Sollte das Thema so von der lettischen Gesellschaft verstanden werden, so hat die Geschichte der Judenrettung in Lettland eine Perspektive. Sollte aber die Aufarbeitung ausschließlich in jüdischen Händen bleiben, so droht ihr eine Stagnation.

In der letzten Zeit (1997/98) haben sich zwar einige Anzeichen gemehrt, die auf größeres Interesse offizieller Stellen für die „Judenretter" schließen lassen. So ist im Februar '98 nach langem Tauziehen im Rat der Stadt Riga ein Beschluß zustande gekommen, eine Straße nach Shanis Lipke (Lebensretter von 50 Menschen!) zu benennen. Es wäre ein erfreuliches Zeichen gewesen, wenn die Straße nicht so unscheinbar gewesen wäre und nicht in der ärmlichen „Lettgaller Vorstadt" gelegen hätte. Andererseits hat Staatspräsident Guntis Ulmanis die Ausstellung „Judenretter in Lettland" im Jüdischen Museum besucht und am 18. Februar 98 die heute noch lebenden Retter in einem offiziellen Empfang in seiner Residenz, im alten Ordensschloß, mit warmen Worten geehrt und ihnen Dank für ihre humanen Taten ausgesprochen, die der Mentalität

104 Spungin, Es is doch asoij gewen.

des lettischen Volkes entsprächen. Doch die Massenmedien nahmen dieses Stichwort nicht auf und hatten sich bezeichnenderweise im allgemeinen Zurückhaltung auferlegt. Eine Zurückhaltung, die beredter ist als viele Worte.

Ruth Kibelka

Litauen

Verfolgung und Rettung unter deutscher Besatzung

Vor Kriegsbeginn lebten in Litauen 150 000 Juden. Die Mehrheit von ihnen hatte sich – vor allem in den Kleinstädten – in einem eigenen „Staat im Staate“ eingerichtet: Es gab jüdische Krankenhäuser, Kindergärten, Gymnasien, Studentenorganisationen, Banken, Zeitungen und Verlage. Nach dem Anschluß des Wilnagebietes an Litauen im Oktober 1939 kamen ca. 60 000 Wilnaer Juden sowie 15 000 aus den Städten des dazugehörigen Gebietes, 12 000 Flüchtlinge (ehemalige polnische Bürger) und etwa 10 000 bis 12 000 auf weißrussischem Territorium lebende Juden, das im Herbst 1940 an die Litauische Sowjetrepublik angeschlossen wurde, hinzu. Weiterhin befanden sich noch annähernd 3000 jüdische Flüchtlinge aus Deutschland, Österreich und der Tschechoslowakei in Wilna und Kaunas.[1] Von diesen etwa 250 000 Juden, die ca. acht Prozent der litauischen Gesamtbevölkerung ausmachten, wurden 6000 bis 7000 zwischen dem 14. und 21. Juni 1941 vom Volkskommissariat für Innere Angelegenheiten der UdSSR (NKWD) nach Sibirien deportiert.[2] Bei Kriegsbeginn im Juni 1941 flohen etwa 8500 in die Sowjetunion, weitere wurden nicht über die Grenze gelassen.[3] In 226 litauischen Städten, Kleinstädten und Kirchdörfern fanden im Sommer 1941 Hinrichtungen von Juden, gewalttätige Exzesse und Beschlagnahmungen von jüdischem Eigentum und statt. Vor dem Einmarsch der Deutschen und in den ersten Besatzungstagen im Juni 1941 kam es zu über 40 Pogromen von Litauern an Juden.[4] In Tytuvenal

1 Enzyklopädie des Holocaust. Die Verfolgung und Ermordung der europäischen Juden, Berlin 1993, Bd. 3, S. 1759.

2 Solomonas Atamukas, Žydai Lietuvoje [Juden in Litauen], Vilnius 1990, S. 94.

3 Dov Levin in: Lite, Tel Aviv 1965, Bd. 2, S. 378, Arad spricht hingegen von 15 000. Yitzhak Arad, The „Final Solution“ in Lithuania in the light of German Documentation, in: Yad Vashem Studies 11 (1976), S. 234.

4 Markas Zingeris, in: Šiaures Atenai vom 14. 11. 1993.

(Rayon Rasenial) wurden die jüdischen Männer des Ortes am 25. Juni 1941 erschossen. In Bubelial (Rayon Šakial) fanden Erschießungen schon am 22. Juni statt. In Martjampolé begannen die Exekutionen an Juden (auch an Frauen und Kindern) gleichfalls im Juni 1941. Erste Ermordungen jüdischer Zivilisten von deutscher Hand verübte das kurzfristig gebildete Einsatzkommando der Gestapo Tilsit, das am 26. Juni 1941 im litauischen Grenzort Gargždal 200 jüdische Männer erschoß. Es folgten Exekutionen in Kretinga und Palanga – alles Ortschaften im deutsch-litauischen Grenzstreifen, in dem zahlreiche Juden lebten.

Walter Stahlecker, Chef der im Baltikum operierenden Einsatzgruppe A, nennt in seinem Bericht vom 15. Oktober 1941 eine Zahl von 81 171 ermordeten Juden. Ohne tatkräftige Hilfe der litauischen Bevölkerung hätten die operativen Einheiten der Einsatzgruppe innerhalb von vier Monaten keine derartige Bilanz ziehen können. Bekannt wurden besonders die Ereignisse in und um Kaunas zwischen dem 25. und 29. Juni 1941, bei denen sich die Baltaraiščiai[5], litauische Kämpfer gegen Sowjetbolschewismus und Judentum, unter Führung von Jonas Klimaitis hervortaten; 7800 Juden mußten ihr Leben lassen.[6] Bis zum 15. August 1941 wurden ca. 30 000 Juden in Kaunas (Stadtteil Vilijampole) ghettoisiert und später gruppenweise im IX. Fort erschossen. Alleine am 29. Oktober 1941 starben ca. 10 000 Juden, hauptsächlich Kinder und nicht arbeitsfähige Personen, eines gewaltsamen Todes.[7]

In Wilna lebten beim Einmarsch der Deutschen etwa 57 000 Juden.[8] Im Juli 1941 trieb das Einsatzkommando 9 mit Unterstützung litauischer Freiwilliger 5000 jüdische Männer – vor allem „Intelligenzler" – zusammen und ermordete sie in dem zwölf Kilometer entfernt gelegenen Dorf Paneriai (Ponary). Zwischen dem 31. August und dem 3. September 1941 wurden weitere 8000 Juden nach Paneriai abtransportiert und erschossen. Am 6. September 1941 mußten die Juden in die beiden neu errichteten

5 Baltaraiščiai – Weißschnüre (nach einem Detail ihrer Uniform): litauische Kämpfer gegen Sowjetbolschewismus und Judentum, die im Untergrund den Kampf für die erneute Unabhängigkeit Litauens vorbereiteten und nach dem Einmarsch der Deutschen begannen, ihre Feinde zu liquidieren.

6 Christoph Dieckmann, Deutsche Besatzungspolitik in Litauen 1941 bis 1944. Eine Regionalstudie zur deutschen Wirtschafts-, Siedlungs- und Judenpolitik im 2. Weltkrieg, Hamburg 1993, S. 89.

7 Masines žudynes Lietuvoje 1941–1944, Dokumentu rinkinys [Massenvernichtung in Litauen 1941-1994, Dokumentensammlung], Vilnius 1965, Bd. 1, S. 251.

8 Dieckmann, Deutsche Besatzungspolitik, S. 93.

Ghettos umziehen.[9] Über 40 000 Personen waren nun im kleinen (11 000) und im großen Ghetto (29 000) in Wilna untergebracht. Transportweise wurden sie von dort aus in den Wald von Paneriai gebracht und erschossen. Den verschiedenen „Aktionen“ fielen in der zweiten Hälfte des Jahres 1941 zwischen 150 000 und 160 000 litauische Juden zum Opfer.

In Šiauliai lebten bei Ausbruch des Krieges 5360 Juden, von denen nur etwa 1000 die Flucht ins Innere der Sowjetunion gelang, vielen weiteren blieb die Grenze verschlossen.[10] Ende August wurde auch in Šiauliai, in den Stadtbezirken Kavkaz und Trakai, ein Ghetto eingerichtet.

Die Opfer der Erschießungen in den ersten Wochen waren in den Kleinstädten vor allem jüdische Männer. Die litauischen „Baltaraiščiai“ hatten zum Teil schon Listen vorbereitet, um gezielt im Einvernehmen mit den Deutschen vorgehen zu können.[11] Ab Mitte August wurden auch Frauen und Kinder erschossen. Im Bericht des Kommandeurs der Sicherheitspolizei und des Sicherheitsdienstes Karl Jäger vom 1. Dezember 1941 heißt es, daß – ohne Wilna, Kaunas und Šiauliai – bis Ende Juli 1941 etwa 4400, bis Mitte August 1941 etwa 6300, und ab Mitte bis Ende August 1941 ca. 30 000 Juden ermordet worden seien.[12] Ende 1941 gab es in der Provinz faktisch keine Juden mehr. Die restliche jüdische Bevölkerung, die den Mordaktionen noch nicht zum Opfer gefallen war – vor allem Handwerker und Facharbeiter – lebte in den Ghettos von Kaunas, Šiauliai, Švenčlonys und Wilna.

Auch in den folgenden Jahren 1942 bis 1944 kam es zu weiteren Mordaktionen gegen Juden. Allerdings versuchten die Deutschen jetzt in erster Linie, die jüdische Arbeitskraft auszubeuten. Im August 1943, vor der vollständigen Liquidierung des Wilnaer Ghettos, transportierte man 15 000 Juden in Konzentrationslager nach Estland und Lettland. Im Juli 1944 wurde das Ghetto von Kaunas vollständig liquidiert und niedergebrannt. Von den 8000 Insassen kamen 2000 um, 6000 wurden in deutsche Lager, vor allem nach Stutthof gebracht.[13] 1944 wurde das Ghetto in Šiauliai, in dem sich noch 5000 Juden befanden, liquidiert. Insgesamt überlebten etwa 8000 litauische Juden in Litauen die NS-Herrschaft.[14]

9 Enzyklopädie des Holocaust, Bd. 3, S. 1599.

10 Dieckmann, Deutsche Besatzungspolitik, S. 99.

11 Ebenda, S. 102.

12 Vgl. Jägerbericht, BAK 70 Sowjetunion/15. Bl. 81–84, hier zitiert nach: Dieckmann, Deutsche Besatzungspolitik, S. 105.

13 M. Dvorzecki, Vaise necht švarce teg, Jerusalem 1970, S. 13.

14 Enzyklopädie des Holocaust, Bd. 3, S. 1599.

In der „Photogalerie der Gerechten der Völker" im Wilnaer Jüdischen Museum befinden sich Porträts von Rettern und Geretteten, darunter eine Aufnahme aus einem Photoatelier in Ukmerge; man sieht eine Frau mit offenem energischen Gesicht und ein kleines, etwa vierjähriges Kind, bekleidet mit einem weißen Anzug. Das Mädchen mit dem blonden Pony starrt gebannt in die Kamera. „Ich erinnere mich noch genau an die Aufnahme. Man hatte mir erzählt, aus dem Kasten würde gleich ein Vögelchen herauskommen", erzählte Rozeta Ramonlene, geb. Solomovitsch, und fährt dann mit ihrer Geschichte fort: „Ich wurde am 1. 5. 1940 geboren, bis zum Beginn des Zweiten Weltkrieges war mein Vater Grigorij Solomovitsch bei der Armee, Mama und ich lebten in Kaunas. Als der Krieg begann, kam der Vater an die Front (er fiel in den ersten Kriegstagen). Mama floh mit mir (ich hatte Scharlach), mit ihrer Mama Lifschitz Rabinovitsch, dem Vater Elja-Mejlach Rabinovitsch und deren Söhnen Semen Rabinovitsch aus Kaunas [...]. Als wir mit Mama durch Ukmerge kamen, begann ein Bombenangriff, der Fahrer des Autos floh. Mama brachte mich in Ukmerge ins Krankenhaus, da ich ja Scharlach hatte, und wartete in der leeren Wohnung ihres Onkels Naum Ganelin, daß ich gesunden würde. Alle Kinder von Naum Ganelin waren Komsomolzen. Als die Deutschen nach Ukmerge kamen, erfuhren sie das und verhafteten sie. Die Mutter wurde von Deutschen erschossen. Dann wurde ich wieder gesund. Es war keiner, der mich aus dem Krankenhaus abholen konnte. Zu jener Zeit arbeitete Antanina Zemeckiene als Hilfspflegekraft im Krankenhaus. Diese Frau nahm mich zu sich und zog mich bis 1949 auf. Sie gab mir den Familiennamen Gorochovalte und erzählte allen, ich sei die Tochter eines gefallenen russischen Offiziers."

Antanina Zemeckiene, die Frau auf dem Photo, hatte zwei eigene Kinder, die schon größer waren. Während des Krieges verließ die Familie Ukmerge und zog aufs Dorf. In der Kleinstadt, wo jeder jeden kannte, konnte die klug erfundene Legende schnell enttarnt werden. Ernsthafte Verdächtigungen kamen glücklicherweise nicht auf. Rozeta lebte mit einer falschen Identität, aber mußte nicht tagtäglich versteckt werden. Natürlich hatte Antanina Zemeckiene sie taufen lassen, das gehörte zur Legende und zur Umgebung. Der Taufschein auf den Namen Irena Gorochovalte schützte vor neugierigen Fragen.

Alfonsas Bukontas hat ein ähnliches Schicksal. Seine Eltern, der Rechtsanwalt Jankel Michnick und die Zahnärztin Nechama Gurvicalte waren an dem Wochenende, als der Krieg begann, zu einer Reise aufgebrochen und hatten ihre Kinder in Židikai, Kreis Mazeikial, bei der litauischen Kinderfrau zurückgelassen. Die Eltern kehrten nicht mehr zurück. Der ältere Bruder kam im Sommer 1941 um, die Kinderfrau konnte ihn nicht schützen, der wenige Monate alte Säugling wurde auf Rat des Pfarrers Vaclavas Martinkus in dem nahegelegenen Dorf Dapslai untergebracht, wo ihn das Bauernehepaar Marija und Jeronimas Bukantas adoptierte und aufzog. Dort taufte auch Pfarrer Martinkus das Kind auf den Namen Alfonsas. Der Pfarrer wurde wegen seiner Hilfeleistung angezeigt, konnte sich aber wehren.

Im Jüdischen Museum in Wilna erzählte die am 20. November 1942 in Kaunas geborene Violetta Palčinskalte, Tochter einer jüdischen Mutter, im August 1995 ihre Geburtsgeschichte: Die Eltern ließen sich 1941 auf Betreiben der Mutter scheiden, da sie als Jüdin nicht die große Familie des Vaters, die aus 20 Personen bestand, gefährden wollte. Die Mutter ging freiwillig ins Ghetto. Die Palčinskalte hielten Familienrat und beschlossen, die Schwägerin zu retten. Der Vater bestach die Wachmannschaften am Ghettotor und holte nicht nur die Mutter, sondern auch deren beide Brüder mit ihren Frauen heraus. Die Mutter hielt sich in der Wohnung der Schwiegereltern, in einem kleinen Holzhaus im Kaunaser Stadtteil Žaliakalnis auf. Da man von der Straße fast ins Fenster schauen konnte, mußte sie tagsüber immer im Schrank sitzen. Den Nachbarn hatte man natürlich von der Scheidung erzählt. Die Mutter wurde schwanger und bat um eine Abtreibung, denn es schien unmöglich, irgendwo in der Illegalität zu gebären. Die Schwiegermutter Martja Palčinskiene, eine echte Dorffrau, die weder lesen noch schreiben konnte, aber ihr Herz auf dem rechten Fleck trug, entschied, daß man nicht gegen das fünfte Gebot verstoßen dürfe; sie war fest davon überzeugt, daß auch das ungeborene Kind gerettet werden würde. Dem jüngsten Schwager Alfonsas dichtete die Familie ein uneheliches Verhältnis an, damit er die Schwangere nachts zum Luftschöpfen spazierenführen konnte. Monatelang konzentrierte sich die künftige Mutter auf den Gedanken, bei der Geburt nicht „jüdisch zu schreien". Eine Cousine der Familie, die zufällig in der Nähe wohnte und dunkelhaarig war, borgte ihre Personalpapiere für die Geburtsklinik. Zwar sah sie ihr in keiner Weise ähnlich, aber ohne Dokumente konnte sie nicht aufgenommen werden. Die diensthabenden Ärztinnen Zubrine und Širvidiene durchschauten die Situation, verloren aber kein Wort darüber und entschieden, einen Kaiserschnitt durchzuführen. Nach der Geburt bekam die

Wöchnerin eine Lungenentzündung, lag einen ganzen Monat im Krankenhaus und erholte sich nur durch ein Wunder. Violetta – so hatten die Ärztinnen den Säugling genannt – lebte eineinhalb Jahre illegal in dem kleinen Holzhaus in Žaliakalnis. Fand plötzlich eine Haussuchung statt, wurde das Baby in einem Wäschekorb versteckt. Eine Nachbarin, Litauerin, war mit einem deutschen Offizier liiert. Eines Tages sprach diese die Großmutter auf das jüdische Kind an. Sie könne selbst keine Kinder bekommen und würde jetzt mit dem deutschen Offizier nach Deutschland gehen, man solle ihr doch das Baby geben, sonst würde es sowieso nicht überleben. Ihre Bitte wandelte sich zur Forderung. Da holten Verwandte der Palčinskas Violetta und ihre Mutter mit einem Pferdefuhrwerk in ein anderes Versteck.[15]

In den größeren Städten Kaunas, Wilna und Šiauliai übersiedelten die Familien im allgemeinen erst einmal ins Ghetto und schmiedeten erst angesichts der drohenden Vernichtungsaktionen Fluchtpläne. Wer half und wem geholfen wurde, ob Armen oder Reichen, Handwerkern oder jüdischer Intelligenz, hing häufig von Zufällen ab. In diesem Zusammenhang lassen sich keine Verhaltensmuster feststellen.

In der Bekanntmachung für die Errichtung des Wilnaer Ghettos hieß es: „Wird nach dem 30. 10. 1941 ein Jude außerhalb des Ghettos in einer Wohnung angetroffen, so erfolgt strengste Bestrafung der Wohnungsinhaber."[16] Wer Juden half, begab sich in Lebensgefahr. Davon zeugt ein deutsches Dokument mit der Registriernummer B. Nr. 97/42-J10-II B, das die Verhaftung von Vytautas Juodka am 12. Dezember 1941 bestätigt: „Hat 2 Jüdinnen Podselwer Miriam und Izabella, die mit gefälschten Ausweisen aus dem Ghetto geflohen waren, in seiner Wohnung versteckt. Ist befehlsgemäß am 31. 1. 42 mitsamt den Jüdinnen behandelt."[17] Die Anzahl der Juden, die sich von Anfang an der Ghettoisierung widersetzten und in die Illegalität gingen, war äußerst gering.

Es gab Litauer, die das Ghetto besuchten, Kontakt zu ihren Bekannten aufrecht hielten, Essen brachten oder andere Hilfe leisteten. Rachel Margolis im Wilnaer Ghetto bekam Bücher aus der Bibliothek, darunter auch Werke von Thomas Mann, die ihr Olgerd Narkevič, ein befreundeter Pole, brachte. Man hatte seinen „Goj", wie es im Ghettojargon hieß. Tauchte ein Nichtjude in den Straßen eines Ghettos auf, wurde er sofort

15 Interview mit Violetta Palčinskaite, 15. 8. 1995.
16 Sofija Binkiene, Ir be ginklo kariai [Soldaten auch ohne Waffe], Vilnius 1967, S. 13.
17 Ebenda, S. 187.

von allen Seiten bestürmt, ob er nicht Lebensmittel zu verkaufen habe oder zu anderen Dienstleistungen bereit sei.

Als sich in den Ghettos die Gerüchte verdichteten, daß Aktionen zur Vernichtung aller Kinder drohten, entstanden zahlreiche Pläne, um die Kinder aus dem Ghetto zu schmuggeln und sie in der Stadt zu verstecken. Der Direktor des Kinderheims „Lopšelis“ im Kaunaser Stadtteil Vilijampole, Petras Baubłys, nahm jüdische Kinder als Findelkinder auf und ließ ihnen neue Dokumente ausstellen. Einige Dutzend von ihnen konnte er so retten. Dabei halfen ihm mehrere Krankenschwestern, darunter Elena Uborovičiene. Andere Mütter, die sich nicht von ihren Kindern trennen mochten, entschieden sich, mit den Kleinen das Ghetto zu verlassen, was mit zahlreichen Schwierigkeiten verbunden war. Minna Leibson floh mit ihrem Sohn Dovid vor der „Kinder-Aktion“ im Dezember 1943 aus dem Kaunaser Ghetto. Beide fanden zuerst Unterschlupf bei einer Freundin der Mutter, Zofija Simokaitiene, und fuhren dann zur Familie Boguslauskas, den Eltern von Zofija, nach Nordwestlitauen auf ein alleinstehendes Gehöft. Dort gab sich die Mutter als polnische Näherin aus. Dovid Leibson mußte rasch Litauisch lernen. Knechte und Mägde auf dem 60 ha großen Hof wurden über die wahre Herkunft der Ankömmlinge nicht informiert. Die ältere Schwester Ada war dank der Hilfe des Pfarrers Antanas Žylvys in Raudondvare versteckt, und auch der Vater Efraim Leibson überlebte Ghetto und KZ.

Natürlich spielte auch das Äußere eine Rolle. Hatte jemand zufällig blaue Augen und vielleicht auch noch helle Haare, standen die Chancen, nicht sofort als Jude enttarnt zu werden, weitaus besser. Dann ließ sich auch ein Versuch wagen, falsche Papiere zu bekommen und es mit einer polnischen oder litauischen Identität zu versuchen. Aus dem Bericht von Jochered Čartokaite: „Ona Eljošalte arbeitete in der Annahme einer Wäscherei. Einmal fand sie in der Wäsche einen Schülerausweis auf den Namen Maryte Simukenaite. Sie beschloß, daß mir im Ernstfall diese Bescheinigung als Personaldokument dienen könnte. Sie klebte mein Paßbild ein. Aber man mußte einen Stempel auf das Bild fälschen. Ich rief Valentinas Riazancev an, den ich aus der Schule kannte. Sein Vater war Ingenieur. Ich bat, sie besuchen zu dürfen. Ich zeigte meine Bescheinigung, und Valtinas Vater fälschte mir mit einem Tintenstift einen Stempel auf das Bild. So kam ich zu einem litauischen Vor- und Familiennamen.“[18]

18 Jüdisches Museum Wilna, Akte Jochered (Čartokaite) Inčiurene.

Häufig stellten Pfarrer Taufscheine aus, andere weigerten sich, ein Dokument ohne Taufe auszuhändigen. Manchmal gaben gutherzige Freunde oder Bekannte Dokumente von verstorbenen Familienmitgliedern weiter. Juozas Rutkausas fälschte – manchmal für Geld, manchmal umsonst, Pässe. Shanna Ran, die ihm half, berichtet: „Im Paß war die Spalte ‚Nationalität'. Wenn Rutkausas und ich die Papiere ausstellten, mußten Erscheinungsbild und Sprachkenntnis übereinstimmen. Sah man auf dem Paßbild eine nichtjüdische Physiognomie und die Person konnte litauisch, schrieben wir also ‚Litauer'. Kam ein Bild mit deutlich semitischen Zügen, trugen wir als Nationalität ‚Karäer' ein. Natürlich waren ‚Pole' oder ‚Litauer' die besseren Varianten."[19]

Viele Juden sprachen weder Litauisch noch Polnisch und wenn, dann mit einem Akzent, der sie sofort verriet. Wie ließ es sich ohne Sprache leben? „Szmerka Kaczerginski – Journalist und jiddischer Poet – hatte fröhliche hellblaue Augen voller übermütiger Fünkchen, die ihm ein sogenanntes gutes Aussehen verliehen, was ein Trumpf in seiner Situation war. Er konnte hingegen nicht vernünftig Polnisch reden – er sprach es wie in den Ostgebieten, voller Fehler, was natürlich ein Problem darstellte. So wurde er auf Betreiben von Wiktoria Grzmielewska (Pani Wika) stumm. Er trainierte in Wilna, während er sich in der Wohnung von Maria und Feliks Wolski aufhielt, bei denen Pani Wika ein Zimmer gemietet hatte. Er durchlief eine schwierige Erziehung – er lernte, ohne Sprache zu leben. Hauptsächlich trainierte er auf dem Markt, mittels Zeichensprache einzukaufen."[20]

Iochokas Meras aus Kelme, der als Siebenjähriger im Juli 1941 auf halbem Weg zur Erschießungsgrube gerettet wurde und dann in einer armen Tagelöhnerfamilie als siebtes Kind die Kriegszeit überlebte, weiß noch: „Der Familienvater bemühte sich immer, mir die jüdische Aussprache des ‚R' abzugewöhnen, damit mich die Deutschen, geb's Gott, nicht erkennen."[21]

Nicht nur Sprache und Aussehen konnten einen rasch verraten, auch die den Juden häufig fremde Welt voll katholischer Sitten und Rituale barg zahlreiche Stolpersteine. Schon die kleinste Handbewegung, unüblich verrichtet, ließ Verdacht schöpfen: „Ich buk zum ersten Mal Brot,

19 Shanna Ran-Čarnyj, Neverojatnaja pravda [Die unglaubliche Wahrheit], Vilnius 1993, S. 84.

20 Pola Wawer, Poza gettem i obozem [Außerhalb von Ghetto und Lager], Warszawa 1993, S. 43.

21 Icchokas Meras, Pokalbis, in: Lietuvos rytas vom 17. 7. 1995.

also bemühte ich mich nach Kräften. Als der Teig fertig war, glättete ich die obere Kuppe und machte ein Loch in der Mitte, damit der Teig besser gehen könne. Und in diesem Moment hörte ich, wie die Großmutter voller Erstaunen fragte: ‚Warum machen Sie ein Loch in die Mitte, wie eine Jüdin?'. Ich erklärte, wozu. ‚Wenn Sie ein heiliges Kreuz machen, wird er auch gut gehen', erwiderte die Großmutter. Für einen Moment war meine Zunge gelähmt. ‚Na, ich habe mal bei einer Jüdin Brot backen gelernt', sagte ich wieder zur Besinnung kommend in möglichst gleichgültigem Ton. Ruhig klebte ich das ‚jüdische' Loch zu und machte eine Vertiefung in Kreuzform."[22] Das berichtet Pola Komaj, die sich als Zofia Januszkiewicz aus Warschau ausgab und sich an verschiedenen Stellen als Kindermädchen und Hauslehrerin verdingte. Ständig mußte sie sich in ihre neue Identität hineindenken: „Die Tage wurden immer kürzer, die Felder leerer und es nahte der Winter 1942 und mit ihm Weihnachten. Immer häufiger wurde vom Heiligen Abend gesprochen, die Kinder memorierten Weihnachtslieder und kamen plötzlich auf die Idee, ich solle ihnen ein neues, bisher nicht gehörtes beibringen. Ich hatte davon überhaupt keine Ahnung. Ich kannte noch nicht einmal die Texte der bekanntesten, deren Melodien man, wenn man in Polen lebte, unbedingt kennen mußte. Ich suchte mich mit meinem schlechten Gedächtnis herauszureden. Gleichzeitig aber, um mich nicht zu verraten, lernte ich alle Texte von den Kindern."[23]

Angst hatte man im konkreten Fall weniger vor den Deutschen. In den Städten konnte es vorkommen, daß plötzliche Hausdurchsuchungen nach verbotenen Rundfunkempfängern oder ähnlichen Dingen stattfanden. Entfernte Verwandte, die plötzlich zu Besuch kamen, boten in fast jedem Fall eine Gefahrenquelle. Am gefährlichsten waren die unkalkulierbaren und zudringlichen Nachbarn mit ihrer unverhohlenen Neugier.

Irena Velsalte, die 1928 in Kaunas geboren wurde, verlor ihre Mutter in den ersten Kriegstagen. Sie lebte mit den Eltern ihrer Mutter und der Familie der Schwester im Ghetto von Kaunas. „Im Sommer 1943 fanden mich die litauischen Freunde meiner Eltern, Ona und Juožas Strimatis. Juožas Strimatis war Ingenieur, litauischer Offizier, Ona Bagdonavičiute-Strimatiene Angestellte. Sie besorgten mir Papiere auf den Namen Irena Treigyte und ermunterten mich, das Ghetto zu verlassen. Am 7. November 1943 verließ ich das Ghetto und wurde von da an von

22 Wawer, Poza gettem, S. 61.

23 Ebenda, S. 118.

Ona Strimatiene und ihrer Familie betreut. Da es zu gefährlich war, in Kaunas zu bleiben, weil ich erkannt werden konnte, brachte man mich sofort nach Vilnius, wo ich drei Monate bei dem Bruder von Ona, dem Chirurgen Pranas Bogdanavičius lebte. Den Freunden und Nachbarn wurde erklärt, daß ich eine Verwandte aus dem Dorf sei."[24]

Reisen waren unter den Bedingungen von Krieg und Besatzung ohnehin gefährlich. Jede Zugfahrt barg – aufgrund unvorhersehbarer Begegnungen und plötzlicher Kontrollen – zusätzliche Gefahren. Mark und Marija Petuchauskas hatten auf ihrer Reise von Wilna nach Šiauliai Glück: „Allmählich kam der Gedanke, daß es am besten wäre, sich auf dem Dorf zu verstecken, zum Beispiel in die Žemaitija zu fahren. Das war leicht gesagt – zu fahren! Den Zug zu benutzen war ein gefährliches Unternehmen. Nie werde ich den Augenblick vergessen, als ich mit meiner Mutter, begleitet von Sofija Ruzgiene, vor einem hochrangigen faschistischen Offizier stand, der offensichtlich die Reisenden überprüfte, die auf den Bahnsteig wollten. Man hatte mein Gesicht, um keinen Verdacht zu erwecken, mit irgendwelchen warmen Fetzen umwickelt, daß man nur noch ein Auge sah. Von ferne sah es wahrscheinlich aus, als ob mir alles weh tue – sowohl Hals, Ohren und Zähne [...]. Mit einem Ruf zum danebenstehenden Soldaten gab der Offizier, ohne mir einen Blick zuzuwenden, den Weg zum Bahnsteig frei. Endlich waren wir alle drei im Waggon. Aber wir konnten nicht aufatmen, da sich uns gegenüber eine Frau mit einem Gestapoabzeichen am Kostümaufschlag niederließ. Man kann sich vorstellen, was das für eine angenehme Reise war, da diese Frau fast die ganze Strecke lang ohne Unterlaß redete, sich für uns interessierte und besonders ihre Kinderfreundlichkeit herauskehrte. [...] Dennoch endete diese Bekanntschaft glücklich, da Sofija Ruzgiene Mut und Orientierung besaß."[25]

Alexander Štrom erinnert sich: „Mich rettete beispielsweise eine Familie aus der litauischen Mittelschicht, mit Namen Macenavičius, die nicht nur mir Unterschlupf gewährte, mich versteckte und ernährte, sondern auch fünf Juden, die aus dem Kaunaser Ghetto und dem IX. Fort geflohen waren. Der litauische Gießer Vytautas Rinkevičius versteckte meine Schwester mit ihrem Mann und der Schwiegermutter in einem für sie gebauten Versteck unter dem Dach der Gießerwerkstatt. Vor dem Krieg kannten wir weder die Familie Rinkevičius noch die Familie Macenavicius, genauso wenig kannten sie uns und unsere Familien.

24 Jüdisches Museum Wilna, Akte Irena Velsaite.

25 Binkiene, Ir be ginklo, S. 248.

Nachdem ich dem Ghetto glücklich entronnen war, brachte mich ein gemeinsamer Bekannter zu den Macenavičius, damit ich eine Nacht in ihrem Haus schlafen könnte. Aber Antanas und Marija Macenavičius waren sich einig darüber, daß ich bei ihnen bleiben sollte, da ich keinen anderen Ausweg hatte. So luden sie mich ein, bei ihnen und bei ihrer Tochter zu bleiben, solange es für mich nötig war. Mein Schwager begegnete Rinkevičius in der Gießerei, in die er als Arbeitskraft abkommandiert worden war. Zwischen diesen beiden Männern, dem Meister und der todgeweihten Hilfskraft entwickelte sich eine herzliche Freundschaft. Je weiter sich die Freundschaft entwickelte, um so mehr spürte Rinkevičius, daß er seinen neuen Freund und dessen Familie vor dem unausweichlichen Tod bewahren müsse. Da begannen beide Männer ein Versteck zu bauen, in dem Rinkevičius ganze neun Monate lang meine Schwester, ihren Mann und die Schwiegermutter versteckte."[26]

Litauische Kinder waren selten Mitwisser oder in Rettungsaktionen einbezogen. Von einer Ausnahme berichtet Milda Putniene-Strimaityte (geb. 1933): „Bald begann die Judenvernichtung. Ich erinnere mich noch genau an den Tag, als die Kinder und Frauen in Pilviskiai erschossen wurden. 2,5 km entfernt von unserem Haus befand sich das Tilcial-Wäldchen, wo die Vernichtung stattfand. Der Tag war sonnig, warm, ohne Wind. Von Pilviskiai bis zu dieser Stelle waren es etwa 3 km. Frauen und Kinder mußten zu Fuß gehen. Wir hörten zu Hause das immer näher rückende Weinen und Klagen von Müttern und Kindern. Als die Exekution begann und die Waffen ratterten, die Kugeln pfiffen, schrien Kinder und Mütter. Etwas Schlimmeres habe ich niemals erleben müssen. Darum war es auch nicht verwunderlich, daß meine Eltern jedem Unglücklichen die Tür öffneten und mit ihnen alles teilten. Im August 1941 zog bei uns eine Jüdin mit einem Mädchen in meinem Alter ein. Auf welche Weise sie in mein Elternhaus gelangt waren, weiß ich nicht. Ich erinnere mich, daß mich Mama in das hinterste Zimmer unseres Hauses führte, wo sie untergebracht worden waren, und uns miteinander bekannt machte. Die Mutter sah sehr jüdisch aus, ziemlich rundlich, hochgewachsen, ihre schwarzen Locken trug sie mit Kämmchen hochgesteckt [...]. Das Mädchen sah nicht jüdisch aus, sie sprach sehr gut litauisch und hatte langes blondes, leicht gelocktes Haar. Neben der Nase hatte sie ein Muttermal. Sie trug ein buntes Kleidchen und war sehr ängstlich. Auf

26 Alexander Štrom, The Jewish and Gentile Experience of the Holocaust: A Personal Perspective. Assumption College Eleventh Annual Rabbi Joseph Klein Lecture 10 April 1989, zit. nach: Krantas 23/24, S. 20.

die Frage, wie sie heiße, antwortete sie nicht und sie kam auch nicht zum Spielen in den Garten mit mir. Ich fragte sie: ‚Wirst du bei uns wohnen?' Sie schwieg. Ihre Mutter umarmte uns beide und fragte: ‚Möchtest du das gerne?' Ja, ich wollte unbedingt mit ihr spielen. Mama und ich verließen rasch das Zimmer. Mama instruierte mich, daß ich auf Fragen, woher dieses Mädchen sei, antworten solle: eine Verwandte aus Kaunas. Am nächsten Tag befahl mir Mama, ihnen Essen zu bringen: So sahen wir uns jeden Tag, denn ich brachte immer das Essen und nahm das leere Geschirr mit. Wir freundeten uns recht schnell an und dann begannen wir das Mädchen Irena zu nennen [...]. Sie hielten sich ständig in diesem kleinen Zimmer auf. Später wurde dort eine doppelte Wand gezogen und das Zimmer tapeziert. Im Falle einer Gefahr konnte man sich hinter der doppelten Wand verbergen. Das Zimmer besaß auch den Vorzug, daß man durch das Fenster auf der Südseite den Hof einsehen konnte und durch das Fenster auf der Ostseite den Garten. Im Notfall konnte man durch das Fenster schnell in den Garten entweichen." Ester Kleinstein und ihre Tochter Ranana wechselten zwischendurch das Versteck und lebten in anderen Dörfern. Im Sommer 1943 wurden sie festgenommen. Doch gelang ihnen die Flucht, und für eine gewisse Zeit kehrten sie in das Haus der Familie Strimatis zurück, in dem noch mehr Personen versteckt waren. „Etwas später, etwa 2–3 Wochen, nachdem Irena und ihre Mutter bei uns eingezogen waren, brachte der Vater eines Nachts eine Frau mit zwei Kindern. Sie wurden im Obergeschoß des Hauses untergebracht, wo sich in einer Hälfte ein Zimmer und zwei Kammern befanden, die andere Hälfte war nicht eingerichtet. Mittels einer Leiter, die sich in der Küche befand, und einer zweiten, die auf dem Flur war, konnte man auf den Dachboden gelangen. Am nächsten Morgen stiegen Mama und ich nach oben, um Essen zu bringen. Ich wußte, daß nachts jemand mit dem Vater gekommen war, aber hatte noch niemanden gesehen. Mama gab mir das Essen und sagte, daß ich jetzt immer das Essen bringen würde, oder sie selbst, und daß ich ihr dabei behilflich sein sollte. Mama ging schnell zur Küche zurück, denn die Luke zum Dachboden war offengeblieben. Ich blieb bei ihnen, bis sie aufgegessen hatten und kam dann mit den leeren Tellern zurück. Mama wies mich an, Irena und ihrer Mutter nichts davon zu erzählen. Als ich sie häufiger besuchte, erfuhr ich auch, wie die Mädchen hießen, eine war Rahile, die andere Cile. Später nannten wir sie Onute und Aldute. [...] Die Mutter war immer ungewöhnlich schreckhaft und begann zu zittern. Jedes Hundegebell setzte sie unter Streß. [...] Die eine Tochter war etwa 14, die andere

16 Jahre alt. Alle drei sahen sehr jüdisch aus und sprachen litauisch mit Akzent. Sie hatten viel mehr Schwierigkeiten, denn sie fielen durch ihr Aussehen und ihren Akzent auf. Darum konnten sie nicht einfach über den Hof gehen. Sie wollten sich nicht voneinander trennen. Die Mutter sorgte sich um ihre Töchter, und die Töchter um die Mutter. Sie waren für jede kleine Dienstleistung außerordentlich dankbar. Am meisten Kontakt hatten sie mit Mama. Sie bemühten sich, ihr Waschwasser selber zu holen, Geschirr zu spülen, Wäsche zu waschen und baten immer wieder um irgendeine Arbeit, was aber unter diesen Umständen nicht möglich war. Sie lebten das erste Mal bei uns, bis starker Frost einsetzte, denn das Dachzimmer war nicht heizbar. Vater versuchte sie zu überreden, daß sie sich trennen sollten, denn keiner könne sie zu dritt aufnehmen, aber das war nicht sofort möglich, erst später ging die Ältere fort und die jüngere blieb bei der Mutter."[27]

Das Leben in einem Zimmer galt als Luxusversteck. Die meisten Juden, die auf den Dörfern versteckt wurden, verbargen sich in Scheunen und Ställen. Pola Komaj schildert ein Versteck: „Der Hausherr wachte in der Scheune. Er öffnete das Tor. Ohne nur ein einziges Wort zu wechseln, gingen wir in die Scheune voller Stroh. Jeden einzelnen schob der Hausherr in den ‚Bunker' in diesem Stroh, dessen Konstruktion mir bis heute ein Rätsel geblieben ist. Die Öffnung zeigte zur Scheunenwand, durch deren Bretterritzen Luft hereinkam. Tagsüber ließ sich durch diese Ritzen ein schmales Stückchen Welt beobachten, wo manchmal der Hund vorbeilief, manchmal das Geflügel vorbeikam."[28] War der Vorrat an Stroh und Heu groß, reichte es für ein Versteck. War alles verfüttert, mußte man sich auf die Suche nach einem neuen Unterschlupf begeben. Aus dem Lebenslauf von Beljle (Rozenberg) Spanje: „Einige Zeit ging ich aus dem Ghetto zum Arbeiten. Als ich von mir bekannten Litauern erfuhr, daß die Liquidierung des Ghettos von Vilkaviškis vorbereitet werde, ging ich nicht mehr ins Ghetto zurück. Ein Nachbar versteckte Mama, verriet sie einige Zeit später aber selbst an die Polizei. Mein Bruder und ich versteckten uns bei einem Bekannten im Stall, hatten uns ins Heu eingegraben, nachts gingen wir essen. Jedes Verlassen des Verstecks stellte eine tödliche Gefahr dar, hätte uns jemand sehen können. Es war ein kalter Winter, und das Brot, das wir uns mitbrachten, gefror neben uns. Als das Heu zu Ende war, wußten wir nicht, wohin. Das war sehr kritisch. Da erinnerten sich mein Bruder und ich an unseren Nachbarn,

27 Jüdisches Museum Wilna, Erinnerungen von Milda Putniene-Strimaityte.
28 Wawer, Poza gettem, S. 118.

Ignas Vasiljauskas, der bei Kriegsanfang öfter zu uns gekommen war und von dem wir wußten, daß er sich um unser Schicksal Sorgen machte. Und dieser Mensch rettete uns und noch zwei jüdische Mädchen, wobei er nicht nur sein Leben, sondern auch das seiner Familie riskierte. [...] Während des Krieges lebte die ganze Familie im Dorf Švitrunal, Gemeinde Alvitas, Kreis Vilkaviškis. Ignas Vasiljauskas arbeitete als Lehrer im Dorf, die Frau war Hausfrau, die Töchter gingen zur Schule. [...] Ohne Rücksicht darauf, daß sich bei ihm zu dieser Zeit schon zwei Jüdinnen aus Wirballen versteckten (Ida Mirbachiene und Bella Mirbachaite) nahm er uns auf. Die Vasilauskas lebten auf einem Gehöft, weit weg vom Weg. Einige Zeit versteckten wir uns im Haus. Da ich gut litauisch redete (mit echtem Suwalki-Akzent) wurde ich den Familienmitgliedern und Knechten als neue Feldarbeiterin vorgestellt. Da mein Bruder ein sehr dunkler Typ war, mußte er sich die ganze Zeit verstecken, im Stall beim Heu. Das Risiko, mich und meinen Bruder zu verstecken, war sehr hoch, da unser Heimatort nur 5 km entfernt war und jederzeit jemand vorbeikommen und uns erkennen konnte. Weder am Tag noch in der Nacht waren unsere Retter sicher – bellte der Hund, mußte man sofort sehen, wer da kam. [...] Materiellen Nutzen hatten die Vasilauskas keinen, denn wir kamen eines Nachts hungrig und dreckig an.[29]

Auf dem Land fanden sich zahlreiche natürliche Möglichkeiten, Verstecke einzurichten, in den Städten mußte man erfinderischer sein. Mira Rolnikalte und Esfiri Jaffe hielten sich 11 Monate in Wilna in einem verborgenen Raum eines Archivs in der Giedrio gatve auf. Dreißig Juden arbeiteten dort Ende 1942. Aus Witebsk, Smolensk und Minsk wurden per Bahn von der deutschen Besatzungsmacht zusammengestohlene Bücher und Dokumente nach Wilna befördert. Die Arbeiter mußten die Waggons ausladen und die Bücher unterbringen.

Dem litauischen Archivdirektor Jouzas Stakauskas wurde zur Lagerung der Bücher ein zusätzliches Gebäude zur Verfügung gestellt, das ehemalige Frauenkloster in der Giedrio gatve. Das Gebäude war ein wahres Labyrinth. Vladas Žemaltis, ein damaliger Mitarbeiter von Stakauskas und dessen Komplize bei Hilfsaktionen für Juden, schildert die langfristige Planung eines Verstecks: „Bald forderte die Besatzungsmacht einen Plan des Gebäudes. Durch den ersten Stock zog sich ein langer breiter Flur, an dessen einer Seite sich Zimmer befanden, ehemalige Zellen, an der anderen Seite waren Fenster, die zum Innenhof führten.

29 Jüdisches Museum Wilna, Akte Beijle (Rozenberg) Spanje.

Der Archivdirektor rief den Vorarbeiter unserer Gruppe zu sich, gab ihm den Auftrag, einen Plan zu erstellen, und teilte ihm mit, daß das erste Zimmer des ersten Stocks auf dem Plan nicht vorhanden sein sollte. Der Plan wurde erstellt und übergeben. Bald kamen neue Büchersendungen. Der gesamte untere Korridor füllte sich mit ihnen es gab kein Durchkommen mehr."[30]

Insgesamt dreizehn Juden wurden von Stakauskas, Žemaltis und deren Mitarbeiterin Marija Mikulska in dem Archiv versteckt. Dabei ereigneten sich auch völlig unvorhersehbare Dinge wie der Todesfall einer alten Jüdin im Versteck. Vladas Žemaltis steht die Situation noch genau vor Augen: „Das war eine schreckliche Nachricht, die unsere Lage ungeheuer komplizierte. Wir zerbrachen uns den Kopf, wo wir den Leichnam lassen sollten. Wir konnten ihn ja nicht auf die Straße tragen. So beschlossen wir, die Bestattung im Kloster vorzunehmen. Wir legten die Tote ins Bad, das sich hinter einer Zwischenwand befand. Genau zu dieser Zeit war das Archiv aus Grodno angeliefert worden, in einen Raum, der neben meinem Zimmer lag. Jeden Tag kam ein deutscher Offizier dorthin. Für gewöhnlich ging er nach dem Mittagessen, ich hörte wie gelähmt auf seine Schritte. Was geschieht, wenn er in das Bad geht und die Tote sieht? Während ich den Sarg zusammennagelte, kam er auch einige Male vorbei. Es stellte sich heraus, daß sein Vater Tischler war, und so gefiel es ihm in meiner Werkstatt zu sitzen, manchmal bot er mir sogar Tabak an. [...] Am Samstag, als der Offizier und die anderen Mitarbeiter nach Hause gegangen waren, grub ich in der Mitte des Korridors im Erdgeschoß eine Grube. Der Direktor kam helfen. Wir versenkten den Sarg, ich schaufelte alles zu und legte die Fliesen wieder oben darauf. Aber, da war noch der Haufen Erde – wohin damit? Während des ganzen Sonntags trug ich die Erde nach oben und verstreute sie auf dem Dachboden."[31]

Andere Ghettoflüchtlinge waren auf ständiger Wanderung durch die Stadt begriffen und wagten es nur, in unregelmäßigen Abständen bei den gleichen Leuten um Nachtquartier zu bitten. Manche hielten diese nervliche Anspannung nicht aus und kehrten ins Ghetto zurück. Im ersten Jahr des Ghettos gab es auch einige, die abends mit ihrem Arbeitskommando nicht heimgingen, sondern in der Stadt blieben und sich am nächsten Morgen wieder – auf dem Weg zu Arbeit – in ihre Kolonne einreihten. Jochered Čartokaite hatte ungefähr zehn Schulfreunde und

30 „Prieglobštis archyve" [Zuflucht im Archiv], in: Tiesa vom 9. 4. 1967.

31 Binkiene, Ir be ginklo, S. 55.

Bekannte aus dem Komsomol, an die sie sich abwechselnd vertrauensvoll wandte: „Einmal traf ich auf der Straße meinen Schulkameraden Fellsas Molskis. Er fragte nach jüdischen Schulkameraden, die im Ghetto eingesperrt waren. Dann schlug er vor, mich mit Essen zu versorgen. Er brachte mich nach Hause, schloß mich in seinem Zimmer ein und brachte aus der Küche Essen. Er lebte zusammen mit seinen Eltern und seiner Schwester Gene. Der Vater war Koch im ‚Metropolis', die Mutter Hausfrau, die Schwester Schülerin. Seine Schwester kam ins Zimmer und begriff alles. Sie brachte mich in ihr Zimmer und ließ mich dort übernachten. Am nächsten Morgen gab sie mir ein Paket mit Lebensmitteln (Speck, Brot, Zucker), und ich kehrte in mein Arbeitskommando zurück. Etwa einen Monat später war ich noch einmal in dieser Familie. Sie bedauerten mich sehr. Die Mutter weinte jedes Mal, wenn sie mich zur Tür brachte und verabschiedete. Aber sie hatten große Angst vor den Nachbarn."[32]

Auch Geistliche verschiedener Konfessionen engagierten sich für Juden. Im Archiv des Jüdischen Museums in Litauen befinden sich Unterlagen über 143 Geistliche in Litauen (Litauer, Polen, Russen und Weißrussen), die direkt oder indirekt an der Errettung von Juden beteiligt waren. Nicht immer versteckten die Geistlichen selbst Juden, aber sie ermunterten ihre Gemeindeglieder dazu und unterstützten sie. Außerdem versorgten sie Juden mit gefälschten Dokumenten und gaben Geld oder Lebensmittel. Judentaufen in den Kriegsjahren waren keine Ausnahme. Diese Prozedur wurde der Formalität wegen vollzogen, um einen Taufschein zu erlangen; so konnten Retter und Geretteter wenigstens minimal gesichert werden.

Es kam auch vor, daß man Juden die Taufe verweigerte. Lena – ein jüdisches Mädchen, das in einer litauischen Familie versteckt lebte – wurde der Wunsch, sich taufen zu lassen, nicht bewilligt, man bedeutete ihr, daß dieser Schritt nur ihren Willen ausdrücke, überleben zu wollen. In Lenas Tagebuch, das dem Jüdischen Museum von ihrer Enkelin Marija übergeben wurde, spiegelte sich eine außergewöhnliche, freiheitsliebende Person wider; es gelang ihr, zu einer Partisanengruppe zu stoßen.[33]

Fania Aleksandravičiene, eine Jüdin, die mit einem Litauer verheiratet war, gelangte durch Anzeige der Nachbarn ins Gefängnis von Šiauliai. Ihr Mann, Liudvikas Aleksandravičius, der sich nicht von ihr trennen mochte, wurde gleichfalls verhaftet. Fania berichtet: „Pfarrer Požela

32 Jüdisches Museum Wilna, Akte Jochered (Čartokaite) Inčiurene.

33 Nach Informationen von Michail Ehrenburg, Leiter des Dokumentationszentrums für die Errettung von Juden im Jüdischen Museum Wilna, August 1995.

brachte ihm (Fanias Mann) ein Cello, damit Liudvikas im Orchester spielen und mich so jeden Tag sehen konnte. Das Orchester durfte jeden Tag im Frauentrakt spielen."[34] Dem gleichen Pfarrer dankt Benjamin Aronovic Fuks aus Kelme: „Er war für andere da. Er gab schwächeren Häftlingen zu essen, stärkte sie moralisch und übermittelte Nachrichten über den Frontverlauf. 1944 ließ er mir, dem Todeskandidaten, heimlich eine Eisensäge zukommen, damit ich das Fenstergitter durchsägen und mit 23 weiteren Todgeweihten fliehen könnte. Nachts während eines Bombenangriffs gelang es uns, dem Tod zu entrinnen."[35]

In dem Dominikanerkloster Pavilinial, das nach dem Zweiten Weltkrieg aufgelöst wurde, fanden 1941 zeitweise 17 Juden Zuflucht, darunter die Haschomere (Mitglieder der Hadhomer Hatzair) Aba und Michail Kovner, Arje Vilner und Vitka Kempner. 1991 schrieben Schwester Cecilija (mit bürgerlichem Namen Rosakuvna) und Schwester Stefanija (mit bürgerlichem Namen Bednarska) aus ihrem jetzigen Kloster in Krakau an das Jüdische Museum Wilna: „Er – Erzbischof Metropolit Romuald Jalbrzikowski – gestattete Menschen nur dann zu helfen, wenn die gesamte Verantwortung von der Leitung des Klosters getragen wird. Später wurde die Älteste des Klosters, Schwester Bertranda (Ana Borkovska) verhaftet und ins Gefängnis gebracht."[36]

In dem katholischen Kinder- und Pflegeheim Vaiguva, das von Marija Rustelkaite geleitet wurde, fanden 15 Juden aus den Ghettos von Kaunas und Šiauliai Zuflucht. Wer äußerlich nicht auffällig war, konnte als legaler Heiminsasse geführt werden, andere waren in Verstecken, z. B. auf dem Dachboden untergebracht. Es herrschte strenge Konspiration, auch unter Juden wahrte man seine Scheinidentität. Im Herbst 1943 gewährte Marija Rustelkaite folgenden Personen Unterschlupf: Poline Froman, ihrer Mutter Ete Gavronski und ihrer zweieinhalbjährigen Tochter Sulamite Fromar Lev. Ein ganzes Jahr befanden sich die Frauen dort. Poline Froman führte das Büro, die Großmutter trug Klostertracht und Sulamith befand sich unter den Kinderheimzöglingen. Sie durfte – aus Gründen der Konspiration – keinem zu erkennen geben, daß die Bürovorsteherin ihre Mutter war. Es existiert ein Photo aus dem Jahr 1943, das die Insassen des Heims unter dem Weihnachtsbaum zeigt, in den hinteren Reihen die Insassen des Altersheims, davor gruppiert die Kinder, unter ihnen auch Samull Klibauskas (7 Jahre) sowie seine

34 Žydu, muziejus [Jüdisches Museum], Vilnius 1994, S. 273.
35 Ebenda.
36 Jüdisches Museum Wilna, F. 1., Ap. 1. B.2.

Zwillingsbrüder Avraam und Asaf (6 Jahre). Poline Fromans Kontakte zu Marija Rustelkaite hatten sich zufällig ergeben. In anderen Fällen gewährten Bekannte oder Arbeitskollegen aus früheren Zeiten Hilfe.

„Im Juli 1943 gelang es Marija Petuchauskiene und ihrem 11jährigen Sohn Mark Petuchauskas, aus dem Wilnaer Ghetto zu fliehen. Der Familienvater Samuelis Petuchauskas wurde 1941 in Paneriai erschossen. Von 1921–1940 arbeitete Petuchauskas als stellvertretender Bürgermeister in Šiauliai, er und seine Familie waren mit der Familie von Jackus Sondeckis, dem Bürgermeister von Šiauliai, gut bekannt. Als dieser von der Flucht der Witwe Petuchauskiene und ihres Sohnes erfuhr und insbesondere davon, daß sie kein Versteck hätten, entschloß sich Jackus Sondeckis zu helfen. Er erklärte sich bereit, die Petuchauskas auf seinem Hof im Dorf Šašačiai zu verstecken, in der Nähe von Zemaiciu Kalvarija, wo seine Schwester Eugenija Sondeckyte-Kazlauskiene mit ihrem Mann Juozas Kaziauskas ständig lebte. J. Sondeckis entschied sich mit seiner Frau zu dieser Heldentat, obwohl er selbst zwei noch nicht volljährige Kinder hatte – Danguole und Saulius. Genauso entschied sich die Schwester E. Kaziauskiene mit ihrem Mann, die ihr Leben sowie das ihrer drei kleinen Kinder, Alina, Algis und Gedimjnas, riskierte. Unter der ständigen Fürsorge von Jackus Sondeckis versteckten und bewahrten E. und J. Kaziauskas auf ihrem Hof Marija und Mark Petuchauskas. In gefährlichen Situationen versteckten sie sich bei Nachbarn, anderen Bauern; sie wurden vollständig mit Kleidung und Lebensmitteln versorgt und betreut, bis die Hitlerokkupanten im Herbst 1944 aus der Žemaitija abzogen.“[37]

In den seltensten Fällen äußerten sich die Helfer umfassend zu den Motiven für ihre Aktionen. Pola Komaj lebte zeitweise in einem Haushalt, in dem ein jüdisches Kind aufgenommen wurde. Der Hausherr, Nikolaj Aleksandrowicz, erklärte Pola: „Ich erzähle Ihnen die Wahrheit. Jachimczik ist ein jüdisches Kind. Sein Vater hatte einen kleinen Laden im Städtchen – Lebensmittel. Wenn bei mir schlechte Zeiten waren, gab er mir immer Kredit. Sobald ich konnte, bezahlte ich. Er war ein ordentlicher Mensch. Als ich ins Städtchen fuhr und sagte, daß ich vielleicht einen Hirtenjungen mitbringe, erfuhr ich von den Leuten, daß seine Eltern umgebracht worden waren. Die Deutschen haben die Leute in eine Scheune gejagt und sie dann angezündet. Jahimczik ging mit seinen Eltern, aber er wurde von Leuten aus der Menge gezogen und versteckt.

37 Jüdisches Museum Wilna, Akte Mark Petuchauskas.

Die Deutschen haben ihn nicht bemerkt. Er stand zwischen den anderen und sah zu, wie sie die Scheune in Brand steckten, und er hörte die Schreie derer, die lebendig verbrannt wurden, unter denen auch seine Eltern waren. Anfangs aß er bei den Fremden nichts. Er weinte tagelang. Ich kam zu ihm, und er saß da und bemerkte keinen. Das tat mir so leid, das bedrückte mein Herz. Na, und dann fragte ich : ‚Jachimczik, würdest Du mit mir kommen und Hirte werden?‘ Da sagte er: ‚Zu Ihnen würde ich gehen. Vater hat gesagt, daß sie ein guter Mensch sind‘, und brach in Tränen aus.“[38]

In anderen Fällen entschieden sich Juden ganz bewußt gegen ihre persönliche Rettung. Dovyd Geo, ein berühmter Rechtsanwalt aus Šiauliai, weigerte sich, das Ghetto von Šiauliai zu verlassen und mit Hilfe einer Scheinidentität zu überleben, obwohl sich litauische Juristen der Stadt sehr um seine Rettung bemühten. Ein weiterer Fall ist der des Arztes J. Kamber, der sich bewußt für sein Verbleiben im Arbeitslager von Tyruliai, einem Torfstecherkommando, entschied und seinen Entschluß damit begründete, daß er als Arzt in dieser Situation keine Menschen im Stich lassen dürfe. Seine Frau Maria Kamber und der Sohn Alik wurden aus der Torfhölle gerettet.[39]

Das Warten auf ein Ende des Krieges, die ständige Nervenanspannung war für viele unerträglich. Wie verbrachten die Menschen ihre Zeit im Versteck? Ranana Kleinstein, damals etwa zwölf Jahre alt, las viel, alles, was es auf dem Dorf so gab, Heiligenlegenden, fromme Kalender, alles war für ihn interessant. Mark Petuchauskas hütete die einzige Kuh des Quartiergebers auf einem Stück Land, umgeben von Sümpfen, dorthin gelangte kaum jemand. Seine Mutter strickte für die Leute. Nicht nur die Ungewißheit, wann der Krieg zu Ende sein würde, zermürbte die Versteckten, auch die allgemeinen Umstände des Krieges, der Mangel an finanziellen Mitteln und vor allem der Hunger trugen zur Demoralisierung bei. Icchokas Meras erinnert sich daran, daß er gemeinsam mit den anderen Kindern während des Krieges sehr gehungert hat. Pola Komaj berichtet: „In dieser Zeit wurde der Hunger in der Familie, in der ich lebte, immer schlimmer. Die Kartoffeln nahmen ab und wurden immer sparsamer gegessen. Jede Kartoffel, die ich aß, verursachte mir Gewissensbisse, wenn ich sah, wie die Kinder sich auf das Essen stürzten.“[40]

38 Wawer, Poza gettem, S. 65.

39 Nach Informationen von Michail Ehrenburg, August 1995.

40 Wawer, Poza gettem, S. 79.

Dr. Wojciech Pogorzelski hatte von 1941 bis 1944 in Širvintas eine Arztpraxis. Anderthalb Jahre lebte Maria Komaj, eine jüdische Gynäkologin, als Kinderfrau in der Familie. „Sie war eine ideale Kinderfrau für unser Töchterchen, und darüber hinaus auch eine Person mit Charakter und eine hervorragende Gynäkologin. Es ist klar, daß wir nicht nur ihre Herkunft, sondern auch ihren Beruf geheimhalten mußten. Trotzdem half sie mir oft bei gynäkologischen Untersuchungen, in denen sie als meine ‚Helferin' auftrat, um mich dann außerhalb des Behandlungszimmers über Krankheitssymptome, deren Erkennung und Heilung zu instruieren. Sie führte auch Operationen durch, bei denen ich assistierte. Während derartiger Operationen schufen wir Bedingungen, die die Patienten davon überzeugten, daß ich operiere und Maria mir nur die Instrumente reicht."[41]

Milda Putniene-Strimaltyte berichtet über einen weiteren Gast in ihrem Elternhaus: „Im Winter 1942 wohnte ein Schneider bei uns, der kein Litauisch konnte. Mit Vater sprach er Polnisch. Dann lernte er etwas Litauisch. Wir wußten, daß er Jude ist, denn er wich allen Leuten aus, die uns besuchen kamen. Wie er nach Litauen und zu meinen Eltern geraten war, weiß ich nicht. Wir nannten ihn Antanas. [...] Er nähte für alle Familienmitglieder, die Kleinen und die Großen. Ich erinnere mich, daß er mir einen Mantel und einige Kleider nähte. Zur Anprobe befahl er mir auf einen Stuhl zu steigen und drehte mich lange, wobei er mich mit seinen Nadeln piekte. Ich war sehr glücklich, daß ich zum ersten Mal neue Sachen bekam, da ich sonst immer die ausgewachsenen Kleider meiner Schwester auftragen mußte. [...] Er hörte immer Nachrichten aus aller Welt in verschiedenen Sprachen, unterhielt sich viel mit Vater, wobei sie meistens über Politik sprachen, und traf sich später an den freien Tagen mit den russischen Kriegsgefangenen, die bei uns lebten. Soviel ich mich erinnere, wohnte Antanas drei Mal bei uns: Im Winter 1942, während des ganzen Sommers 1944 und im Vorfrühling 1944. Ein, zwei Wochen vor dem Einmarsch der russischen Armee bekamen die Eltern die Nachricht, daß Antanas umgekommen war. Er war am frühen Morgen an der Vandupe bei Barzdal erschossen worden. Wir grämten uns alle sehr darüber."[42]

Ruta Gurvičiute und ihr litauischer Ehemann Pranas Laurinavičius wurden am 6. Oktober 1944 in Tryskiai, in der Žemaitija, erschossen,

41 Ebenda, S. 100 (Bericht von Dr. Wojciech Pogorzelski für das ZIH).

42 Jüdisches Museum Wilna, Erinnerungen von Milda Putniene-Strimaityte.

am letzten Tag der deutschen Besatzung. Ihr Kind Telesforas, ein Säugling, überlebte in einem anderen Versteck. „Die Žemaitija", erzählt Mark Petuchauskas, der auch in dieser Gegend auf das Kriegsende wartete, „wurde sehr spät, erst im Herbst 1944 befreit. In unserer Nähe sammelten sich alle litauischen Aktivisten und Hilfspolizisten, die vor den Russen flüchteten. Die letzten Monate waren die schlimmsten."[43] So empfanden es viele. Beijle Rozenberg berichtet über ihren Bruder: „Da verbarg sich bei den Vasilauskas auch mein Bruder Moise Rozenberg, aber zwei Monate vor der Befreiung kam er um. Die Deutschen evakuierten die Bewohner der frontnahen Gebiete Anfang August 1944 nach Deutschland. Er konnte nicht evakuiert werden, er wäre erkannt worden, so blieb er im Dorf und kam um."[44]

Beijle Rozenberg kam bis Pillau und überlebte dort nur mit knapper Not. Shanna Ran, die „arische" Papiere auf den Namen Margarita Rutkovski besaß, war, wie viele andere Litauerinnen des Jahrgangs 1921, zur Zwangsarbeit verpflichtet worden und mußte beim Rosenberg-Stab in Minsk arbeiten. Dafür wurde sie nach Kriegsende vom NKWD verhaftet und saß lange Jahre im Lager. Sowohl der Pflegevater von Alfonsas Bukontas und das Ehepaar Boguslauskas, bei denen Minna und Dovid Leibson Unterschlupf gefunden hatten, wurden 1946 nach Sibirien deportiert, wie auch Marija Meškauskiene, die Irena Velsaite in Wilna beherbergt hatte. Der Schutzengel von Mark und Marija Petuchauskas, Juozas Kaziauskas, wurde gleich nach dem Krieg von litauischen Widerständlern umgebracht.

Heute kann man in der „Photogalerie der Gerechten der Völker" im Wilnaer Jüdischen Museum die Porträts vieler betrachten, deren Schicksal sich in den Kriegsjahren auf Leben und Tod verkettet hatte. 179 litauische Einwohner haben bis jetzt eine Ehrung von Yad Vashem erhalten, aber immer wieder tauchen Spuren längst vergessen geglaubter Biographien auf. Michail Ehrenburg, Leiter des Dokumentationszentrums für die Errettung von Juden, erhält immer wieder Briefe aus Israel, in denen von Hilfe und Solidarität während der Kriegsjahre berichtet wird.

43 Gespräch mit Mark Petuchauskas, 20. 8. 1995.

44 Jüdisches Museum Wilna, Akte Beijle (Rozenberg) Spanje.

Eugenia Gurin-Loov

Verfolgung der Juden in Estland (1941–1944)

Rettungsversuche und Hilfe

Estland war fast fünfzig Jahre lang von der Sowjetunion okkupiert. Politik und öffentliches Leben standen 1940, nach dem von der Sowjetunion erzwungenen Beistandspakt, und von 1944 bis 1990 unter dem Diktat der Kommunistischen Partei. Doch unter dem allgemeinen Antisemitismus der Sowjetführung hatten die Juden in Estland weniger zu leiden als die Juden in Rußland, denn die örtlichen Behörden und Parteifunktionäre hielten sich meist nicht streng an die Anweisungen aus dem fernen Moskau. So kamen viele russische Juden zum Studieren oder Arbeiten nach Estland. Für sie atmete es sich hier etwas freier.

Dennoch unterlagen bestimmte Themen auch in Estland einem Tabu. Dazu gehörte die Geschichte des jüdischen Volkes und des Holocaust. Die diesbezügliche Forschung wurde dadurch unterbunden, daß Archive oder bestimmte Aktenbestände de facto nicht zugänglich waren, und nur das KGB hätte eine Sondererlaubnis ausstellen können. Erst ab 1988 konnten Forscher die Archive nutzen. Nun aber herrschte in Estland ein Mangel an qualifizierten Historikern. Über den Holocaust erschien nur mein Buch „Holocaust of Estonian Jews 1941“, das wegen der Lückenhaftigkeit des zugänglichen Archivmaterials unvollkommen bleiben mußte. Vor dem Abzug der Nationalsozialisten aus Estland waren viele Dokumente vernichtet worden. Wichtige Zeitzeugen sind inzwischen verstorben oder behaupten, sich nicht mehr erinnern zu können. Dieser Mangel an Quellen bedingt auch manche Lücken in diesem Beitrag.

Die Lage der Juden in Estland vor dem Einmarsch der Sowjets 1940

Bis zur Mitte des 19. Jahrhunderts hat es in Estland keine feste jüdische Gemeinde gegeben. Estnische Quellen aus dem 14. Jahrhundert erwähnen zwar einzelne Juden; für das 18. Jahrhundert findet man auch Hinweise auf jüdische Goldschmiede und Graveure. Aber für eine dauerhafte Ansiedlung von Juden schuf erst ein Gesetz des Zaren Alexander II. aus dem Jahr 1865 die notwendige Grundlage: Es wurde darin den sogenannten Nikolaisoldaten (Männer, die 25 Jahre in der Zarenarmee zu dienen hatten) und „Kantonisten" (Soldaten, die schon als Kinder Militärdienst leisten mußten), Kaufleuten und Handwerkern sowie Juden mit Hochschulbildung das Recht zugesprochen, sich in Estland anzusiedeln.

Vor allem „Nikolaisoldaten" und Handwerker waren die Gründer der ersten jüdischen Gemeinden in Estland. Diese entstanden in Tallinn (Reval), wo sich schon seit 1830 vereinzelt Juden niedergelassen hatten, und in Tartu (Dorpat). Die größten Synagogen wurden in diesen beiden Städten gebaut: 1883 in Tallinn und 1901 in Tartu.

Den größten Teil der jüdischen Bevölkerung in Estland bildeten Handwerker und Kleinhändler. Um 1900 begannen Kinder der ersten Siedlergeneration, an der Universität in Tartu zu studieren. Sehr langsam entwickelte sich dadurch auch eine jüdische Intelligenzschicht. Herausragende Wissenschaftler, Künstler und Schriftsteller brachte die jüdische Gemeinde in Estland – anders als in Litauen und Lettland – jedoch selbst in der Zwischenkriegszeit nicht hervor. Wohl aber entstanden kleinere Fabriken, die Juden gehörten. Die ersten jüdischen Studenten gründeten ab 1900 jüdische Schulen und trugen überhaupt viel zur jüdischen Bildung bei. Es kam auch zur Gründung jüdischer Studentenvereine und Korporationen. Viele dieser Vereine und Organisationen spielten im jüdischen kulturellen Leben bald eine hervorragende Rolle.

Als 1918 die estnische Republik entstand, existierte bereits eine stabile, wenn auch kleine jüdische Gemeinde, die sich den neuen Verhältnissen anzupassen wußte und ihren Platz behauptete. Viele Juden befürworteten die Bildung eines selbständigen estnischen Staates und nahmen 1918/1919 am estnischen Befreiungskrieg teil. Auf der innenpolitischen Tagesordnung der jungen demokratischen estnischen Republik stand als ein wichtiger Programmpunkt die Gleichberechtigung der Volksminderheiten sowie deren Selbstbestimmung im Bildungswesen und kulturellen Leben. Auf die jüdischen Gemeindeältesten kam nun die Aufgabe zu, die Voraussetzungen für die praktische Umsetzung der geplanten Kulturautonomie zu schaffen. Als Gemeindeälteste fungierten zu jener Zeit begüterte Kaufleute, die ihr Vermögen während des Krieges erworben hatten, sowie Ärzte und Rechtsanwälte. Es waren hauptsächlich die „Nikolaisoldaten" und ihre Nachkommen, die schon vor 1900 in Estland gelebt hatten, aber auch Juden, die aus Lettland, Polen, Litauen, der Ukraine und Weißrußland zugewandert waren.

1919 wurde der erste Kongreß der jüdischen Gemeinden Estlands einberufen, der zur Bildung eines nationalen Komitees führte. Es beschäftigte sich hauptsächlich mit Fragen des jüdischen Bildungswesens und der jüdischen Kultur. Ziel war die Erlangung kultureller Selbständigkeit und die Gründung jüdischer Mittelschulen und Gymnasien. 1920 fand eine weitere Zusammenkunft der jüdischen Gemeinden statt.

Die Idee der Kulturautonomie für Minderheiten war in den führenden estnischen Intellektuellenkreisen seit 1918 diskutiert worden; die neue Regierung griff sie bereitwillig auf. Mit viel Sorgfalt betrieb man die Ausarbeitung eines entsprechenden Gesetzes und wandte sich in dieser Sache auch an Wissenschaftler in Deutschland und Österreich. Am 12. Februar 1925 schließlich wurde das von den Juden ersehnte Gesetz vom Parlament verabschiedet. Kulturautonomie sollte sowohl den Deutschen, Russen und Schweden (die größten Minderheiten im damaligen Estland) als auch solchen Minderheiten, die sich jeweils aus mindestens 3000 estnischen Staatsbürgern zusammensetzten, gewährt werden.

Um ihr Recht auf Kulturautonomie beanspruchen zu können, hatten die jüdischen Gemeinden die Zahl ihrer estnischen Staatsbürger zu ermitteln. Am 19. Oktober 1925 zählten die Vertreter der jüdischen Gemeinden 3045 estnische Staatsbürger jüdischen Glaubens, was von Regierungsseite bestätigt wurde. Nun galt es, diejenigen Juden namentlich festzuhalten, die bereit waren, die Kulturautonomie anzunehmen und damit auch die „Kultursteuer“ zu entrichten. Zudem mußten die Wahlen für die Aufnahme in den Kulturrat organisiert werden. Sie fanden vom 23. bis 25. Mai 1926 statt, und an ihnen beteiligten sich 71 Prozent der jüdischen Bevölkerung Estlands. Der erste jüdische Kulturrat wurde am 6. Juli 1926 einberufen – damit war die jüdische Kulturautonomie in Kraft getreten.

Dieses Selbstbestimmungsrecht der jüdischen Gemeinden erstreckte sich auf die Schul- und Erwachsenenbildung, die Sozialfürsorge, Fragen der Zu- und Abwanderung, die Bekämpfung des Antisemitismus, die Vertretung der Juden in den Behörden und dergleichen mehr. Als Organe wurden eingerichtet: der Kulturrat (der gesetzgebende Funktionen erfüllte), die Kulturverwaltung (als Exekutive der Kulturautonomie) und örtliche Kuratorien. Es sei noch erwähnt, daß die Kulturautonomie in Estland nur von zwei Gruppen in Anspruch genommen wurde: von der deutschen und der jüdischen Minderheit.

Die jüdische Kulturautonomie in Estland, die von einer kleinen und verhältnismäßig armen Gemeinde trotz finanzieller Probleme mit Erfolg aufrechterhalten wurde, währte von 1926 bis 1940. Sie wurde von der kommunistischen Regierung im Juni 1940 aufgelöst, wobei jüdische Kommunisten diese Maßnahme aktiv unterstützten. Sie begründeten ihr Vorgehen damit, daß die Kulturautonomie der ärgste Feind des jüdischen Arbeiters sei.

Ende der dreißiger Jahre umfaßte die jüdische Bevölkerung Estlands etwa 4500 Menschen und machte damit etwa 0,4 Prozent der Gesamtbevölkerung aus. Die estnischen Juden lebten fast ausschließlich in Städten, vor allem in Tallinn (2200) und Tartu (920). Im Jahr 1934 gingen 1688 Juden einem Beruf nach. 31 Prozent waren Händler, 14,5 Prozent Handwerker, 15 Prozent Arbeiter, und 9,5 Prozent übten freie Berufe aus, wobei hier Ärzte und Rechtsanwälte dominierten. Juden waren hauptsächlich bei Juden angestellt; in Regierung und Parlament waren sie nicht vertreten. Hochschulbildung besaßen damals 11 Prozent und Mittelschulbildung 37 Prozent der jüdischen Bevölkerung. Mit Hilfe des American Jewish Joint Distribution Committee wurden in Tallinn und Narva zwei jüdische Banken gegründet. Diese Geldinstitute (besonders das in Narva) sollten die Entwicklung des jüdischen Handwerks fördern.

Die Juden in Estland führten – besonders gegen Ende der dreißiger Jahre – ein reges kulturelles und gesellschaftliches Leben, wovon die bereits erwähnten Neugründungen von Vereinen und Organisationen ab etwa 1900 zeugen. In diesem Zusammenhang ist auf den Lehrstuhl für Judaistik hinzuweisen, der 1934 an der Universität in Tartu eingerichtet worden war. Er sollte der Ausbildung von Lehrern für jüdische Schulen in Osteuropa sowie der Förderung wissenschaftlicher Forschungen im Bereich der Judaistik dienen. Studenten kamen auch aus dem benachbarten Lettland. Lehrstuhlinhaber war Professor Lazar Gulkowitsch, der aus Leipzig stammte.

In der Zwischenkriegszeit lebten die Juden Estlands traditionell. Neben den beiden großen Synagogen in Tallinn und Tartu entstanden in allen Städten mit jüdischer Bevölkerung Bethäuser und Kultusgemeinden. Jüdische Bräuche und Feiertage wurden eingehalten; man unterstützte bedürftige Juden, von denen es in Estland nicht wenige gab. In Tallinn, Tartu und anderen Städten wurden zu diesem Zweck Wohltätigkeitsorganisationen gegründet.

Hinsichtlich des politischen Engagements der estnischen Juden sind im wesentlichen drei Strömungen zu nennen:

1. Die Zionisten (Allgemeine Zionisten, Zionisten-Sozialisten, Zionisten-Revisionisten, Hashomer Hazair, Brit Trumpeldor), 2. die Jiddi-

schisten, die das Jiddische für die Grundlage der jüdischen Kulturentwicklung hielten und zu denen meist linksstehende, sozialistisch gesinnte Juden gehörten, und 3. die Kommunisten, die Ende der dreißiger Jahre besonders aktiv wurden. Die Zionisten ihrerseits teilten sich in die Allgemeinen Zionisten, die Zionisten-Revisionisten und die jüdischen Jugendorganisationen Hashomer Hazair (eine linksorientierte Organisation, die sich zum Ziel gesetzt hatte, einen sozialistischen Staat in Palästina aufzubauen, und der hauptsächlich Jugendliche der ärmeren Schichten angehörten) sowie die rechtsorientierte Brit Trumpeldor oder Betar, aus der später die israelische Likud-Partei hervorging. Vielen Mitgliedern dieser Organisationen gelang es, nach Palästina auszuwandern, wo sie Mitgründer einiger Kibbuzim wurden.

Einen öffentlichen Antisemitismus hat es im Estland der Zwischenkriegszeit nicht gegeben. Weder die estnische Regierung noch der größte Teil der estnischen Intelligenz zeigten antisemitische Einstellungen. Dennoch war der Antisemitismus in Estland nicht gänzlich unbekannt. Es erschienen judenfeindliche Zeitungen und Magazine, doch ihr Leserkreis war nicht groß. Zu Beginn der dreißiger Jahre, als in Estland die faschistische Organisation VAPSIO aktiv wurde, tauchten auf den Straßen antisemitische Schmierereien auf. Die Organisation wurde schließlich verboten und aufgelöst.

Ende der dreißiger Jahre wuchs die Zahl der jüdischen Kommunisten und ihr Einfluß in den verschiedenen Vereinen. Die Kommunistische Partei selbst war in Estland verboten. Auch im letzten jüdischen Kulturrat (die Wahlen fanden noch vor der sowjetischen Okkupation im Juni 1940 statt) waren viele Kommunisten und mit dem Kommunismus sympathisierende Mitglieder vertreten.

Die Besetzung Estlands durch die Sowjetunion und die Lage der Juden 1941

Estland wurde im Juni 1940 von der Sowjetunion okkupiert, nachdem die Rote Armee dort bereits 1939 im Rahmen eines Beistandspaktes Militärbasen eingerichtet hatte. Nach dem Einmarsch der Sowjettruppen wurden der Präsident, das Parlament und die Regierung abgesetzt. Die unter der Kontrolle der Sowjets gebildete neue Regierung wandte sich „im Namen des estnischen Volkes“ an den Obersten Rat der Sowjetunion mit der Bitte, Estland als Unionsrepublik in die UdSSR aufzunehmen. Diesem Ersuchen wurde eiligst entsprochen. Nun begann die Umgestaltung der

Wirtschaft, des Bildungswesens und des kulturellen Lebens. Privateigentum wurde enteignet. Zur Durchführung der Verstaatlichung wurden Kommissare eingesetzt. Zu ihnen zählten hauptsächlich Esten, aber auch Russen und Juden. Letzteres wurde von der nichtjüdischen Bevölkerung mit besonderer Verbitterung aufgenommen. Man vergaß, daß auch jüdische Fabrikbesitzer von den Enteignungen betroffen waren.

In den neuen Regierungsstellen, in den verstaatlichten Banken, Betrieben, im Handel usw. arbeiteten nun viele Juden. Mit der Roten Armee kamen auch jüdische Militärkommissare, sogenannte Politruks, nach Estland. Die relativ große Anzahl von jüdischen Kommissaren in der Roten Armee ist damit zu erklären, daß nach der Revolution 1917 lernbegierige jüdische junge Leute in Rußland nun die Möglichkeit zum Studium besaßen und diese eifrig nutzten. Die estnische Bevölkerung beobachtete mißtrauisch diese Zuwanderung von Juden; sie wurde während der NS-Zeit in Hetzschriften thematisiert. Daß die Maßnahmen des kommunistischen Regimes die estnischen Juden ebenso schwer trafen, blieb dabei unberücksichtigt.

Schon im Juli und August 1940 mußten alle jüdischen Institutionen ihre Arbeit einstellen; die Kulturautonomie wurde aufgehoben, die zionistischen Organisationen wurden verboten und ihre Leiter verhaftet. Anhand einer Liste, die der von Kommunisten dominierte jüdische Kulturverein „Licht“ aufgestellt hatte, wurden jüdische Vereine und Organisationen sowie der Lehrstuhl für Judaistik aufgelöst. Die Stützen jüdischen kulturellen Lebens, jüdischer Bildung und Identität wurden damit zerstört.

Im Laufe der Jahre 1940 und 1941 kam es zu willkürlichen Verhaftungen. Davon waren Esten, Russen und Juden gleichermaßen betroffen. Es verschwanden nicht nur politische Abweichler, sondern auch Fabrikanten, Kaufleute, kurz die sogenannten Kapitalisten. Der schwerste Schlag traf die Bevölkerung Estlands am 14. Juni 1941, acht Tage vor dem Ausbruch des Krieges zwischen der Sowjetunion und Deutschland. An diesem Tag wurden Tausende ohne Gerichtsbeschluß, ja sogar ohne eine Erklärung aus ihren Wohnungen abgeführt, in Güterwagen verfrachtet und nach Sibirien verschleppt, wo sie entweder in ein Lager kamen (hauptsächlich die Männer) oder unter kärglichsten Bedingungen ihr Dasein fristen mußten. Die Aktion betraf auch etwa 500 Juden; damit war der Prozentsatz der verschleppten Juden höher als der der Esten. Wenn man die Verhaftungen, die bereits vor dem 14. Juni 1941 stattgefunden hatten, hinzurechnet, kommt man auf eine Zahl von etwa

600 estnischen Juden, die in sowjetische Arbeitslager verbannt wurden. Doch in diesen Lagern gab es für die Juden zumindest eine Chance zu überleben. Wer Glück hatte, kehrte Ende der fünfziger Jahre nach Estland zurück. Die kommunistische Deportation rettete vielen Juden, die sonst während der NS-Zeit ermordet worden wären, das Leben.

Am 22. Juni 1941 brach der Krieg aus. In Estland wurden sogenannte Vernichtungsbataillone gebildet, die gegen deutsche Fallschirmjäger und Kundschafter vorgehen sollten. Zu jener Zeit waren aber auch viele estnische Männer aus Angst vor den kommunistischen Verschleppungen in die Wälder geflüchtet und hatten dort bewaffnete Einheiten gebildet. Diese „Waldbrüder" sahen in den Deutschen ihre Befreier. Die jungen Juden wiederum betrachteten es als ihre höchste Pflicht, gegen die Nationalsozialisten zu kämpfen, und traten freiwillig in die „Vernichtungsbataillone" ein. Diese waren dem sowjetischen Militär unterstellt; das Kommando führten Russen, die jedoch in den „Waldbrüdern" ihre ärgsten Feinde sahen. Die „Vernichtungsbataillone" wüteten in der Folge unter der Landbevölkerung. Sie töteten unschuldige Bauern und brannten ihre Höfe nieder. Die Bevölkerung wußte, daß sich in den Bataillonen auch Juden befanden. Unter dem Einfluß der Nationalsozialisten wurde dieses Geschehen propagandistisch ausgeschlachtet. Als die Deutschen im Juli und August in Estland einmarschierten, war deshalb ein Teil der estnischen Bevölkerung den Juden ausgesprochen feindlich gesinnt.

Unmittelbar beim Einmarsch der deutschen Armee gab es für die Zivilbevölkerung organisierte Fluchtmöglichkeiten. Es standen Güterzüge bereit, doch benötigte man eine entsprechende Genehmigung. Kommunisten, höhere Regierungsbeamte und Gewerkschafter flohen mit ihren Angehörigen; auch die Mehrzahl der Juden ergriff die Flucht. Im Süden Estlands war es allerdings fast unmöglich, rechtzeitig zu entkommen, da die deutsche Wehrmacht schnell vorrückte.

Von den etwa 4500 Juden, die 1940 in Estland lebten, blieben fast 1000 zurück. Schwerkranke, behinderte und alte Menschen konnten nicht fliehen, und ihre Angehörigen wollten sie nicht im Stich lassen. Der Oberrabbiner Dr. Aba Gomer harrte aus, weil nicht alle Juden das Land verlassen hatten, und fromme Juden wiederum blieben, weil der Rabbiner noch im Land war. Auch gab es Juden, die von früheren Verhaftungen und Deportationen so verschreckt waren, daß sie die Kommunisten mehr fürchteten als die Nationalsozialisten. Manche glaubten, daß sie in einem Ghetto überleben oder sich freikaufen könnten. Andere hofften, daß ihre estnischen Freunde und Bekannten sie retten würden. So trafen im Juni/August 1941 viele hundert Juden die falsche Entscheidung, in Estland zu bleiben.

Die Verfolgung und Ermordung der estnischen Juden 1941

Bereits im September 1941 war ganz Estland von der Deutschen Wehrmacht besetzt. Das Land erlebte die zweite Okkupation innerhalb eines Jahres. Totalitäre Regime handeln schnell und rücksichtslos – das hatten die Esten in dem einen Jahr der Sowjetherrschaft erlebt, und so verlief es auch innerhalb der ersten Wochen und Monate des nationalsozialistischen Besatzungsregimes. Die Sowjets hatten sich des KGB bedient, nun setzten die Nationalsozialisten den SD auf Estland an. Die Verfolgung der Juden war eine der ersten Aktionen. Die deutschen Besatzungsbehörden organisierten genau wie die Sowjets „estnische" Verwaltungsstrukturen. So richteten sie nach Vorbild des SD die Estnische Politische Polizei ein. Die „Waldbrüder", die nach dem Einmarsch der Deutschen aus ihren Schlupfwinkeln wieder aufgetaucht waren, wurden in den inzwischen entstandenen „Selbstschutz" aufgenommen, welcher der politischen Polizei unterstellt war. Von nun an galten auch in Estland die Nürnberger Gesetze. Mit ihrer Durchsetzung wurde die Estnische Politische Polizei beauftragt – unter der Leitung des deutschen SD. Die Besatzungsmacht wollte zudem Ausschreitungen der estnischen Bevölkerung gegen die Juden organisieren. Doch die Esten waren zu Pogromen nicht aufzustacheln.

Die Geschichte des Holocaust in Estland gliedert sich in zwei unterschiedliche Phasen:

1. die Verfolgung und Ermordung estnischer Staatsbürger jüdischen Glaubens von Juli 1941 bis Januar 1942;
2. die Verfolgung und Ermordung der 1942 bis 1944 nach Estland deportierten Juden, die aus den von den Nationalsozialisten besetzten europäischen Ländern stammten.

Da im besetzten Estland nur etwa 1000 Juden zurückgeblieben waren, sah man davon ab, das anfangs geplante Ghetto einzurichten. Es gab nur das nicht weit von Tallinn gelegene kleine Lager Harku für jüdische Frauen sowie in Tartu ein Lager für Kommunisten und Juden. In den übrigen Städten (auch in Tallinn) warf man die Juden ins Gefängnis. Die jüdischen Bürger wurden hauptsächlich zu Hause verhaftet oder auf der Straße festgenommen, wenn sie sich hinausgewagt hatten. Die Verhaftungen führten Mitglieder des „Selbstschutzes" und die Polizei durch.

In Tallinn wurden die verhafteten Juden zunächst auf das Polizeirevier gebracht; in Tartu kamen sie sofort ins Lager, in Pärnu und anderen Städten unmittelbar ins Gefängnis – sofern sie nicht auf dem Weg dorthin einfach erschossen wurden. Auf dem Polizeirevier in Tallinn wurden die Juden verhört und ihre Aussagen protokolliert. Im estnischen Staatsarchiv befinden sich ungefähr 450 Akten mit solchen Verhören. Sie waren darauf angelegt festzustellen, ob die verhaftete Person jüdischen Glaubens sei. Nachdem der Verhaftete dies zugegeben hatte, wurde er in das Gefängnis eingeliefert. Jüdische Frauen brachte man in das Lager Harku, wo sie im Moor Torf stechen mußten.

Aus dem Gefängnis wurden die Juden dann in der Nacht abgeführt und getötet. In Tartu setzte man die jüdischen Häftlinge einige Wochen lang zu Straßenarbeiten ein, bevor auch sie umgebracht wurden. 927 Juden wurden auf diese Weise an verschiedene Orte verschleppt und erschossen. Einige dieser Hinrichtungsstätten sind bekannt, doch viele werden wohl nie mehr zu identifizieren sein.

Die Ermordung der estnischen Juden verlief schnell und vollkommen unauffällig. Der Kommandeur des SD in Estland, SS-Brigadeführer und Generalmajor der Polizei Martin Sandberger, konnte im Gesamtbericht der Tätigkeit der Einsatzgruppe A Anfang 1942 nach Berlin melden: „heute gibt es in Estland keine Juden mehr"; die Zahl der seit dem 16. Oktober 1941 getöteten Juden gibt er mit 963 an. Im Besprechungsprotokoll der Wannsee-Konferenz vom 20. Januar 1942 wird Estland als „judenfrei" vermerkt.

Die Ermordung der nach Estland deportierten Juden 1942–1944

Das „judenfreie" Estland war ab 1942 ausersehen, 20 000 deportierte Juden aufzunehmen. Dazu wurden zwanzig Lager organisiert, hauptsächlich an der Küste, wo sich Ölschiefergruben befinden. Die ersten Transporte mit Juden kamen aus Theresienstadt und Berlin. Später folgten Transporte aus Lettland, Litauen, Polen, Ungarn, der Tschechoslowakei und anderen besetzten Ländern.

Sobald die Deportierten eintrafen, begann die Selektion: Die Alten und Kranken wurden in einem Wald erschossen. Die Jungen kamen ins Lager oder ins Gefängnis. Sie wurden zu schweren körperlichen Arbeiten eingesetzt: im Straßenbau, in der Landwirtschaft, im Wald, in den Torfmooren und Ölschiefergruben. Die jüdischen Kinder wurden in das Lager Ereda gebracht und dort ermordet. Unter den Häftlingen verbreitete sich das Gerücht, daß Klooga, das im September 1943 errichtete KZ, das offiziell die Bezeichnung „SS-Arbeitslager" führte, ein „gutes" Lager sei, und viele setzten alles daran, dorthin zu kommen. Und wirklich, im Lager Klooga herrschte ein nicht allzu scharfes Regiment – offenbar wegen der permanenten Streitigkeiten zwischen deutschen und estnischen Wachmannschaften. Die Häftlinge wurden oft im Städtchen und am Strand gesehen; das Lager befand sich bei einem beliebten Badeort in der Nähe von Tallinn. Allerdings beschwerten sich die Einwohner darüber, daß die Häftlinge zum Strand kamen. Wenige Tage vor dem Rückzug der Deutschen und dem Einmarsch der Russen wurde das Lager Klooga jedoch auf grausame Weise aufgelöst. Ein nach Estland beordertes „Sonderkommando" führte die Häftlinge in den Wald, wo sie Bäume fällen und aufschichten mußten. Auf die Baumstämme wurden die Häftlinge dann nebeneinandergelegt und mit einem Kopfschuß getötet. Auf die Leichen wurden jeweils neue Stämme gehäuft. Zuletzt setzte das „Sonderkommando" diesen Scheiterhaufen in Brand. Nur einigen jüngeren und kräftigeren Häftlingen gelang es, in den Wald zu flüchten und sich zu verstecken. Dieser hastig durchgeführten „Aktion" fielen 2000 Juden zum Opfer.

Hilfe für die Juden in Estland

In dem von NS-Deutschland besetzten Estland hat es keine Widerstandsbewegung gegeben; es existierte auch keine Organisation, die sich für die Rettung der Juden einsetzte.

Da der Holocaust in Estland in zwei Phasen verlief, muß auch zwischen der Hilfe für die verfolgten estnischen und für die aus anderen Ländern deportierten Juden unterschieden werden.

Rettungsversuche für die estnischen Juden 1941

Es ist eine brennende und offene Frage, wie viele von den 1000 in Estland verbliebenen Juden überlebt haben. Da bis 1988 in Estland keine entsprechenden Forschungen möglich waren, kann die Zahl der Überlebenden nur schwer rekonstruiert werden. Die meisten der kursierenden Schätzungen haben sich bei näherer Betrachtung als falsch erwiesen.

Mit Sicherheit kann man von drei Überlebenden ausgehen. Zu ihnen zählt Isidor Levin, der aus Lettland stammt, in Tartu studiert hat und dem sein estnischer Freund Uno Masing half, in einem Kloster in Petseri unterzukommen, wo er die NS-Zeit überlebte. Zu Ehren dieses Helfers ist der bislang einzige Baum für Estland in Yad Vashem gepflanzt worden.

Überlebt hat auch eine mit einem Russen verheiratete Frau, die von ihrem Mann auf einem Bauernhof versteckt worden war. Dies gelang auch einer mit einem Esten verheirateten Frau, die auf dem Hof ihrer Schwiegereltern Zuflucht fand. Zwar wurde ihr Versteck durch einen anonymen Brief verraten, aber der Polizeifeldwebel, in dessen Hände die Denunziation gelangte, vernichtete das Schreiben und ließ den Schwiegereltern eine Warnung zukommen.

Es hat verschiedene Versuche zur Rettung einzelner Juden gegeben. Als Beispiel sei der Fall des jüdischen Arztes Schmuel Zlaf erwähnt. Er arbeitete als Assistent eines berühmten estnischen Professors an der Universität Tartu. Man hatte versucht, ihn zu verstecken; er wurde jedoch denunziert und verhaftet. Seine Kollegen wandten sich daraufhin mit einer Petition an die zuständigen Behörden, hatten damit aber keinen Erfolg.

Die meisten Rettungsversuche geschahen in Form solcher Bitten um Freilassung eines Inhaftierten. Im Archiv finden sich an die Politische Polizei und den SD gerichtete Schreiben, in denen Kollegen für einen Juden Fürsprache einlegen, da dieser am Arbeitsplatz unentbehrlich sei. In solchen Bittbriefen wird immer wieder beteuert, daß der betreffende Jude weder Kommunist noch kommunistischer Mitläufer gewesen sei, daß er sich vielmehr kommunistenfeindlich geäußert habe usw.

Eine Analyse dieser Briefe macht deutlich, daß es vielen Esten überhaupt nicht klar war, worum es bei der Judenverfolgung ging. Sie verstanden nicht, daß jemand nur deshalb verhaftet wurde, weil er Jude war. Für die estnischen Juden boten sich demnach kaum Rettungsmöglichkeiten. Gründe waren einmal die hastig durchgeführten Deportationen, die eine Kontaktaufnahme zu den verhafteten Juden nahezu unmöglich machten und die in der Bevölkerung herrschende Unklarheit über das Schicksal der verschwundenen Juden, nämlich die Frage, ob sie geflohen oder in Estland geblieben waren. Eine zentrale Rolle spielte auch eine verbreitete judenfeindliche Einstellung; antisemitische Hetzartikel in den Zeitungen verstärkten diese Haltung.

Rettungsversuche für die nach Estland deportierten Juden 1942–1944

Die nach Estland deportierten Juden wurden als Zwangsarbeiter eingesetzt. Bei der Bevölkerung sollte zunächst der Eindruck entstehen, es handle sich nicht um Häftlinge, sondern um einfache Arbeiter. Die aus Prag stammenden Jüdinnen und Juden, die mit dem ersten Gefangenentransport aus Theresienstadt nach Estland gebracht worden waren, kamen einige Zeit ins Gefängnis in Tallinn, trugen eigene Kleidung und arbeiteten mit estnischen Arbeitern zusammen. Zwar gab es Probleme mit der Verständigung, aber da Juden wie Esten in der Regel etwas Deutsch und Russisch verstanden, konnte zuweilen ein persönlicher Kontakt zwischen jüdischen Zwangsarbeitern und estnischen Bauern und Arbeitern geknüpft werden.

Einstellung und Verhalten der Esten gegenüber den „fremden" Juden hingen von den verschiedensten Faktoren ab. Nach Aussage von Überlebenden ließ sich kein Unterschied zwischen dem Auftreten eines estnischen und eines deutschen SS-Mannes ausmachen. Die Mehrzahl der Esten, die ja keinen Kontakt zu den deportierten Juden hatten und sich mit ihnen auch nur mühsam verständigen konnten, blieb den Gefangenen gegenüber gleichgültig. Doch war nach Aussagen mancher Überlebender das Verhalten der einfachen Leute, das heißt der Bauern und Arbeiter, den Juden gegenüber recht freundlich. Diese Tatsache wird in Tagebüchern, Erinnerungen und Berichten immer wieder betont. Ganz besonders wird von der Gutherzigkeit estnischer Frauen – hauptsächlich der Bäuerinnen – erzählt. Da die Juden außerhalb des Lagers arbeiteten, hatten sie manchmal die Möglichkeit, Häuser und Bauernhöfe von Esten aufzusuchen. Es gab auch Versuche, zu fliehen und sich in den Wäldern oder in Heuschobern zu verstecken. Entlaufene Häftlinge wurden oft von Esten aufgespürt, sie konnten sich dann aber freikaufen.

Ein besonders markanter Fall ist der eines jüdischen Häftlings aus dem Lager Ereda, der sich im Wald verborgen hielt. Eines Tages kam er auf einen Bauernhof, um Lebensmittel zu erbetteln. Während der junge Bauer den Juden sofort festnehmen und der Gestapo übergeben wollte, flehte die alte Bäuerin ihren Sohn an, den Juden laufen zu lassen. Schließlich willigte der Bauer ein und ging weg. Die alte Bäuerin aber steckte dem Häftling sogar noch Essen zu.

Die Hilfe für Juden bestand hauptsächlich in derartigen Lebensmittelspenden. Ein Überlebender des Lagers Narva erzählt, daß ihnen aus den Fenstern kleine Päckchen mit Lebensmitteln zugeworfen worden seien, als man sie auf öffentlicher Straße zur Arbeit führte. Die Häftlinge, die mit estnischen Arbeitern zu tun hatten, zum Beispiel im Straßenbau, berichteten, daß die Arbeiter sie aufpäppelten. Auch zu anderen Gelegenheiten wurden den Häftlingen Lebensmittel zugesteckt. Eine Estin, die im Lager Klooga arbeitete, brachte den Insassen gekochte Kartoffeln, Suppe und andere Nahrungsmittel mit, wurde aber von den Wächtern dabei ertappt und zu einigen Monaten Gefängnis verurteilt.

Viele Überlebende erzählen, daß Esten ihnen die Möglichkeit gaben, sich in ihren Wohnungen zu baden. Auch kam es vor, daß Esten Zettel und Briefe der Häftlinge zwischen den Lagern beförderten. Manche Esten, die in Lagern arbeiteten, erzählten den Häftlingen über die Lage an der Front. Ein Este, der im Lager Klooga als Mechaniker arbeitete, wollte einen Rettungsversuch unternehmen, der jedoch nicht zur Ausführung kam. Es gab nämlich in Estland eine kleine Gruppe, deren Mitglieder Juden gegen Bezahlung nach Finnland schmuggelten.

Ganz besonders groß war die Hilfe der Esten, die in der Nähe des Lagers Klooga lebten. Die Häftlinge, denen es gelang, der Erschießungsaktion bei der Auflösung des Lagers zu entfliehen, wurden versteckt; man gab ihnen Kleidung und Nahrung. Es dauerte zwar nur ein oder zwei Tage, bis die Russen kamen, aber die Juden hätten ohne diese Hilfe keine Überlebenschance gehabt. Man erzählt, daß nach Abzug der Deutschen der Dorfälteste aus Klooga mit einem Sack Brot im Lager erschienen sei, um den Überlebenden zu essen zu geben. Für ihre Hilfeleistungen nahm die Bevölkerung von den Juden oft Kleider, Hüte, Schmuck, Uhren, amerikanische Dollars und andere Wertgegenstände entgegen. Doch half man auch Häftlingen, die überhaupt nichts mehr besaßen.

Quellen und Literatur

Für diesen Beitrag wurden die entsprechenden Quellen aus dem estnischen Staatsarchiv in Tallinn herangezogen (R-52 bis R-65, R-89, R-131, R-166, R-310, R-350, R-358, R-819, R-1116, R-1686, R-3142). Außerdem sind die Erinnerungen und Aussagen folgender Überlebender, denen ich hiermit herzlich danke, verwertet: Gilel Zaidel (Israel), Benjamin Anolik (Israel), Sima Skurovitsch (Israel), Abram Aronson (Israel), Gita Masa (Schweiz), Doris Rauch (USA). Von der spärlich vorhandenen Literatur seien genannt: Jokton, Die Geschichte der Juden in Estland, Tartu 1927 (Jiddisch); Nosson Genss, Bibliograhpia Judaica in Eesti, Dorpat 1931 (Deutsch); Samuel Gurin, Statistik der jüdischen Bevölkerung in Estland, Tallinn 1936 (Estnisch und Jiddisch); Dr. M. Dworzecki, Jewich Camps in Estonia 1942–1944, Jerusalem 1970 (Englisch und Ivrit); Ervin Martinson, Die Diener des Hakenkreuzes, Tallinn 1962 (Estnisch) sowie Schriften zum Jubiläum folgender Vereine: „Achdut" 1919–1939, Pärnu 1939 (Jiddisch); 15 Jahre des Bialik-Vereins. 1918–1933, Tallinn 1933 (Jiddisch); 10 Jahre der Jüdischen Kulturautonomie in Estland, Tallinn 1936 (Jiddisch).

Personenregister

Ortsregister

Autorenverzeichnis

Silke Ammerschubert, geb. 1965, Dipl.-Politologin; Studium der Islamwissenschaft und Politischen Wissenschaft an der FU Berlin, 1992–1998 Mitarbeiterin u. a. an der Gedenkstätte Haus der Wannsee-Konferenz und der War Crimes Section des kanadischen Justizministeriums.

Frank Golczewski, Dr. phil., Professor für Osteuropäische Geschichte an der Universität Hamburg; Veröffentlichungen zur Geschichte des Nationalsozialismus, des Antisemitismus in Polen und zur Geschichte der Ukraine im 20. Jahrhundert.

Eugenia Gurin-Loov, geb. 1922 in Rumänien, 1925 Übersiedlung nach Tallinn, während des Krieges Flucht nach Kasachstan, seit der Rückkehr 1944 wohnhaft in Tallinn; Gründungsmitglied und stellvertretende Vorsitzende der Jüdischen Gemeinde in Tallinn seit 1988.

Ruth Kibelka, Studium der Geschichte an der Humboldt Universität zu Berlin; wissenschaftliche Mitarbeiterin an der Universität Kleipeda/Litauen sowie am Thomas Mann-Haus in Nidden/Litauen.

Angelika Königseder, geb. 1966, Dr. phil., Studium der Neueren Geschichte und Soziologie in München, 1996 Promotion an der TU Berlin, seit September 1996 wissenschaftliche Mitarbeiterin am Zentrum für Antisemitismusforschung. Veröffentlichungen zur jüdischen Verfolgungs- und Nachkriegsgeschichte.

Livia Rothkirchen, Dr. phil., promovierte 1950 an der Karls Universität Prag, seit 1956 wissenschaftliche Mitarbeiterin der Forschungsabteilung in Yad Vashem, Jerusalem; 1968–1983 Herausgeberin der Yad Vashem Studies. Zahlreiche Veröffentlichungen zur Geschichte der Juden in der Slowakei, in Böhmen und Mähren sowie in Ungarn.

Margers Vestermanis, geb. 1925 in Riga, Dipl. Historiker; 1941–1944 Häftling im Rigaer Ghetto und in verschiedenen Konzentrationslagern, 1948–1964 wissenschaftlicher Mitarbeiter am Museum in Riga, später Leiter des wissenschaftlichen Archivs; 1964 Entlassung wegen „ideologischer Verfehlung“, seit 1990 Direktor des Museums und Dokumentationszentrums „Juden in Lettland“. Mehrere Veröffentlichungen zum Holocaust in Lettland.

Vertrautheit mit der Materie sehr unterschiedlich, auch sonst Niveau erstaunlich divergierend,